집단미술치료

Marian Liebmann 저

최외선 · 김갑숙 · 전종국 · 최윤숙 공역

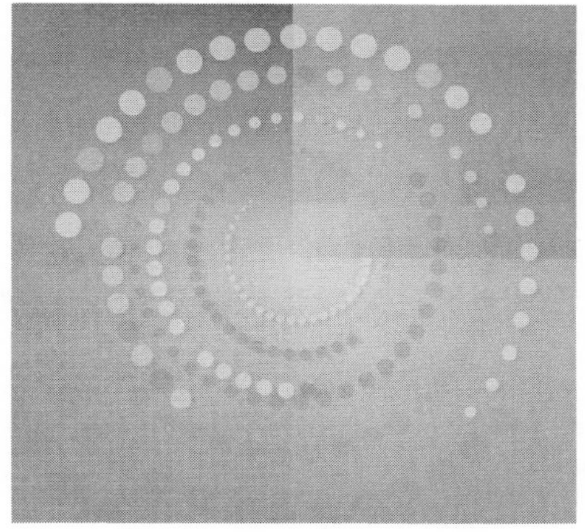

Art Therapy for Groups

A Handbook of Themes and Exercises

학지사

Art Therapy for Groups
: A Handbook of Themes and Exercises, 2nd Edition
by Marian Liebmann

역자 서문

모든 사람은 어느 정도의 이중성과 불일치를 지니게 마련이다. 그러나 문제는 타인의 잘못이 아니라 나의 잘못을, 타인의 모순적인 모습이 아니라 나의 모순적인 모습을 깨닫지 못하는 데 있다. 우리 모두는 타인이라는 거울을 통해 자신의 모습을 볼 수 있다. 그런데 그 거울은 우리의 전신을 비추기에 한계가 있으며, 거울 모양 또한 너무도 다양하여서 우리 자신의 모습을 제대로 본다는 것이 말처럼 쉽지 않다. 우리 모습을 있는 그대로 비추어 주는 거울이란 오목하거나 볼록하지 않은 평면거울일 것이다. 설사 평면거울이라 하더라도 투명하지 않다면 우리의 모습을 제대로 알아볼 수 없을 것이다.

집단은 자신의 오목하거나 볼록한 정도를 알아챌 수 있는 기회를 제공해 주는 다양한 거울을 만나게 되는 축복의 장이다. 우리 모두가 집단 안에서 풀어 놓는 사연들은 결국 가지고 있는 것을 상실하거나 가지고 싶은 것을 가지지 못함에서 오는 사랑, 분노, 슬픔에 대한 이야기들이다. 이를 통해 우리는 서로가 다른 존재이면서도 본질적으로는 같은 존재임을 배우게 되면서 자신의 모습을 보게 된다. 우리가 자신의 모습을 조금씩 알게 되면서 세상에는 쓸모없는 인간도 쓸모없는 일도 없으며, 단지 우리가 그 의미를 모를 뿐이라는 사실 앞에서 자신과 타인을 존중하는 마음을 가지게 되는 것이다. 또한 우리가 무엇인가를 잃은 순간에 단지 잃은 것만 생각하다가 또 다른 얻은 것을 보지 못함에 대해서 깨닫게 되는 것이다.

아기는 태어나서 그 부모와 교감하며 '나'라는 정체성을 만들어 나가기 시작한다. 자라면서 친척, 친구, 타인과의 관계 속에서 자신을 새로이 발견하고 그들의 모습에 자신을 비춰 보며 '나'의 뿌리를 단단하게 굳혀 나간다. '나'에 대한 지식과 믿음이 부족해서 그 뿌리가 약할 때 사람들과 세상사에 흔들리고 마음의 병이 생기기 쉬운 것이다. 이처럼 우리의 삶 자체는 '나'를 형성하는 토대가 되는 타인의 존재와 그들과의 관계라고 할 수 있다.

자신에 대한 지식과 믿음이 없는 사람, 중요한 초기 관계가 원만하지 않아서 마음에 깊은 병이 든 사람, 관계를 어떻게 맺어야 할지 몰라서 자녀 · 부부 · 이웃 · 직장 등에서 문제가 생긴 사람, 인생 중반까지는 그럭저럭 남과 비슷하게 살아왔지만 노년에 이르러 자기 혼자 많은 시간을 어떻게 보내야 할지 난감한 사람 등 상담 장면에서 만나는 사람들의 문제는 '관계'가 대부분을 차지한다고 해도 지나치지 않다. 이런 사람들이 관계 맺는 법을 직접적으로 배울 수 있는 곳이 바로 집단상담 혹은 집단치료 장면이다. 특히 집단미술치료는 자신을 깊이 성찰할 수 있는 개인미술 작업과 관계 속의 자신을 탐구해 볼 수 있는 집단미술 작업을 함께할 수 있어서 그 이점이 더욱 크다고 할 수 있다.

이 책의 저자인 리브만(Liebmann)은 오랜 임상 경험을 바탕으로 하여, 400개에 가까운 미술 활동부터 미술치료와 집단작업, 집단 운영 방법과 발생할 수 있는 문제, 구체적인 사례, 매체의 특징까지 수많은 사항을 자상하고 세밀하게 짚어 주고 있다. 특히 이 책의 초판부터 개정판에 이르기까지 20년 넘게 기울인 정성과 열정, 미술치료사로서의 솔직함 등이 매우 인상 깊다. 미술치료에 대한 깊은 애정과 헌신이 없고서는 만들어질 수 없었던 이 귀한 책을 우리나라 독자에게 소개할 수 있어서 기쁘다. 아울러, 이 책에 수록된 미술 활동을 스스로에게 혹은 내담자에게 실시하는 분들이 있다면 무엇보다 잃은 것과 얻지 못한 것에 대한 상실감과 분노보다 현재 가지고 있는 것을 감사하게 여기는 행복한 삶을 선택하기를 간절히 바란다.

끝으로 이 책의 출판을 기꺼이 승낙해 주신 학지사 김진환 사장님, 교정과 편집을 위해 수고해 주신 박혜미 선생님을 비롯한 많은 분에게 진심으로 감사 드린다.

2013년 3월

역자 일동

2판 저자 서문

이 책의 1판이 1986년에 출판되었을 때 그것은 영국에서 출판된 미술치료 관련 책 중에서 두 번째였다. 그 후로 수년이 지나는 동안 이러한 상황은 극적으로 바뀌어서, 이제는 집단작업과 관련된 것을 포함하여 미술치료에 관한 책들이 매우 많다. 미술치료는 점점 더 폭넓은 환경에서 훨씬 더 확고하게 자리 잡게 되었다. 나 자신의 미술치료 작업은 깊어졌고 다른 관점을 취하게 되었다. 하지만 헤브라이어 판, 포르투갈어 판, 중국어 판이 증명하듯이 이 책은 여전히 많은 지역에서 인기를 누리고 있는 것 같다.

브루너-루트리지 출판사에서 내게 개정판을 만드는 것에 관심이 있는지를 물었을 때, 나는 업데이트가 필요한 많은 것들을 바로 생각해 낼 수 있었다. 내담자들이 쓰는 언어가 변했다— '게임'이란 개념은 이제 더 이상 그렇게 많이 사용되지 않는다. '인종, 문화, 다양성과 동등한 기회'에 대한 관점이 추가될 필요가 있다. 하지만 무엇을 빠뜨렸는지, 무엇을 빼는 것이 나을지에 대해서 다른 사람들의 생각을 알아볼 필요도 있었다.

나는 2판을 준비하면서 책을 사용했던 사람들 중 일부를 대상으로 설문조사를 실시했다. 나는 이것을 영국 미술치료사협회(British Association of Art Therapists: BAAT) 소식지와 지역사회의 미술치료사들에게 광고했다. 21개의 설문지를 발송했고 12개의 응답지를 받았다. 또한 많은 미술치료사와 이야기를 나누고 영국 미술치료사협회의 미술치료 인종과 문화 분과 위원회(Art therapy, Race and Culture group: ARC)와 상의하였다. 그들의 모든 제안은 내가 좀 더 정확하게 수정하도록 도움을 주었다. 2판을 편집하는 데 3년이 걸렸고 이것이 끝나갈 때쯤 평가와 근거를 기반으로 한 실제의 장이 필요하다는 것이 분명해졌다. 책의 주된 수정 사항은 다음과 같다.

- 언어와 용어를 철저히 조사하여 내담자에게 낙인을 찍지 않는 관점을 취했다.
- 인종, 문화, 다양성, 동등한 기회에 대한 관점을 추가하였다. 이러한 관점을 새로운 부분으로 도입하기보다는 본문 전체에 통합시키려고 노력했다.
- 미술치료집단에 관한 문헌을 조사하여 집단미술치료에 사용된 모델들을 요약하였다.
- 집단을 운영하는 측면을 좀 더 상세하게 기술하였고 특히 안전 요인에 많은 관심을 기울였다.
- 기록, 평가, 근거를 기반으로 한 실제의 장을 새롭게 추가하였다.
- 여덟 개의 집단 사례를 새롭게 추가했는데 그중 세 개의 사례는 인종과 문화에 대한 이슈를 다룬 것이다.
- 70개의 새로운 주제와 기존 기법들의 새로운 변형들을 주로 미술치료사들의 응답에 의거하여 수집하였다.
- 최신 서적과 해외 단체 주소들을 추가하여 보다 세계적인 관점을 도입하였음을 보여 주는 완전히 새로운 참고 자료를 마련하였다.

이 책의 2판이 1판과 마찬가지로 많은 사람에게 지속적인 도움이 되기를 바란다.

2004년

마리안 리브만

1판 저자 서문

이 책의 출발점은 내가 여러 집단의 구성원으로 참여하면서, 그리고 여러 집단의 리더로 이끌면서 겪은 경험이었다. 나는 전부터 미술에 대한 관심이 늘 있었고, 미술이 개인적인 문제에 대한 의사소통 수단으로 가능하다는 점에서 더욱 많은 관심을 가지게 되었다. 나는 전과자들을 위해 실험적으로 만들어진 주간보호소의 직원이 되었고 거기서 회기를 진행하였다. 또한 교회 집단과 지역의 참만남 센터에서도 회기를 진행하였다. 그와 동시에 개인적인 경험을 좀 더 많이 하기 위해 가까운 곳에서 열리는 집단미술회기에 참석했다. 나는 다른 집단 리더들이 사용한 게임, 구조, 주제—어떻게 불리든지 간에—들을 모으고 거기에 나나 내 집단이 고안한 것들을 추가하여 하나의 자료를 만들기 시작했다. 또한 나는 집단과 그들이 사용한 구조, 이것들이 집단의 진행에 어떤 영향을 미치는지에 대해서 강한 호기심이 생겼다.

나는 이러한 관심을 좀 더 깊이 추구하기로 결심하고 1979년에 버밍햄 기능대학의 미술치료 석사과정에 등록하였다. 나는 학위논문을 쓰기 위해, 구조화된 미술치료집단에 대한 내 관심사를 조사하기로 하고 그 토대로 사용할 설문지를 만들어서 서로 다른 환경에서 일하는 미술치료사 40명을 면담하였다. 그들 전부가 공식적으로 '미술치료사'로 불리지는 않았지만, 개인적인 의사소통 수단으로 모두 미술을 사용하고 있었다. 그것은 내게 대단히 흥미로운 학습 경험이었고 그 연구결과의 일부가 1장에 포함되어 있다.

내가 염두에 둔 의도 중 하나는 미술치료사, 교사, 집단 리더가 사용할 주제 모두를 하나의 컬렉션으로 만드는 것이었다. 이것은 포함시킬 자료가 너무 많았기 때문에 학위논문을 쓴 후로 미뤄야 했다. 그 컬렉션은 브리스톨에 있는 다른 미술치료사들의 도움을 받아서 안내서의 형태로 1982년에 만들어졌고 내 설문조사에 참여했던 사람들과 관심 있는 다른 미술치료사들에게 보급되었다.

그 안내서는 독자를 집단 운영 경험이 있는 미술치료사로 가정하고 있으므로 집단 운영에 관한 자료가 들어있지 않았다. 하지만 그것이 출판된 이후로 작업치료사, 사회사업가, 교사, 아동을 지도하는 사람, 지역사회의 집단 리더, 평화운동가 등이 폭넓은 관심을 보여 주었다. 이 급증한 관심은 집단을 어떻게 운영하는지 그리고 서로 다른 집단에 어떤 주제를 사용하는지에 대해 보다 많은 자료를 추가한 새로운 버전의 책이 필요함을 보여 준다. 이와 관련된 이야기가 책의 처음 절반을 차지하고 주제들이 업데이트된 컬렉션이 나머지 절반을 차지한다.

1986년

마리안 리브만

차 례

03 기록, 평가, 근거를 기반으로 한 실제 95

04 집단의 문제를 통해 배우기 121

05 구체적인 사례: '금요일 집단' 135

06 집단 사례 163

제2부 주제와 활동

서론

이 책의 대상

이 책의 1차적인 대상은 사람들을 돌보는 다양한 직업을 가지고 있으면서 집단에서 미술을 사용하는 기술과 경험을 발전시키는 데 관심이 있는 전문가들이다. 그들은 미술치료사, 교사, 사회사업가, 청년 활동가나 지역사회의 집단 리더일 것이다. 또한 집단치료사, 치료기관의 관리자, 돌보는 직업의 강좌를 가르치는 강사에게도 도움이 될 것이다.

미술치료 집단을 이해하고 촉진시키는 데는 집단에 대한, 그리고 집단이 어떻게 기능하고 발전하는지에 대한 지식, 이러한 맥락에서 미술을 사용하는 기술 등이 필요하다. 이 책에는 집단작업에 대한 지식과 경험이 들어 있고, 집단에서 미술을 어떻게 사용하는가에 중점을 두고 있다. 하지만 집단을 운영해 본 경험이 많지 않다면 책 말미에 있는 참고문헌에서 집단작업에 대한 책들을 찾아볼 수 있다. 현재 여러 종류의 집단작업에 대한 많은 강좌가 있으니 그것을 활용할 수도 있다. 그러나 경험을 대신할 수 있는 것은 없으며, 그것을 얻는 유일한 방법은 다양한 집단에 내담자나 구성원으로 참여하는 것이다. 이는 내담자의 역할을 한다는 것이 어떤 느낌인지에 대한 경험과 집단을 촉진하는 여러 가지 방법들을 관찰할 기회를 다 준다.

그런 다음에 숙련된 촉진자나 치료사와 함께 몇 개의 집단을 운영해 보아야 한다. 이는 경험이 더 많은 누군가에게 배우고 당신의 아이디어와 기술을 점차 시험해 보고 그 결과에 대해 토론할 기회를 준다. 당신이 자신의 집단을 촉진할 준비가 되었다고 느낄 때, 동료와 함께 집단을 이끌거나 당신의 집단에 참여하지 않은 다른 경험자에게 수퍼비전을 받으면 좋은 훈련이 된다.

미술을 사용하는 경험도 마찬가지다. 그것은 강렬한 경험이 될 수 있으며, 어떤 느낌이 드는지를 아는 데 꼭 필요하다. 가끔은 시작하는 것이 어려울 수도 있고 작품이 생각대로 되지 않을 때도 있다. 이러한 것들을 직접 경험해 보지 않는다면, 당신은 진퇴양난에 빠진 다른 사람들을 도울 수 없을 것이다. 유익한 지침 하나는 내담자에게 사용하려는 것을 당신 자신과 당신의 동료가 항상 직접 시험해 보라는 것이다. 이 경험은 어떤 어려움이 발생할 수 있는지를 알려 주고 유기적인 문제를 해결해 주며 얻을 수 있는 이점들을 보여 준다.

집단을 운영하는 사람들은 작업하는 환경에 따라 치료사, 촉진자, 리더, 교사, 사회사업가, 집단사회사업가 등으로 불린다. 집단에 참석하는 사람들은 환자, 내담자, 참여자, 구성원 혹은 그저 '사람들'로 불린다. 이 책에서는 집단을 운영하는 사람을 치료사나 촉진자로 부를 것이고, 참석자에게는 글의 맥락에 따라 적절한 용어를 사용할 것이다.

미술치료사 자격증 소지자에게 도움을 구할 수도 있다. 그들은 이 분야의 전문가가 되는 훈련을 모두 받는다. 조언을 얻고 싶다면 영국 미술치료사협회(책 말미의 참고 자료에 주소가 있음)가 당신과 당신이 있는 곳의 지역 분과를 연결시켜 줄 수 있다.

집단과 개인

이 책이 집단을 염두에 두고 쓴 것이긴 하지만, 제2부의 주제들 대부분은 두 사람이나 집단을 필요로 하는 활동들을 제외하면 개별 작업에도 사용될 수 있다. 개별 작업을 할 때는 개인이 누군가와 자신의 작업에 대해 나누고 거기서 생겨나는 모든 감정들을 토론할 수 있게 하는 것이 중요하다.

여러 기관(주간 보호소, 병원 등)에서 개인 및 집단 미술치료는 개인상담, 다른 형태의 치료집단, 지역사회 모임 등과 같은 프로그램의 일부가 될 수 있다. 그런 환경에서는 직원들 간의 접촉이 매우 중요하다. 이 책은 집단만 있는 곳 못지않게 그런 상황에도 적용이 된다.

이 책을 사용하는 방법

당신이 이러한 일에 초보자라면 제1부 전체를 읽는 것이 큰 도움이 될 것이다. 당신이 약간의 집단 경험을 가지고 있다면 운영하고 있는 집단에 대해서 그리고 구성원들의 개별적인 요구에 대해서 생각해 보라. 관련 활동을 하나 선택해서 당신 자신과 동료가 직접 시험해 보라. 그러고 나서 그것을 (필요하면 약간 변형시켜서) 당신의 집단에게 소개하라. 그 결과가 다음에 무엇을 할지를 결정해 줄 것이다(주제 선택에 대한 자세한 사항은 제2장 참고).

당신이 집단을 운영하는 데 이미 익숙할 경우 이 책을 사용하는 좋은 방법은, 전체를 훑어보고 그것이 당신의 생각을 불러일으키게 하는 것이다. 그러고 난 뒤 당신은 하나의 활동을 선택하여 그것을 당신이 처한 특수한 상황에 맞게 변형시키거나 완전히 당신만의 것을 만들어 낼 수도 있다.

 이 책의 적용 분야

1. 이 책은 공통된 활동이나 주제를 나누려고 하는 집단에는 적용되지만 모든 사람이 서로 다른 활동을 선택하는 집단에는 적용되지 않는다.
2. 이 책은 직관적인 과정이 본질적으로 무엇인지에 대해서 정돈된 틀을 제공하려고 시도하였다. 은유를 사용해 보면, 항해에 관한 책은 출발하기 전에 필요한 장비가 무엇인지를 알려 주고 위험한 해류가 있는 장소를 나타낸 해도를 제공하고 실제의 항해 여행에 대한 이야기를 전해 준다. 그 후에 출항해서 항해가 실제로 어떤 것인지를 경험하는 것은 당신에게 달려 있다.
3. 모든 주제가 모든 사람에게 맞을 수는 없다. 당신 스스로 해 보고 불만스러웠던 활동이나 주제는 사용하지 말아야 한다.
4. 이 책이 초보자를 단숨에 치료사나 촉진자로 만들지는 않는다. 내담자로서 그리고 보조촉진자로서의 훈련과 경험이 가장 중요하다.
5. 집단의 개별적인 미술 회기가 사람들의 삶을 바꾸는 데 꼭 필요한 것은 아니다(그것이 할 수는 있지만). 여기에는 많은 요인이 관여한다.
6. 이 책에는 장기간의 치료 작업에 대한 안내는 없다. 이런 작업을 할 의향이 있으면 필요한 자격, 전문적인 지식, 지지, 수퍼비전을 확실히 얻도록 하라.
7. 이 책에는 많은 내담자 집단들로부터 가져온 미술치료 집단 사례들이 있지만, 서로 다른 내담자 집단의 구체적인 특성들을 자세하게 다루지는 않는다.
8. 그림을 그려 보았거나 무엇을 만들어 본 경험은 이 일에서 매우 중요한 부분이다.

인종, 문화, 다양성, 평등에 대한 이슈

「인종 관계 개정법」(2000)이 등장하여 2002년 5월 31일부터 시행된 이래로 모든 공공단체들은 인종 평등을 촉진할 법적인 의무를 가지게 되었다. 그 목적은 공공단체들이 공평하고 이용하기 쉬운 서비스를 제공하도록 돕고 인종 평등의 촉진을 그들의 업무에서 중요한 것으로 만들기 위함이다. 공공단체들은 기회 균등과 건전한 인종 관계의 촉진 및 불법적인 차별 방지를 선도하라는 기대를 받고 있다. 이것은 그들이 정책과 서비스 전달에서 인종 평등에 주의를 기울여야 함을 의미한다(Commission for Racial Equality, 2003).

이 책의 1판은 인종, 문화 혹은 다양성에 관한 이슈에 주의를 기울이지 않았다. 그런 이슈들은 많은 전문가가 의식적으로 숙고하고 실천할 영역이 아니었다. 물론 인종차별은 먼 옛날부터 존재해 왔지만, 우리가 어디에 있든지 그것에 대해 뭔가를 해야 할 의무와 능력이 있다는 것은 상당히 최근에 와서야 인식하게 되었다. 문화적인 이슈 역시 항상 존재해 왔지만 우리는 지금에 와서야 차이를 긍정적으로 다루려는 노력을 점점 더 많이 하게 되었다.

다양성은 폭넓은 이슈(인종, 문화, 장애, 계층, 성, 나이, 종교, 건강—사실상 사람들이 어떤 집단의 일원으로 분류되어 차별 대우를 받는 모든 분야에서, 예컨대 특정 거주지에 산다는 것 때문에 서비스를 거절당하는 것과 같은)를 포함한다. 기관과 단체는 모든 사람에게 평등한 서비스를 제공하려고 노력하고 있을 뿐 아니라 차이를 좀 더 창조적으로 다루는 방법들을 배우고 있다. 이것은 공동체의 요구를 최대한 충족시킬 효과적인 서비스를 전문적으로 제공하는 일의 일환이다. 나는 이러한 이슈들에 대한 관심을 이 책 전체에 포함시키고 이 책을 미술치료의 다양성을 널리 알리는 데 도움이 될 자료로 만들 것이다.

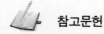

참고문헌

Commission for Racial Equality (CRE) (2003). The duty to promote race equality. Online: www.cre.gov.uk/duty/index.html (accessed 6 January 2003)

제1부
미술치료 집단

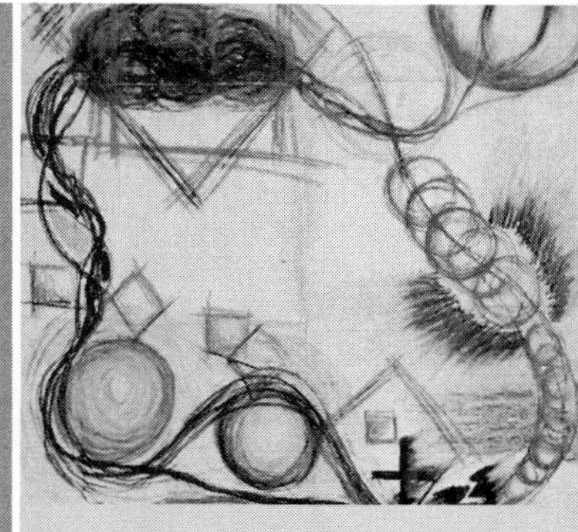

01 미술치료와 집단작업

이 장에서는 미술치료에 대한 몇 가지 정의와 그것의 역사적 발달에 대해 간단히 개관한다. 다양성에 관한 이슈에 접근할 때 미술치료가 가지는 유용성을 포함하여 미술치료의 이점들을 열거하고, 미술치료와 미술 활동 간에 겹치는 부분들을 논의한다. 집단을 사용하는 이유를 살펴본다. 다양한 환경에서 미술/미술치료 집단을 운영하는 40명의 미술치료사들과 집단촉진자들에 대한 설문조사를 토대로 개인미술치료와 집단미술치료에 대한 기초 지식을 제공하고 집단의 치료적 요소를 밝힌다. 집단미술치료의 여러 가지 모델들의 출현 과정에 대해서 서술한다. 주제를 사용하는 이유를 언급하고 주제를 융통성 있게 사용하는 방법을 살펴보는 것으로 이 장을 마무리한다.

미술치료: 몇 가지 정의

미술치료는 외부의 기준에서 볼 때 미학적인 즐거움을 준다고 판단되는 작품을 만들려고 하는 것이 아니라 감정을 전달하기 위한 개인의 표현 수단으로서 미술을 사용한다. 이 표현 수단은 미술에 재능이 있는 사람뿐만 아니라 모든 사람에게 유용하다. 미술치료에 대한 정의로는 여러 가지가 있다. 다음은 치료 장면에 기초한 정의다.

> 미술치료는 여러 가지 미술 매체를 사용하여 환자가 치료를 받게 만든 문제와 걱정거리를 표현하고 해결할 수 있게 한다. 치료사와 환자는 동반자 관계를 맺고 회기 동안 이루어진 미술 과정과 그 작품을 이해하려고 노력한다.
>
> (Case & Dalley, 1992: 1)

다음은 모든 예술치료와 예술이 적용되는 그 외의 상황을 포괄하는 광범위한 정의다.

> 모든 예술치료의 공통된 기반은 사람들이 강한 정서를 인정하고 표현할 수 있게 하는 믿을 만하고 안전한 환경을 조성하는 것과 더불어 비언어적인 의사소통과 창조적인 과정에 중점을 두는 것이다.
>
> (Payne, 1993: xi)

더 나아가 제6장의 사례에서 알 수 있듯이, 미술치료는 심각한 문제와 싸우고 있는 사람이든, 자신과 자신의 감정을 탐구하기를 원하는 사람이든 간에 미술을 매개로 많은 사람에게 적용할 수 있다. 대중을 상대로 집단을 운영하는 한 미술치료사는 다음과 같이 말한다. "특별한 능력도 필요 없고 불리한 조건도 없다."

 미술치료: 간략한 역사

미술치료의 역사는 몇 개의 서로 다른 흐름에서 시작되었다. 첫 번째는 아동미술에서 해 왔던 작업에서 유래한다. 1900년경 오스트리아의 진보적인 미술 교육자 프란츠 치젝(Franz Cizek)은 아동이 미술의 '자유로운 표현력'을 지녔다고 믿었고 1908년에 아동미술 전시회를 열었다. 그의 아이디어가 퍼져 나가면서 그는 1934~1935년에 걸쳐 런던에서 전시회를 가졌다. 영국에서 매리언 리처드슨(Marion Richardson)이 그 아이디어를 발전시켰고, 1940년대에 아동 미술수업에서 자발적인 작업이 널리 확산되었다(Waller, 1991).

두 번째는 정신의학에서 나왔다. 1922년 한스 프린츠호른(Hans Prinzhorn)은 『정신질환자의 미술(Artistry of the Mentally Ill)』을 출판했는데, 이는 수용소에 있는 정신질환자들의 미술을 토대로 한 것이었다. 여기에서 영감을 얻은 두 명의 정신의학자 에리히 구트만(Erich Guttmann)과 프란시스 라이트만(Francis Reitman)은 1930년대에 나치 박해를 피해서 영국으로 이민 온 사람들이었는데, 월터 매클레이(Walter Maclay)와 함께 더 많은 그림을 수집하여 연구하였다. 에드워드 애덤슨(Edward Adamson)은 네던 병원에서 화가로 채용되어 정신병자들이 아무런 간섭을 받지 않고 선을 긋거나 물감을 칠하도록 촉진하였다. 이리하여 그는 '오픈 스튜디오'의 선구자가 되었다(Adamson, 1984).

세 번째는 저서 『미술과 질환(Art versus Illness)』(1945)에서 '미술치료'라는 용어를 처음 사용한 에이드리언 힐(Adrian Hill)에 의해 발전되었다. 그는 1938년 폐결핵에서 회복되는 동안 미술작업을 하며 보냈는데, 그 후 의사로부터 다른 사람들, 특히 제2차 세계대전에서 돌아온 참전용사들을 도와달라는 부탁을 받았다. '미술작업'이 시간을 보내는 것 이상의 성과를 낸다는 것이 분명하게 나타났으며, 사람들은 정신적 고통에서 실제로 회복되었다.

그 외의 많은 선구자들이 화가, 교사 혹은 작업치료사로 일하면서 미술치료의 초창기에 참여하였다. 그들은 힘을 합쳐 1963년에 영국 미술치료사협회(British Association of Art Therapists: BAAT)를 만들었다. 초창기에 BAAT는 교육과 밀접하게 연결되어 있었다. 그러나 점점 더 많은 미술치료사가 병원에서 일하게 됨에 따라 BAAT는 국립건강서비스(National Health Service: NHS) 쪽으로 기울었고, 1982년에 인가를 받았다. 1997년에 정부에 등록하였고, 2002년 4월 1일부터는 미술치료사들이 건강전문직협회(Health Professions Council: HPC)에 등록되었다(BAAT와 HPC의 주소는 책 말미의 참고 자료에 있음). 영국의 미술치료 역사에 관한 책은 1790년부터 1966년까지를 다룬 수잔 호건(Susan Hogan)의 『치유의 미술(Healing Arts)』(2001), 1940~1982년까지를 다룬 다이앤 월러(Diane Waller)의 『전문직 되기(Becoming a Profession)』(1991) 등 2권이다.

현재 미술치료사들은 다양한 환경에서 일하고 있다. 정신건강기관에서 일하는 미술치료사들이 여전히 압도적으로 많기는 하지만, 대형 병원들이 점차 문을 닫게 됨에 따라 그들 대다수는 현재 작은 병원이나 지역사회의 정신건강 팀에서 일한다. 정신건강 체계 내에서 미술치료사들은 모든 종류의 장애로 인해 그리고 삶의 모든 단계에서 고통받는 사람들과 함께 작업한다. 또한 범죄와 관련된 환경(교도소, 지방의 범죄자 보호소, 청소년 범죄자 보호팀)과 교육계(특수 목적 학교, 일반 학교)에서도 일한다. 고통완화치료(암환자 치료, 호스피스, 에이즈 시설), 중독치료(알코올과 마약), 학습장애를 가진 사람들과 자폐스펙트럼 장애를 가진 사람들과의 작업도 증가하고 있다. 새로운 영역이 늘 개척되고 있다. 전쟁으로 파괴된 지역의 난민과 아동을 위한 미술치료는 최근에 적용된 영역인데, 그 목적은 이러한 상황 속에서 적절한 위안을 가져다 주는 것이다. 여러 곳의 노숙자 시설에서도 시설의 구성원들이나 거주자들에게 미술치료를 제공하고 있다.

미술치료의 비언어적이고 창조적인 측면들은 언어적 치료에서 효과를 보지 못하는 많은 이에게 치료(다른 예술치료와 함께)의 선택권을 준다. 다양한 정도의 능력(지적 능력과 감성 능력 모두)을 지닌 사람들이 있는 곳에서 미술치료는 그러한 다양성을 폭넓게 수용할 수 있다.

미술치료사는 대학원 교육과정에서 종일로 2년간 또는 몇 시간씩 3년간 훈련을 받는다. 미술치료사로 훈련받기를 원하지는 않지만 그것을 경험해 보고 싶어 하는 사람들을 위해서는 현재 지역의 단과대학에서 만든 입문과 기초

과정, 대학교, 특히 미술치료 훈련에 관여하는 대학교에서 여는 봄과 여름 계절학교 등 꽤 다양한 종류의 과정들이 있다.

미술치료사들은 정신분석(프로이트학파, 융학파, 클라인학파), 인간중심(게슈탈트, 단기치료, 해결중심, 개인구성주의, 인지)과 같은 다양한 이론적 입장에서 일한다. 미술치료사들 중 많은 이가 여러 가지 접근을 골라 쓰는 절충적인 방식으로 일한다. 즉, 내담자 집단 및 실시할 작업에 따라서 한 가지 이상의 접근을 사용하는 것이다. 미술치료의 강점 중 하나는 대부분의 심리학적 모델들과 접목하여 사용할 수 있다는 것이다.

미술치료: 이점

다음은 여러 가지 환경에 적용될 수 있는 미술치료의 이점들이다.

- 거의 모든 사람이 아동기에 미술을 사용하였고 '미술적으로 맞게' 해야 할 이미지 따위는 잊어도 된다는 격려를 받는다면 지금도 여전히 그렇게 할 수 있다.
- 비언어적 의사소통의 수단으로 사용될 수 있다. 이는 어떤 이유로든 언어적 의사소통에 능숙하지 않은 사람들에게 중요한 것이 될 수 있다. 말을 멈출 수 없는 사람들에게는 '뒤얽힌 다변'을 헤치고 나아갈 좋은 방법이 될 때가 있다.
- 자기표현과 자기탐구의 수단으로 사용될 수 있다. 한 장의 그림이 말보다 감정을 더 정확하게 설명하는 경우가 다반사이며, '말로 하기 어려운' 경험을 표현하는 데 사용될 수 있다. 치매에 걸린 경우처럼 '말을 하기 어려울' 때도 마찬가지다. 그림의 공간적 특성은 경험의 여러 측면을 동시에 설명할 수 있다.
- 미술작업을 하는 과정은 때로 사람들로 하여금 숨겨져 있거나 부분적으

로만 알고 있던 감정을 더 많이 알아차리도록 돕는다. 혼란스러운 감정을 명확하게 만들어 줄 수 있다.

- 미술을 사용하는 것은 때로 사람들이 분노와 공격성 같은 감정을 풀어내도록 돕고, 받아들일 수 없는 감정들을 안전하고 수용적인 방법으로 다룰 수 있게 한다.
- 사람들로 하여금 그들이 처한 현재 상황을 살펴보고 변화를 일으킬 방법을 찾도록 도울 수 있다. '틀 속의 경험'(액자 안의 그림처럼 어떤 경계 안에서의 경험)은 현실과는 상관없이 있을 법한 미래를 시험해 보거나 상상할 수 있는 상황을 만들어 준다.
- 성인들이 놀이를 하면서 '편안하게 마음을 풀어놓도록' 돕는 데 사용될 수 있다. 놀이를 하는 능력을 되찾으면 창의성과 건강을 이끌어 낼 수 있다.
- 구체적인 작품이 있기 때문에 그것에 대한 토론을 이끌어 내기가 더 쉽다. 그림은 나중에 돌아와도 거기에 그대로 있고 일련의 회기에서 나온 그림들을 되돌아보면서 성장한 것을 깨달을 수 있다.
- 하나의 분리된 실재로서 그림이 존재한다는 것은 치료사와 내담자가 그림을 함께 살펴보는 과정을 통해서 서로 관계를 맺을 수 있다는 것을 의미한다. 이것은 때로 문제를 직면하거나 관계를 맺는 데 있어서 덜 위협적인 방법이 되기도 한다. 이런 특성을 일컬어 '미술치료의 삼각관계'라고 한다.
- 작품에 대한 토론을 통해 중요한 문제들을 탐구할 수 있다. 환원적인 방식의 '해석'은 그림이 애매모호할 때가 많기 때문에 널리 사용되지 않는다. 가장 중요한 것은 창작자가 자신이 가진 의미를 발견하는 것이다.
- 미술을 사용하는 것은 적극적인 참여를 요구하므로 활동을 거의 하지 않는 것에 익숙해진 사람들에게도 사용할 수 있다. 집단에 있을 때 그것은 동등하게 참여하는 유일한 방법이다. 모든 사람이 동시에 그리고 각자의 수준에서 함께할 수 있다.
- 미술치료는 즐거운 일이 될 수 있다. 이것은 기쁨을 나누게 만들고 개인

이 자신의 창의적인 감각을 발전시키도록 이끈다. 시험 삼아 미술치료를 시작한 많은 사람들이 미술에 대한 진정한 흥미를 계속 발전시켜 나간다.

• 특정한 장애를 진단하는 데 사용될 수 있다.

미술치료는 환경, 내담자 집단, 치료사가 가진 목적과 지향성에 따라 여러 가지 방식으로 사용될 수 있다. 미술치료는 성장해 오면서 다양한 환경에서 유용하다는 것이 확인되었기 때문에 여러 가지 방식으로 실시될 수 있다.

미술치료와 다양성

앞서 언급했듯이, 개인 및 집단미술치료는 그 비언어적인 특성으로 인해 단지 언어만 사용하는 치료보다 훨씬 더 다양한 내담자들을 받아들일 수 있다는 점에서 이 분야에 매우 긍정적으로 기여하고 있다. 미술 고유의 시각적인 가능성은 문화와 차이를 탐구하는 데 흥미로운 방법을 제공한다. 이 분야에서 질문은 심사숙고하고 토론할 공간을 열어 놓는다는 점에서 융통성 없는 대답보다 더 유용할 때가 많다. 캠벨과 동료들(Campbell et al., 1999)은 『미술치료, 인종과 문화(Art Therapy, Race, and Culture)』에서 이러한 측면을 탐구하고 서문에 다음의 질문들을 포함시켰다.

• 치료사와 내담자 양쪽의 인종과 문화가 미술치료의 과정, 작품 그리고 치료관계에 어떤 영향을 미쳤는가?
• 인종과 문화의 역사를 반영하는 이미지, 색채, 언어가 만들어 낸 치료적 가능성을 어떻게 이용할 수 있는가?
• 이종문화(異種文化) 간의 미술치료에서 일어나는 역동의 내용과 의미는 무엇인가?

(Campbell et al., 1999: 15)

이러한 질문들은 우리가 인종과 문화를 탐구하는 데 그리고 학습장애 · 성 · 종교 등 차이에 관한 또 다른 영역을 탐구하는 데도 영향을 미칠 수 있다.

미술치료와 미술 활동

미술치료가 꾸준히 발전하고 있기는 하지만, 현재 많은 전문가가 자신의 집단과 함께 독자적인 방법으로 미술을 사용하는 일에 관심을 가지고 있다. 다수의 미술 강좌와 지역사회 미술 프로그램에는 미술에 대한 독특한 접근 방법들이 포함되어 있다. 미술에서 일반적으로 강조하는 것은 그 자체의 목적인 최종 작품인 데 비해, 미술치료에서는 작품을 창조하는 사람과 과정이 더 중요하다. 하지만 미술에 독자적으로 접근하는 방법들과 많은 부분이 겹칠 수 있다. 현재 많은 단체가 미술치료와 매우 유사해 보이는 미술 활동들을 운영하고 있다. 예컨대, 자기정체성을 세우기 위한 가면 워크숍, 노숙자의 감정을 표현하는 집단 콜라주 등이다.

미술치료와 미술 활동은 강조하는 것이 다를 뿐, 양쪽 모두 당연히 효과적인 과정이다. 대개 미술 활동은 그림, 콜라주, 조각 같은 것을 만들어 내는 데 목적을 두며, 집단으로 이루어질 때가 많다. 목적은 작품의 완성(그리고 흔히 전시)이지만 그 과정에서 참가자들이 큰 이익을 얻을 때도 있다. 미술치료는 미술 매체를 사용하여 개인적인 문제나 상황을 탐구하는 데 목적을 두지만 그 과정에서 뛰어난 미술작품이 만들어지기도 한다. 미술치료와 미술 활동을 연속선상의 양 극단으로 생각한다면 거기에는 그 중간에 해당되는 경우도 많을 것이다.

이 책에 있는 활동, 주제 및 제안은 각자의 재량에 따라, 다양한 상황에서, 미술치료 장면과 미술 활동이 어울리는 장면 모두에서 사용될 수 있다. 그것은 무엇이 적절한지를 판단하는 치료사나 촉진자에게 달려 있다.

집단작업을 사용하는 이유

개인작업과 집단작업을 선택할 수 있는 촉진자와 치료사를 위해서 집단작업을 사용하는 일반적인 이유들을 살펴볼 필요가 있다. 한편, 교사와 지역사회사업가 등은 거의 항상 집단과 함께 작업하므로 그들에게 중요한 것은 집단작업의 이점을 최대한 활용하는 것이다. 집단작업을 사용하는 이유들은 다음과 같이 요약할 수 있다.

- 사회학습의 많은 부분이 집단 안에서 이루어진다. 그러므로 집단작업은 그것을 연습하기에 적절한 상황을 마련해 준다.
- 비슷한 욕구를 가진 사람들은 서로를 지지하고 서로의 문제를 해결하도록 도울 수 있다.
- 집단구성원들은 다른 구성원들의 피드백으로부터 배울 수 있다.
- 집단구성원들은 다른 사람들이 어떻게 반응하는지(역할 모델링)를 관찰함으로써 새로운 역할을 시도해 볼 수 있고, 그러한 과정을 지지받고 강화받을 수 있다.
- 집단작업은 초기의 가족 역동을 불러일으킬 경우가 많으므로 그것을 살펴보고 다룰 수 있다.
- 집단은 잠재적인 자원과 능력을 발달시키는 기폭제가 될 수 있다.
- 집단은 어떤 사람들, 예컨대 개인작업에서 비롯되는 친밀감이 너무 강하다고 느끼는 사람들에게 더 적합하다.
- 집단은 힘과 책임을 공유하기 때문에 더 민주적일 수 있다.
- 어떤 치료사/집단사회사업가는 개인작업보다 집단작업에서 만족감을 더 많이 느낀다.
- 집단작업은 전문 지식을 사용하여 동시에 여러 사람을 돕는 경제적인 방법이 될 수 있다.

하지만 단점도 있다.

- 여러 사람이 참여하므로 비밀 보장이 더 어렵다.
- 집단은 여러 가지 자원을 필요로 하고 집단을 조직하는 것이 어려울 수 있다.
- 집단구성원들이 개별적으로 받는 관심이 더 적다.
- 어떤 집단은 '부당한 꼬리표'가 붙거나 낙인이 찍힐 수 있다.
- 사람들은 '숨거나' 쟁점을 피하기가 더 쉽다.
- 일부 참가자들은 다른 사람들의 노련함에 겁을 먹을 수 있다(Brown, 1992: 13-16; Lumley-Smith, 2002).

 미술을 사용하는 이유

미술치료와 미술 활동의 가치에 관한 일반적인 사항과 더불어 집단작업에 적용되는 몇 가지 독특한 측면들이 있다.

- 모든 사람이 참여할 수 있는 하나의 활동을 제공한다. 이는 어떤 이유로든 말을 한다는 것이 어려운 구성원들이 있는 집단에서 유용하다.
- 집단에서 동등하게 참여하는 방법을 제공한다. 모든 사람이 동시에, 각자의 수준에서 함께할 수 있다.
- 언어적 집단보다 더 다양한 범위의 사람들을 포함할 수 있다.
- 참가자들은 다른 사람들의 작품을 보게 되는데(일부 집단에서는 그것에 관해 논평함), 이것은 언어만 사용하는 집단과는 다른 요소를 제공한다.
- 상호작용적인 집단미술 활동을 할 수 있다.
- 미술을 사용하면 많은 자료가 만들어지는데 이것이 집단의 변화와 역동을 촉진시킬 경우가 많다.

미술치료사들에 대한 설문조사

앞서 언급한 많은 사항은 미술 집단작업과 관련되며, 내가 석사논문을 위해 1978년에 실시한 설문조사에서 입증된 것들이다(Liebmann, 1979). 이 조사를 위해서 나는 다양한 치료 환경과 교육 환경—일반정신병원, 주간 병동, 보호관찰 및 복지기관의 주간 보호소, 학교, 청소년 단체, 미술치료 단과대학, 성인교육기관—에서 일하는 미술치료사들을 면담했다. 그들은 지역사회에서 다방면의 사람들—장기입원환자와 노인환자, 격심한 정신적 위기에 처한 사람, 정신질환자, 학습장애를 가진 사람, 전과자, 사회복지 대상자, 알코올 문제를 가진 사람, 가족, 아동, 훈련 중인 미술치료사와 사회사업가—과 작업하고 있었다. 나는 모든 치료사에게 그들의 집단이 가진 목표가 무엇인지를 물었고, 그 대답들은 두 가지—개인적인 것과 사회적인 것—로 나뉘었다. 이것은 〈표 1-1〉과 〈표 1-2〉에 요약되어 있다.

표에서 보여 주듯이, 미술치료사들은 그들의 집단이 특정한 질병에 대한 구체적인 치료라기보다는 집단구성원들의 개인적 · 사회적 기능을 향상시키

〈표 1-1〉 집단의 일반적인 개인적 목표

1. 창조성과 자발성
2. 신뢰 구축, 자기 정당성, 자신이 가진 잠재력의 실현
3. 개인의 자율성과 의욕 증진, 개인적인 성장
4. 결정을 내리고 실험하고 아이디어를 시험해 볼 자유
5. 감정, 정서, 갈등의 표현
6. 환상과 무의식에 대한 작업
7. 통찰, 자기인식, 성찰
8. 경험의 시각적 · 언어적 정리
9. 이완

출처: Liebmann(1979: 27; 1981: 27; 1984: 159).

〈표 1-2〉 집단의 일반적인 사회적 목표

1. 다른 사람에 대한 인식, 인정, 감사
2. 집단활동에서의 협력, 참여
3. 의사소통
4. 문제, 경험, 통찰의 공유
5. 경험의 보편성/개인의 독특성 깨닫기
6. 집단에서 다른 사람들 공감하기, 자신이 다른 사람들에게 미치는 영향 이해하기, 관계 맺기
7. 사회적 지지와 신뢰
8. 집단의 응집성
9. 집단의 이슈 검토하기

출처: Liebmann(1979: 27; 1981: 27; 1984: 159).

고 때로는 변화시키는 것에 목표를 둔다고 보았다.

집단의 치료적 요소를 전반적으로 살펴본 중요한 연구가 있다. 내 연구가 나온 뒤에 다이앤 월러(Diane Waller, 2003)가 쓴 『집단 상호작용적 미술치료(Group Interaitive Art Therapy)』에서 그녀는 대부분의 사람이 동의하는 집단심리치료(〈표 1-3〉 참고)의 치료적 요소들을 요약하였다.

〈표 1-3〉 집단심리치료의 치료적 요소

1. 정보 제공 및 공유
2. 희망의 주입
3. 환자들이 서로 돕는다.
4. 환자는 다른 사람들이 같은 문제, 불안, 두려움을 가진 것을 깨닫는다.
5. 소집단은 가족을 재현하는 역할을 한다.
6. 카타르시스-표현하면 크게 완화될 수 있다.
7. 사람들은 다른 사람들과 상호작용하는 방법을 배우고 이것에 대해 피드백을 받을 수 있다.
8. 집단 응집력-안전한 공유의 장소가 될 수 있다.
9. 대인관계 학습-오래된 행동방식을 살펴보고 고칠 수 있다.

출처: Waller(1993: 35-36).

흥미롭게도, 나의 연구와 다이앤 월러의 요약에서 나온 치료적 요소들은 어빙 야롬(Irvin Yalom)의 저명한 책 『집단심리치료의 이론과 실제(The Theory and Practice of Group Psychotherapy)』(1995: 1)에서 그가 강조한 치료적 요소들과 아주 비슷하다.

이러한 개인적 · 사회적 기능은 사회적 · 교육적 · 치료적 환경 등 다양한 환경에서 그리고 독립적으로 기능할 수 있는 거의 모든 사람이 포함된 많은 환경에서 확실히 향상될 수 있다. 이러한 목표가 특별한 도움이 필요하다고 분류된 사람들에게 국한될 필요는 없다. 그것은 우리 모두가 한 번쯤은 얻으려고 노력한 인간의 본질이다. 사실, 내가 면담했던 미술치료사들 중 상당수는 지역사회에서 다양한 사람들을 위해 워크숍을 운영하고 있었는데, 그들은 자기 자신과 자신의 감정을 탐구하기를 원했고 이것들을 다루는 개인적인 기술을 향상시키고 싶어 했다.

〈표 1-3〉의 치료적 요소를 나열한 목록표는 다음과 같은 점에서 중요하다. 그것은 치료사와 촉진자가 자신의 내담자 집단에게 어느 것이 특히 중요한지를 생각해 보고, 집단이 그것에 주의를 기울이도록 만들겠다는 계획을 세우게 한다. 예컨대, 집단 응집력이 중요해 보인다면 치료사는 집단구성원들이 모든(혹은 대부분의) 회기에 참여하는 것이 중요하다는 것을 확실히 이해하도록 조치를 취할 것이다.

미술치료 집단작업의 다양한 방법

집단 미술치료와 미술 활동은 집단작업과 미술치료 양쪽의 전통에서 도출된 개인 경험과 집단 경험을 함께 제공할 수 있다. 이 책의 1판을 썼을 당시 이것은 영국에서 집단미술치료에 대한 처음이자 유일한 책이었고 미술치료에 대한 책으로는 2번째로 출판된 것이었다. 지금은 상황이 아주 다르다. 여러 권의 책과 다수의 장이 집단미술치료에 대해 쓰고 있으며 각양각색의 작업 방법들을 설명하고 개발하고 있다.

일반적인 집단작업에 대해 생각해 보면, 거기에는 수많은 방법과 형태가 있고 그것들을 분류하는 체계도 많다. 내담자 집단, 목표, 이론적 근거, 실행 방법, 실제적인 유용성에 따라서(Brown, 1992: 19) 그리고 기간에 따라서 분류될 수도 있다. 집단심리치료만 하더라도 휘태커(Whitaker, 2001: 60-61)는 두 가지로 분류하였는데, 하나는 10개의 유형으로, 다른 하나는 13개의 유형으로 나뉜다. 그러므로 일관성 있는 유형 분류 체계를 도출하는 것이 쉽지 않다.

나는 나의 지식으로부터 그리고 문헌 연구를 넓혀 나가면서 집단미술치료의 실제에서 나타난 주된 접근 방법들이 무엇인지를 알아내려고 노력했다. 나는 문헌에 나온 역사적인 순서에 따라 그 방법들을 열거하였다(실제 순서와는 다를 수도 있다). 내가 아는 한, 그 순서는 저술된 시기에 따라서다. 나는 각 접근마다 한두 개의 참고문헌을 제공했다. 집단미술치료와 관련된 책의 전체 목록은 책 말미의 참고 자료에 있다. 각 접근은 때로 서로 겹치거나 차용하기도 하므로 항상 완전히 별개의 것이라고 보기는 어렵다.

오픈 스튜디오 접근

집단구성원들은 같은 공간에서 만나 그림을 그리고 자신의 작업을 자신의 속도대로 해 나간다. 작품에 대한 모든 이야기는 치료사와 개인적으로 나눈다. 분위기는 격식이 없고 편안하다. 집단은 토론하려고 모인 것이 아니다. 이것은 역사적으로 볼 때 집단미술치료의 최초의 형태였으며, 다른 사람들과 함께 그림을 그리는 것은 중요하지만 형식을 갖추거나 상호작용을 주고받는 집단은 부담스럽게 여기는 절제되고 장기적인 집단미술치료에서 여전히 사용되고 있다(Adamson, 1984; Deco, 1998). 현재 이러한 접근을 전문적으로 다루는 기관은 스튜디오 업스테얼즈(Studio Upstairs)다. "자신이 가진 재능과 흥미를 미술로 표현할 수 있지만 전통적인 미술기관에 참여하기에는 너무 예민한 사람들을 위한 독특하고 치료적인 공동체……구성원들은 나란히 함께 작업하고, 각자의 요구에 맞는 유연한 접근이 이루어진다."(Studio Upstairs, 2002; 주소는 참고 자료에 있음)

주제가 있는 집단

이 집단은 사람들의 경험 중에서 독특한 문제나 측면을 살펴보려는 공통된 목표를 가지고 있다. 예컨대, 사별, 분노, 삶의 변화 등이다. 이 작업 방식은 그런 특정 목표를 위해서 모인 단기집단에 특히 잘 맞는다. 또한 장기 프로그램의 일부로 구성된 일회성의 집단에도 유용하다. 예컨대, 대부분의 회기가 언어적 작업으로 이루어진 프로그램에 미술 회기가 한 번 포함된 알코올 교육 집단 같은 것이다. 브리스톨 암 조력센터에서 이루어지는 미술치료 회기는 이틀간의 센터 참관 일정 중 일부다. 그것은 미술치료에 익숙하지 않은 이들에게 미술치료를 소개하는 데도 도움이 된다. 즉, 집단구성원들이 그 자신의 주제를 발전시키기 전에 갖는 최초의 2, 3회기 같은 것이다. 여기에는 대개 집단의 공식적인 구조가 있는데, 도입으로 시작해서 주제 선택(치료사나 집단구성원들에 의해서) 시간, 집단구성원들이 소묘를 하거나 그림을 그릴 시간, 나누기 시간으로 이어진다(Barber, 2002; Campbell, 1993; Liebmann, 2004; Ross, 1997). 가끔은 회기 초반에 구성원들이 토론한 것에서 주제가 나오기도 한다(Greenwood & Layton, 1987; Liebmann, 2002, 2004).

집단 분석적 미술집단

이 작업 방식은 게리 맥닐리(Gerry McNeilly)가 구체적으로 발전시켰으며 여러 개의 논문에 요약되어 있다(1984, 1987, 1989, 2000). 이러한 집단에는 지시나 주제가 정해져 있지 않고 집단이 탐구하고 표현하는 것 자체가 목표다. 집단 분석적 접근은 "집단 분석은 지도자를 포함하여 집단의, 집단에 의한 분석이다." 라고 한 파울크스(Foulkes)의 작업에 그 근거를 두고 있다(Foulkes, 1983). 따라서 지도자를 포함한 집단 전체에 대한 '지금-여기' 에서의 이해를 강조한다(McNeilly, 1989: 157). 비록 주제는 정해져 있지 않지만 집단구성원들의 작품에 흔히 나타나는 내적 · 외적 사건과 관련된 주제들은 서로 공명하는 경우가 많다(예, 떠나는 치료사)(McNeilly, 1984; Roberts, 1985).

집단 상호작용적 미술치료

이 집단은 다이앤 월러(1993)가 설명하였다. 그녀는 집단의 분석적 통찰과 주제가 있는 작업들을 활용하여 개인의 작품과 구성원들 간의 집단 역동 둘 다에 중점을 둔 미술치료 집단을 운영하고 있다. 이처럼 집단은 개인이 관계하는 법을 배우는 데 중요한 장이 될 수 있다(Waller, 1993).

미술심리치료 집단

이 제목의 책(Skaife & Huet, 1998)은, 미술작품 제작이 언어만 사용하는 심리치료 집단에서는 일어나기 어려운 집단의 정신역동적인 치료 과정을 어떻게 가능하게 만드는지에 대해서 구체적으로 살펴보고 있다. 저자는 언어적 상호작용과 미술작품 제작 사이에서 일어나는 딜레마에도 관심을 기울인다(Skaife & Huet, 1998: 14). 이 책은 여러 유형의 내담자 집단으로 이론적인 탐구와 적용을 확장시키고 있다(Skaife & Huet, 1998).

사회적 이슈와 삶의 이슈를 탐구하는 미술 집단

이 집단은 주제가 있는 집단의 범주에 어느 정도까지는 포함될 수도 있지만 많은 집단, 특히 말이나 글이 생산적으로 기능하지 않았던 집단에서의 미술작업이 최근 급격하게 증가하였다. 이러한 예로는 갈등 문제에 대한 작업

(Liebmann, 1996), 젊은이들과 함께하는 벽화작업(Linfield & van Loock, 2002), 영적인 문제(Cook & Heales, 2001), 망명 요청자들을 위한 작업(Deyes, 2002) 등으로 많다. 이 집단들 중 일부는 화가나 거주 시설의 화가가 이끌지만 그 외의 집단에서는 취약한 사람들과 작업하는 능력을 가지고 있다는 이유로 미술치료사를 찾는다.

미술치료 집단에 대한 이 모든 접근의 가치에 관해서 상당한 논쟁이 있어 왔고 가끔은 과열되기도 했다. 하지만 현재 이것은 엄연히 존재하고 또 공유되어야 할 서로 다른 견해에 대한 문제로 받아들여지고 있다. 사실상, 이 '유형 분류 체계'는 완벽한 분류가 아니다. 일부 저자들은 미술치료 집단이 앞서 말한 유형의 집단들이 가진 여러 가지 특성을 포함하고 있다고 말한다. 많은 미술치료사들 역시 서로 다른 집단과 각기 다른 방식으로 작업한다. 어떤 접근 방법이 자신들의 집단과 상황에 가장 잘 맞는지, 그리고 그 일을 하기 전에 무슨 훈련과 준비가 필요한지는 각각의 집단촉진자나 치료사에게 달려 있다.

주제를 사용하는 이유

이 책은 집단미술치료의 두 번째 유형—동일한 과제를 함께하거나 동일한 주제를 탐구하려고 모이는 집단—과 관련된 책이다. 주제와 활동을 사용하는 이유가 다음에 나와 있다. 주제와 활동이 당신의 집단에 맞는지를 보려면 그 이유에 대해서 살펴볼 필요가 있다.

- 많은 사람이 시작하는 것을 매우 어려워한다. 주제는 어디서 시작할지를 분명하게 해 준다.
- 초기의 주제는 구성원들이 미술치료가 무엇인지에 대해서 이해하도록

도와줄 수 있다. 집단구성원들이 이러한 접근에 익숙하지 않을 때 그리고 미술집단을 이전의 학교 미술수업이나 외부의 심미적 기준의 견지에서 볼 때 특히 그러하다.

- 어떤 집단에는 아주 불안정해서 조금이라도 작업을 하려면 약간의 구조가 필요한 사람들이 포함되어 있다.
- 시간의 압박을 받는 경우가 많다. 지역사회에서 열리는 집단이나 교육강좌에서 미술집단은 겨우 한 회기, 하루 또는 주말에 불과할 수 있다. 심지어 병원과 주간 보호소에 있는 사람들도 단기간만 머물면서 정상적인 생활로 되도록 빨리 돌아가려고 한다. 집단이 적절한 주제에 초점을 맞춘다면 핵심에 훨씬 더 빨리 접근할 수 있다.
- 주제를 공유하는 것은 집단을 결속시키는 데 도움이 될 수 있다.
- 주제와 활동은 여러 수준에서 해석되므로 유연하게 사용되어 서로 다른 요구들을 충족시킬 수 있다. 집단은 적절한 주제를 선택하는 데 참여할 수 있다.
- 어떤 주제는 집단구성원들이 서로 관계를 맺도록 도와준다.
- 때로 주제는 다른 데서는 일어날 수 없는 작업과 토론을 촉진시킴으로써 사람들이 타성에서 벗어나도록 돕는다(Liebmann, 1979, 1985, 1986; Thornton, 1985).

주제를 가장 유익하게 사용하려면 서론에서 언급한 모든 경험과 준비가 필요하다. 어떤 주제들은 부적절하게 사용될 때 집단이 그 시점에서 다룰 수 없는 과도한 감정들을 불러일으킬 수 있다. 정반대의 경우에는 피상적인 경험을 유도하여 사람들을 불만족스럽게 만들 수 있다. 이 양극단 사이에는 다양한 집단 경험들이 있으며, 그 경험들은 재미있고 비밀을 드러내고 즐거울 수도 있다.

주제를 유연하게 사용하기

많은 집단이 주제를 토대로 작업하는 회기와 모든 구성원이 '자기 작업을 하는' 회기를 둘 다 사용할 것이다. [그림 1-1]은 가능한 것들을 하나의 연속선으로 보여 준다(Liebmann, 1979: 28).

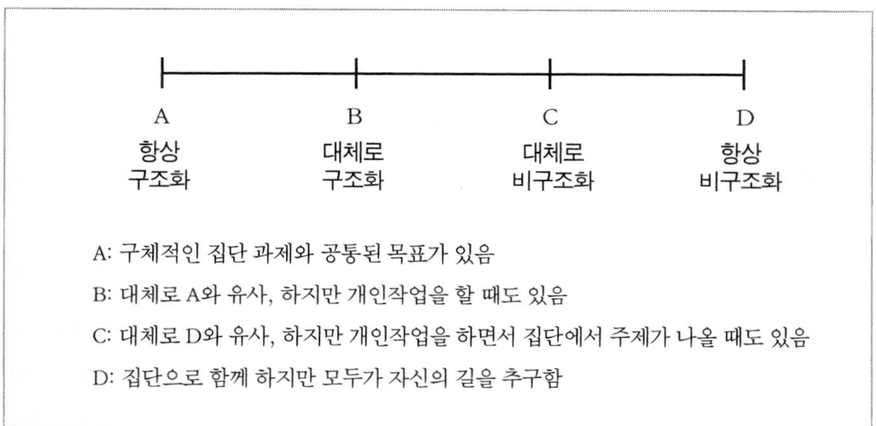

그림 1-1 미술치료 집단작업에서 가능한 것들의 연속선
출처: Liebmann(1986).

'주제를 토대로' 작업한다는 것은 많은 것을 의미할 수 있다. 그것은 "당신이 좋아하는 것을 그리세요. 단, 세 가지 색만 사용하세요."처럼 그저 단순한 한계를 나타내는 규칙을 의미하거나 "크레용 하나를 선택하여 다른 사람과 함께 같은 종이 위에서 비언어적인 대화를 나누세요."처럼 정해진 활동을 의미할 수 있다. 지시 사항에도 역시 하나의 연속선이 존재하는데, 너무 모호해서 하나의 주제를 구성하지 못하는 것부터 아주 명확한 주제를 설명하는 것까지다(Liebmann, 1979). 이는 다음과 같이 도입부에서 분명하게 드러난다.

① 우리는 '각자 자신의 작업을 할' 것입니다.

② 큰 종이와 좋아하는 색깔 세 가지를 사용해서 그리고 싶은 것을 그리세요.

③ 낙서로 시작해서 그것이 무엇으로 변하는지를 보세요.

④ 어린 시절에 일어난 일을 그리세요.

⑤ 하나의 전환점이 되었던 어린 시절의 일을 그리세요.

⑥ 처음으로 이별했던 경험을 그리세요.

⑦ 학교에 처음 입학하던 날을 그리세요.

첫 번째 지시에서 "당신 자신의 작업을 하라."는 것이 일종의 구조이긴 하지만 명확한 주제는 아니다. 두 번째와 세 번째는 최소한의 주제로서 시작은 하게 만들지만 그 이상은 구체화시키지 않는다. 나머지 네 개의 지시는 바로 알아볼 수 있는 '주제'이며 갈수록 더 구체화된다. 공통된 경험을 나누는 것이 목표라면 지시가 아주 명확해야 할 때도 있지만, 너무 명확하면 개인이 주제를 어떤 수준에서든 적절하게 선택하고 해석할 여지가 없어진다. 그러므로 성인 집단을 대상으로 할 경우 맨 끝의 지시는 너무 구체적이어서 학교에 처음 입학한 날을 기억할 수 없거나 기억하고 싶지 않은 사람들을 위한 여지가 없다.

유용한 주제는 대개 아주 유연해서 여러 가지 수준의 반응을 이끌어 낼 수 있다. 특정한 하나의 주제로 시작하더라도 우리는 그것에 뭔가를 덧붙이거나 변형시켜서 발전시켜 나갈 수 있고 이것이 활동과 그 의미를 어떻게 변화시키는지 볼 수 있다. 실제적인 예를 살펴보면 이것이 어떤 식으로 이루어지는지를 이해하기가 쉽다. 예컨대, '당신 자신을 광고하는 그림을 그리세요.'라는 주제는 서로 다른 몇 가지의 수준으로 해석될 수 있다. 그것은 자신의 장점을 나타내거나 인정할 기회가 되거나(간혹 우리의 자기비하 문화와 겸손함이 이를 허용하지 않기도 하지만), 그림을 그리는 과정에서 새로운 자질을 발견하거나, 다른 사람에 대해서 알게 되거나, 특정한 유형의 사람들에게 어필할 만한 특성을 선택하거나(광고가 특별한 표적을 겨냥하듯이), 우리가 여러 가지 유형의 사람들과 다른지 아닌지를 생각해 볼 기회가 될 수 있다.

그런 후에 그것을 발전시킬 수도 있다. 각자가 자신의 자기광고를 그리고 나면 집단의 다른 구성원들이 빠뜨려진 것을 찾아서 더해 주거나 다른 사람이 가진 '상품'을 선택하거나 그것들을 '교환'할 수 있다. 수많은 가능성이 있다. 이러한 모든 변형은 그것을 다른 활동으로 만드는 효과를 가지고 있다. 여기서 제시한 대부분의 변형은 활동을 더욱 상호작용적인 것으로 만드는데, 이는 모든 사람 또는 대부분의 사람이 함께할 때만 가능하다. 수많은 개인적 주제들이 이러한 방식으로 집단 상호작용으로 발전해 나간다. 제2부의 I(집단 상호작용 활동)을 보고, 예를 들어 138번 주제(은유적 초상화, 334쪽)가 어떻게 집단 상호작용 활동(395쪽)으로 변화되는지를 비교해 보라.

미술치료와 미술 활동의 가장 귀중한 특성 중 하나는 실제 삶과 유사한 준거 틀을 제공하는 것이다. 그것은 지금과는 다른 존재 방식을 실제 삶의 결과로 이어지는 일 없이 시험해 볼 수 있게 한다. 큰 위험에 앞서서 작은 위험을 시도해 볼 수 있다. 자기 광고를 한 사람은 집단구성원들의 도움을 받아서 자신의 좋은 특성 몇 가지를 인정하게 될 수도 있다. 그다음 단계는 매일 매일의 생활에서 그 좋은 특성들을 숨기는 대신 다른 사람들에게 알리는 것이다.

어떤 주제들의 구조는 유용한 비언어적 준거 틀을 제공한다. 이러한 예로 주간 워크숍에서 은유적 초상화 게임을 한 것(제6장 사례 21)을 들 수 있다. 거기서 한 여성은 또 다른 자신을 뒤에 푸른 나무가 엿보이는 벽돌담으로 그렸다([그림 6-14] 참고). 여기서 상호작용적 주제의 구조는 하나의 틀을 제공해서 사람들로 하여금 전에는 할 수 없었던 비언어적 방식으로 자신들의 힘든 관계를 나타낼 수 있게 하였다. 나무의 존재는 희망과 변화를 의미했고 대화의 새로운 출발점이 되어 두 여성이 이것에 관해 토론할 수 있게 만들었다.

결 론

이 장에서는 미술치료에 대한 개관과 집단미술치료의 발달 과정을 설명하였고, 집단미술치료에서 주제를 사용하는 이유를 정리하였다. 유연한 주제를 토대로 작업이 기여할 수 있는 부분도 살펴보았다. 이는 다음 장의 주제인 집단 운영의 실제적인 단계로 가기 전에 집단에 대한 유용한 기초 지식을 형성한다.

참고문헌

Adamson, E. (1984). *Art as Healing*. London: Coventure.

Barber, V. (2002). *Explore Yourself Through Art: Creative Projective to Promote Personal Insight, Growth and Problem-solving*. London: Carroll & Brown.

Brown, A. (1992). *Groupwork*, 3rd edn. Aldershot: Ashgate.

Campbell, J. (1993). *Creative Art in Groupwork*. Bicester: Speechmark.

Campbell, J., Liebmann, M., Brooks, F., Jones, J., & Ward, C. (Eds.). (1999). *Art Therapy, Race and Culture*. London: Jessica Kingsley Publishers.

Case, C., & Dalley, T. (1992). *The Handbook of Art Therapy*. London: Tavistock/Routledge.

Cook, C., & Heales, B. C. (2001). *Seeding the Spirit: The Appleseed Workbook*, Birmingham: Woodbrooke Quaker Study Centre.

Deco, S. (1998). 'Return to the open studio group: art therapy groups in acute psychiatry', in S. Skaife and V. Huet (Eds.). *Art Psychotherapy Groups*. London: Routledge.

Deyes, T. (2002). 'Asylum seekers: unravelling the knot', *Mailout*, June/July: 6–8.

Foulkes, S. H. (1983). *Introduction to Group Analytic Psychotherapy*. Croydon: Medway Press.

Greenwood, H., & Layton, G. (1987). 'An out patient art therapy group', *Inscape*, Summer: 12–19.

Hill, A. (1945). *Art Versus Illness*, London: George, Allen & Unwin.

Hogan, S. (2001). *Healing Arts: The History of Art Therapy*, London: Jessica Kingsley Publishers.

Liebmann, M. F. (1979). 'A study of structured art therapy groups', unpublished MA thesis, Birmingham Polytechnic.

Liebmann, M. F. (1981). 'The many purpose of art therapy', *Inscape*, *5*, 1: 26–8.

Liebmann, M. F. (1984). 'Art games and group structures', in T. Dalley (Ed.). *Art as Therapy*. London: Tavistock.

Liebmann, M. F. et al. (1985) Letter to *Inscape*, late issue 1: 25.

Liebmann, M. F. (1986). *Art Therapy for Groups*, 1st edn, London: Croom Helm.

Liebmann, M. F. (1996). *Arts Approaches to Conflict*, London: Jessica Kingsley Publishers.

Liebmann, M. F. (2002). 'Developing games, activities, and themes for art therapy groups', in C. A. Malchiodi (Ed.). *Handbook of Art Therapy*. London: Guilford Press.

Liebmann, M. F. (2004). *Art Therapy for Groups*, 2nd edn, Hove: Brunner-Routledge.

Linfield, N., & van Loock, D. (2002). 'Youth art: working on a mural with young people', unpublished report.

Lumley-Smith, E. (2002). Personal communication.

McNeilly, G. (1984). 'Directive and non-directive approaches in art therapy', *Inscape*, December: 7–12.

McNeilly, G. (1987). 'Further contributions to group analytic art therapy', *Inscape*, Summer: 8–11.

McNeilly, G. (1989). 'Group analytic art groups', in A. Gilroy and T. Dalley (Eds.). *Picutures at an Exhibition*, London: Tavistock/Routledge.

McNeilly, G. (2000). 'Failure in group analytic art therapy', in A. Gilroy and G. McNeilly (Eds.). *The Changing Shape of Art Therapy*, London: Jessica Kingsley Publishers.

Payne, H. (1993). *Handbook of Inquiry in the Arts Therapies: One River, Many Currents*, London: Jessica Kingsley Publishers.

Prinzhorn, H. (1922). *Bildernei der Geisteskrank*, Berlin: Springer Verlag; trans. E.

von Brockendorff (1972). *Artistry of the Mentally Ill*, Berlin: Springer Verlag.

Robert, J. P. (1985). 'Resonance in art groups', *Inscape*, late issue 1: 17–20.

Ross, C. (1997). *Something to Draw On: Activities and Interventions using an Art Therapy Approach*, London: Jessica Kingsley Publishers.

Skaife, S., & Huet, V. (Eds.). (1998). *Art Psychotherapy Groups*. London: Routledge.

Studio Upstairs (2002). *Annual Report 2001*, London: Studio Upstairs.

02
집단 운영

집단 운영의 실제를 시작하기에 앞서 집단의 전반적인 목표가 사람들이 개인적인 문제를 편안하게 터놓을 수 있는 따뜻하고 신뢰할 수 있는 환경을 제공하는 것임을 기억해야 한다. 사람들 그리고 그들의 감정과 관점에 대한 배려와 존중이 가장 중요하다. 이 장에 있는 제안들은 그러한 종류의 배려, 즉 사람들이 그 속에서 즐거워하는 내담자 중심 집단을 이루도록 돕기 위해 고안되었다. 집단 운영과 관련해서 생각해 보아야 할 몇 가지 사항들을 체크리스트로 만들어 사용하면 도움이 된다.

1. 집단 준비하기
2. 동등한 기회
3. 집단에 영향을 미치는 외부 요인
4. 목표와 목적
5. 집단 경계와 기본 규칙
6. 집단의 크기
7. 개방집단과 폐쇄집단

8. 치료사와 촉진자의 역할
9. 전이와 투사
10. 회기의 일반적인 방식
11. 회기의 대안적인 방식
12. 도입과 '웜업'
13. 주제 선택
14. 미술작업에 몰두하기
15. 토 론
16. 해 석
17. 회기 종결
18. 시간의 경과에 따른 집단 과정
19. 기록과 평가

다음에서는 이러한 측면을 차례대로 간단히 살펴보고자 한다. 집단작업에 대한 정보를 더 얻으려면 참고 자료를 보기 바란다.

집단 준비하기

집단 준비하기는 보통 가장 어려운 부분이며, 이를 위해서 많은 시간과 에너지가 필요하다. 다음은 해결되고 결정되어야 할 사항들이다.

치료사 또는 촉진자

- 이 집단이나 워크숍을 이끌기에 적합하고 경험 있는 치료사/촉진자가 있는가?
- 공동 치료사나 공동 촉진자가 필요한가?

- 수퍼비전을 받으려면 어떤 준비를 해야 하는가?
- 보수는 얼마인가?
- 보험 규정은 무엇인가?

장 소

- 적합한 장소가 있는가? 충분히 넓은가?
- 집단을 운영할 때 어떻게 갈 것인가?
- 휠체어가 들어갈 수 있는가?
- 화장실은 어디 있는가?
- 지정된 금연 구역이 어디 있는가? 건물의 안인가, 밖인가?
- 일광이나 인공조명은 충분히 밝은가?
- 싱크대와 물을 사용할 수 있는가?
- 탁자와 의자가 있는가?
- 바닥은 당신이 원하는 만큼 충분히 넓은가?
- 그림을 말릴 공간이 있는가?
- 작품에 대한 토론은 어디서 할 것인가?
- 건식 매체만 써야 하는가?
- 충분히 조용한가?
- 음료를 만들거나 음식을 제공할 편의시설이 필요한가?
- 응급처치 상자는 어디에 있으며, 완벽하게 구비되어 있는가?
- 화재용 비상구는 어디에 있으며, 화재 발생 시에 집결지는 어디인가?
- 응급 상황이 발생할 경우에는 어떻게 도움을 받을 수 있는가?
- 전화기가 있는가 아니면 당신이 휴대폰을 가지고 와야 하는가?
- 그 외의 위생 및 안전 문제가 있는가?

시 간

- 기관의 시간표에 적절한 시간대가 있는가?
- 미술 회기에 영향을 미칠 만한 전후 활동은 무엇인가?
- 야간 워크숍이나 주간 워크숍 같은 일회성 회기라면 무슨 요일, 몇 시가 가장 좋은가?

매 체

다음에 열거한 매체 중 어느 것을 구비하고 싶은가?

- 그림물감: 분말 물감, 덩어리 형태나 미리 혼합된 액체 물감(마지막 것은 사용하기 쉽고 다른 준비가 필요 없다). 어떤 집단에는 형광색과 금속색이 잘 통한다.
- 물감을 다루는 도구. 예컨대, 분말 물감용 숟가락이나 액체 물감 용기의 막힌 구멍을 뚫을 철사(이때 큰 종이 클립이 도움이 된다)
- 물감을 담고 혼합할 팔레트(슈퍼마켓에서 파는 요구르트 받침이 일회용 팔레트로 유용하다), 물감의 양이 많을 때는 플라스틱 접시
- 물통
- 붓: 큰 것, 중간 것, 작은 것
- 스펀지와 롤러: 그림이 클 때, 붓을 쓰는 것과는 다른 경험을 할 때
- 건식 매체: 부드러운 연필(예, 2B), 색연필, 왁스 크레용, 펠트펜, 오일 파스텔, 콩테 크레용, 목탄, 수성 크레용
- 종이(여러 가지 색깔과 크기로): 공작용 판지, 초배지, 도화지, 신문인쇄용지 두루마리
- 카드지: 얇거나 두꺼운 것, 입체 작업을 할 때
- 찰흙과 찰흙판(그리고 찰흙을 축축하고 서늘하게 보관할 매체, 치즈 자르는

철사나 튼튼한 칼처럼 개개의 덩어리로 자를 매체). 자기와 도기용 찰흙은 불에 구울 가마가 필요하고, 뉴클레이는 저절로 굳고(나일론으로 보강됨) 색칠할 수 있다.

- 플라스티신과 그 외의 공작용 점토(플레이도우 만드는 방법을 알려면 305쪽의 75번 참고)
- 콜라주 매체: 잡지, 질감이 있는 매체, 천, 색상 박엽지, 실, 자연물, 반짝이, 스팽글 등
- 입체 작업에 쓰일 폐품들: 종이 상자, 철사, 담배 파이프 청소 용구, 자연물
- 가위(잘 잘라지지만 끝이 둥근 것), 다용도 칼, 보통 쓰는 튼튼한 칼(내담자 집단과 안전 문제를 고려하여 선택하라)
- 접착제: 콜라주(PVA가 유용함)와 입체 작업(더 강한 풀)에 쓰이는 풀, 스카치테이프, 마스킹 테이프
- 걸레, 청소용 휴지나 키친타올
- 탁자나 카펫이나 말릴 그림 위에 덮을 신문지나 폴리에틸렌 덮개
- 옷을 보호하기 위한 값싼 비닐 앞치마나 낡은 셔츠(혹은 사람들에게 낡은 옷을 입고 오라고 요청하라)

이 물품들 대부분을 미리 사거나 잘 정리해 두어야 한다. 모든 물품을 특정한 공급자에게 주문하는 기관에서 일할 경우 특히 더 그렇다. 현재 많은 중소도시가 산업 폐기물을 모아 학교, 병원, 그 외의 조력단체로 보내어 재활용시키는 '폐품 가게', 자원 센터 또는 이와 유사한 사업체를 가지고 있다. 그들은 양질의 종이, 카드, 플라스틱 용기를 공급받으며, 때로는 저렴한 미술 매체를 구입하기도 한다. 미술 매체는 여러 개의 카탈로그를 비교하여 합리적인 가격(소매상보다 더 싸게)으로 주문할 수 있다. 폐품 가게와 카탈로그에 대한 세부 사항은 책 말미의 참고 자료에서 찾아볼 수 있다.

집단구성원

이것은 아마 가장 까다로운 부분일 것이다. 당신은 내담자(혹은 집단구성원) 의뢰 시스템이 필요할 것이고 그러려면 그런 기관에서 일하는 직원들에게 당신의 집단에 대해 알려야 한다. 당신이 운영할 미술집단으로부터 이익을 얻을 사람이 누구인지를 어떻게 하면 그들이 쉽게 알 수 있을까? 당신은 정기적인 미술치료나 미술 활동 회기로부터 이익을 얻을 수 있는 '이미 구성된' 집단(예, 병동, 학급, 양로원)이 있는지에 대해서 그들과 이야기를 나눠야 할 것이다. 이러한 활동을 소개하는 좋은 방법 중의 하나는 그 직원들을 위한 워크숍을 먼저 열어서 그들이 관련된 일에 대한 지식을 직접 얻도록 하고 어떤 의혹이 있다면 질문할 기회를 갖게 하는 것이다. 당신이 기관에서 근무할 경우에는 집단을 시작하기 전에 그 일에 대해서 되도록 많은 지지를 얻는 것이 중요하다.

당신이 특정한 주제를 다룰 한정된 회기의 집단을 운영하려고 한다면 직원들이 내담자를 의뢰할 방법이나 내담자가 스스로 찾아올 방법을 자세히 적은 인쇄물이나 전단지를 만들어야 한다. 이러한 정보에는 실제적인 세부 사항(시간, 장소, 기간, 촉진자들)과 집단의 목적, 성격, 요구 사항(예, 예약 없이 들르는 식이거나 매 회기를 참석해야 하는 것)에 관한 것들과 집단이 어떻게 운영될 것인지가 포함되어야 한다.

공식적인 치료집단을 만들기 위해서 면담이나 예비 회기를 가지는 것은 좋은 방법이다. 이것은 치료사에게는 내담자가 집단에 적합하고 준비가 되어 있는지를 확인할 기회가 되고 내담자에게는 집단이 자신에게 맞는지를 확인할 기회가 된다. 또한 내담자-치료사 간에 신뢰 구축 과정이 시작되게 함으로써 첫 회기에 내담자가 위축되지 않게 한다.

당신이 지역사회 구성원들을 위한 워크숍(예, 조력 전문직 사람들을 위한 주간 워크숍)을 운영하려고 한다면 당신이 원하는 사람들을 끌어들이기 위해(그리고 어쩌면 당신이 잘 다룰 수 없다고 여기는 사람들을 피하기 위해) 포스터 제작과 어떤 단어를 사용할 것인지에 대해서 생각해 봐야 한다. 대중에게 알려지는 데 필요한 시간을 충분히 남겨 두어야 하고 비용과 보수에 대해서도 검토해야 한다.

동등한 기회

대부분의 기관은 소수 집단, 차별 대우, 서비스 이용에 대한 정책을 세울 때 동등한 기회 부여의 방침을 가진다. 실제로 이것은 다음의 고려 사항을 명심하라는 뜻이다.

- 인종, 민족적 배경, 문화, 종교, 성별, 성적 지향성, 계층, 장애, 연령의 이유로 차별해서는 안 된다. '아시아 노인 내담자 집단' 이나 '젊은 동성애자 집단'과 같은 소수 집단을 위한 '긍정적인 차별' 은 예외다. 때로 집단 지원자는 자신이 집단의 유일한 흑인이거나 유일한 여성처럼 '한 사람의 소수자'인 것을 알게 될 것이다. 그런 경우에는 그녀/그가 그런 상황에서 집단에 참여하는 것이 괜찮겠는지 혹은 너무 스트레스가 많을 것 같으니 다음 집단이 구성될 때까지 기다리는 것이 낫겠는지를 그 사람과 함께 확인해 보는 것이 바람직하다. 그들이 그 집단에 참여한다면 어떻게 지지해 주어야 할 것인가(촉진자가 그런 문제에 민감해지기, 기본 규칙에 '성차별적이거나 인종차별적인 말을 하지 말 것'을 포함하기 등)? 사전 면담을 통해 지원자들에게 이러한 사항들에 대해서 물어볼 기회를 줄 수 있다.
- 집단의 장소는 교통(대중교통, 주차, 자전거를 안전하게 세울 곳), 사회적 · 물리적 요구(안전, 도시 지역, 시간대)의 견지에서 그리고 건물에 출입하는 측면에서(건물 안팎의 계단, 화장실) 쉽게 접근할 수 있어야 한다. 대부분의 기관에서는 실제로 이것이 어렵다. 하지만 「장애인 차별 금지법 1995」는 2004년 10월부터 모든 공공 서비스 제공자들에게 장애인들이 서비스를

이용하는 데 방해가 되지 않도록 그들의 신체적 특징에 따라 '합리적인 맞춤 서비스'를 해야 할 의무를 부여하였다(DRC, 2002: 4-6). '접근성 심사'가 여기서 도움이 될 수 있다(DRC, 2002: 39-40, 50). 영국의 DIAL (Disability Information Advice Line)은 접근 가능한 장소와 그 외의 장애인 관련 정보가 있는 지역 센터를 연결시켜 줄 수 있다(참고 자료).

- 집단구성원들의 일부 또는 모두에게 통역자가 필요할 수도 있다. 이것은 영어를 사용하지 않는 사람들의 자국어 통역 또는 청각장애인의 수화 통역이 될 수 있다. 문제의 집단구성원들이 영어를 약간 할 수 있다고 해도 섬세한 감정은 그들 자신의 언어를 통해서만 표현될 수 있기 때문에 통역자가 있는 것이 훨씬 나을 것이다. 대개 좋은 통역자를 미리 예약해 두어야 하며, 비공식적으로 준비하기보다는 공인된 통역자와 기관을 적절하게 이용하는 것이 중요하다. 집단을 시작하기 전에 통역자가 해야 할 일에 대해 이야기를 나누는 것은 중요한 일이다. 그들은 오로지 통역만 해야 하고 의견을 제시하거나 집단에 참여해서는 안 되며, 집단의 나머지 구성원들과 '부차적인 대화'를 해서는 안 된다. 주의를 기울여야 할 점은 비밀 보장이며, 서로를 잘 아는 작은 소수 집단일 경우에 특히 그러하다. 특정한 통역자가 당신의 내담자 집단과 갈등 상태에 있는 집단의 출신일 경우에 그녀/그가 그것을 받아들일 수 있는지를 물어보는 것도 중요하다. 마지막으로 통역자가 적절한 언어를 구사하고 있는지를 확인해야 한다.
- 집단에 대한 글이나 집단 내에서 사용하는 언어가 무엇인지를 의식하는 것은 중요하다. 이것은 기본 규칙에 포함될 수 있다(이 장의 '집단 경계와 기본 규칙' 참고). 촉진자는 구성원들의 인종차별적 · 성차별적 언어 사용(예컨대)에 대해 기본 규칙을 상기시킨다거나 어떤 고정관념이 정말로 사실인지를 질문하는 등 건설적인 방법으로 도전할 준비가 되어 있어야 한다. 바버와 캠벨(Barber & Campbell, 1999)은 한 집단미술치료에서 '검은(black)'이라는 단어를 사용하는 것과 관련된 의미에 대해서 토론하였다.

왜냐하면 그것이 중립적인, 긍정적인 또는 부정적인 연상과 함께 색깔, 사람, 정책을 가리킬 수 있기 때문이다. 내가 운영했던 집단에서 한 남성이 집안일과 관련된 남녀의 역할에 대해서 성차별적인 발언을 하였다. "나는 개를 키우지 않고 스스로 짖지도 않아요."(일해 줄 사람도 없고 스스로 하지도 않는다는 뜻이다) 나는 그를 꾸짖는 대신에 다음과 같이 제안했다. "이것을 집단의 다른 남성들과 함께 확인해 볼까요?—당신은 어떻게 보시나요?" 그들이 다양한 집안일을 맡고 있다는 것이 밝혀졌고, 그의 관점은 공유되지 않는 것이 확실해졌다. 만약 촉진자들 역시 동요를 일으키거나 공격적인 말을 특정하게 사용하고 있다면 집단구성원들의 이의 제기를 순순히 받아들여야 한다.

- 집단구성원들이 '모든 사람이 ~하다.' 또는 '어떤 종교를 가진 사람들은 항상 어떤 식으로 행동한다.'처럼 표현한다면, 그렇게 가정하게 두지 말고 질문하는 것이 좋다. 집단에서 여러 가정들에 대해 이렇게 질문하면 흥미로운 토론을 이끌어 내고 모두가 배울 기회가 된다.
- 아주 작은 것에 주의를 기울이기만 해도 가벼운 장애를 가진 사람들이 편안하게 참여할 수 있는 큰 차이를 만들어 낸다. 예를 들면, 불완전한 청각이나 시각을 가진 사람을 집단에서 가장 좋은 자리에 앉게 하기, 관절염이 있는 사람에게 두꺼운 펜을 주기, 바닥에 앉아서 하는 활동을 제시하기 전에 무릎에 문제가 있는 사람이 있는지 확인하기 등이다.

이러한 사항에 유의하는 것을 '정책적인 정확성을 기하기 위한 부담'으로 보기보다는 우리의 폭넓은 인간성 속에서 서로를 발견하는 창조적인 여행의 일부로 보아야 한다(Campbell, 1993: 23). 내 경험으로는, 질문하는 것을 두려워할 필요가 없으며 도리어 그 질문에 대한 대답으로부터 많은 것을 배울 수 있었다.

 집단에 영향을 미치는 외부 요인

다음은 당신이 통제할 수 없지만 당신의 집단에 영향을 미치는 요인들이다. 그 대부분은 앞에서도 언급했다.

기관에 의한 요인

당신의 집단은 식사 시간, 이동 시간, 근무 교대, 쉬는 시간 등 기관의 시간표에 얽매이게 된다. 당신과 당신이 하는 일에 대해 얼마만 한 지원을 해 주느냐에 따라서도 영향을 받을 것이다. 예컨대, 지원이 거의 없다면 당신은 난관에 부딪히거나 집단구성원들이 갑자기 위축된 것을 발견하게 될 것이다. 충분한 지원이 있다면 당신과 집단의 요구가 존중될 것이며, 결과적으로 도움을 주고 관심을 보이는 직원들이 생겨날 것이다. 집단의 목표가 기관의 목표와 다르거나 집단구성원들이 다른 치료사나 직원들로부터 다른 메시지를 받게 된다면 문제가 생길 수 있다.

물리적 요인

미술치료 집단은 사용할 수 있는 공간으로 인해 많은 영향을 받을 수 있다. 작고, 어둡고, 밀실 공포증을 느끼게 하는 방에서 집단이 열린다면 집단의 성과에 제약을 받는다. 다른 방으로 통하는 통로가 있어서 지속적인 방해를 받는 곳에서 열리는 집단도 마찬가지다. 인접한 방에서 소음이 들리고, 쓸 만한 탁자가 없고, 불편한 카펫이 있다면 집단에 더 많은 제약을 가할 수 있다. 이와 대조적으로, 마음 놓고 그림 그릴 수 있는 장소와 편안하게 토론할 공간이 있는 조용하고 환한 방은 집단의 경험을 고양시키는 데 많은 도움을 줄 수 있다.

내담자

물론 이것이야말로 당신이 집단과 함께하면서 무엇을 기대할 수 있는지와 기대할 수 없는지를 결정하는 가장 중요한 요인일 것이다. 서로 다른 집단이 서로 다른 욕구를 가지고 있고 서로 다른 활동을 잘 해낼 수 있다는 것은 명백하다. 몇 개의 내담자 집단을 예로 들어 보면, 병원의 장기재활병동 환자, 주간 보호소의 전과자, '특별한 욕구' 를 가진 집단의 아동 및 청소년, 사회사업과의 직원들로 이뤄진 팀, 정신병동의 급성입원환자, 지역사회의 암환자, 주간 보호소에 다니는 노인 또는 학습장애를 가진 성인 집단 등이 있다. 그들은 고려해야 할 다양한 문제를 가지고 올 것이다. 노인과 장애가 있는 사람들은 휠체어가 필요할지도 모르고 시각과 청각에 문제가 있을 수도 있다. 이들을 단계적으로 도와야 할 때도 있다(예, 연필과 크레용에 두툼한 손잡이를 끼워 주는 것). 신체 질환이 있는 사람들은 매우 피곤하고 상당한 고통이 있어서 집중력에 한계가 있을 수 있다. 아동, 학습장애가 있는 사람, 치매가 있는 노인환자 역시 집중력이 지속되는 시간이 매우 짧다. 이러한 집단들은 구성원들 간에 공통점이 많을 경우도 있고 전혀 맞지 않는 사람들이 많이 섞여 있을 경우도 있다. 통찰과 자각의 수준이 서로 다를 것이다. 집단을 분열시킬 수 있는 부적절한 사람들이 참석할 때도 있다.

감 정

사람들은 바깥 세상이든 기관 내의 어딘가이든 서로 다른 온갖 종류의 상황에서 생긴 감정들을 가지고 집단 회기에 온다. 그들은 맥이 빠지거나 고조되어 있거나 불안하거나 뭔가에 정신이 팔리거나 단지 매우 피로하게 느낄지도 모른다. 회기를 시작할 때 사람들이 어떤 느낌을 가지고 있는지 알아보는 것은 좋은 방법이다. 이것은 당신이 활동을 선택하는 데 영향을 미칠 수 있고 또는 그 회기의 목표를 달성할 기회가 왔는지 아니면 제약이 있겠는지를 알아차리도록 도울 수 있다. 미술치료 회기가 잘 진행되지 않는다면 그것은 집단에서 일어난 일 때문이 아니라 집단 밖에서 일어난 일 때문일 수 있다. 일부 기관에서 미술치료 회기는 전체 프로그램의 일부(예, 대부분의 주간 보호소에서처럼)이므로 그전에 무엇을 했는지를 알아보아야 한다.

목표와 목적

당신이 가진 목표와 목적(최소한 일부라도)을 명확하게 하는 것은 중요한 일이다. 당신이 집단을 위해서 어떤 목표와 목적을 염두에 두어야 할지를 알아보려면 〈표 1-1〉 〈표 1-2〉 〈표 1-3〉의 목록을 살펴보는 것이 좋다. 당신은 중요하게 여기는 다른 목표를 가질 수도 있다. 이 집단이 무슨 이유로 미술 활동이나 미술치료 회기를 하려고 모이는지를 스스로에게 물어보라. 여기에 여러 가지 목표의 몇 가지 예가 있다.

- 병원의 정신과 환자 집단은 입원을 촉발시킨 요인들을 찾아볼 것이다.
- 돕는 직업을 가진 사람들의 집단은 미술치료가 어떤 것인지를 알고 싶어 한다.
- 힘든 일을 겪고 있는 여성 집단은 비언어적인 의사소통 수단으로 미술을 사용할 것이다.
- 아시아 여성 집단은 분노와 갈등에 잘 대처하는 방법을 모색하고 싶어 한다.
- 학습장애를 가진 성인 집단은 자신들의 창조성을 탐색할 것이다.
- 주간 보호소의 노인 집단은 미술집단을 통해서 그들의 삶에서 행복했던 일과 불행했던 일 모두를 되돌아볼 것이다.
- 암환자들을 위한 일회성 회기는 그들이 자신에 대해서 더 깊이 탐색해 볼 기회를 열어 주는 데 목표를 둔다.

- 교회 집단을 위한 주간 워크숍은 의미 있는 의사소통을 할 수 있는 활동에 어른과 아이 모두를 동등하게 참여시키려고 한다.
- 갈등 조정자들의 집단은 갈등을 일으키는 문제들을 미술을 통해 살펴보려고 워크숍에 참석한다.
- 유대인 집단은 홀로코스트 문제를 미술을 통해 탐색하려고 모인다.

(참고: 이와 같은 집단들 중 일부는 제6장에서 자세히 설명한다)

집단 경계와 기본 규칙

모든 집단은 집단이 취하는 입장을 알리기 위해 그리고 구성원들에게 무엇이 요구되고 요구되지 않는지(요구되는 것과 마찬가지로 중요하다)를 알리기 위해 몇 가지의 기본 규칙이 필요하다. 이 중에서 일부는 사전에 정해지기도 한다. 즉, 정해진 횟수의 회기에 참석해야 한다는 '계약서'가 있거나 특정한 사람들은 배제되어야 한다(예, 이전의 경험에서 그런 사람들이 집단구성원들을 분열시키고 집단이 그들을 적절하게 다룰 수 없다는 것이 드러났을 때)는 것 등이 그렇다. 그 외의 규칙들은 집단이 시작될 때 정해져야 한다. 이것들 중 대부분은 집단 경험이 있는 사람들에게는 묵시적으로 당연하게 지켜지겠지만 집단작업을 처음 하는 사람들에게는 강조할 필요가 있다. 어떤 규칙들은 집단구성원들과 함께 만들어야 한다. 여기에 몇 가지 고려 사항들이 있다.

- 일반적인 사회적 규칙: 방해하지 않기, 다른 사람을 존중하기, 제시간에 오기 등
- 실제적인 세부 사항: 화장실, 휴식, 음료, 음식 등
- 비밀 보장의 중요성: 집단은 안전하게 느껴져야 한다. 실제로 비밀 보장의 정확한 의미가 자세히 설명되어야 한다. 협의는 '여기서 말한 모든 것은 여기에만 머문다.'인 반면, 광의는 '모든 사람은 전반적인 것과 자신

이 기여한 것에 대해서 자유롭게 말할 수 있지만 다른 사람에 대해서 어떻게 인식했다는 식으로 말해서는 안 된다.'이다.

- 참여: 사람들이 집단에 참여하고 그들의 작업에 대해서 이야기하도록 요구된다는 것과 이것이 강요는 아니라는 것 또한 알게 하는 것이 매우 중요하다.
- 시간제한: 이것은 자세히 설명되어야 하며, 사람들이 끝날 때까지 줄곧 머물러야 한다는 것도 마찬가지다. 그래야만 집단이 끝났을 때 '미해결 과제'가 남는 것을 피할 수 있다.
- 출석: 폐쇄집단에서는 사람들이 매 회기 출석하도록 요구되며 만약 회기를 빠지게 되면 어떻게 될지를 알려 주어야 한다.
- 활동 중의 대화: 이것은 격려해야 하는가? 아니면 못하게 해야 하는가? 많은 치료사들과 촉진자들은 대화를 하지 않을 때의 그림 경험이 더 강렬하다고 여기지만 어떤 경우에는 대화를 시작하기 위한 수단으로 그림을 사용하기도 한다.
- 흡연: 현재 많은 건물들이 특별히 지정된 곳을 제외하고는 금연 구역이다. 따라서 집단에 흡연자가 있을 경우 원한다면 휴식 시간에 흡연할 수 있게 해 주어야 한다. 흡연자는 바깥이나 흡연 구역으로 가야 한다.
- 휴대폰: 휴대폰은 회기 중에 단호히 꺼 놓게 하는 것이 가장 좋다. 하지만 때로는 비상 전화를 받아야 할 사람들(직원이나 집단구성원들 중에서)이 있을 수 있으므로 집단은 방해를 가장 적게 받을 수 있는 타협안을 만들어야 한다.
- 촉진자의 참여: 촉진자인 당신이 참여할지 안 할지를 결정해야 한다.
- 집단의 책임: 이것이 의미하는 바를 결정해야 한다. 그것은 모든 사람이 자신의 감정에 대해 책임지는 것, 모든 사람이 토론에 참여하는 것, 모든 사람이 주제를 선택하는 것을 돕는 것을 의미할 수 있다. 또한 모든 사람이 청소를 돕는 것을 의미할 수도 있다.

집단의 크기

미술치료와 미술 활동 집단은 경우에 따라 더 큰 집단도 감당할 수 있지만, 대개는 여타의 소집단들과 마찬가지로 4~12명의 구성원을 가진다. 이 크기는 다음의 요소들을 확보하는 데 중요하다.

- 구성원들은 다른 모든 구성원과 시각적 · 언어적 접촉을 유지할 수 있다.
- 집단 응집력이 달성될 수 있다.
- 각자가 토론 시간을 적절히 나누어 가질 수 있다.
- 상호작용과 생각의 자유로운 흐름을 촉진하고 집단 과제를 떠맡을 수 있는 충분한 수의 사람들이 있다.

6~8명으로 이뤄진 작은 집단은 통상 좀 더 친밀하고 지지적이며 처음의 세 가지 기준을 충족시키는 반면, 더 큰 집단은 보다 많은 상호작용과 창조성 그리고 필요하다면 '숨을 곳'을 제공할 수 있다. 많은 집단이 중도 탈락하는 사람들로 인해 어려움을 겪게 되므로 가능하다면 치료사와 촉진자가 이상적인 숫자보다 2~3명 더 많은 참가자를 모집할 필요가 있다. 사람들이 빠져서 아주 적은 숫자만 남은 집단은 유지하기가 매우 힘들어질 수 있다(Benson, 2001: 27-28; Brown, 1992: 54-55; Whitaker, 2001: 73-74).

개방집단과 폐쇄집단

결정해야 할 중요한 사항 한 가지는 집단을 폐쇄집단으로 할지 개방집단으로 할지다. 폐쇄집단은 보통 동일한 구성원들과 함께 고정된 횟수의 회기 동안 운영된다. 이는 구성원들이 서로를 잘 알게 되고 신뢰를 쌓으면서 깊은 수

준까지 공유할 수 있음을 의미한다. 개방집단은 사람들이 원하는 대로 참여하고 떠나도록 허용하며 결과적으로 상당히 피상적인 수준에 머무른다. 주간 병동과 주간 보호소에 있는 대부분의 집단들은 참석하기로 서약한 폐쇄집단들이다. 하지만 입원환자 집단은 환자들이 자신들의 생활과 병원의 규정에 지장을 주지 않도록 가능한 한 빨리 퇴원하기 때문에 개방집단이 되는 수가 더 많다.

반개방 집단은 유용한 절충안이다. 여기에는 대개 참석하기로 한 서약은 있지만 사람들이 떠나고 새로운 이들이 들어오면서 구성원들이 서서히 바뀐다. 이런 식으로 자연적이거나 조직적인 이동이 허용되면서도 집단의 기본적인 성격은 유지된다. 이러한 종류의 집단은 많은 주간 병동과 주간 보호소, 그리고 계속 진행되는 다수의 지역사회 집단에서도 흔히 볼 수 있다.

기관에서 폐쇄집단과 반개방집단을 운영하려면 내담자가 집단에 적합한지 그리고 의욕이 있는지를 점검하고, 내담자 쪽에서는 집단이 그들이 원하는 바를 충족시켜 주는지를 확인시켜 줄 의뢰 및 사정 절차가 있기 마련이다. 여기에는 간단한 신청서, 집단 촉진자와의 면담, 시험 삼아 미술작업을 해 보는 것 또는 이 모든 것이 포함될 수 있다. 또한 평가를 위한 '사전' 측정에 참가할 수도 있다.

치료사와 촉진자의 역할

집단을 촉진하는 방법에는 여러 가지가 있다. 어떤 방법이 당신과 당신의 집단에 적합한지를 결정하는 데는 다른 집단 촉진자들과 치료사들을 관찰하는 것이 큰 도움이 된다. 집단작업에 관한 책을 찾아보는 것도 좋다. 여기에 강조할 만한 몇 가지 사항이 있다.

공동치료사나 공동촉진자의 참석

이것은 무엇보다도 두 사람이 집단을 어떻게 운영할지를 의논할 수 있다는 점에서 가치가 매우 크다. 따라서 많은 함정을 피해 갈 수 있다. 회기 안에서 공동촉진자는 집단구성원들에게 '모델'이 되어 줄 수 있고, 주 촉진자를 지원하며 갑자기 그만두려는 집단구성원에게 (필요하다면) 가서 도움을 줄 수 있다. 이런 일은 기분 변화가 심하거나 상처 입기 쉬운 구성원들이 있는 집단에서 매우 중요하다. 회기 후에 평가를 할 때도 두 사람이 한 사람보다 낫다. 두 촉진자의 목적이 서로 어긋나는 것만큼 나쁜 일은 없기 때문에 사전에 각자의 역할을 정하는 것이 매우 중요하다. 분노를 조절하기 위해 모인 미술치료 집단에서 공동촉진자를 두는 것은 필수적이다(제6장 참고). 왜냐하면 한두 명의 구성원들이 분노 폭발의 위기에 처했다고 느낄 경우에는 치료실을 잠시 떠나 있어야 하기 때문이다.

참여하기

치료사나 촉진자가 집단에 참여할지 안 할지에 관한 결정은 대개 집단의 기본적인 성격과 그 구조에 달려 있다. 많은 촉진자와 치료사가 실제로 그림이나 그 밖의 미술작업에 참여한다. 그 이유는 그들이 다른 사람의 참여와 자기 개방을 기대한다면 그들 스스로가 하나의 본보기가 되어야 한다고 여기기 때문이다. 그들은 자신들이 냉담한 관찰자가 아니라 집단의 구성원이기도 하다는 것을 이런 식으로 보여 준다. 그린우드와 레이톤(Greenwood & Layton, 1987, 1991)은 '나란히 함께하는' 치료에 대해서 이야기한다. 하지만 참여하지 않는 것에 대한 매우 타당한 이유도 있다. 즉, 집단구성원들을 위해서 매체를 준비하는 데 많은 시간을 할애하거나 집단구성원들이 개인적으로 도움을 청할 수 있게 하거나 관찰에 전념하는 것이 지도자에게 가장 중요한 과제라는 판단이 들 경우 등이다. 이러한 결정은 집단의 환경과 요구 그리고 치료사나 촉진자의 개인적인 철학에 따라 개별적으로 이루어져야 한다. 촉진자가 참여할 경우, 그들은 자신의 작업에 너무 몰두한 나머지 집단에 주의를 기울이지 못하는 것, 즉 그들의 가장 중요한 임무를 소홀히 하는 일이 있어서는 결코 안 된다.

집단에 관여하기

어떤 집단은 촉진자에게 많이 의지하는데 이것은 매우 적절한 일이 될 수 있다. 촉진자가 회기를 시작하고 대부분의 논평은 자신을 향해 있다. 다른 집단에서는 촉진자가 집단에 되도록 민주적으로 관여하려고 의식적으로 노력한다. 초기에 이러한 노력은 토론 시간에 집단구성원들이 다른 구성원들에게 질문하고 직접적으로 논평하는 것을 격려하는 형태로 나타난다. 시간이 흐르면서 구성원들은 집단의 주제를 선택하는 것을 돕고 전반적인 진행에 좀 더 관여하게 된다. 예컨대, 새로운 구성원들이 새로운 환경에 익숙해지도록 돕는 것 등이 그렇다. 그들은 다른 구성원들과 좀 더 많은 관계를 맺게 되기도 한다.

전이와 투사

이러한 용어들은 치료사가 심리치료적인 지향성을 가지고 집단에 대해 이야기할 때 쓰인다.

전 이

전이는 집단구성원들이 그들의 삶에서 중요한 인물에 대한 감정을 집단 촉진자나 치료사에게로 '옮기는' 경향을 말한다. 예를 들면, 그들은 부모에 대한 계속적인 욕구를 집단 촉진자나 치료사에게 '투사'할 수 있다. 이것은 과거의 경험에 따라서 치료사에게 과잉 의존하거나 갈등을 느끼게 된다. 기관에서는 의사와 치료사가 상당한 힘과 권위를 가진 것으로 보인다(그리고 실제로 가지고 있다)는 사실에 의해 이러한 경향이 강화될 때가 많다.

예컨대, 여러 달 이상 지역사회 집단과 함께 작업한 미술치료사(제5장 참조)에게 한 집단구성원이 다가와서 개인치료를 요구했다. 그 전부터 그녀는 자신에 대한 그의 의존심이 높아진 것을 알아챘고 그가 자신을 부모 역할을 하는 사람으로 보는 것이 아닌가 하고 추측했었다. 이것은 그가 그녀에게 자신의 개인치료사가 되어 달라고 부탁했을 때 확실해졌다. 그녀는 그의 욕구를 인정했지만, 자신이 그것을 충족시키는 것은 부적절하다고 여겼고 그에게 집단과 관련이 없는 다른 치료사를 소개해 주었다.

역전이

역전이는 집단 안에서 그/그녀의 개인적인 욕구에 기원하여 나타나는 '치료사'의 개인적인 감정과 반응을 일컫는다(Whitaker, 2001: 103). 집단구성원이 치료사를 과거의 중요한 인물(예, 구성원의 부모)인 것처럼 전이할 때 그에 대한 치료사의 반응을 의미하기도 한다. 예컨대, 촉진자나 치료사는 특정한 집단구성원이 심하게 거슬리는 것을 알게 된다. 그/그녀는 깊이 생각한 끝에 이 사람이 자신의 형제자매 혹은 부모를 상기시키는 특성을 가지고 있음을 깨닫는다.

동일시

동일시는 한 사람이 다른 사람을 자신과 유사하거나 더 이상적인 인물로 보고 그러한 면들을 스스로 모방함으로써 변화하는 과정이다(Case & Dalley, 1992: 245). 집단구성원은 촉진자나 다른 구성원을 동일시할 수 있다. 서로를 동일시하는 집단구성원들은 의욕을 북돋우고 유익한 토론을 하게 만들며 때로는 변화를 이끌어 내기도 한다. 예를 들면, 분노 조절 집단미술치료에 참여한 두 남성(제6장 참고)은 각자의 상황이 비슷했기 때문에 서로의 존재에 대해서 큰 위안을 느꼈다. 두 사람 모두 열두 살 난 아들이 있었고 집단에 참여한 이유가 아이에게 그들이 겪었던 것보다 더 나은 삶을 주고 싶어서라고 했다. 그러나 동일시가 너무 강하면 구속이 될 수 있으므로 사람들은 다른 사람과 똑같아지기보다는 좀 더 완전한 자신이 되는 방향으로 작업해야 한다.

투 사

투사는 집단구성원들이 다른 구성원들에 대해서 집단 내의 경험에 근거하지 않은 감정을 가지고 어떤 가정을 하는 과정이다. 이것은 그들로 하여금 다른 참가자들에게 자신들이 가진 특성이나 감정을 (무의식 중에) 투사하도록 할 수 있다. 때로 이것은 한 사람을 다른 모든 사람에 의한 희생양으로 만들 수 있다(Waller, 1993: 24). 투사를 당하는 사람이나 희생양은 구성원이나 치료사들 중의 한 사람이 될 수 있다.

그 밖의 정신분석적 용어들

정신분석적 용어들에 대한 해설은 『미술치료 입문서(The Handbook of Art Therapy)』(Case & Dalley, 1992)를 보면 도움이 된다. 당신이 이러한 개념들을 가지고 작업하는 치료사의 집단에 있다면 아마도 이와 관련된 훈련을 이미 받고 있을 것이다. 하지만 많은 집단이 이러한 용어를 사용하지도 않고 이러한 개념들을 구체적으로 사용하면서 작업하지도 않는다. 그럼에도 단지 그것을 알아차릴 뿐이든(제4장의 사례 19 참고) 혹은 적절한 행동을 취하든 간에 무슨 일이 일어나고 있는지를 인식하는 것은 중요하다.

회기의 일반적인 방식

주제가 있는 미술치료 집단의 가장 일반적인 구성 방식은 다음과 같다(Liebmann, 1979: 51-52).

① 도입과 '웜업': 10~30분
② 미술작업: 20~45분
③ 이미지에 대한 토론: 30~45분
④ 종결: 5~10분

많은 기관에서 사용할 수 있는 시간은 1시간 반에서 2시간이며, 앞의 구성 시간은 여기에 맞춘 것이다. 지역사회 집단과 전문가들에게는 이보다 긴 시간을 배정하여 미술작업과 토론에 좀 더 많은 시간을 쓰게 해도 괜찮을 것이다. 앞의 단계들은 적절한 활동이나 주제를 선택하는 방법에 관한 제안과 함께 다음에서 좀 더 자세히 설명될 것이다. 물론 회기의 구성 방식으로 이와 다른 것도 많이 있으며, 그중의 일부를 다음에서 설명하고자 한다.

회기의 대안적인 방식

매우 많은 미술 활동 집단과 미술치료 집단들은 앞부분에서 간단히 설명한 구성 방식을 사용하고 있고 대부분의 장이 이것을 염두에 두고 쓰이긴 했지만, 이것이 단 하나의 올바른 진행 방식이라고 말하는 것은 옳지 않다. 내담자 집단, 환경 등에 따라서 다른 방식을 채택하는 것에는 충분한 이유가 있다. 여기서 한두 가지의 대안적인 방식을 설명한다(Liebmann, 1979: 52-54).

토론 후의 그림 작업

이 방식에서는 처음에 하는 토론에 훨씬 더 많은 시간을 할애하며, 이는 단순히 도입이라기보다는 그 자체로서 하나의 활동이다. 특히 미술작업으로 들어가는 데 시간이 많이 걸리는 집단에게 알맞다. 예를 들면, 정신건강에 문제가 생긴 노인 집단이나 '재활 병동'의 장기입원환자 집단이나 일부의 아동 집단이 그렇다. 토론이 아이디어를 흘러나오게 한 뒤 집단은 미술작업에 착수한다. 마지막의 토론은 상당히 짧은 편이며, 집단구성원들은 자신들의 그림을 다른 사람들에게 보여 주는 일을 주로 한다(집단구성원들이 '통찰'을 많이 할 수 없다면 사색적인 토론에 긴 시간을 쓰는 것은 무의미하다).

어떤 집단은 집단 시간에 그림에 대해서 토론하지 않고 다음 회기를 위해서 남겨 둔다. 이러한 방식은 지난주에 그린 이미지에 대해서 토론하고 나서 이번 주의 그림 작업을 하는 식이다. 이것은 대체로 단편적인 작업 방식으로 보이지만, 그것을 채택하는 데는 충분한 이유가 있을 수 있다. 미술을 사용하는 가족치료사는 그가 만난 가족들에게 회기가 끝날 때쯤 바로 그림을 그리라고 요청했다. 그러고 나서 그는 회기 사이에 동료와 함께 그 그림들을 살펴보았고 다음 회기가 시작될 때 그것들에 대해서 분명하게 설명할 수 있었다. 그러자 이 그림들이 토론의 근거가 되었고, 회기가 끝날 때 그릴 그림의 또 다른 주제를 이끌어 내었다.

주된 활동으로써의 그림 작업

어떤 집단에게는 미술 활동을 하는 것이 주된 초점이고 토론은 그리 중요하지 않다. 이는 학습장애를 가진 사람들의 집단과 일부의 아동 집단처럼 언어적인 의사소통이 어려운 집단에게 해당된다. 여기서 미술작업의 중요성은 그것이 매우 요긴한 의사소통 수단을 제공한다는 것이다. 그것은 말을 지나치게 많이 하는 경향이 있는 집단에게 신중한 선택을 하게 할 수도 있다.

사회적인 측면의 강조

이것은 지역사회에서 살면서 주간 병동이나 주간 보호소에서 매주 열리는 미술 회기에 참석하려고 오는 고립된 사람들의 집단에게 중요하다. 그들은 학습장애를 가진 사람, 진행 중인 정신건강 문제를 가진 사람 혹은 노인 집단이 될 수 있다. 이러한 집단에서는 대화가 장려되고, 미술 활동과 주제는 이것을 촉진하기 위해 선택된다. 차와 커피를 마시는 휴식 시간 역시 정해진 일과의 하나다.

사회적인 측면이 강조될 수 있는 또 다른 방법은 준비 과정을 활용하는 것이다. 예컨대, 자조 정신을 기르는 주간 보호소에서 구성원들은 치료실을 준비하는 데 참여하고 이 일을 하는 것에 자부심을 느낀다.

특정한 집단에게 가장 적합한 방식을 개발하는 것은 치료사나 촉진자에게 달려 있으며, 집단구성원들 스스로도 대안을 제시할 수 있다. 일정 기간이 지나면서 변화가 일어날 수도 있고 아니면 집단이 매 회기가 '다채롭게 변화'하기를 바라기만 할 수도 있다.

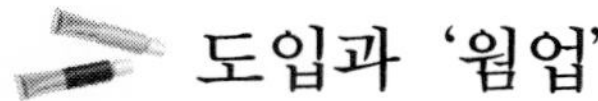

도입과 '웜업'

도 입

집단 회기에서 첫 번째 단계의 주된 목표는 새롭고 어렵고 혹은 힘들지도 모를 경험을 하기 전에 사람들이 서로 어울리게 하고 마음을 열고 긴장을 풀도록 돕는 것이다. 당신은 집단구성원들이 아주 멀리서 왔거나 회기가 열리는 기관에서 살거나 간에 그들을 환영하는 것만으로도 좋은 분위기를 조성할 수 있다. 사람들이 멀리서 왔을 경우 뜨거운 음료를 마시게 하는 것은 좋은 출발 방법이 될 수 있다. 이것은 모든 사람이 도착하지 않아서 회기를 시작하기가 여의치 않은 초기의 어색한 시간들을 순조롭게 보내는 데 도움이 되기도 한다.

사람들이 서로를 아직 알지 못한다면 소개하는 시간을 갖는 것이 필수적이다. 이름과 함께 왜 오게 되었는지, 회기에서 무엇을 얻기를 바라는지, 약간의 개인적인 정보 등 몇 가지를 조금 소개해 달라고 요청하는 것이 좋다. 때로는 이것을 구조화시켜서 사람들의 취미를 물어보고 말하게 하는 것이 좋다. 그러면 판에 박힌 대답들과 직업에 따라 사람들을 '분류하는 것'을 피할 수 있다(직업이 없는 사람들의 거북함과 함께). 이 시간의 목적은 사람들이 서로를 약간이나마 알게 하여 함께 작업하는 것을 좀 더 편하게 느끼도록 하는 것이다. 사람들이 집단에 대하여 감을 잡고 그 속에서 자신들의 관심사를 발견한다면 촉진자인 당신에게 도움이 될 것이며 회기를 운영하는 데도 유용하게 작용할 수 있다.

회기가 연속적인 프로그램의 일부라면 새로운 사람들을 소개하고 그들에게 집단에 대해서 설명해 주는 것은 여전히 필요한 일이다. 사람들이 어떤 느낌을 가지고 있고 속마음이 어떤지를 알아보는 것은 중요하며, 집단이 기관에서 열릴 경우에는 특히 더 그렇다. 이러한 생각과 감정을 표현하다 보면 때로 사람들이 마음을 '열기도' 하고 그 회기의 주제에 대한 힌트가 나오기도 한다.

도입 회기에서는 기본 규칙을 자세히 설명하고 흡연, 시간, 휴식, 화장실 사용, 참여, 대화 등의 특정한 사항에 대해서 집단의 동의를 얻어야 한다(이 장의 '집단 경계와 기본 규칙' 참고). 이와 더불어 집단의 특징, 미술치료가 무엇인지, 또는 이 미술 집단 특유의 성격에 대해서 설명할 필요도 있다. 다음의 내용들이 도움이 된다.

- 아름다운 미술작품을 만드는 것이 아니다.
- 우리가 아이였을 때처럼 그린다.—자발적으로
- 자유로운 방식으로 탐구한다.

- 작업을 하는 '올바른' 방법은 없다.
- 미술 매체를 사용하여 감정을 표현한다.
- 개인적인 방식으로 미술을 사용한다.
- 특별한 능력도 필요없고 분리한 조건도 없다.
- 완전한 설명과 완결된 이미지를 바라지 않는다—낙서와 표시도 좋다.
- 긴장을 풀고 원하는 대로 매체를 사용한다.
- 아무도 미술작품을 점수로 평가하지 않을 것이다.
- 치료사/촉진자는 당신의 작품을 성급하게 해석하지 않을 것이다.

물론 이 모든 내용이 모든 집단에게 적합한 것은 아니므로 당신의 집단에 맞게 선택하여 적용해야 할 것이다.

아마도 사용할 매체에 관해서 한두 가지 설명해 주는 것이 좋을 것이다. 특히 집단구성원들 중 일부가 그것을 사용해 본 적이 없거나 오랫동안 사용하지 않았을 때는 특히 그렇다.

'웜업' 활동

이것은 신체적인 활동이나 도입용의 미술작업이 될 수 있다. 신체적인 '웜업' 활동에는 어깨 문지르기, 빙빙 돌기, 악수하기, 원을 그려 춤추기 등과 같은 것들이 있으며 에너지가 흘러나오도록 돕는다. 이 책의 제2부 A에 이러한 활동들이 간단하게 나와 있다. 그것을 더 발전시켜서 사용하려고 한다면 책 말미의 참고 자료에 관련 서적들이 있다.

'웜업' 활동으로 하는 그림에는 돌려 그리기, 마음속에 있는 것을 빨리 그리기, 그림으로 자기 소개하기와 같은 것들이 있다. 제2부 A에 활동들이 나와 있으며 대부분의 활동은 '웜업'에 맞게 수정될 수 있다. 이 단계에서 그려진 그림은 대개 그 회기의 주제로 넘어가기 전에 간단하게 토론된다.

집단이 정착되면 도입과 '웜업' 활동이 매 회기마다 필요하지 않을 수 있다. 집단이 모이면 그 회기의 주제에 대해서 짧게 토론한 뒤 모든 사람이 곧바로 미술작업에 돌입한다. 이것은 기본 규칙과 작업 방식이 확립되어 집단에 내재화되기 때문에 가능한 일이다. 새로운 사람이 합류하면 이러한 기본 규칙이 설명되어야 한다. 때때로 정착된 집단은 작업 방식과 기본 규칙을 재평가하기 위해 토론할 필요가 있으며, 타당하다면 약간의 변화를 주는 데 합의할 수 있다.

주제 선택

정기적으로 모이는 집단과 일회성 집단은 고려할 사항이 약간 다르다.

정기 모임 집단

집단을 시작할 때는 사람들이 서로와 각자의 관심사에 대해서 알도록 돕기 위해 상당히 일반적인 주제가 필요하다. 시작할 때의 주제로 적당한 것은 다음과 같다.

- 매체에 대해서 알아보기, 물감 다루기, 젖은 종이 사용하기와 그것에서 무언가를 발전시키기(제2부 B 53번)
- 매체 탐색 부분에 있는 모든 활동(제2부 B)
- 소개(제2부 E 125번)
- 생활선(제2부 E 140번)
- 지금의 기분, 현재 몰두해 있는 문제

이것들은 몇 개의 아이디어에 불과하다. 중요한 일은 사람들이 시작하게 되고 자신들의 욕구에 민감해지는 것이다. 매 회기에 적절한 주제를 선택하는 데는 몇 가지의 방법이 있다.

① 한 회기가 끝나고 다음 회기가 시작되기 전에 어떤 주제가 이어지면 가장 좋을지를 생각해 보고 적절한 주제를 고안한다. 예컨대, 정신병원의 급성환자 병동에서 한 회기가 끝날 때까지 토론한 것은 외로움에 대한 것이었다. 미술치료사는 우정에 관한 시리즈를 만들어 냈다(제2부 E 173번).

② 미술치료 회기가 전체 프로그램의 일부인 곳에서는 다른 회기로부터 힌트를 얻을 수 있다. 예컨대, 미술치료, 사이코드라마, 요가, 심리치료와 토론을 사용하는 주간 병동에서 사이코드라마 회기가 있고 난 다음날 미술치료 회기가 열렸다. 팀을 이룬 직원들이 회기 사이에 만나서, 사이코드라마 회기에서 나왔던 것을 토대로 미술 회기에 적합한 주제를 찾아냈다.

③ 사람들이 어떤 새로운 견해를 가지고 있는지를 알아보려면 이전의 집단 회기(보통 바로 지난주)에서 그린 그림들을 살펴본다. 이것에 대한 토론으로부터 어떤 주제가 도출되는지를 본다.

④ 집단의 인간관계와 관련된 어떤 문제가 집단의 진행을 방해한다면 집단 그림에 이것이 드러남으로써 토론으로 이어지게 할 경우가 많다. 예컨대, 주간 병동 집단에서 한 남성이 자신의 그림 뒤로 숨었다. 집단 그림에는 그가 그린 부분이 구석에 간신히 끼어 있는 것으로 나타났고, 그가 얼마나 '소외감'을 느끼고 있는지를 집단 전체에게 보여 주었다.

⑤ 방향이 바뀌어야 할 것 같으면 무엇이 필요한지를 충분히 생각해 보고 적절한 주제를 선택한다.

지금까지의 방법들 대부분은 치료사나 촉진자가 주제를 선택할 때 상당히 큰 책임을 가지는 경우였다. 이는 그 선택이 구성원들의 요구를 바라보는 치료사의 관점에 의해 아주 큰 영향을 받는다는 것을 의미하지만 이 역시 타당한 일이다. 하나의 연속성이 있는 곳에서 집단은 점차 발전한다는 느낌을 가질 수 있으며, 이러한 느낌은 고무적인 것이다. 그러나 이러한 방법들의 단점은 집단의 좀 더 즉각적인 느낌과 기분을 고려할 수 없다는 것이다. 다음의 방법들은 이러한 느낌과 기분이 어떻게 포함될 수 있는지를 보여 준다.

⑥ 웜업 회기나 도입부의 '돌아가면서 느낌 나누기'를 통해 주제를 선택하도록 유도할 수 있다. 예컨대, 청년들로 이루어진 한 집단에서는 부모에 대한 많은 감정들이 있었다. 그래서 촉진자는 가족생활에 관한 주제를 다음과 같이 제안했다.
 - 자신이 얼마만큼 가족과 잘 어울리고 있다고 보는지
 - 내가 어머니와 아버지에게서 얻은 것
 - 나의 가족에 대해서 좋아하는 것과 싫어하는 것
 - 가족을 도형으로 나타내기

 섭식장애를 가진 환자 집단에서는 회기 초반의 토론이 집단이 추구할 주제를 도출하는 경우가 더러 있었다. 시간이 지나면서 이러한 방식으로 나온 주제에는 꽉 막힌 느낌, 앞으로 나아가기, 식욕부진을 내려놓기, '지금 내가 있는 곳', 신체상(body image), 자해 같은 것이 포함되었다 (Miles, 2002).

⑦ 이따금 막연하지만 실재하는 어떤 '분위기'가 감지되곤 하는데, 집단구성원들이 많은 시간을 함께 보내는 기관이나 단체에서 집단이 열릴 때 특히 그렇다. 직관적으로 이러한 느낌을 포착하여 적절한 주제를 제시하는 것이 좋다. 예를 들면, 빈곤 지역의 주간 보호소에서 매주 열리는 여성집단의 모임에 참여했을 때 나는 예사롭기 않게 적대적인 분위기를 느꼈다. 아무도 말을 하거나 미술작업을 하려고 하지 않았다. 내가 '안전한 장소'라는 주제를 제안하자 그제야 작업이 시작되었다. 그 후 보호소의 진행 코디네이터가 내게 말한 바에 따르면, 보호소의 한 직원이 비밀 엄수의 규칙을 어겼기 때문에 그들이 매우 불안해했다는 것이었다.

이 주제가 여성들의 느낌을 드러내어 그 문제에 대한 토론을 시작할 수 있도록 도왔다.

⑧ 사람들이 지난주의 회기가 끝난 뒤 무엇을 느꼈는지에 대해서 '돌아가면서 느낌 나누기'를 할 수 있다. 이것은 앞서 말한 것처럼 그다음의 주제를 이끌어 낼 수 있다.

⑨ 평소에 촉진자가 '돌아가면서 느낌 나누기'를 하지 않고 주제를 소개한다면, 여러 개의 주제를 두고 집단이 선택할 수 있도록 하면 좋다.

⑩ 직원 훈련 집단과 같은 동료 집단에서는 주제가 적힌 목록을 돌려 가면서 보고 사람들이 탐색하고 싶은 주제를 선택하도록 한다.

⑪ 어떤 집단은 특별한 이슈나 작업 방식을 탐색하려고 모이기 때문에 주제 선택에 이런 것들이 반영된다. 예를 들면, 제6장의 사례 7(분노 조절 집단 미술치료)과 영성을 탐구하는 주제를 다룬 쿡과 힐즈(Cook & Heales, 2001), 암환자를 위한 주제를 다룬 루자토(Luzzato, 2000), 학교에 다니는 아동을 위한 주제를 다룬 로스(Ross, 1997), 주의력 결핍/과잉행동 장애에 관한 주제를 다룬 사프란(Safran, 2002), 인간중심 상담에 관한 주제를 다룬 실버스톤(Silverstone, 1997) 등의 책을 참고한다.

선택된 모든 주제는 사람들이 자신의 욕구에 따라 자신의 방식대로 해석할 수 있도록 충분한 유연성이 있어야 한다.

실제적인 사항 몇 가지를 명심할 필요가 있다. 집단 그림과 벽화는 준비가 필요하고, 집단 과제를 하려면 그에 맞게 장소를 정리해야 하며, 특수한 매체는 체계적으로 준비되어야 한다. 주제를 선택하는 '올바른' 방법은 없다. 그것은 촉진자나 치료사가 그들 자신이 선호하는 방식, 집단의 요구, 사용할 수 있는 시설에 따라 가장 적절한 방식으로 풀어야 할 문제다.

일회성 집단

여기서 주제의 선택은 집단의 목표와 목적에 따라 상당히 많이 좌우된다. 선택할 만한 주제들의 예는 다음과 같다(이 집단에 대한 것은 제6장에 자세히 나와 있고, 모든 주제는 제2부에 설명되어 있다).

① 직무 연수 과정에 참석한 상주 탁아시설의 근무자들은 집단 벽화를 그리라는 요청을 받았다. 토론 후에 '나의 가족 나무'라는 주제가 정해졌고, 각자가 자신의 가족을 나무로 그렸다. 이 작업은 아동의 시각에서 본 가족의 경험에 대해서 토론하게 하였다.

② 힘든 일을 겪고 있는 한 여성 집단이 각자 서로 다른 색깔의 크레용을 가지고 한 장의 집단 그림을 차례로 돌려 가면서 그렸다. 그 결과 의사소통의 방식에 대한 토론이 이어졌다.

③ 미래를 계획하기가 어려운 암환자 집단은 그들이 하고 싶은 여행이라는 주제로 그림을 그렸다.

④ 어른과 아동이 포함된 교회 집단의 첫날에는 다음과 같은 것들이 포함되었다.

- 소개: 이름과 개인적인 관심사
- 각자의 그림을 돌려 그리기(제2부 I 296번)
- 한 사람의 파트너와 물감으로 대화하기
- 자기 자신을 음식으로 그리기
- 점심(나누기)
- 집단 이야기: 모든 사람이 자신의 개인적인 이야기를 긴 종이에 적지 않고 그리기(제2부 H 248번)
- 집단 이야기를 바탕으로 한 글쓰기
- 집단 콜라주

⑤ 전문가 집단의 첫날 저녁에는 다음과 같은 것들이 포함되었다.
- 나의 느낌
- 짝지어서 물감으로 대화하기
- 집단 그림(주제 없이)

⑥ 평화교육 집단의 오후 모임에는 다음과 같은 것들이 포함되었다.
- 자신을 그림으로 소개하기
- 짝지어서 그리기
- '평화는 내게 무엇을 의미하는가'라는 주제로 집단 그림 그리기

이 모든 예에서 활동이 끝난 후 토론에 많은 시간이 주어졌다.

내담자 집단과 관련된 주제

혹자는 하나의 주제를 사용하면 항상 똑같은 결과가 나올 것이라고 생각할지도 모른다. 실상은 거의 그렇지가 않다. 다음의 예에서 이것이 잘 나타나 있다. 3명의 미술치료사들이 '자기광고 그림'의 주제에 대해서 이야기하고 있는데 서로 매우 다른 경험을 했다(Liebmann, 1979: 127).

치료사 A: 이것의 목적은 긍정적인 자기상에 대해서 살펴보는 것이다. 집단구성원들끼리 긍정적인 피드백을 많이 주고받기 때문에 매우 우울한 집단에게 도움이 된다.

치료사 B: 신중하게 소개해야 하는 까다로운 주제이며 매우 부정적인 결과가 나올 수도 있다.

치료사 C: 보통 나는 사람들에게 자신의 장점뿐만 아니라 자신이 어떤 사람들의 마음에 들고 싶어 하는지를 곰곰이 생각해 보라고 제안한다. ……사람들이 대중 앞에서 자신을 어떤 모습으로 나타내고 있는지를 알아차

리는 것은 어려운 일이다. 사람들은 대개 자신의 능력과 장점보다는 무능력과 불확실성을 나타낸다.

치료사 A와 B는 병원에서 입원 환자 및 주간 병동 환자들과 함께 작업하고 있었고, 치료사 C는 사회복지기관의 주간 보호소에서 정신건강 문제가 있는 내담자들과 작업하고 있었다. 다양한 집단과 작업한 또 다른 치료사는 자신의 경험을 간단명료하게 요약했다. "나는 한 회기의 결과가 선택된 주제보다는 내담자들이 집단에 무엇을 가지고 오느냐에 더 많이 좌우된다는 것을 알았다." 그러므로 집단에서 실제로 일어나는 것은 다음과 같은 수많은 요인의 영향을 받는다.

- 외부 세계의 제약
- 집단의 환경
- 내담자 집단의 특징
- 집단이 도달한 단계
- 현재의 기분과 몰두해 있는 문제
- 집단의 종류, 중요시하는 특정 이슈와 작업 방식
- 촉진하는 방식
- 특정한 주제나 활동의 선택
- 토론 방식

이 모든 요인이 회기의 결과에 영향을 미칠 것이다. 서로 다른 내담자 집단에 대한 주의사항들이 제7장에 있다. 그러나 명심할 것은 집단과 집단의 현재 요구와 관련된 주제를 선택할 사람은 바로 당신이라는 것이다.

미술작업에 몰두하기

이것은 모든 사람이 지금 하고 있는 것에 완전히 열중하는 시간이다. '말하지 않기' 규칙이 이러한 경험을 강화시키며 매우 깊어지게 할 수 있다. 때때로 이것은 자연스럽게 일어나며 특히 경험자 집단에서 그렇다. 촉진자들은 이런 시간에 어떤 방해도 일어나지 않도록 각별히 주의를 기울여야 하는데(예, 지각하는 사람, 점심시간을 알리는 것 등), 왜냐하면 그런 방해는 분위기를 동요시키고 깊은 집중의 마력을 깨뜨릴 수 있기 때문이다. 시간제한이 있다면 시작할 때 알려야 한다.

미술작업을 실제로 하는 것은 정말로 중요하다. 그것은 종이 위에 뭔가를 그리고 토론하는 데 필요한 시간만이 아니라 비언어적인 과정이 중요해지면서 사람들이 물감이나 찰흙 등을 통해서 뭔가를 풀어 내는 시간이기도 하다. 이 과정을 말로 적절하게 설명할 수는 없었지만, 이것이야말로 집단 촉진자들이 미술작업과 특정한 주제를 그들 스스로 직접 해 보는 경험을 가지는 것이 중요한 이유다.

집단에서 미술작품을 만드는 것은 유익한 대화를 할 수 있도록 용기를 북돋워 준다. 예컨대, 흔히 자의식이 지나쳐서 자신의 생각을 표현하지 못하는 청소년은 집단 그림이나 찰흙 작업에 몰두하면서 '마음을 터놓을 수' 있게 된다. 대화를 격려하는 것은 지역사회에 살면서 미술치료 회기에 매주 참석하는 학습장애를 가진 성인이나 노인 집단에게도 중요한 일이다. 여기서 대화를 하고 친구를 사귀는 것은 회기를 여는 목적의 일부다.

미술작업을 처음 시작하는 시간이 어떤 사람들에게는 불편할 수 있다. 이때 매체들은 정리되어 있어야 하고, 촉진자는 도움을 줄 준비가 되어 있어야 한다. 모든 사람이 자신이 원하는 것을 가지고 자리를 잡고 나면 무엇을 할 것인지를 생각하면서 잠시 머뭇거리는 시간이 있기 마련이다. 이것은 좋은 일이며 걱정할 필요가 없다. 하지만 이따금 정말로 '진퇴양난'에 빠진 사람이 한두 명 있을 수 있다. 주변의 모든 사람이 자신이 하고 싶은 것을 아는 것 같은데 그 와중에 텅 빈 종이를 응시한다는 것은 두려운 경험이 될 수 있다. 이때 치료사나 촉진자가 부드러운 질문을 던지면서 거기서 빠져나오도록 돕고 그 사람이 주제에 대해서 느끼는 것을 그려 내도록 도울 필요가 있다(뜻밖에도 주제가 그들에게 맞지 않을 수도 있다. 그런 경우에는 수정하거나 버려야 한다). 모든 사람이 아무것도 하지 못하고 있다면 그것은 주제에 대한 설명이 충분히 명료하지 않았거나 도입기에 너무 서둘렀기 때문일 것이다. 여기서 해야 할 유일한 일은 모든 사람이 허우적거리도록 놔두는 것이 아니라 집단 토론을 더 많이 하면서 그 과정을 다시 밟아 가는 것이다.

사람들이 작업하는 속도는 서로 매우 다르다. 어떤 사람들은 서둘러서 시작하고 매우 빨리 끝내 버린다. 다른 사람들은 느리고 신중하게 작업한다. 이것은 사람들이 서로 다른 시간에 끝나는 일이 허다하다는 의미다. 여기서는 두 가지 사항이 도움이 된다. 속도가 빠른 사람들은 기다리는 동안 두 번째의 그림을 그리거나 이미 해 놓은 작품을 건설적인 방식으로 되돌아보도록 격려할 수 있다. 속도가 느린 사람들은 끝내지 못할 수도 있지만(대개 이것은 그리 큰 문제가 아니다), 시간이 거의 다 되었음을 알려 주고 가장 중요한 것이 무엇인지를 결정하도록 하는 것이 도움이 된다. 사람들이 그림을 어떻게 그리는지를 지켜보는 것은 때로 매우 흥미로운 일이다. 그들이 어디에 가장 많은 에너지를 들이는지, 어디에서 망설이는지, 기다리면서 생각에 잠기는 곳은 어디인지를 살펴본다. 당신이 작업 단계에 참여하지 않는다면 무슨 일이 일어나고 있는지를 그저 관찰하는 것만으로도 매우 값진 일이다.

집단의 회기가 짧다면(예, 1주에 2시간) 미술작업이 끝난 뒤 매체를 치우는 것이 좋다. 같은 공간에서 토론을 해야 할 경우는 특히 더 그렇다. 하지만 집단이 하루 종일, 주말 혹은 일주일 동안 열리고 몇 개의 활동을 한 뒤에 토론을 한다면 하루가 끝날 때까지 치우지 않고 두는 것이 가장 좋다.

토 론

토론을 위한 물리적인 배치가 중요하다. 모두가 무엇이 토론되고 있는지를 알 수 있어야 한다. 모든 사람이 서로 시선 접촉을 할 수 있다면 집단 응집력과 상호작용이 촉진된다. 집단이 같은 장소에서 미술작업을 하거나 집단 과제로 끝낸 작품 둘레에 둥글게 서 있으면 그렇게 될 수 있다. 어수선한 작업 공간에다 팔걸이 의자와 카펫이 있는 편안한 휴식 공간까지 갖춘 집단은 운이 매우 좋으며, 그렇게 되면 바닥의 중앙에 그림들을 놓고 모든 사람이 둥글게 앉을 수 있다.

창작된 그림에 대한 토론을 이끌어 내는 것은 또 하나의 온전한 집단 회기다. 활용할 수 있는 집단작업의 모델들이 많이 있으며 이 책 말미의 참고 자료에서 집단작업 아래 나열된 책들을 참고하면 좋다. 집단의 모든 사람이 진행 중인 토론 과정에 대해서 잘 이해하는 것은 중요한 일이다. 개인이나 집단미술치료에서 가장 흔하게 사용되는 모델들 중에서 세 가지—모두 돌아가면서 이야기하기, 한두 그림에 초점 맞추기, 집단 역동에 집중하기—를 간단히 설명하겠다.

모두 돌아가면서 이야기하기

이것은 회기의 결과물을 공유하는 방법으로 가장 흔하며 많은 것을 얻을 수 있다. 모든 사람이 그들의 그림을 나누기를 바란다는 것, 그러나 의무는 아니라는 것을 말해 주는 것이 매우 중요하다. 치료사나 촉진자는 한 사람이 시작하면 그 밖의 사람들이 차례대로 돌아가며 뒤를 이을 것인지, 첫 번째 사람이 다음 사람을 선택할 것인지, 아니면 모든 사람이 적당하다고 느낄 때 교대할 것인지를 물어볼 것이다. 마지막에 시간이 남는다면 전반적인 토론을 전개할 수 있다.

집단이 크면 모든 그림을 공유하는 데 많은 시간이 걸린다는 이것을 감안해야 한다. 한두 사람이 자신의 작품에 대한 이야기를 다 하기 전에 시간이 끝나 버리면 그들에게 회기에 대한 '미해결된' 느낌이 남을 수 있다. 촉진자는 집단과 협력하여 한 사람이 쓸 시간과 시간을 지키는 방법을 결정해야 한다. 때로는 집단의 모든 구성원이 똑같은 시간을 원하는 것이 아니므로 시간 문제는 저절로 해결되기도 한다. 그렇지 않을 때는 공식적으로 한 사람당 5분이 주어지기도 한다.

촉진자는 다른 사람들이 무슨 생각을 하는지를 물어봄으로써 집단의 참여를 촉진할 수 있고 그렇게 함으로써 모든 언급이 그녀/그에게만 향하지 않게 된다. 촉진자가 미술작업에 참여할 경우 시간이 허락된다면 그녀/그 역시 자신의 그림을 나누라는 요구를 받게 된다. 여기서 촉진자나 치료사는 집단의 구성원이 되는 것과 되지 않는 것 사이의 중간에서 간격을 잘 유지해야 한다. 자신의 어떤 것을 개방하되, 매우 절박한 문제를 가지고 집단에게 부담을 지우지 않는 것 말이다. 돌아가면서 이야기하기에는 몇 가지의 장점이 있다.

- 전에 그것을 해 보지 않은 사람들에게는 자신의 그림에 대해서 이야기하는 것(매우 개인적인 진술이 포함될 수 있는)이 숨기고 있던 것을 노출하는 경험이 될 수 있다. 모두 돌아가면서 이야기할 때 사람들은 자신들이 혼자가 아니고 '서먹서먹한 분위기를 깨는 것'은 집단 전체가 노력해야 하는 일이라고 여긴다(그러나 어떤 이유에서건 자신의 그림을 나누고 싶어 하지 않는 집단구성원이 있다면 존중해 주는 것이 현명하다).
- 새로운 집단에서 모든 사람이 그림을 공유하게 되면 서로를 알아 가는 데 도움이 된다.
- 계속 진행 중인 집단에서 구조화된 공유는 안정감을 주어서 사람들이 신뢰를 구축하도록 돕고 자신들의 그림과 토론에서 좀 더 대담하게 개방하도록 만든다.
- 집단에서 말수가 적은 구성원도 자신의 작품에 대해 나누는 시간을 가지

게 되고 특정한 구성원이 토론을 지배하지 않도록 하는 확실한 방법이다.
- 이 방법의 '동등한 공유'의 측면은 많은 동료집단과 자조집단에게 흥미를 불러일으킨다.

하지만 몇 가지의 단점이 있다.

- 개인당 말할 수 있는 시간이 상당히 짧아(집단이 아주 작지 않다면) 좌절감을 줄 수 있다. 이때 짝지어서 또는 소집단으로 나누기를 하면 도움이 된다.
- 토론이 그림에 너무 밀접하게 고착되어 피상적인 토론이 될 때도 있다.
- 토론을 구조화하는 것은 집단 상호작용의 자유로운 흐름을 일부 제거할 수 있다는 점에서 인위적으로 보일 수 있다. 구조의 안전함은 일어날 수 있는 갈등을 탐색하는 데 장애물이 될 수 있다.

한두 그림에 초점 맞추기

일부 치료사들과 촉진자들은 돌아가면서 이야기하는 것은 인위적이고 피상성을 유도한다고 여긴다. 그들은 구성원 한두 명의 문제를 탐색하거나 토론 시간 전체를 한두 그림에 사용하면 더 많은 것을 얻는다고 생각한다. 개인은 선택될 수도 있고 그 순간의 욕구가 가장 크기 때문에 스스로 나설 수도 있다. 그 밖의 사람들에게는 유사한 경험을 가졌는지 물어봄으로써 참여시킬 수 있다. 가끔 하나의 그림만을 나누는 것은 깊은 토론을 유도하여 모든 사람이 매우 의미 있는 방식으로 집단에 관여하게 만든다.

집단 역동에 집중하기

이러한 종류의 토론에서 집단은 무언가가 일어나도록 하기 위해서 활용될 뿐이다. 그 결과는 일반적인 토론일 수도 있고 아니면 노련한 치료사의 지도 아래 그림에 매이지 않는 언어적 심리치료 집단이 될 수도 있다. 치료사는 누구라도 자신의 그림에 대해서 이야기하고 싶은 사람이 있는지를 물은 다음 무슨 일이 벌어지는지 보려고 기다린다. 자유로운 심리치료 집단 안에서 진실한 감정과 갈등을 표현하도록 격려한다. 예를 들면, 어떤 집단구성원이 화를 내면 그의 부모나 배우자에 대한 감정의 투사라는 점에서 이것을 살펴본다. 이런 방식으로 집단구성원들로 인해 느꼈던 갈등이자 그들을 치료받게 만든 갈등이 해결되기를 바란다. 집단구성원들은 서로를 돕고 각자의 경험을 공유하도록 격려를 받는다. 이러한 토론 모델에서 그림은 출발점이 된다. 그것은 토론에서 큰 부분을 차지하기도 하고 상대적으로 적은 역할을 하기도 하며, 모든 그림을 깊이 있게 살펴볼 시간이 거의 없을 수도 있다.

이런 집단을 이끄는 치료사는 상당한 경험을 필요로 한다. 그런 경험은 훈련을 통해서 또는 이와 비슷한 집단을 경험 많은 누군가와 공동으로 이끌어 보면서 얻어진다. 드러난 모든 자료를 처리할 만큼 시간이 충분치 않으므로 치료사와 촉진자는 이 점에 유의하면서 집단을 도와야 할 것이다(Skaife & Huet, 1998: Waller, 1993).

해 석

이 부분에서 사람들의 오해를 불러일으킬 수 있는 한두 개의 가정이 있다. 미술치료가 널리 알려졌기 때문에 지금은 이런 일이 그리 많이 생기지는 않지만, 그것에 대해 알고 있는 것이 중요하다. 첫 번째 가정은 집단구성원들의 그림을 해석하는 것이 치료사의 일이라는 것이다. 이 가정은 미술치료가 처음 사용되었던 목적들 중 하나가 정신분석의 부속물이었다는 것에서 비롯된다. 환자는 분석을 위한 자료로 그림을 그렸는데 이는 꿈 자료가 그와 동일한 이론 체계(예, 프로이트 학파, 융 학파, 클라인 학파 등)를 사용하여 탐구되는 것과 같은 방식이었다. 그림을 그리는 과정은 중요하게 여기지 않았다. 이러한 종류의 해석은 항상 특정한 이론 체계(또는 정신분석 학파) 안에서 일어나고 상당한 훈련과 경험을 필요로 한다. 이러한 형태의 집단미술치료는 그 특정한 체계 안에서 경험을 쌓고 자격을 인정 받은 미술치료사가 이끈다.

그러나 대부분의 촉진자들과 치료사들은 기관에서 집단과 함께 작업할 때 하나의 치료적 입장만을 가지지는 않는다. 심리치료보다는 약물치료를 강조하는 의료팀이나 치료적인 틀 안에서 집단을 운영하지 않는 지역사회 단체와 작업할 때도 그렇다. 촉진자와 치료사는 여러 종류의 정신역동적 이론들부터 인간중심적 관점을 가진 수많은 이론에 이르기까지 가장 도움이 되는 이론을 스스로 발견해야 한다.

두 번째로 널리 받아들여진 가정은, 해석이란 상징에 대한 지식을 토대로 하며 상징과 그 의미는 일대일 대응을 이룬다는 것이다. 이런 경우는 거의 없다. 상징은 문화에 뿌리를 둔 다양한 의미를 가지는 경우가 더 일반적이다(예, 해는 여름, 빛, 온기, 열을 나타낼 수 있다). 또한 대부분의 상징은 개인마다 다른 주관적인 의미를 가지고 있는데, 보통은 수용되는 의미의 범위 안에 있지만 가끔은 그 사람의 경험에 따라서 완전히 벗어나기도 한다.

비슷한 상황에 있는 집단과 작업하다 보면 비슷한 여러 가지 의미가 나오겠지만 하나의 상황에서 다른 상황으로 너무 쉽게 추정하지 않도록 주의해야 한다. 예를 들어, 정신병원에서 우울증 환자들과 작업하는 미술치료사는 검은색과 붉은색의 그림이 많다는 것을 알게 될 것이다. 이런 경험을 하고 난 뒤, 치료사가 어딘가 다른 곳에서 또 다른 검은색과 붉은색의 그림을 보게 되면 치료사는 그림을 그린 사람이 우울하다는 추측을 하게 되는데 이것은 맞을 수도 있고 아닐 수도 있다. 검은색과 붉은색의 그림을 그린 사람에 대한 출처 불분명의 한 이야기가 있는데, 그것은 자신의 은행 계좌에 다시 '돈이 들어왔다'는 것에 대한 안도감을 나타낸다는 것이었다. 명백한 것은 치료사나 촉진자의 경험이 많을수록 그들의 추측이 정확할 가능성이 더 높다는 것이다.

우리 모두 어느 정도는 해석에 빠져 있다. 우리는 세상을 서로 다른 방식으로 보고 세상에 대해 서로 다른 가정들을 가진다. 이것의 의미는, 어떤 사건이나 그림에 대한 우리의 해석은 그것이 당면한 문제 못지않게 우리 자신과 우리의 준거 틀에 대해서도 이야기하는 바가 많다는 것이다(이것을 탐색하기에 좋은 활동들이 제2부 I 288~291번에 있다). 우리의 해석이 우리 자신에게는 사실일 수 있지만 그것을 다른 사람들에게까지 강요하는 것은 아닌지 경계해야 한다.

어떤 의미에서 하나의 그림은 그린 사람에게 '되돌려서 말해 주는 것'이 아닌가 한다. 이것은 사람들이 자신과 대화할 수 있게 해 주므로 장려되어야 할 과정이다. 때로 사람들은 자신과 대화하기 위해 잠시나마 자기 그림과 함께 앉아 있을 필요가 있다.

해석에는 보이지 않는 위험이 분명히 도사리고 있으며 촉진자들이 저지를 수 있는 실수는 허다하다. 그렇다면 지침은 있는가? 가장 중요한 것은 그림을 그린 사람이 그것을 어떻게 보며 어떤 의미를 부여하는가다. 계속 진행 중인 집단에서 신뢰가 구축되고 사람들이 안전하다고 느끼게 되면 마음을 터놓고 더 많은 정보와 감정을 내놓을 것이다.

민감한 촉진자나 치료사 그리고 통찰력이 있는 집단구성원들은 사람들이 '깊이 숨기고 있던 것'들을 스스로 말하도록 도울 수 있다. 하지만 이것은 사실로 제시되기보다는 암시되어야 한다. 특정한 해석은 그림을 그린 사람보다 말하는 사람과 더 많은 관계가 있을 수 있다. 혹은 그 그림을 그린 사람이 암시된 것을 들을 준비가 되어 있지 않을 수도 있다. 어떤 해석이건 간에 하나의 가설이어야 하며 듣는 사람이 받아들일 수 있는 것이어야 한다. 다른 사람의 미술작품을 민감하게 대하는 방법 중 한 가지는 그 그림을 보는 시각이 우리 자신의 것임을 인정하는 것이다. 따라서 집단구성원들에게 다음과 같이 질문하라고 격려할 수 있다. "저 구석에 있는 작은 것이 무엇인지 말해 줄 수 있습니까?" 또는 "내게는 저것이 ~처럼 보이네요." 또는 "당신의 그림을 보니 나는 ~가 생각나는군요."

진행 중인 집단에서 한 여성이 자신의 결혼이 파탄나고 있을 때 어떤 느낌이었는지를 나타내기 위해 갈라지는 얼음을 세밀하게 그렸다. 몇 달 후, 미술치료사는 다른 도시에서 주간 워크숍을 이끌면서 뾰족뾰족하게 그려진 패턴에 대해 언급하였다. "저번에 내가 이런 패턴을 보았을 때 그것은 어떤 사람의 결혼이 파탄나는 것과 관련이 있었습니다." 그녀는 다음과 같은 대답을 듣고 상당히 놀랐다. "음, 당신은 처음부터 제대로 맞혔군요. 나는 지금 그 일을 겪고 있어요." 이러한 종류의 해석은 다른 사람과 자신의 경험에 근거를 두고 시각적인 의사소통에 대해 잘 알고 있을 때 나오는 직관적인 추측이다. 다음은 집단의 그림을 살펴보는 몇 가지의 방식을 요약한 것이다.

- 개인은 다른 사람들의 의견이나 질문을 받지 않고 자신의 작품에 대해서 이야기한다.
- 앞의 방식과 더불어, 다른 사람이 질문을 하고 의견을 말한다. 이 일은 민감하게 이루어져야 한다. 어떤 의견이 그림을 그린 사람에게 받아들여지지 않는다면 그것은 그녀/그가 준비가 되어 있지 않아서이거나 그 의견이 적절하지 않아서일 것이다. 두 경우 모두, 더 이상 진행시키는 것은 현명하지 못한 일이다.
- 사람들은 자신의 그림이 그들에게 '되돌려서 말해 주는지' 아닌지를 곰곰이 생각하고 찾아낸다.
- 작품 되돌아보기: 일정 기간이 지난 후에 그림들을 다시 살펴보고 어떤 패턴이나 반복되는 주제가 있는지를 알아보는 것은 유익하다. 때때로 사람들은 얼마 전에 그렸던 그림들을 새로운 관점에서 볼 수 있게 되고 이것은 새로운 깨달음을 가져다주게 된다.
- 게슈탈트 기법: 이것은 어떤 미술작품에도 사용될 수 있다. 그림을 그린 사람은 그림에 대해서 1인칭으로 이야기를 하고 번갈아 가면서 그림의 각 부분이 된다. 이 기법의 이면에 있는 가정은 그림의 여러 부분이 인격의 서로 다른 측면들을 나타낸다는 것이다. 예를 들면, 다음과 같다. "나는 이 나무다. 나는 아주 강한 나무이고 뿌리가 튼튼하다. 하지만 잎이

많지는 않은 것 같다. 때는 겨울이고 나는 춥고 헐벗었다." 그러고 나서 이 말을 한 사람은 이것이 자신에게 사실인지 아닌지를 다방면으로 살펴볼 것이다. 번갈아 가면서 그림의 부분이 되어 본 후에는 한 사람의 서로 다른 측면을 나타내는 그림의 여러 부분이 서로 대화를 나누도록 할 수 있다. 이 기법은 매우 강력하므로 작은 집단이나 집단구성원들이 많은 신뢰와 지지를 받을 수 있는 안정된 집단에서 사용하면 가장 좋다.

회기 종결

수많은 회기가 기관의 시간표에 매여 있으므로 시간 안에 끝내는 것이 매우 중요하다. 때로는 옆에 접시를 두고 두들기는 것이 적절한 신호가 되기도 한다. 그날의 회기를 요약하거나 와 준 것에 감사하는 등의 언급으로 긍정적으로 종결하면 좋다. 어떤 촉진자들과 치료사들은 종결하는 의식이나 활동을 하는 것을 좋아한다.

주간 또는 주말 워크숍에서 종결하는 방법 중 하나는, '내가 오늘/주말에 얻은 것'이나 '내가 즐거웠던 것 혹은 오늘/주말에 대해 기억할 것 한 가지는' 등의 말을 돌아가면서 하는 것이다. 평가서를 작성하는 일도 많다. 이것으로 끝을 내기보다는 회기/워크숍이 끝나기 직전에 이것을 마치고 종결하는 의식을 하고 끝내면 느낌이 더 좋다. 어떤 상황에서도 회기의 종결은 사람들을 지금-여기로 되돌아오게 함으로써 정상적인 생활을 영위할 수 있게 해야 한다. 촉진자들과 치료사들은 단 한 사람의 집단구성원이라도 일상생활의 재개를 방해하는 문제나 걱정을 가진 채로 남겨 두어서는 안 된다.

회기의 도입부에서 주의할 것(이 장의 앞부분 참고)은 '미해결 과제'의 여파를 피하는 것이다. 하지만 경우에 따라서는 이러한 성질의 문제가 한두 가지 있을 수 있으므로 촉진자는 이것을 다루려는 노력을 해야 한다. 대체로 기관에는 내담자가 다른 직원과 이야기를 나눌 수 있는 형태의 지원 기능이 많다.

그렇지 않으면 이후에 치료사가 혼란에 빠진 사람을 면담해야 한다. 지역사회 집단에서 이것은 쉽지 않다. 촉진자는 같은 선에서 작업을 계속 할 수 있는 다른 기회도 있다는 것을 알려 줄 수 있다. 하지만 모든 사람이 다룰 수 있을 만큼 쉬운 수준으로 집단 경험을 유지하는 것이 더 현명하다.

마지막으로 청소가 있다. 가끔은 정황상 촉진자가 해야 할 때도 있지만 청소를 돕는 것은 사람들이 긴장을 풀고 평소의 생활로 돌아가도록 하는 실용적인 방법이 될 때가 많다. 모든 사람이 함께한다면 그것 역시 집단 응집력의 표현이고 회기 종결에 대해서 좋은 느낌을 가져다준다. 미술작업 후에 청소를 아무리 많이 한다고 해도 다른 곳으로 치워야 할 그림, 씻어야 할 컵, 정리해야 할 도구들은 늘 있기 마련이다.

시간의 경과에 따른 집단 과정

집단 과정에 대해 깊이 있게 다루고 있는 집단작업 관련 서적이 많기 때문에, 이 장에서는 이에 대해 자세히 논하지 않을 것이다(참고 자료에 있음). 집단에 대한 사고를 명확하게 하려면 이 책들을 한두 권 읽는 것이 좋다.

일련의 회기들이 명백한 종결에 이르려면 대부분의 집단들이 거쳐 가는 진행 단계가 있다. 이 단계들은 초기, 중기, 말기와 같이 간단한 3단계 과정부터 집단의 여러 국면을 고려한 보다 정교한 모델(때로 9단계나 포함하는)에 이르기까지 다양한 방법으로 설명할 수 있다. 정기적으로 모이고 주제가 있는 개인 또는 집단미술치료에서 나는 다음의 단계들이 시간의 경과에 따른 집단 발달을 설명하는 데 유용하다는 것을 발견했다.

① 초기: 집단이 모여서 활동을 시작한다. 이 시기에는 모든 것을 시작하는 데 있어서 지도자에게 많이 의지할 것이다.

② 적응기: 집단은 작업하는 방식에 익숙해지고 잘못 알고 있던 것들이 해

결된다. 개방집단일 경우, 이러한 활동이 그들에게 맞지 않다거나 그들이 생각했던 것이 아니라는 것을 알게 된 사람들은 집단을 떠난다. 그렇지 않은 사람들은 집단에 좀 더 헌신하게 된다.

③ 집단 응집기: 사람들은 어떤 일이 일어날지를 알게 되고 집단 회기를 기다리게 된다. 신뢰가 구축된다.

④ 개방기: 집단구성원들은 그림과 토론에서 자신을 좀 더 기꺼이 개방하게 된다. 이 시기에는 사람들이 가장 긴급한 문제들 중 몇 가지를 해결하려고 공개적으로 노력하기 때문에 매우 깊이 있는 나눔이 자주 이루어진다.

⑤ 말기: 단지 일시적인 휴식 기간을 가질 때도 우울, 혼란, 분노, 안심 등 여러 가지 감정이 수반되는 경우가 흔하다. 집단이 종결될 때는 "다음에는 어떻게 할 것인가?"라는 질문이 대두된다.

집단미술치료는 다른 집단과 마찬가지로 이러한 단계들을 거치므로 이것을 인식하고 준비하는 것이 좋다. 이 단계들은 완전히 별개가 아니며 서로 중복될 때가 많다. 이 단계들은 주간 혹은 주말 워크숍 같은 일회성 집단에도 어느 정도 나타난다.

어떤 집단은 분명한 종결 단계를 갖지 않는다. 그들은 계속 만나면서 이상적으로는 4단계의 수준에서 그림과 다른 미술작품을 통한 깊은 나눔을 가진다. 이처럼 많은 집단들이 일종의 회원을 가지며 그 수는 시간에 따라 변한다. 새로 합류한 각각의 구성원들은 이러한 단계들을 개별적으로 겪어 나가며 각 단계마다 경험 많은 구성원들의 도움을 받는다. 합류하는 것과 떠나는 것은 큰 이슈가 될 수 있다. 너무 많은 사람이 동시에 합류하거나 떠난다면 집단의 성격이 아주 급진적으로 바뀔 수 있다. 집단이 잘 기능하려면 사람들이 한두 명씩 합류하는 것이 가장 좋을 것이다. 그러면 집단의 기본적인 성격이 유지되면서 새로 온 사람들을 받아들일 수 있게 된다. 이와 유사하게, 집단을 떠나는 사람들은 집단에 상당한 영향을 줄 수 있는데 남아 있는 사람들이 버려지거나 뒤처졌다고 느낄 경우 특히 그렇다.

회기가 정해져 있을 경우(예, 10회기)에는 평가용 질문지를 작성할 경우가 많고 가끔은 성과를 측정하는 척도의 형태일 때도 있다. 이것을 실시할 최적의 환경을 고려해 보는 것은 중요하다. 예컨대, 하나의 경험으로서 집단을 평가하는 것은 집단 안에 있다는 느낌을 가질 수 있는 종결 직전이 가장 좋을 수 있다. 성과 측정은 사람들이 집단으로부터 무엇을 얻었는지를 보다 분명히 알 수 있는 1, 2주 뒤에 실시한다. 추후 면담은 성과 측정을 하는 데 도움이 되고 사람들이 다음 단계로 나아가도록 돕거나 다른 전문가를 쉽게 찾아갈 수 있도록 하는 데도 유용하다.

기록과 평가

하나의 집단 회기는 준비된 기록 체계가 완결될 때까지는 끝난 것이 아니다(치료사나 촉진자의 관점에서). 이것은 집단이 끝난 후 되도록 빨리 해야 한다. 다른 직원과의 논의나 다음 회기에 대한 계획도 되도록 빨리, 아니면 최소한 일정표대로 해야 한다. 평가의 의무도 져야 한다. 기록과 평가는 여러 개의 주제로 발전되므로 다음 장에서 다룬다.

참고문헌

Barber, V., & Campbell, J. (1999). 'Living colour in art therapy: Visual and verbal narrative of black and white', in J. Campbell, M. Liebmann, F. Brooks, J. Jones and C. Ward (Eds.). *Art Therapy, Race and Culture*, London: Jessica Kingsley Publishers.

Benson, J. (2001). *Working More Creatively with Groups*, 2nd edn, London:

Routledge.

Brown, A. (1992). *Groupwork*, 3rd edn, Aldershot: Ashgate.

Campbell, J. (1993). *Creative Art in Groupwork*, Bicester: Speechmark.

Case, C., & Dalley, T. (1992). *The Handbook of Art Therapy*, London: Tavistock/Routledge.

Cook, C., & Heales, B. C. (2001). *Seeding the Spirit: The Appleseed Workbook*, Birmingham: Woodbrooke Quaker Study Centre.

Disability Rights Commission (DRC) (2002). *Making Access to Goods and Services Easier for Disabled Customers: A Practical Guide for Small Businesses and other Small Service Providers*, Stratford: DRC.

Greenwood, H., & Layton, G. (1987). 'An out patient art therapy group', *Inscape*, Summer: 12–19.

Greenwood, H., & Layton, G. (1991). 'Taking the piss', *Inscape*, Winter: 7–14.

Liebmann, M. F. (1979). 'A study of structured art therapy groups', unpublished MA thesis, Birmingham Polytechnic.

Luzzatto, P. (2000). 'The creative journey: a model for short-term group art therapy with posttreatment cancer patients', *Art Therapy: Journal of the American Art Therapy Association*, *17*, 4: 265–269.

Miles, M. (2002). 'Eating disorder patients: working with an emerging theme', personal communication.

Ross, C. (1997). *Something to Draw On: Activities and Interventions Using an Art Therapy Approach*, London: Jessica Kingsley Publishers.

Safran, D. S. (2002). *Art Therapy and AD/HD: Diagnostic and Therapeutic Approaches*, London: Jessica Kingsley Publishers.

Silverstone, L. (1997). *Art Therapy: The Person-Centred Way*, 2nd edn, London: Jessica Kingsley Publishers.

Skaife, S., & Huet, V. (1998). 'Introduction', in S. Skaife and V. Huet (Eds.). *Art Psychotherapy Groups*, London: Routledge.

Waller, D. (1993). *Group Interactive Art Therapy: Its Use in Training and Treatment*, London: Routledge.

Whitaker, D. S. (2001). *Using Groups to Help People*, 2nd edn, London: Brunner-Routledge.

03 기록, 평가, 근거를 기반으로 한 실제

집단미술치료나 미술치료 회기와 같은 유동적인 경험을 기록하거나 평가하는 것은 쉬운 일이 아니지만 발전을 위해서는 어느 정도의 노력을 기울여야 할 필요가 있다. 기록과 평가는 여러 가지 방법으로 접근할 수 있으며, 그중의 일부를 이 장에서 요약하였다. 감사 및 근거를 기반으로 한 실제가 포함되는 이러한 과정들은 많은 영역에서 점점 더 중요해지고 있다. 그러나 자세한 논의는 이 책의 범위를 넘어서므로 이 장에서는 그에 관한 것들을 간략하게 언급할 것이며, 더 깊은 연구를 원하는 독자는 이 주제에 대해 급증하고 있는 문헌들을 참고하기 바란다.

이 영역에 관심을 가지는 데에는 여러 가지 이유가 있다. 하나는 우리가 내담자를 위해 최선을 다하고 있는지를 알아야 하기 때문이다. 다른 하나는 제한된 자원을 가장 효율적인 방법으로 활용해야 하기 때문이다. 또 하나 중요한 이유는 치료사들과 촉진자들에게는 지속적으로 학습하고 실무를 개선시킬 필요성이 있다는 것이다. NHS에서 나온 『정신건강에 대한 국가서비스체계(National Service Framework for Mental Health)』(1999a)와 『임상 관리: 새로운 NHS의 질적 측면(Clinical Governance: Quality in the new NHS)』(1999b)이 실무에 대한 지침을 제공하고 있다. 그 밖의 단체와 기관은 선례를 따르고 있다. 목적에 가장 적합한 기록과 평가 방법을 선택하는 것이 중요하다. 흔히 여러 가지 방법이 함께 사용되기도 한다.

기 록

모든 평가는 공식적으로든 비공식적으로든, 대충이든 자세히든 어떻게 수집되었든 간에 몇 가지 종류의 정보에 기초해야 한다. 여기에 그런 방법들과 기록에 대해서 유의해야 할 점들이 있다.

집단 회기에 대한 기본적인 정보

당신이 일하는 곳이 어디든지 간에, 집단에 대한 어떤 종류의 기록은 시간이 허락하는 한 자세히 그리고 일하는 환경에 알맞게 해야 할 것이다. 기록해야 할 내용은 다음과 같다.

- 기본적인 정보: 날짜, 장소, 회기 번호, 내담자 수, 출석/결석한 구성원들과 치료사/촉진자
- 회기의 목표
- 주제나 사용한 활동
- 집단 진행 방식: 실제로 일어난 일
- 집단의 느낌: 초반의 분위기, 집단의 정서 변화, 촉진자나 치료사의 느낌, 상호작용과 개방의 수준 등
- 개인적인 사항: 각자 어떤 미술작품을 만들었는지, 그것에 대한 토론에 어떻게 반응했는지에 대한 사항
- 촉진자/치료사: 당신이 수행한 것, 공동 촉진자/공동 치료사(있을 경우에)

및 참석한 학생/훈련생과 그들의 역할, 당신이 다른 사람들에게 언급한 것
- 요약과 차후 계획

임상 노트

병원이나 주간 보호소 같이 치료적 지향성을 가진 조직이나 기관에서 일한다면 임상 노트를 적어야 할 것이다. 이것은 기관의 서식에 맞춰서 개인의 업무와 진행 사항을 계속 기록하는 노트다. 두 사람의 촉진자가 집단 운영에 관여했다면 되도록이면 두 사람이 함께, 바로 작성하는 것이 좋다. 내담자들에게는 계속 기록이 되고 있다는 것을 말해 주어야 한다. 현재 대부분의 기관이 기록을 공개하는 방침을 가지고 있으므로 내담자들은 당신이 그들에 관해 쓴 임상 노트를 볼 수 있을 것이다. 어떤 곳에는 내담자가 자신의 임상 노트에 내용을 첨가하도록 하는 규정이 있다. 이것은 가치 판단과 해석을 가급적 피하는 것이 중요함을 의미한다. 그러한 내용을 포함시켜야 한다면, 그것은 당신의 의견이지 '사실'이 아님을 분명히 하라. 임상 노트는 치료사들과 임상팀의 구성원들만이 접근할 수 있는 안전하고 자물쇠가 채워진 캐비닛에 보관되어야 한다.

미술작품

당신이 지역사회에서 일한다면 사람들은 자신의 작품을 집으로 가지고 가기를 원할지도 모른다. 그렇지 않다면 당신은 그것들을 안전하고 비밀 유지가 되는 어딘가에 보관해야 할 것이다. 당신의 작업 공간이 다용도로 쓰이는 곳이라면 특히 더 그렇다. 당신이 치료기관에서 일한다면 모든 미술작품을 근거물로, 최소한 집단이 지속되는 동안만이라도 보관해야 한다. 이것은 내담자들과 함께 그림을 되돌아보는데, 그리고 수퍼비전이나 사례 보고를 할 때 유용하게 쓰인다. 집단구성원들에게는 집단이 종결될 때 작품을 가지고

갈 수 있다고 알린다. 미술작품을 만든 사람이 자신의 작품에 대해서 언급한 것을 적어 두는 것은 좋은 생각이다(그에게 적게 하는 것이 더 좋다). 모든 사람에게 작품에 날짜를 적도록 요청한다. 미술작품이 부서지거나 부패될 가능성이 있거나 집에 가져가야 하는 것이라면 촬영해 두는 것이 좋다. 폴라로이드 카메라는 아이들에게 작품의 사본을 들려 보낼 때처럼 빠른 결과물을 만들어야 할 때 쓸모가 있다. 임상 노트에는 미술작품에 대한 묘사 그리고/또는 그것에 대한 작은 스케치가 포함되어야 한다.

사진과 비디오도 미술작품을 기록할 때 사용할 수 있다. 디지털 카메라는 미술작품의 발전 상황을 시각적으로 도표화하는 데 특히 유용하고, 비디오는 집단 역동의 미묘한 차이를 독특한 방식으로 포착할 수 있다. 그러나 두 방법 모두 방해가 될 수 있고 전체 과정을 변화시킬 수 있으므로 주의 깊게 고려해야 한다. 이 모든 것은 집단구성원들의 허락을 받아야 하며 내담자의 작품이 다른 목적(예, 토론)으로 사용될 때도 마찬가지다. 그림이 영구적인 형태로 출판될 경우에는 이러한 허락을 서면으로 받아야 한다.

과정 기록

이것은 당신의 모든 생각과 느낌을 포함하여 회기에 대해서 되도록 자세하게 적는 것이며, 시간이 상당히 많이 걸린다. 회기를 마친 후 가급적 빨리 적어야 한다. 과정 기록의 이점은 회기에서 겉보기에는 관련되지 않은 사건들을 서로 연결시켜 주는 것이다. 이것은 수퍼비전 회기를 준비하기 위해서 가끔 사용되는 방법이다. 이러한 종류의 기록을 임상 노트에 포함시키는 것은 적절치 않다.

참가자에 대한 체크리스트

이 방법은 각 참가자에 대한 동일한 정보를 지속적으로 기록하는 데 유용하다. 당신은 그것과 관련된 제목들이 있는 체크리스트(예, 이름, 사용한 매체, 신체 언어, 상호작용, 만든 이미지, 기분 등)를 준비해야 한다. 이것을 복사해 두고 집단을 마친 후에 바로 각 참가자의 체크리스트를 기입한다(Case & Dalley, 1992: 162-163).

집단치료 상호작용 표

이것은 집단의 여러 단계에서 구성원들의 상호작용을 도표화하는 데 유용한 방법으로서, 캐롤라인 케이스와 테사 댈리(Case & Dalley, 1992)가 미술치료의 정황을 살펴보기 위해 머레이 콕스(Cox, 1988)의 작업을 토대로 발전시켰다. 집단의 각 참가자(치료사 포함)는 세 부분으로 나누어진 원으로 나타낸다([그림 3-1] 참고). 영역 1에는 회기의 첫 1/4이 지나는 동안 그 사람의 행동을 적고, 영역 2에는 회기의 그다음 절반을, 영역 3에는 회기의 마지막 1/4을 적는다. 원들은 집단에서 앉은 순서대로 배열되고 화살표를 그려서 상호작용을 나타낼 수 있다. 이 방법을 사용하고 싶다면 『미술치료 안내서(The Handbook of Art Therapy)』(Case & Dalley, 1992: 163-167)에서 관련 부분을 읽기 바란다.

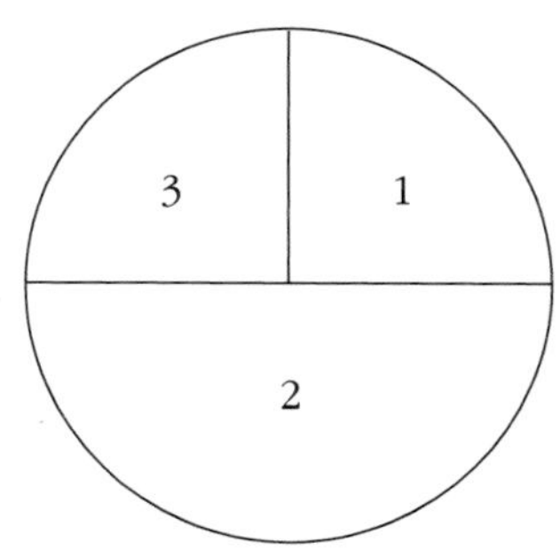

그림 3-1 **한 참가자의 집단치료 상호작용 표**

집단 기록지

여러 가지 이야기를 쓸 수 있는 집단 기록지가 있으면 도움이 된다. 이것은 구성원들이 여러 가지 이유로 회기에서 표현하지 못한 감정들을 알게 해 준다. 기록지(그날의 회기 제목이 적힌)와 펜은 참가자가 남의 이목을 끌지 않고 쓸 수 있는 알맞은 곳에 놓아 두어야 한다.

공동촉진자 및 다른 직원과 함께하는 평가

집단 회기를 되돌아볼 시간을 확보해 두는 것이 매우 중요하다. 왜냐하면 되돌아보기는 그것을 통해 배우고 다음 회기를 계획하기 위해서이며, 제기된 문제들을 이해하는 데도 필요하기 때문이다. 집단이 병원이나 주간 보호소에서 열린다면 다른 직원에게 전달해야 할 문제가 있을 수도 있다. 당신이 이것을 어떤 식으로 전할 것인지—예컨대, 주요 근무자에게 메모하기, 수퍼비전 받기 등—를 집단구성원들에게 알리는 것이 중요하다. 이와 관련된 몇 가지 방법들이 다음에 있다.

매 회기 후

공동촉진자가 있는 경우의 이점 중 하나는 일어났던 일에 대해 토론할 수 있는 사람이 두 사람이라는 것이다. 이것은 당신이 뒤로 물러나서 집단을 전체적인 시야로 바라보도록 돕고 당신의 생각을 점검할 좋은 기회가 된다. 당신이 집단을 혼자서 운영한다면 그것에 관해 이야기할 적합한 사람을 찾는 것이 큰 도움이 된다. 짧게라도 되돌아보는 시간을 가지는 것이 좋으며 촉진자들은 그들이 회기를 어떻게 이해했는지를 생생하게 묘사하는 것이 토론에 도움이 된다고 여긴다. 집단에 대한 평가를 돕기 위한 질문들은 다음과 같다.

- 다음과 같은 긍정적인 특징들이 나타났는가?—좋은 감정, 즐거움, 헌신, 용기, 에너지, 협조, 나눔
- 부정적인 감정들이 있었는가? 그랬다면 그것이 적절히 다루어졌는가?
- 미해결 과제가 있었는가? 그랬다면 그것을 어떻게 다룰 수 있겠는가?
- 공동촉진자들은 어떻게 협조하였는가?
- 집단구성원들은 무엇을 얻었는가?
- 그들/당신은 이런 방식으로 계속 작업하고 싶은가?
- 회기를 되돌아보는 것이 결과적으로 유익한 경험이었고 성장을 촉진하였는가?(이것을 판단하는 데는 약간의 시간이 걸릴 수 있다)
- 회기의 목표가 달성되었는가?

당신이 어떤 방법을 선택했든지 간에 이 질문들에 대답하는 것은 집단 회기를 기록할 좋은 기회가 되기도 한다.

회기 및 집단 전체에 대한 재검토

일정 기간 동안 집단이 어떻게 진행되고 있는지 혹은 종결했을 때는 어땠는지를 재검토하는 것은 유용하다. 이것은 집단의 발달, 중도 탈락률, 구성원들의 발전과 같은 중요한 문제들을 밝혀 준다. 이에 대한 세부 사항은 『사람들을 돕기 위한 집단 사용하기(Using groups to Help People)』(Whitaker, 2001: 18장)에 나와 있다. 때로 이러한 종류의 재검토는 수퍼비전에 포함되기도 한다.

수퍼비전

이것은 계속적인 배움과 발전에 매우 필수적이다. 관리 수퍼비전과 임상 수퍼비전을 구분하는 것은 중요하다. 관리 수퍼비전은 대개 한 기관의 전체적인 기능 안에서 한 집단이 차지한 위치에 관심을 두는데, 그런 것으로는 담

당 건수, 경계, 건강, 안전 등이 있다. 임상 수퍼비전은 집단 안에서 일어난 일과 치료사의 역할 및 기능에 관심을 둔다. 그것은 보통 독립된 한 사람에게 맡겨지는데 기관 안에서 지명된 적절한 경험을 갖춘 임상 수퍼바이저이거나 외부의 수퍼바이저일 때도 있다. 영국에서는 영국 미술치료사협회(BAAT)의 지역 분과가 이러한 도움을 줄 수 있다. 혹은 공인 수퍼바이저와 개업 임상가가 나와 있는 BAAT의 목록을 참고해도 된다. 다른 나라에서는 그 나라의 미술치료협회에 조언을 구하면 된다(참고 자료에 몇 개의 주소가 있다). 당신이 있는 지역에 경험을 갖춘 사람이 거의 없다면 동료자문 집단이 차선책이 될 것이며, 그렇게 하면 비슷한 일을 하는 사람들이 서로에게 배울 수 있게 된다.

어떤 체제에서든 보다 경험 많은 치료사 및 촉진자와 진행 중인 작업에 대해서 논의함으로써 관련 기술을 향상시키는 법을 배우는 것이다. 이러한 회기에 포함되는 내용은 집단 역동, 웜업 기술, 기관에 대처하기, 사례 자료 제출 등으로 아주 다양하다. 좀 더 비공식적인 차원에서는 비슷한 일을 하는 사람들과 함께하면서 접근법, 생각 및 의견을 나누는 것만으로도 좋다.

당신 자신의 개인적인 방법으로 집단과 함께 미술을 사용한다면, 당신이 있는 지역의 미술치료사들로부터 지원을 받을 수 있다. 대부분의 지역에는 미술치료사들이 만나서 자신들의 작업 방식을 나누는 공식적 · 비공식적 기회가 있다. 당신이 있는 지역의 분과 코디네이터에 대해 알고 싶으면 BBAT(참고 자료에 주소가 있다)에 연락하거나 수퍼바이저의 목록을 참고하면 된다.

다른 직원에게 피드백하기

미술치료 집단이 전체 프로그램의 일부인 기관에서 일한다면 다른 직원—예컨대, 병동 간호사, 지역사회 정신간호사, 치료 담당 의사, 사회사업가, 교사, 케어 코디네이터 등—에게 피드백을 주는 것이 매우 중요하다. 가끔은 주요 근무자에게 메모를 전하거나 직원회의에서 간단한 구두 보고를 해야 한다. 사람들이 무엇을 경험하고 전달했는지를 설명하기 위해 그림을 살펴볼 때도 있다. 이것은 사람들의 문제에 대해 폭넓게 이해하도록 도울 수 있다. 예를 들면, 우울증으로 주간 병동에 다니는 노인 여성이 죽은 여동생을 그렸다. 그녀가 여동생에 대해서 이야기한 적이 한 번도 없었기 때문에 다른 직원들은 전에는 이것을 몰랐다. 중요한 것은 집단구성원들에게 당신이 사용하는 정기보고 방식과 당신이 특정한 사안에 대해서 피드백했는지의 여부를 알리는 것이다.

집단구성원들이 참여하는 평가

매 회기에 대한 집단 피드백

큰 종이를 3단으로 나누어 벽에 붙인다. 즉, 좋았던 것, 싫었던 것, 반짝이는 생각 또는 '웃는 얼굴' '찡그린 얼굴' 전구나 촛불 같은 그림 버전으로 말이다. 집단구성원들은 '나는 물감을 사용한 것이 좋았다.' '의자가 딱딱했다.'부터 '집단이 끝날 때 말고 시작할 때 차를 마실 수 있나요?'까지 마음에 떠오른 것을 모두 끌어내어 적는다. 전체 과정은 5분에 불과하지만 전반적인 반응에 대한 힌트와 다음 회기를 위해 명심해야 할 핵심 사항을 알 수 있다. 그러나 그것이 모든 사람의 의견을 포함하지는 않을 것이다. 이 방법은 집단이 구성원들의 요구를 충족시키고 있는지를 알아보기 위해 몇 개의 회기를 되돌아보는 방법으로 사용될 수도 있다. 즉각적인 피드백의 아동 버전은 다음과 같은 신체적인 것이 될 수 있다. "회기가 정말로 재미있었으면 손뼉을 치세요. 그냥 그랬으면 서 있으세요. 전혀 재미가 없었으면 앉으세요." 청소년들에게는 회기가 시작될 때 그들의 기대/희망을 포스트잇에 적으라고 요청한다. 회기가 끝날 때 그들은 '기대가 충족됨/충족되지 않음'이라고 적힌 종이에 그 포스트잇을 무기명으로 붙인다.

매 회기에 대한 개인 피드백 기록지

이것은 모든 사람의 의견을 얻어 내는 방법이지만 집단구성원들과 치료사/촉진자 모두에게 시간이 많이 걸린다. 구성원들에 대한 질문은 집단 과정에 집중된 것이어야 한다. 예컨대, 사람들이 회기에 대해 어떻게 느꼈는지, 그것은 그들의 욕구와 어떤 관련이 있었는지 등이다. 때로는 평가서가 단지 3개의 질문만을 포함한 아주 짧은 것일 수도 있다. 예컨대, 회기에서 가장 좋았던 것과 가장 싫었던 것, 그리고 사람들이 동그라미 칠 수 있는 '느낌' 단어들의 목록(예, 행복한, 슬픈, 지루한, 즐거운, 화난, 좌절한, 고무적인 등)이다. 이것은 구성원들의 변동이 많은 요양소에 있는 노숙자들의 단기집단에서 성공적으로 사용되었다. 이런 경우 당신은 읽고 쓰는 문제에 민감해질 필요가 있다. 아동에게는 서로 다른 표정을 가진 일련의 얼굴들을 선택하는 것이 더 쉽다. 때로는 집단구성원들과 관계가 있는 사람들—예컨대, 부모/돌봐 주는 사람, 사회사업가—에게 피드백을 부탁하는 것이 적절할 때도 있다. 이것은 집단구성원들과 의논해야 한다.

집단 전체에 대한 개인 피드백

지역사회 집단이나 단기집단에서 이것은 평가 회기를 가지거나 회기가 종결될 때 질문지를 받는 식으로 하면 가장 좋을 것이다. 집단 전체에 대한 개인 피드백은 집단과 그 운영 방식에 대한 구성원들의 의견에 초점을 맞추어야 한다. 때로는 숫자나 단어(예, 아주 많은, 대체로 많은, 보통, 대체로 적은, 아주 적은)로 나타낸 5점이나 10점 척도 혹은 시각적 계량 척도(한쪽 끝이 '최악'이고 반대쪽 끝이 '최고'인 10cm의 선—이것은 숫자에 초점을 맞추지는 못하지만 나중에 자로 재면 된다)를 쓰면 도움이 된다. 읽고 쓰기나 언어에 문제가 있는 집단구성원들이 있다는 것을 다시 한 번 기억하라. 질문들은 최소한으로 줄이거나 번역하여 구두로 할 수도 있다(예, 제6장 사례 14의 아시아 여성 집단 참고). 부모와 돌보는 사람들은 아이들이 간단한 질문지를 작성하는 것을 도울 수 있다. 질문의 예는 다음과 같다.

- 집단이 얼마나 재미있었나요? (5~10점 척도)
- 얼마나 많은 이로움/배움을 얻었나요? (5~10점 척도)
- 전체적으로 무엇이 가장 좋았나요/싫었나요?
- 특별히 의미 있는 회기가 있었나요?
- 별로 유용하지 않은 회기가 있었나요?
- 다르게 하면 좋겠다고 생각한 것이 있었나요?
- 그 외에 이야기할 것은?

질문지를 회수하는 것이 어려울 때가 자주 있다. 그럴 경우에는 마지막 회기에 포함시키면 된다.

그림 되돌아보기

치료기관에서 진행하는 집단에서는 개인의 발전을 더 중요시한다. 그럴 경우에는 집단의 한 회기를 사용하여 각자가 일정 기간마다(즉, 4~8주마다) 자신의 작품을 되돌아보고, 변화하고 발전한 것을 도표로 기록하고, 미래에 요구되는 것을 체계적으로 나타내면 도움이 된다.

개인의 발전/결과

어떤 기관에서는 내담자가 자신의 임상 노트에 의견 등을 제공한다. 이것은 기관과 치료사의 기록 관리 방식에 달려 있다. 사전 면접에 내담자를 초대하는 것(제2장, '집단 준비하기' 참고)뿐만 아니라 공식적인 치료집단에서도 그들이 집단에서 무엇을 얻고 싶은지를 질문하는 것이 좋다. 그러고 나면 집단이 종결될 때 그들이 바라던 것을 얼마나 이루었는지 그리고 (때로 예상치 못한) 다른 이득이나 발전이 있었는지를 질문할 수 있게 된다. 이것은 질문지나 면접 둘 다를 통해서 할 수 있다.

내가 하는 방법 중 하나는 참가를 지망하는 사람들에게 종이를 주고 그들을 집단에 오게 만든 문제들을 적으라고 하는 것이다. 그들은 각각의 문제에 대해서 그 문제가 얼마나 힘든지를 단어로 나타낸 5점 척도(지독한/매우 힘든/꽤 힘든/약간 문제임/문제가 아님)에 표시를 한다. 그들은 회기가 종결될 때 그 과정을 반복하며 문제에 대한 자신의 지각이 바뀌었음을 알게 되는 경우가 많다. 종이에는 사람들이 자신의 목적(혹은 희망하는 것)이나 변화하고 싶은 것을 적을 수 있는 자리도 있다. 해결중심 단기치료의 척도질문이 여기서 도움이 된다. 집단을 시작하기 전에 구성원들이 바라는 미래, 즉 문제가 해결되었을 때를 명확하게 알도록 돕는다. 그러려면 다음과 같이 질문한다.

- 당신이 원하는 위치를 0에서 10까지의 눈금으로 나타낼 때, 자신을 어디에 두겠습니까?
- 집단이 종결될 때 0에서 10까지의 눈금에서 어디에 있고 싶습니까?

집단이 종결될 때는 다음과 같이 질문한다.

- 0에서 10까지의 눈금에서 지금 어디에 있습니까?

이것은 일련의 회기의 효과성을 측정하는 평가로서 사용될 수 있다(George et al., 1999; 16, 31).

일부 미술치료 부서는 내담자가 목표를 설정하는 것과 그 후 그것에 얼마나 도달했는지를 평가하는 것을 전부 위탁 과정으로 조직한다(CESU, 1997; Manners, 1998).

성과 측정

이것을 위해서 수많은 사람들이 검증한 표준화된 질문지들이 많다. 참가자는 일련의 회기가 시작될 때와 종결될 때 질문지를 작성하라는 요청을 받으며, 점수의 차이가 집단의 성과를 나타내게 된다. 치료사와 촉진자는 사용된 척도의 목적과 질문지에 대답한 것들이 어떻게 되는지에 대해서 내담자와 공유해야 한다. 또한 결과를 공유하기와 같은 약속을 철저히 지켜야 한다. 척도를 선택할 때는 다음과 같은 사항이 중요하다.

- 타당성: 당신이 원하는 변화를 측정한다. 예컨대, 분노와 관련된 문제를 가진 집단에게 우울을 측정하도록 고안된 질문지를 사용하는 것은 그다지 쓸모가 없다.
- 사용 가능성: 내담자들이 작성하기 쉽고, 채점하기 쉽고, 값싸고, 집단과 관련이 있는 것이다.
- 신뢰성과 일관성(Sharry, 2001: 109).

일반적으로 사용되는 척도의 예는 다음과 같다.

- CORE(Clinical Outcomes in Routine Evaluation, 일상적인 평가의 임상 측정)는 안녕감, 증상, 생활 기능, 위험 행동을 평가하는 34문항을 포함한다(Barkham & Mellor-Clark, 2000: 137). CORE IMS(CORE Information Management System, CORE 정보관리체계)의 세부 사항은 참고 자료에서 찾아볼 수 있다.
- OQ-45(Outcome Questionnaire, 성과 질문지)는 증상에서 비롯되는 고통, 사회적 · 대인관계적 기능을 평가하는 45문항을 포함한다.
- Avon 정신건강척도(Avon Mental Health Measure; South West MIND, 1996)는 서비스 사용자가 그들의 기능과 요구를 사정하고 그들이 필요

로 하는 서비스가 무엇인지를 결정하도록 돕는 것을 목적으로 한다. 이 것은 신체적 · 사회적 · 행동적 접근, 정신건강의 측면에 대한 목록을 포함한다.

- 『성과 측정의 중심 요소(Essentials of Outcome Measurement)』(Ogles et al., 2002), 『건강 측정: 평가척도와 질문지에 대한 안내서(Measuring Health: Guide to Roting Scales and Questionnaires)』(McDowell & Newell, 1996)와 같은 다수의 책에 척도 목록이 나와 있다. 보통 연구 및 개발 지원부서가 이 분야에 도움과 조언을 줄 수 있다.

시각적 결과

많은 치료사, 촉진자 그리고 내담자들은 회기가 진행됨에 따라 내담자의 미술작품에서 생긴 변화를 알아차리게 된다. 그러한 변화들—몇 가지만 예를 들면, 훨씬 많은 색깔의 사용, 보다 창의적인 매체와 공간 사용, 늘어난 세부 묘사, 달라진 형태, 과정에 훨씬 더 집중하는 것—을 입증하는 사례 연구들이 상당히 많다. 그러나 여러 미술치료사가 이 분야의 주관성을 제거하는 방법을 연구하고 있음에도 지금까지는(내가 아는 바로는) 확고하고 검증된 시각적 미술치료 결과 척도가 없다(예, Corcos, 2002; Lewis & Williams, 2002).

시각적 요소의 여러 가지 측정 방법을 조사한 흥미로운 책으로는 『형식적 요소 미술치료 척도 안내서(Formal Elements Art Therapy Scale Manual)』(Gantt & Tabone, 1998)가 있다. 그 책은 색깔의 사용, 사용된 종이의 수 등과 같은 시각적 요소들을 포함하고 있다.

 감 사

감사는 미리 정해진 표준과 비교하여 실무를 평가하는 과정이다. 그것은

'올바른 것이 실시되었는가?'와 '그것이 올바르게 실시되었는가?'(Parry, 1996; Wood, 1999: 56) 또한 '우리가 누구와 무엇을 하고 있는가?'의 질문을 한다. 감사 과정 혹은 주기에는 4단계가 있다고 볼 수 있다.

1. 임상적인 돌봄의 표준을 정의하기
2. 실제의 실무와 이 표준을 비교하기
3. 실무가 표준에 이르기 위해 필요한 변화를 수행하기
4. 적절한 간격으로 주기(cycle)를 반복하기(Healy, 1998: 32). 이것은 일정 기간 동안 일어난 변화를 측정하는 데 중요하다.

감사하는 데 중요한 것들 중 한 가지는 동등한 기회에 대한 모니터링이다. 예를 들면, 몇 년 전에 나는 다른 전문가들로부터 흑인과 아시아인 내담자를 미술치료로 의뢰받은 적이 거의 없다는 것을 알아차렸다. 나는 2년 동안 의뢰받은 것에 대한 감사를 실시했고, 함께 일하는 팀이 가진 내담자 기반과 흑인 및 아시아인 내담자 수를 비교했다. 나는 내 예감이 맞았다는 것을 알았고, 그 이유가 무엇인지 그리고 어떻게 하면 의뢰받는 것을 늘릴 수 있는지에 대해서 팀과 함께 조사했다. 또한 전체적인 서비스는 동등한 숫자의 남녀를 대상으로 이뤄졌음에도 불구하고 내가 여성보다 남성을 의뢰받는 경우가 더 적다는 것도 알게 되었다. 여기서 정의한 표준은 팀이 돌보는 모든 집단에게 미술치료를 동등하게 제공하는 것이었다. 물론 업무의 여러 가지 다른 측면들에 대해서도 감사가 이뤄질 수 있다. 예컨대, 의뢰된 사례를 처리하는 데 걸린 시간, 내담자의 만족도 등이다.

감사가 가능한 또 다른 예는 10회기의 분노 조절 미술치료 집단의 활용도와 관련된 것이었다. 나는 3년 간격으로 두 집단을 운영했다. 두 집단은 대략 비슷한 수의 남녀로 시작했지만 대부분의 남성은 과정에 남아 있는 반면 대부분의 여성은 매번 탈락했다. 서비스가 남성의 요구는 충족시키지만 여성에게는 그렇지 않은 것이 분명했다. 두 집단이 시간적으로 좀 더 가까이 있었더

라면 여성에게 그들의 탈락 이유를 묻는 것이 유용한 감사가 되었을 것이다. 이것은 집단의 방식, 남성들의 존재, 가정이나 다른 이유들과 관계가 있었을 수도 있다. 이것은 차후의 집단을 계획할 때, 이 분야에서 남성의 요구와 여성의 요구 모두를 충족시키는 서비스를 제공하는 것을 목표로 삼게 하는 유용한 정보가 될 것이다.

근거를 기반으로 한 실제와 양적 연구

근거를 기반으로 한 건강관리는 건강관리의 어떤 측면에 대해서 결정을 내릴 때 현재의 최상의 근거를 양심적이고 명확하고 현명하게 사용하는 것으로 정의된다(Li Wan Po, 1998). 따라서 연구는 새로운 발견을 이끌어 내고 새로운 가설을 검증하도록 설계되어 일반화할 수 있는 결과를 산출하게 된다. 이것은 상식처럼 보인다. 모든 사람이 그들의 내담자가 '효과가 있는 것으로 알려진' 치료를 받기를 원한다. 재정적인 압박이 증가하는 분위기에서 관리자는 쓸 수 있는 자금을 최선으로 사용해야 할 필요가 있고 따라서 '입증된' 치료를 선호하게 된다. 그러나 무엇이 효과가 있는지를 입증하는 것은 간단하지 않다. 왜냐하면 효과란 여러 가지 방법으로 정의될 수 있고 연구는 길고 비용이 많이 들기 때문이다.

어떤 종류의 연구이건 간에 문헌조사, 윤리위원회에 적합성 신청, 연구 설계와 사전 조사, 통계 방법에 관한 조언 등 상당한 준비가 필요하다. NHS에서 모든 연구는 설계 단계부터 실시와 추후 지도에 이르기까지 서비스 사용자를 포함시켜야 한다. 이 부분에서는 주로 사용하는 양적 연구 방법 두 가지—무작위통제실험과 성과 연구—를 다룬다.

무작위통제실험

무작위통제실험(Randomized Controlled Trials: RCTs)은 여러 분야에서 임상적 효과성을 과학적으로 증명하기 위한 '황금 표준'으로 간주된다. 이 방법의 목적은 한 집단(전체 표적 집단에서 무작위로 선택된)에게 어떤 조치를 취하고(예, 새로운 치료) 그 결과를 통제집단과 비교할 때 생길 수 있는 편향을 제거하는 것이다. 골드너와 블리스커(Goldner & Blisker, 1995)는 '근거의 규칙'을 다음과 같이 요약하고 있다.

- 명확한 가설/연구 문제
- 신뢰성과 타당성이 있는 척도
- 피험자의 무작위 배분
- 통계적 평가
- 대규모 표본
- 눈가림 실험자 그리고/또는 피험자
- 척도는 측정 변수에 대하여 명확하고 민감할 것

근거를 기반으로 한 의료는 1980년대에 캐나다에서 처음 시작되었고 영국에서는 그것을 심리치료에 적용한 것이 영국 심리치료서비스의 전략적 정책에 대한 NHS의 보고서를 통해서 사람들의 관심을 끌게 되었다(DoH, 1996). 이 보고서는 다음의 다섯 가지 표준을 충족시키는 서비스에 투자하도록 권고하였다.

1. 표준 실무를 위해 채택된 임상적 지침
2. 연구와 서비스 평가에 의해 알려진 지침
3. 특정한 환자 집단에게 구체화된 적절한 서비스
4. 추적 관찰된 혁신적인 치료 결과

5. 감사를 거친 표준 실무의 핵심 요소들(Parry, 2000: 59-60)

실제로 이 엄격한 과학적 지침은 객관적인 '증상'보다 주관적인 자료와 그 의미가 더 중요할 때가 많은 과정에는 적용하기가 어렵다. 더욱이 필요한 대규모의 표본은 상당한 자원 없이는 그런 연구를 해내는 것을 어렵게 만든다. 미술치료에서 우리는 창작된 미술작품의 복잡성을 고려할 방법을 아직 찾지 못했다. 많은 사람이 협소하게 접근한 근거를 기반으로 한 실제(evidence-based practice: EBP)에 대해서 상당히 비판적인데(Parry, 2000) 특히 과학적인 연구 그 자체가 명백한 답을 이끌어 내는 경우는 거의 없기 때문이다. '근거가 없다'는 것은 어떤 것이 효과적이지 않다는 의미가 아니라 단지 그와 관련된 연구가 실시되지 않았을 뿐이라는 것이 핵심이다. RCT로 검증되지 않았으면서도 일반적으로 받아들여지는 실무들이 많다(의료를 포함하여). 내재된 어려움에도 미술치료를 RCT로 시도한 연구가 몇 개 있었다. 여기에 최근의 연구 프로젝트에 대한 간략한 설명을 소개한다.

이 연구는 정신분열증 진단을 받은 정신건강서비스 사용자에게 실시한 지역사회 정신건강 팀(Community Mental Health Team: CMHT) 관리의 표준 프로그램에서 미술치료로 인해 이익이 증가할 가능성을 평가하였다. 현재 지역사회 정신건강 팀과 활발한 접촉을 갖고 있는 90명의 정신건강서비스 사용자들은 무작위로 추출되어 계속적인 CMHT 관리(정기적인 투약 검사와 지역사회 정신간호사와의 접촉으로 구성)를 받거나 CMHT 관리와 주 1회, 총 12회기의 상호작용적 집단미술치료를 받았다. 환자들은 증상 측정, 대인 상호작용, 정신사회적 기능을 프로그램 실시 전과 실시 후, 그리고 3개월 후에 평가받았다.

연구 결과에 따르면, 단기미술치료와 CMHT 관리를 함께 받은 내담자들은 부정적인 증상사정 척도(Scale for the Assessment of Negative Symptoms: SANS; Andreasen, 1989)에서 유의미하게 개선되었다. 이 척도는 사후와 추후 검사에서 통계적으로 유의미한 개선을 보였다. 다른 척도들은 전반적으로 긍정적인 결과 쪽으로 기울었다.

RCT는 흔히 '실험실 작업'이라고 묘사되며 임상적으로 경험하는 '혼란스러운' 현실과 비교된다. 이 RCT의 모집 단계에서 임상의와 연구 보조원들은 지역사회 안으로 직접 들어가서 사람들의 집을 방문했다. 이것은 그들로 하여금 일상적인 임상 실무에서도 흔히 하지 않는 방법으로, 이러한 진단을 받은 많은 사람이 당면한 빈곤, 병, 불평등의 현실과 직접 접촉하게 하였다. 또한 이 RCT는 이를 실시한 NHS 위탁기관의 미술치료 서비스가 제공한 미술치료 집단의 사례보다 약 27%가 많은 흑인과 소수민족 내담자를 미술치료 집단에 모집하였다. 흑인과 소수민족 내담자 수의 이 양적 증가는 흑인과 소수민족 내담자를 대상으로 RCT를 진행하는 동안 미술치료 서비스로의 접근이 질적으로 개선되었음을 나타내었다.

(Jones, 2002)

성과 연구

이 중의 일부는 앞의 '집단구성원들이 참여하는 평가'(103쪽)에서 이미 언급되었다. 병원 입원율, 자해 사고, 집단 출석률 등 양적 방법으로 연구할 수 있는 종류의 결과들이 많다. 여러 가지 연구 설계 방법을 채택할 수도 있다. 성과 연구는 연구 설계의 전부 혹은 일부를 형성할 수 있다.

그 외의 연구 방법도 물론 많이 있다. 몇 가지만 예로 들면, 체계적인 조사, 비-무작위실험, 사례통제연구, 코호트 연구 등이 있으나 이들은 이 책의 범위 밖이다.

근거를 기반으로 한 실제와 질적 연구

연구는 특정한 질문에 답하기 위해 자료와 관찰 결과를 체계적으로 고찰하는 것이다. 미술치료사는 과학적인 방법(EBP)뿐만 아니라 심리학적인 방법(예, 성과 연구)과 예술적인 방법(예, 사례 연구, 발달사적 연구, 그림 되돌아보기)에 의지한다. 이 모든 것은 그 자체의 고유한 근거를 제공하고 연구 설계는 서로 다른 여러 가지 방법들을 포함할 수 있다. 흔히 양적 연구(RCTs와 성과 연구 같은)는 결과에 깊이를 더하기 위해 질적 연구를 수반할 필요가 있다. 미술치료의 효과성을 평가하기 위해 일반적으로 사용하는 질적 연구의 몇 가지 유형이 다음에 있다. 이 중의 일부는 양적 연구 자료와 질적 연구 자료 둘 다를 얻는 데 사용될 수 있다.

사례 연구

이것은 치료 실제와 아주 밀접한 관련이 있기 때문에 가장 흔히 사용되는 연구 형태다. 집단작업에서 그것은 일련의 회기를 통하여 한 사람의 집단구성원을 주시하거나, 전체 집단의 발달을 세밀히 조사하거나, 집단에서 새롭게 떠오르는 주제에 초점을 맞추는 것을 가능하게 한다. 단일사례 연구 설계도 근거를 제공하는 데 사용될 수 있다(McNiff, 1998: 159-167).

개인의 기록

이것은 다음의 여러 가지 방법으로 수집될 수 있다. 일기, 서면 보고서, 그림과 그 밖의 미술작품, 사진, 비디오, 시, 이야기, 일대기 등이다. 이 모두는 그 고유의 방식으로 근거를 제공한다.

서면 질문지

이것은 사용하기는 쉽지만 때로 회수하기가 어렵다. 끝까지 작성하게 하려면 명확하고 전문용어가 없고 상당히 간결할 필요가 있다. 질문들은 논리적인 순서에 따라 이어져야 한다(Ingram, 2002a). 질문지의 목적을 요약한 편지와 우표가 붙고 주소가 적힌 봉투를 동봉하면 도움이 된다. 이것은 한 집단의 추후 응답이나 다른 지역의 유사한 집단에 대한 정보를 수집할 때와 같이 면접이 가능하지 않거나 적절하지 않은 상황에서 유용하다.

면 접

이것은 대개 독립적인 한 사람이 반구조화된 또는 개방형의 질문지를 사용하여 실시한다. 질문지는 토론할 초점은 제공하되, 사람들이 자신의 의견을 말할 수 있는 여지를 충분히 남겨 둔다. 특히 마지막에 '모든 것을 포괄하는' 질문이 있는 경우가 그렇다. 질문지가 명확한지 그리고 찾고자 하는 정보를 제공하는지를 확인하려면 예비조사가 이루어져야 한다. 면접은 그 자체로서 서면 질문지가 할 수 없는 풍부한 정보를 제공할 때가 많다. 그것을 녹음하는 것은 좋지만 글로 옮겨 적는 데 시간이 걸린다는 것을 기억해야 한다(한 시간의 면접에 약 7시간 정도). 전화 면접도 사용할 수 있지만, 이것으로 얻을 수 있는 정보는 훨씬 더 적다. 많은 경우 서비스 사용자는 피면접자와 라포를 형성할 수 있는 좋은 면접자가 될 수 있다.

초점 집단

이것은 사람들이 자신의 의견을 말하기 위해 모인 소집단(6~8명)이다. 토론은 의견과 쟁점을 뚜렷하게 만드는 데 도움이 된다. 면접에서 고려할 사항들 중에서 많은 것이 여기에 적용되며, 집단관리 기술이 필요하다(Ingram, 2002b).

행동 연구

이러한 유형의 연구는 연구자의 행동이 연구에 미치는 효과를 인정하고 그것을 연구 설계에 포함시킨다(Payne, 1993). 그것은 특수한 환경 내에서 변화를 촉진시키기 위해 사용될 수 있다(McNiff, 1998).

협력적 또는 동반자적 연구

이러한 유형의 연구는 대상자와 연구자의 가치, 의욕, 방법에 의해 영향을 받는다. 그것은 연구 대상자와 협력하여 설계되고 전개된다(Payne, 1993).

미술에 기반을 둔 연구

이것은 다른 것과 완전히 분리된 부류의 연구가 아니며, 단지 미술치료가 시각적인 과정에 기반을 두고 있으므로 그 과정이 연구에 적절한 기초를 제공할 수 있다는 것을 상기시켜 준다(McNiff, 1998). 맥니프(McNiff)는 미술의 과정이 이성적인 마음과는 다른 무언가를 자주 드러내므로(130-131쪽, 사례 17~20) 연구의 또 다른 경로를 제공할 잠재력을 지니고 있다고 지적한다. 그는 미술 과정에 기반을 둔 연구와 평가 설계의 가능한 예를 서로 다른 범주(미적 탁월성의 효과, 방법 연구, 변천사, 결과 사정)로 나누어 76가지로 제시한다.

이것은 사진과 비디오(96-100쪽 '기록'에서 언급함)같은 시각적인 기록 방법이 존재하는 곳이기도 하다. 리처드 랜햄(Richard Lanham, 2002)의 최근 논문에 나와 있듯이, 디지털 카메라의 사용은 미술작품의 발전을 거의 매 프레임마다 시각적으로 분석할 수 있게 해 준다.

연구 설계가 어떠하든지 간에 모든 연구는 정확성, 심사, 자료 보호, 모니터링, 출판과 같이 연구 관리를 규정하는 사안들을 따라야 한다. 자세한 것은 『연구 관리 정보(Information for Research)』(DoH, 2001)를 참고하라.

실무 연구 네트워크

근거를 기반으로 한 실제와 연구에 대한 강조는 실무 연구 네트워크(Practice Research Networks: PRNs)의 형성으로 이어졌다. 이것은 특수한 연구 실험보다는 일상적인 임상 실무를 통해 자료를 수집하는 데 협력하기로 동의한 임상가들의 네트워크다. 그들은 동일한 척도와 자료 수집 도구를 사용함으로써 다량의 자료를 수집하고 비교할 수 있다(Barkham & Mellor-Clark, 2000).

미술치료 실무 연구 네트워크(ATPRN)는 2000년에 발 휴잇(Val Huet)과 닐 스프링햄(Neil Springham)이 결성하여, 실무에 기반을 둔 평가와 연구를 배우고 실시하고 싶어 하는 미술치료사들 사이에서 네트워크를 구축하기 시작하였다. 그것은 미술치료의 연구 전략을 탐구하고, 아이디어와 기술을 보급하고, 임상가이자 연구자인 미술치료사들을 지원한다. 네트워크는 런던에서 연 2회, 스코틀랜드에서 연 1회 모임을 갖는다. 여기에는 노인, 아동, 청소년, 정신병, 외상과 같이 임상적인 전문 영역에 주력하는 전문 분과들이 있다. 최근의 프로젝트에는 협력적 연구 프로젝트와 미술치료사들이 보는 내담자들의 심각성 정도를 전국적으로 검사하는 '분류' 프로젝트에 대한 아이디어들이 포함되어 있다. 임상가들이 실무의 다른 연구 분야와 연계하는 것을 돕기 위해 웹사이트가 만들어질 예정이다. 주소는 참고 자료에 있다(ATPRN, 2002a, 2002b).

미술치료 연구 등록부

이것은 길로이(Gilroy, 2003)에 나와 있으며, 영국에서 지금까지 나온 모든 미술치료 연구(완결된 것과 진행 중인 것 둘 다)의 목록이 포함되어 있다. 그 목록은 BAAT(AT Newsbriefing, 2002)를 통해서 개별적으로 구할 수도 있다.

결 론

이 장에서는 기록, 평가, 연구 방법에 대해 개관하였다. 그것은 치료사와 촉진자에게 위압적으로 요구되는 메뉴가 아니라, 필요성과 기회가 생길 때 더 많은 자료를 찾는 길잡이가 될 가능성의 목록들이다. 이것들은 다음의 참고문헌과 책 말미의 참고 자료에서 찾을 수 있다.

참고문헌

Andreasen, N. (1989). 'Scale for the assessment of negative symptoms', *British Journal of Psychiatry*, *155*, 7: 49-53.

AT Newsbriefing (2002). 'Art therapy research register', June: 12.

ATPRN (2002a). 'ATPRN report to the 2002 BAAT AGM', *AT Newsbriefing*, September: 1.

ATPRN (2002b). Notice, *AT Newsbriefing*, December: 1.

Barkham, M., & Mellor-Clark, J. (2000). 'Rigour and relevance: the role of practice-based evidence in the psychological therapies', in N. Rowland and S. Goss (Eds.). *Evidence-Based Counselling and Psychological Therapies: Research and Applications*, London: Routledge.

Case, C., & Dalley, T. (1992). *The Handbook of Art Therapy*, London: Tavistock/Routledge.

Clinical Effectiveness Support Unit (CESU) (1997). *Clinical Effectiveness and the Therapy Professions: Resource File*, Cardiff: CESU.

Corcos, N. (2002). 'Solutions in art therapy: toward a visual outcome measure', paper delivered at Theoretical Advances of Art Therapy Conference, 19 October, University of Aston, Birmingham. Abstract on webside: 〈www.baat.org/taoat/corcos_2002.html〉 (further details from Nadija Corcos, Long Fox Unit, Weston

General Hospital, Grange Road, Weston-super-Mare, Somerset BS23 4TQ).

Cox, M. (1988). *Coding the Therapeutic Process*, London: Jessica Kingsley Publishers.

Department of Health (DoH) (1996). *A Review of Strategic Policy on NHS Psychotherapy Services in England* (Ed. G. Parry), London: NHS Executive.

Department of Health (DoH) (2001). *Information for Research Governance*, London: DoH. Website: 〈www.researchinformation.nhs.uk/main/governance.htm〉

Gantt, L., & Tabone, C. (1998). *Formal Elements Art Therapy Scale Manual*, West Virginia: Gargoyle Press.

George, E., Iveson, I., & Ratner, H. (1999). *Problem to Solution: Brief Therapy with Individuals and Families*, London: BT Press.

Gilroy, A. (2003). *Art Therapy, Research and Evidence Based Practice*, London: Sage.

Goldner, E. M., & Blisker, D. (1995). 'Evidence-based practice in psychiatry', *Canadian Journal of Psychiatry*, *40*, 2: 97–101.

Healy, K. (1998). 'Clinical audit and conflict', In R. Davenhill and M. Patrick (Eds.). *Rethinking Clinical Audit: The Case of Psychotherapy Services in the NHS*, London: Routledge.

Ingram, J. (2002a). 'Questionnaire design', lecture notes, Research & Development Support Unit (RSDU), United Bristol Healthcare Trust.

Ingram, J. (2002b). 'Introduction to qualitative methods', lecture notes, Research & Development Support Unit (RSDU), United Bristol Healthcare Trust.

Jones, K. (2002). 'A randomised controlled trial (RCT) of group based brief art therapy', paper delivered at Theoretical Advances of Art Therapy Conference, 19 October. Abstract on website: 〈www.baat.org/taoat/jones_2002.html〉 (further details from Kevin Jones, Art Psychotherapy course, Goldsmith' s College, 23 St James, London SE14 6NW).

Lanham, R. (2002). 'Inscape revisited', *Inscape*, Seven, 2: 48–59.

Lewis, S., & Williams, F. (2002). 'Witnesses to the unutterable: developing an assessment tool for use in art therapy practice', work in progress.

Li Wan Po, A. (1998). *Dictionary of Evidence Based Medicine*, Abingdon: Radcliffe Medical Press.

McDowell, I., & Newell, C. (1996). *Measuring Health: Guide to Rating Scales and Questionnaires*, 2nd edn, Oxford: Oxford University Press.

McNiff, S. (1998). *The Arts Therapies Service: Clinical Protocol* (Pilot-May 1998),

Cwmbran: Gwent Community Health NHS Trust.

National Health Service (NHS) (1999a). *National Service Framework for Mental Health*, London: Department of Health. Website: 〈www.doh.gov.uk/nsf/mentalhealth.htm〉

National Health Service (NHS) (1999b). *Clinical Governance: Quality in the New NHS*, London: NHS Executive. Website: 〈www.doh.gov.uk/clinicalgovernance〉

Ogles, B. M., Lambert, M. J., & Field, S. A. (2002). *Essentials of Outcome Measurement*, New York: Wiley.

Parry, G. (1996). 'Service evaluation and audit methods', in G. Parry and F. N. Watts (Eds.). *Behavioural and Mental Health Research: A Handbook of Skills and Methods*, Hove: Lawrence Erlbaum Associates Ltd.

Parry, G. (2000). 'Evidence-based psychotherapy: an overview' in N. Rowland and S. Goss (Eds.). *Evidence-Based Counselling and Psychological Therapies: Research and Applications*, London: Routledge.

Payne, H. (1993). 'From practitioner to researcher: research as a learning process', in H. Payne (Ed.). *Handbook of Inquiry in the Arts Therapies: One River, Many Currents*, London: Jessica Kingsley Publishers.

Sharry, J. (2001). *Solution-Focused Groupwork*, London: Sage.

South West MIND (1996). *Avon Mental Health Measure: A User-Centred Approach to Assessing Need*, Bristol: MIND.

Whitaker, D. S. (2001). *Using Groups to Help People*, 2nd edn, London: Brunner-Routledge.

Wood, C. (1999). 'Gathering evidence: expansion of art therapy research strategy', *Inscape*, *4*, 2: 51-61.

04
집단의 문제를 통해 배우기

실생활에서 일어나는 개인 및 집단미술치료는 이론에서 펼쳐진 이상적인 형태보다 훨씬 더 혼란스럽다. 예상할 수 있는 측면(예, 대부분의 사람이 집단의 첫 모임에 대해서 불안감을 가질 거라는 것)이 있긴 하지만, 어느 누구도 관련된 모든 사실을 다 알 수 없고 치료사와 촉진자가 끝없이 현명할 수는 없기 때문에 예측할 수 없는 요소가 항상 있기 마련이다. 설사 누군가가 이 불가능한 조건들을 충족시킬 수 있다고 해도 예견할 수 없는 외부 요인들은 늘 존재한다. 그러나 불완전한 상태도 훌륭한 이점으로 전환될 수 있고 그 결과 집단은 매우 만족스러운 경험이 되며 이와 더불어 개인의 성장과 발전을 크게 이룰 수 있다. 가장 중요한 것은 문제가 되는 상황과 실수로부터 배울 수 있다는 것이다.

이 주제에 접근하는 하나의 방법은 제2장에서 설명한 집단 운영의 모든 측면을 검토하고 다음 각 요건들의 결핍이 집단에 미치는 영향을 상상해 보는 것이다. 예컨대, 물리적인 준비가 어려운 것, 중단, 다른 직원들의 지원 부족, 부적절한 의뢰체계, 방해하는 사람, 경험이 부족한 지도자, 불충분한 도입, 서투른 주제 선택 등이다. 나는 그에서 비롯되는 결과를 자세히 설명하기보다는 미술치료사들이 다양한 집단에서 경험한 어려움들의 예를 제시하고 싶다. 그 사례들은 여러 명의 미술치료사와의 면담을 통해서 얻어진 것들이다. 그들은 대부분 상당한 경험을 갖추고 다양한 환경에서 일하면서 자신들이 이끌었던 집단에 대해 솔직하게 이야기해 주었다. 나는 그 사례들을 분류하여 공통적으로 경험하는 문제들을 모아 다섯 개의 제목으로 나누었다. 이러한 문제들이 치료사와 촉진자의 관점에서 서술되었다는 것에 유의해야 한다. 나는 각 제목 아래 사례를 먼저 인용한 후 그에 관해 논평했다. 이 논평들 중 일부는 한 사례에 국한된 것이고, 다른 것들은 여러 사례에 적용된다.

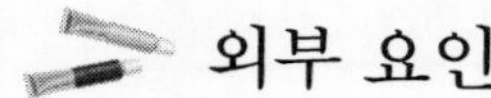

외부 요인

사례 1

병동에 도착했을 때 나는 그들이 우리가 평소 쓰던 방을 도배하고 있는 것을 발견했다. 우리가 갈 수 있는 유일한 장소는 옆방에 있는 식당이었다. 우리는 거기서 집단을 열려고 애썼지만 나머지 사람들은 계속 헤매고 있었다. 그것은 끔찍했다. 우리는 전혀 시작하지 못했고 결국에는 짐을 꾸렸다.

사례 2

처음에 장기병동 직원들은 미술치료 회기를 미심쩍게 여겼고 환자들이 '과잉 자극'을 받는 것을 원하지 않는 것 같았다! 그들은 전혀 협조하지 않았고 환자들이 참석하는 것을 막았다. 그러나 회기에서 나온 작품을 보자마자 직원들의 태도는 바뀌었고, 이제는 미술치료 회기가 오기를 갈망할 정도다.

논 평

사례 1은 치료사와 촉진자가 일하는 수많은 부적절한 장소 중에서 하나를 설명하고 있다. 집단을 계속하는 것이 좋을지 아니면 환경이 너무 부적절하므로 중단하는 것이 최선인지를 결정하는 것은 때때로 어렵다. 여기에 지침이 되는 것은 집단이 내담자들과 구성원들에게 문제보다 이득을 더 많이 주는지 그리고 그런 상황이 차후에 개선될 희망이 있는지의 여부일 것이다. 프로그램이나 집단이 시작될 때는 직원과 관리자들이 요구사항을 좀 더 쉽게 들어줄 경우가 많으므로 집단의 요구를 파악하여 편의를 봐 주도록 요청하는 것이 좋다. 제2장 '집단 준비하기'의 목록이 도움이 될 것이다.

사례 2는 직원들과 함께하는 것이 중요함을 보여 준다. 이것은 여러 가지 방법으로 할 수 있다. 한 가지 방법은 집단을 시작하기 전에 직원들을 위한 워크숍을 먼저 열어 집단의 진행 과정과 그 이점에 대해서 알리는 것이다. 이것이 직원들에게 지나치게 노출적인 경험이라면 강의를 하고 다른 내담자들이 작업한 그림이나 슬라이드를 (허락을 얻고) 보여 줌으로써 작업이 어떤 것인지를 설명할 수 있다. 마지막으로 그들이 일하는 곳에서 작업의 효과를 눈으로 직접 보게 하는 것이 그 가치를 깨닫게 할 경우가 많다. 협력자를 얻는 방법 중 하나는 다른 직원을 공동촉진 집단에 초대하는 것이다. 예를 들면, 나는 지역사회 정신건강 팀에서 여러 명의 지역사회 정신간호사들이 그런 경험을 한 후 미술치료에 대한 견해를 완전히 바꾸는 것을 보았다.

공동촉진자 문제

사례 3

때로 (노인 주간 보호소의) 직원들이 집단에 참여하면 그들은 우위를 차지하여 사람들에게 무엇을 할지를 말하기 시작한다. 그러므로 나는 대체로 집단을 혼자 운영하는 것을 더 좋아한다.

사례 4

한 객원 미술치료사가 집단구성원 한 사람과 대립하게 되었다. 그 일은 해결되지 않았고 긴장된 기운이 감돌았다. 나중에 나는 그것이 공동촉진자인 나에게 달려 있다는 것을 깨닫고 집단을 잠시 중단시켰다. 나는 우리 센터에서 특별한 의미를 지니게 된 어떤 단어의 사용에서 오해가 일어났고 객원 미술치료사는 그것을 몰랐다는 것을 지적했다. 우리는 사전에 우리의 역할을 구분했어야 했다. 객원 미술치료사가 진행을 맡는 동안 공동촉진자인 나는 혼란스러운 상황을 명료하게 만들 준비가 되어 있어야 했다.

논 평

사례 3은 훈련받지 않은 직원을 공동촉진자로 쓸 때 일어날 수 있는 문제를 보여 준다. 일부 기관에서 이런 일은 직원이 부족하고 미술치료에 대한 이해가 없기 때문에 일어날 수 있다. 노인 주간 보호소에서는 다른 직원이 가까이 있기 때문에 미술치료사가 혼자 일할 가능성이 거의 없으며, 노인들은 격하게 행동하는 일부 다른 내담자 집단과는 다르다. 그러나 많은 경우 집단을 혼자 운영한다는 해결책 건물이나 내담자 집단 때문에 위험할 수 있다. 나 자신은 공동촉진자가 다른 직업을 가져 몇 달 동안 그의 자리를 대신할 사람이 없었을 때 (지역사회 정신건강 팀 내의) 한 집단을 연기해야만 했다. 격한 구성원들이 있는 10주간의 집단에서 또 한 사람의 공동촉진자는 갑작스러운 감정폭발과 집단을 떠나려는 사람들이 있을 경우를 대비하여 꼭 필요했다. 그뿐만 아니라 우리는 이 독특한 집단을 운영하기 위해서 남성과 여성 촉진자/치료사가 모두 필요했다.

사례 4의 교훈은 너무나 명백하다. 공동촉진자들이 힘을 합쳐 사전 준비를 잘하고 각자의 역할을 구분하는 것은 필수적이다. 집단을 도중에 중단시키는 것이 항상 쉽지는 않으며 내담자 집단과 그들의 요구에 따라 다르다. 집단이 여러 회기에 걸쳐 이루어질 경우, 이 문제를 다룰 또 다른 방법은 회기가 끝날 때까지 기다렸다가 각자의 역할과 책임을 분명하게 만드는 것이다. 집단구성원들과의 직접적인 대립은 매우 민감하게 다루지 않으면 파괴적이 될 수 있기 때문에 집단에 대한 준비를 명확하게 하는 것뿐만 아니라 치료에 대한 가정을 공유하는 것 역시 중요하다. 그런 문제를 집단 전체에게 개방하는 것은 건설적인 일이 될 수 있다.

방해하는 집단구성원

사례 5

내가 운영하는 노인 집단 중 한곳에서 잡담을 멈추지 않는 여성이 있어 다른 사람들이 자신들의 작업에 집중할 수가 없었다. 내가 그것을 통제하려고 해보았지만 상황은 나빠질 뿐이었다. 내 집단에는 이런 사람들이 꼭 한두 명 있고 그런 일은 내 신경을 곤두서게 만들며 결국 상황은 악화된다. 그것이 바로 그들이 도움을 받으러 온 이유이기 때문에 그들을 배제하고 싶지는 않다.

사례 6

어떤 사람이 집단을 방해할 것이라는 것을 알게 되면 나는 그들을 참여시키지 않는다. 전에는 참여시켰지만 이제는 아니다. 과거 경험으로 보아 미술치료 집단에서 아무것도 얻지 못하는 사람들이 있으면 그들 역시 배제시킨다.

사례 7

그레이엄이 한 시간 늦게 도착했을 때 모든 사람의 집중력이 최고에 달해 있었다. 그는 자신의 등장으로 인한 영향을 전혀 알아차리지 못한 것 같았고 곧바로 이야기를 시작했다. 그래서 나는 그를 서둘러 부엌으로 데려가 차 한 잔을 주고 우리가 하고 있던 것을 이야기해 주었다. 나는 그에게 그림을 그리는 동안에는 말하지 말고 다음 주에는 늦지 말라고 요청했다(교회에서 열린 지역사회 집단, 제5장 참고).

사례 8

나는 집단에서 한 사람의 특정한 문제를 다루는 것이 어려울 때가 있다는 것을 안다. 예컨대, 애도처럼 다른 사람들과 함께 나눌 수 없는 것일 경우에 말이다.

논 평

이 사례들은 집단을 방해하는 구성원들(집단의 기능을 방해하는 데 일조하는 사람들)이 있을 경우의 딜레마와 그것을 다루기 위해 선택된 몇몇 해결책들을 보여 준다. 물론 방해한다는 꼬리표는 생각하기에 달린 것이므로 각각의 집단과 치료사는 방해한다고 간주되는 것에 대해 서로 다른 견해를 가질 수 있다. 사례 5와 7에는 방해한다는 바로 그 사실이 사람들이 집단을 필요로 하는 하나의 이유라는 것에 대한 이해가 나타나 있다. 그래서 치료사들은 그런 사람들을 배제하는 것을 망설이게 된다. 대개 치료사와 촉진자는 어떤 사람이 방해가 될 거라는 것을 미리 아는 호사를 누리지 못한다. 그것은 집단이 시작되고 나서야 아주 분명하게 드러난다. 방해꾼임을 알게 된 사람을 참여시킬지 말지를 결정하는 방법 중의 하나는 그들의 존재가 너무 방해가 되어서 아무도 이득을 얻을 수 없다는 것에 달려 있다. 나는 가끔 사전 면접 때 이것을 알아채고 사람들에게 어떤 상황이 생기면 관찰하라고 요청한다. 집단의 다른 사람을 희생양으로 삼기보다는 그 문제에 대해서 이야기하려고 노력하면서 말이다. 그래도 나는 초기에 특정한 사람을 배제했더라면 다른 사람들에게 더 좋았을지도 모른다는 생각이 가끔 들곤 한다. 때로는 집단의 나머지 사람들을 참여시켜서 그런 행동이 그들에게 어떤 영향을 주는지와 집단이 어떻게 진행될 수 있을지를 토론하는 것도 좋은 방법이다. 언제 이렇게 하는 것이 최선인지, 그런 행동을 받아들이는 것이 더 좋을 때가 언제인지, 누군가를 언제 배제해야 할지를 결정하는 것은 어려운 일이다.

사례 8은 방해하는 집단구성원에 대한 것이라기보다는 다른 사람들과 나눌 수 없는 문제를 가진 구성원이 있을 경우다. 이런 상황이 어렵기는 하지만, 사람들이 공통으로 가지고 있는 것에 초점을 맞춤으로써 다른 구성원들과 이어 주는 것이 가능하다. 예컨대, 우리 모두는 자신을 혼자라고 느끼게 만드는 문제를 가질 때가 있다. 혹은 애도에 관해서라면, 우리는 모두 어떤 종류의 상실로 고통을 받은 적이 있다. 특정한 문제를 다루기 위해서 만든 집단이든, 혹은 비슷한 사람들이 모인 집단이든 간에 공통된 부분이 많을 수도, 적을 수도 있는 다양한 사람으로 이루어지기 마련이다. 나머지 구성원들이 그들과 다른 문제를 가진 한 사람을 동정하여 그에게 필요한 시간을 줄지도 모른다. 그것은 집단구성원들이 다른 사람을 공감하고 도움을 줄 기회가 될 수 있다.

집단에서 일어난 강한 감정

사례 9

나는 누군가가 울음을 터뜨리고 방에서 나가 버린다면 집단이 잘못될 거라는 생각을 하곤 했다. 이제 나는 큰 티슈 상자를 주고 눈물이 삶의 일부인 것처럼 집단의 일부라고 받아들인다. 누군가가 잠시라도 방을 나가고 싶어 하거나 뛰쳐나가게 되면 나의 공동촉진자가 그들과 함께 하면서 그들이 돌아올 준비가 될 때까지 혹은 집으로 가려는 결정을 할 때까지 기다린다.

사례 10

강한 감정들—예컨대, 갈등, 직면, 상실, 상처, 거부의 감정—은 어떤 주제에 따라서 일어날 수 있다. 하지만 사람들이 이러한 감정들을 어떻게든 경험하고 있다면 나는 그 모두를 놓치기보다 다룰 방법을 찾는 것이 더 좋다고 여긴다. 비록 내가 그것들에게 서서히 다가가기를 바라고 있기는 하지만 말이다.

사례 11

집단 그림이 항상 예측 가능한 것은 아니다. 그것은 때로 사람들 사이의 어려움을 부각시킬 수 있다. 하지만 이것을 나누면 해결로 나아가는 데 도움이 될 수 있다.

사례 12

나는 여성 집단이 그린 집단 그림에서, 특히 어떤 두 사람 사이에서 드러난 엄청난 공격성과 적대감 때문에 매우 당황하였다. 그전까지 나는 모든 사람이 서로 잘 지낸다는 착각을 했었던 것이다. 갈등하던 두 여성이 그다음 주에 만나 점심을 함께하면서 서로의 차이점에 대해 이야기를 나눔으로써 실제로 집단이 도움이 되었다는 것을 나중에 알게 되었다.

사례 13

혼란스러운 감정이 경직되고 피상적일 수 있는 인위적인 평온함보다 더 낫다.

사례 14

모든 집단구성원이 우울하고 자기 자신에게만 골몰한다면 집단은 매우 답답하다고 느낄 것이고 나는 보람이 거의 없을 것 같다. 그러나 나는 일어나고 있는 일을 과소평가하는지도 모른다고 생각하는데, 사람들이 집단으로부터 여전히 무엇인가를 얻고 있다는 것을 나중에 알게 될 때가 가끔 있기 때문이다.

논 평

이 모든 사례는 개인 및 집단미술치료에서 강한 감정이 일어나는 시점을 설명하고 있다. 미술작업을 하는 것이 이런 감정들을 일으킬 가능성을 높이는 경우가 많지만 그것은 또한 그런 감정들을 다룰 수단을 제공하기도 한다. 강한 감정이 일어날 때는 그것을 탐색하고 어떤 해결책을 향해 작업할 기회가 된다. 그림은 감정들을 담는 그릇의 역할을 할 수 있으며, 회기가 끝날 때 그것을 치워 버리는 행위는 그 감정들을 다루게 되었다는 하나의 은유가 될 수 있다. 감정들은 표현되고 탐색될 수 있으며, 그 후 다음 회기가 될 때까지 안전한 장소에 머무를 수 있다.

경험에서 배우기

사례 15

첫해에는 내가 불안하고 긴장했기 때문에 실수가 많았다. 나는 집단을 통제하려고 늘 애썼다. 하지만 이제는 나 자신을 집단의 보호자로 임명했다.

사례 16

어떤 주제는 어떤 집단에게 위협이 될 수 있다. 그래서 나는 집단구성원 개개인에게 민감해지는 법을 배우려고 노력해 왔으며, 이제는 주제를 소개할 때 여러 가지 수준으로 발전할 수 있게끔 한다. 나는 준비하는 시간이 정말로 중요하다는 것을 배웠다.

사례 17

매우 중요한 메시지를 너무도 쉽게 놓친다. 집단에서 초기 아동기의 기억을 그린 후에 한 여성이 내게, 아이들에게 엄마가 없으면 어떤 점이 잘못될 수 있느냐고 물었다. 나는 이 질문에 곧이곧대로 대답했고 모성 박탈에 대한 연구를 인용했다. 그녀는 암환자였기 때문에 아마도 죽는 것과 상실감에 빠진 자녀들을 남겨 두고 가는 것에 대한 걱정을 간접적으로 표현하고 있었던 것이라는 걸 나중에 알게 되었다. 나는 그녀에게 필요 이상의 부담을 준 것에 대해 자책했다. 내가 좀 더 예민했더라면 모성 대체물에 대한 선행 연구를 언급함으로써 그녀의 두려움을 완화시킬 수 있었을 것이다. 나는 이제 좀 더 현명해져서, 사람들이 자신에게 가장 중요한 질문을 할 때는 직접적으로 하는 것이 너무나 위협적이어서 간접적으로 묻는다는 것을 안다.

사례 18

앞의 대화를 듣고 나서 이틀 후에, 지역사회 집단에 있는 어떤 사람이 미술치료가 정신병 환자를 어떻게 도울 수 있는지를 내게 물었다. 그 주제에 관한 논문을 시작하기 전이었던 나는 그녀가 정말로 알고 싶은 것이 무엇인지를 조금 더 물어보았다. 그녀는 병원에 혼자 있었고 자신의 그림 그리는 능력이 부족한 것에 대해 걱정하고 있다는 것이 밝혀졌다. 나와 다른 사람들은 이것에 대해서 그녀를 안심시키려고 노력했다. 나는 누군가의 실수로부터 배울 수 있었다는 것에 매우 감사했고, 그 덕분에 어떤 사람에게 상처 주는 일을 피할 수 있었다.

사례 19

내 집단구성원들 중의 한 사람이 내가 포함된 그림을 그렸다. 그는 내게 매우 화가 나 있었고 나는 그 순간 내가 그의 세계의 일부임을 깨달았다. 그는 나를 부모 역할을 하는 사람으로 보고 있었다. 우리가 작업을 계속 진행하려면 그전에 내가 그것을 인정해야만 했다.

사례 20

나는 한 집단구성원과 벽돌담을 그린 그의 그림에 대하여 논쟁을 하게 되었다. 나는 그가 나를 모함했다고 생각한다. 내가 상상력을 좀 더 발휘했더라면 우리는 그 막다른 길을 피할 수 있었을지도 모른다.

논 평

이 부분에서 인용한 사례들이 증명하듯이, 경험이 많은 치료사와 촉진자도 실수를 한다. 그렇다고 해서 세상이 끝나는 것은 아니며 사람은 자신의 실수와 무신경했던 시간으로부터 배울 수 있다. 이 모든 사례들은 경험의 결과로 생겨나는 학습을 보여 준다. 사례 15 · 17 · 20에는 이전의 접근 방법이 비효과적이었다는 자각이 있고, 사례 16 · 19는 그러한 학습이 집단을 다루는 새로운 방법으로 이어졌던 것을 보여 준다. 사례 19에는 전이 문제에 대한 인식이 나타나 있다. 사례 18은 한 상황에서 또 다른 상황으로, 그리고 한 사람에서 다른 사람으로 학습이 어떻게 전달될 수 있는지를 보여 준다. 발전하기 위해서 한 사람이 모든 실수를 할 필요는 없다.

집단에 개입할 때

집단에 개입할 때가 언제인지 그리고 개입하면 안 될 때가 언제인지를 결정하는 것은 어려울 때가 많다. 다음과 같을 때는 개입하는 것이 좋다.

- 개입이 효과적으로 작업할 기회를 열어 줄 때
- 어떤 것을 다뤄야 할 때
- 한 개인이 피해를 입고 있을 때

다음과 같을 때는 개입하지 않는 것이 최선이다.

- 구성원들이 좋은 작품을 스스로 만들고 있을 때
- 개입해도 들리지 않을 것 같을 때
- 무슨 일이 벌어지고 있는지를 당신이 아직 잘 모를 때(Whitaker, 2001: 238-240)

결 론

인용한 사례에서 알 수 있듯이, 어려운 회기라는 것은 집단이 잘못되고 있을 때인지 혹은 집단이나 그 속의 개인들이 성장과 발전을 시작하는 때인지는 명확하지는 않다. 어떤 결과에 도달하려면 약간의 시간이 흘러야 하므로 치료사나 촉진자는 정말로 그 결과를 전혀 알 수가 없다.

문제가 생길 때(그것이 생기는 것은 불가피하기에) 앞으로 나아갈 방법을 다양하게 살펴보고 당신의 집단과 상황에 가장 적합한 것을 선택하려면 집단작업에 관한 책을 한두 권 사는 것이 좋다. 집단작업과 관련된 문제 상황을 이 책보다 훨씬 더 자세하게 체계적으로 요약한 좋은 책들이 몇 권 있다. 『사람들을 돕기 위한 집단 사용하기(Using Groups to Help People)』(Whitaker, 2001)는 문제와 기회를 설명하는 데 하나의 장을 할애하고 있으며 수많은 사례와 가능한 방책에 대한 사려 깊은 논평을 함께 싣고 있다. 『집단작업(Groupwork)』(Brown, 1992)은 개인의 행동에 반응하는 다양한 대안을 열거하고 있고 희생양을 방지하는 특별한 기법들이 몇 개 포함되어 있다.

자신의 치료 실제를 되돌아보는 방법도 많이 있다. 어려웠던 경험을 동료와 다른 곳에서 비슷한 일을 하는 사람들과 나누기, 되도록 경험 많은 집단미술치료사로부터 충분하고 정기적인 수퍼비전 받기, 적합한 훈련 과정에 참여하기 등이다. 위험을 피하기 위해 최선을 다하고, 그런 상황이 일어났을 때 거기서 배울 수 있고, 집단과 그 구성원들에게 전반적으로 사려 깊고 긍정적이고 배려하면서 접근하는, '충분히 좋은' 촉진자나 치료사가 되겠다는 생각이 불완전한 세상에서 자리 잡을 여지는 분명히 있다.

참고문헌

Brown, A. (1992). *Groupwork,* 3rd edn, Aldershot: Ashgate.

Whitaker, D. S. (2001). *Using Groups to Help People,* 2nd edn, London: Brunner-Routledge.

05 구체적인 사례: '금요일 집단'

나는 이 독특한 사례를 여러 가지 이유 때문에 선택했다. 먼저, 그것은 내가 직접 참여했고 당시 메모를 계속 했었기 때문에 세부 사항과 분위기가 생생하게 남아 있다. 그것은 진행 중인 집단이었기에 일정 기간에 걸쳐 집단과정과 집단의 성격이 어떻게 변할 수 있는가를 보여 준다. 그것은 지역사회에서 열린 집단이어서 어떤 종류의 치료 상황에도 매여 있지 않았다(그리고 그런 사실로부터 생겨난 문제도 몇 가지 있었다). 마지막으로, (내가 자세히 서술할) 한두 회기는 어떤 주제가 개인에 따라 얼마나 폭넓게 해석될 수 있는지를 보여 준다. 그 집단은 내 친구인 (숙련된 미술치료사) 헤더가 시작했고, 목적은 그녀가 특별한 흥미를 가진 다음의 두 가지가 서로 관련될 수 있는지를 탐색하기 위함이었다.

- 색채 작업
- 조지 켈리(Kelly, 1963)가 개발한 개인구성이론 심리학(Burr & Butt, 1992; Dalton & Dunnett, 1999; Fransella, 1995)

그 집단은 '미술과 심리학 연구 워크숍'이라고 불렸고, 관련 잡지의 공고문과 알맞은 장소에 게시한 포스터를 통해 광고하였다.

집단은 교회의 방을 빌려서 매주 금요일 아침 10시부터 1시 반까지 모임을 가졌다. 그 방 바로 옆에는 음료를 준비하여 마실 수 있는 부엌이 있었다. 나는 헤더가 선택한 주제를 잘 알지 못했기 때문에 집단의 일원이 되었고 필요할 때는 공동촉진자의 역할도 할 예정이었다. 처음에 나는 이 역할을, 모인 사람들이 집처럼 편안하게 느끼도록 돕고 반갑게 맞아 주는 일이라고 해석했다.

첫 회기에 여러 부류의 사람들이 찾아왔다. 일부는 취소된 다른 워크숍 대신으로, 일부는 포스터와 광고를 보고, 일부는 개인적인 소개를 받고 왔다. 첫 번째 집단의 구성원은 대안적인 치료법을 훈련받고 있는 부부, 퇴직 후에 재고용된 비상근직 여성 2명, 어린아이들을 데리고 온 3명의 여성(그중 2명은 전에 미술과 공예를 가르친 적이 있다), 나 그리고 헤더였다. 초기 단계인 그다음 몇 주에 걸쳐서 부부와 나이 든 여성 중 1명이 떠났다. 다양한 횟수의 회기 동안에 은퇴한 의사, 놀이학교 지도자, 실직 남성 2명, 접골사, 큰 아이들을 데리고 온 여성, 이 도시에 처음 온 실직 미술치료사가 합류하였다. 참석자는 2명에서 8명까지로, 아이가 아프거나 친척이 방문했거나 날씨 같은 것에 따라 달라졌다(금요일마다 폭우가 쏟아진 적이 많았는데, 우리는 물감, 종이, 물통 등을 가지고 건물 안팎을 드나들며 씨름한 덕에 이것을 알아차렸다).

우리는 다른 여러 집단도 함께 사용하는 교회의 방에서 모임을 가졌기 때문에 헤더는 모든 매체를 자신의 스테이션 웨건에 매주 싣고 다녀야 했으며 복잡한 대로변의 주차금지선에 잠시 주차하여 짐을 내렸다. 그녀는 모든 것을 가지고 다녀야 했는데, 물감, 종이, 붓, 팔레트, 물통, 탁자를 덮을 신문인쇄용지 두루마리, 그림을 말릴 때 바닥에 펼쳐 놓을 신문지, 헝겊 조각, 화장지, 집단이 흥미를 가질 만한 책 등이었다. 또한 헤더는 방을 매주 정리해야 했다. 카펫을 바닥 중앙에 놓기, 로비에 있는 작은 포마이커 탁자 몇 개를 안으로 들여놓기, 그것들을 합쳐서 그림을 그릴 넓은 자리 만들기, 매체를 모두 꺼내 놓기([그림 5-1]은 집단이 작업하고 있는 모습이다) 등을 해야 했다. 보통은

그림 5-1 **작업 중인 '금요일 집단'(브리스톨 미술과 심리학 집단)**
출처: Marian Liebmann의 사진

헤더가 일찍 도착해서 모든 것을 준비해 놓았지만 끝날 때에는 집단구성원들이 치우는 것을 자연스럽게 도왔다.

처음의 8회기는 유사한 형식으로 이루어졌다. 우리는 차 한 잔을 하면서 도입을 시작했다. 그런 후 헤더는 루돌프 슈타이너(Rudolf Steiner)의 연구를 어느 정도 참여하여 만든, 젖은 종이와 수채화 물감을 특별한 순서로 사용하는 색채 활동을 소개했다(슈타이너의 인지학적 접근에 대한 소개는 제2부 J 351번 참고). 우리는 그 결과에 대해서 토론했고, 헤더가 켈리의 개인구성이론의 일부를 소개한 뒤에 짧은 휴식을 하면서 점심식사를 했다. 분위기는 격식을 차리지 않는 성인 교육반과 매우 비슷했지만 좀 더 개인적이었는데, 그 이유는 주제로 다루는 것들이 개인적이고 집단이 상당히 작기 때문이었다.

집단이 정착되었을 때 사람들은 서로 좀 더 많이 이야기하고 좀 더 많은 질문을 하기 시작했다. 우리 둘 다 미술치료사인 것을 알게 되자 사람들은 우리에게도 그렇게 질문했다. 그리하여 헤더는 집단에게 몇 가지 '미술치료' 주제들을 시험 삼아 해 보고 싶은지를 물었고 그들은 그렇다고 하였다.

최초의 아동기 기억

이것은 분리에 대한 최초의 기억과, 현재의 만남과 이별을 함께 다뤄 봄으로써 과거와 현재 사이에 어떤 관련성이 있는지를 살펴보는 것이었다. 그 결과는 흥미로웠다. 제니는 자신과 여동생이 유치원에 보내지는 그림을 그렸다. 대부분의 그림은 검은색으로 그려져서 분리의 고통을 강조하였다.

오드리는 그녀가 길에서 꾸물거리고 있을 때 다른 사람들이 그녀를 놔두고 계속 걸어갔던 상황을 그렸다. 그녀는 무릎을 꿇고 격분하여 고함을 치면서 울부짖었다. "나를 기다려 줘!" 그녀의 아버지가 그녀를 사진으로 찍은 것을 보면 부모는 그것이 재미있다고 생각했음에 틀림이 없다. 하지만 그녀는 실제로 매우 화가 났고 무서웠다.

내 그림은 남동생이 태어났을 때 병원에 있는 어머니를 방문한 나를 그린 것이었다. 그러나 왠지 나는 많은 것이 '지워진' 것처럼 기억이 나지 않았다.

우리 모두는 뜻밖에도 그 주제가 동요를 일으킨다는 것을 알았다. 마치 우리 아동기의 많은 상처가 아직도 거기에 있는 것처럼, 우리가 '바로 그 단추를 누르기'라도 한 것처럼 말이다. 그것은 우리가 초기의 경험들을 완전히 잊지 않았다는 것을 분명히 깨닫게 해 주었다. 현재의 경험이 그것들과 항상 꼭 들어맞지는 않았지만 우리는 우리에게 여전히 영향을 미치는 초기 경험들의 끈이 있다는 것을 이해하기 시작했다.

찰흙으로 나타낸 가족집단

헤더는 우리에게 가족집단의 모형을 만들어 보라고 요청했다. 그것은 우리가 찰흙을 (주된 이유는 그것을 가지고 오고 완성된 작품을 집으로 가져가는 실용성 때문에) 사용한 유일한 시간이었다. 처음에는 한두 사람이 힘들어했다. 모두가 작업을 계속하면서 깊이 집중했다. 그러고 나서 우리의 생각과 느낌을 나누었다.

오드리

가족집단에는 그녀, 그녀의 남편, 아기들인 두 딸, 바로 가까이에 그녀의 어머니가 포함되었다.

루 스

하나의 지반에서 올라온 세 개의 형상, 춤추는 듯한 혹은 빙빙 도는 듯한 구성원들 사이에서 흐느적거리는 팔들, 네 번째 구성원이 제거됨으로써 흐트러진 집단의 균형(루스의 결혼은 최근 파경에 이르렀다. 남편은 그녀에게 돌봐야 할 두 어린아이들을 남기고 이사를 나갔다).

탐 신

같은 지반에 서 있는 4명의 형상들. 그것은 그녀가 아동기에 결코 알지 못했던 '이상적인 가족'을 상징한다.

제 니

수많은 작은 형상들, 많은 형제자매들, 그 모두의 아이들, 모두가 들락날락하고 있다.

나

나의 소가족이 중앙에 있고, 친구들로 이뤄진 원에 둘러싸여 있다. 친구들은 우리가 가져 본 적이 없는 대가족을 대신한다.

우리 모두는 찰흙을 사용하면서 더할 나위 없이 즐거웠다. 하지만 탐신은 예외였는데 그녀는 그것이 차갑고 축축하다고 느꼈다. 우리는 '가족'에 대해서 우리 자신이 가진 것과는 다른 해석이 많다는 것 그리고 찰흙이 말이나 그림이 할 수 없는 방법으로 표현할 수 있게 하는 것을 보면서 매우 흥미로웠다.

집단구성원

두어 번의 회기 후에 헤더가 자리를 비워서 내가 그 회기에 집단을 맡게 되었다. 이제 구성원들은 정착이 되었다.

오드리

그녀는 퇴직한 교사이며 지역 암 지원센터에서 자원봉사를 하고 있고 미술을 개인적인 방식으로 사용하는 데 매우 관심을 가지고 있었다. 그녀와 그녀의 남편은 약간의 문제를 가지고 있는 것 같았다.

제니

두 어린아이들의 엄마인 그녀는 학교에서 공예를 가르친 경험이 아주 많았다. 그녀의 남편은 오랫동안 실직 상태였고 그로 인해 매우 우울해했다. 가족은 사회보장연금에 기대어 살았고, 제니는 그들이 처한 상황이 힘들고 우울한 것이 당연하다고 여겼다.

루 스

두 어린아이의 엄마이고 전직 중학교 미술교사였으며 가르칠 당시에 좀 더 개인적인 접근 방법을 추구했었다. 그녀의 결혼은 최근 파경에 이르렀고 아이들을 책임져야 했으며 보조금에 기대어 살면서 재정 문제로 전남편과 싸우고 있었다. 그녀는 그에게 매우 화가 나 있었고 이것이 다른 관계에까지 번지는 경우가 많았다.

레슬리

그녀는 루스의 친구였고 재혼했으며 한 아이의 엄마였다. 그녀는 시간제 일을 하고 있어서 계속 나올 수는 없었다.

마 리

놀이학교의 지도자이며 아이들은 다 컸다. 마리는 시어머니가 아플 때 돌봐야 했기 때문에 계속 올 수는 없었다.

나

한 아이의 엄마이고 미술치료사이며 다른 직장에서 시간제 일을 하고 있다. 그 직장을 그만두려고 하고 있고 바로 그다음 단계의 일을 찾고 있는 중이다.

헤 더

여러 곳—주간 병동, 암 지원 센터, 학습장애 아동들을 위한 학교—에서 시간제로 일하고 있는 미술치료사다.

피 파

오드리의 친구이고 학교에 다니는 세 아이의 엄마다. 그녀가 가장 사랑하는 것은 그림이었는데 아주 선명하고 강렬한 방식으로 그렸다.

그레이엄

이혼한 중년 남성으로 아들은 기숙학교에 있다. 그는 오랫동안 실직 상태였으며, 자신의 가장 큰 관심사—점성술—에 대한 잡지를 발간하는 사업을 준비하고 있었다. 그는 아주 외로운 사람이었고 말을 멈출 수가 없었으며 그와 동시에 다른 사람들과 개인적으로 접촉하는 것이 어렵다고 여겼다.

새로 들어온 사람들 때문에 나는 내(그리고 집단의 나머지 사람들)가 그들을 아는 데 도움이 되고 그와 동시에 이미 서로 알고 있었던 사람들에게도 재미있고 유용한 주제를 제안하고 싶었다. 그래서 평소처럼 한 잔의 차를 마시고 인사를 나누면서 시작한 후에 탁자 둘레에 둥글게 앉았다. 우리가 '확실하게 자리 잡은' 집단이기 때문에 나는 그 아이디어를 한두 개의 다른 주제와 함께 상당히 직접적으로 소개했다. 그래서 집단은 선택을 할 수 있었고 우리가 하는 것에 대해 의견을 말할 권리가 있다고 여겼다.

생활선

나는 사람들에게 그들의 생활을 하나의 선으로 그리거나 색칠하되, 그들이 원한다면 그 길을 따라서 어떤 장면이나 특별한 순간을 포함시키라고 요청했다. 그 선은 어떤 모양이라도 될 수 있었다. 그들은 크고 작은 종이를 사용할 수 있었고 필요하면 여분의 종이를 접착테이프로 붙일 수 있었다. 우리는 분말 물감(헤더는 그날 다른 곳에서 액체 물감을 사용하고 있었다), 오일파스텔, 왁스 크레용을 쓸 수 있었다.

그 방에 우리 8명이 있으니 공간이 좁았다. 제일 큰 탁자 주위에는 4명이 편안하게 작업할 수 있는 공간이 있었고, 2명은 방의 양쪽 끝에서 아동용 탁자를 몇 개 붙여서 썼다. 루스는 철제 벽장문에 자신이 쓸 종이를 접착테이프로 붙였고, 제니는 필요한 종이의 수가 탁자 위의 공간을 넘어서자 탁자에서 바닥으로 옮겼다.

모든 사람이 굉장히 집중하면서 1시간 동안 작업했는데 도중에 부산스럽게 도착한 그레이엄이 방해를 했다. 나는 그를 부엌으로 데리고 가서 차 한 잔을 주며 우리가 하고 있던 것을 그에게 말했다. 모든 사람이 몰두하는 것 같았고 아무것도 필요로 하지 않았기 때문에 나는 그 속에 합류하기로 결심했다. 평소 나의 방식은 해야 할 일이 없으면 합류하는 것이다. 사람들은 작업을 해나감에 따라 점점 더 많은 종이를 펼쳐 놓았다. 일부는 작업을 마친 반면 나머지는 여전히 몰두하고 있는 것을 보고, 나는 이른 점심을 먹고 30분 뒤에 다시 만나자고 제안했다. 이것은 아직 작업을 하고 있는 사람들에게 선택권을 주어 그들이 원한다면 그 시간을 사용하여 계속하도록 하기 위한 것이었다.

휴식 후에 우리는 다시 모였다. 그림들이 모두 서로 다른 모양과 크기를 하고 있었기 때문에 우리는 하나의 무리를 이루어 방을 돌아다니면서 각각의 그림을 보았다. 그림들은 정말 매혹적이리만큼 서로 달랐고 그 이유 때문에 나는 그림들의 사진을 여기에 포함시켰다(모두 같은 비율은 아니다). 나는 누가 먼저 시작하고 싶은지 물었으나 지원자가 없었으므로 평소 말이 가장 많은 그레이엄에게 부탁했다. 그 후에 우리는 그림이 놓인 순서대로 돌아갔다.

그레이엄

그는 늦게 도착했기 때문에 작품을 완성하지 못했다. 그의 생활선(사진을 찍지 못했음)은 원의 형태였는데 이는 그가 환생을 믿기 때문이었다. 그는 원 안쪽에 자신이 '삶의 원천'이라고 생각하는 몇 가지 색채, 집 한 채, 통나무들, 호수를 그렸다. 그러고 나서 현재의 가정생활을 상징하는 회색과 갈색으로 된 작은 방을 그렸는데, 이는 그가 부인과 이혼한 이후로 아주 삭막하게 느끼고 있음을 나타냈다. 그의 아들은 기숙사에 있었다. 그는 작품을 집으로 가지고 가서 완성하고 싶어 했다.

피파

피파([그림 5-2] 참고)의 생활선은 맛있는 과일과 화려한 색의 꽃들로 가득 찬 이국적인 풍경을 따라 굽이쳐 흐르는 푸른 강이었다. 그녀의 부모는 외교관이었고 중동의 여러 나라에 그녀를 데리고 갔으며, 거기서 덴마크인인 조부모와 함께 휴가를 보냈다. 작은 덩굴무늬가 그려진 길을 따라가면서 덴마크의 숲, 두 손에 든 잘 익은 감, 중동에 사는 검은 이를 가진 작은 놀이동무, 동굴 안에 그녀가 만든 비밀스러운 사당에서 기도하는 그녀의 모습, 그리고 승마에 대한 그녀의 열정이 나타났다. 그녀는 두 장의 종이를 한데 붙였지만 생활선은 열한 살까지의 그녀를 담을 수 있을 뿐이었다. 그림의 풍부함은 그 시절에 대한 특별한 애착을 시사했고, 그녀는 아직도 여러 가지 면에서 아이처럼 느낀다고 말했다.

그림 5-2 **피파의 생활선**
출처: David Newton의 사진

마 리

마리([그림 5-3] 참고)는 세 장의 종이를 테이프로 붙였다. 처음에 나오는 세 개의 선은 그녀의 아동기를 나타냈으며 규칙적이고 복잡하지 않은 물결선이 덧그려졌다. 네 번째부터는 힘찬 소용돌이와 밝은 색의 형태들로 가득했으며 여기저기에 어두운 색깔의 매듭들이 있었다. 이것은 큰아들의 청각장애, 그리고 자메이카인과 아일랜드인 혼혈아의 입양을 둘러싼 시댁과의 논쟁 및 불화와 관련되어 있었다.

그림 5-3 **마리의 생활선**
출처: David Newton의 사진

레슬리

레슬리([그림 5-4] 참고)는 자신의 삶을 나타내기 위해 여러 층으로 된 일련의 정교한 그림들을 완성했다. 맨 아래층은 군청색과 보라색으로 색칠했고 '근원적인' 우울(아래쪽 그림의 좌우)을 나타내었다. 중간에서 접혀진 이 그림의 맨 위층(아래쪽 그림의 중앙)은 그녀의 아동기(지저분하고 어두운 색의 막대걸레), 좌절을 경험했던 십대(새장), 그리고 기독교에 심취해 있는 것과 관련된 하얀 십자가를 묘사했다. 위쪽 그림의 맨 위층은 두 군데에 걸쳐 있고 이것 역시 안쪽으로 접혀 있는데, 꼭대기가 붉은색과 노란색으로 둘러싸인 거대하고 하얀 십자가가 그려져 있었다. 그녀는 십자가가 그 아래의 무(無)로부터 생기기 시작한 좋은 것들이라고 말했다. 그녀는 두 그림의 맨 위층이 그 외의 기억들을 덮어 버렸다고 느꼈기 때문에 그런 식으로 그렸다. 그녀는 그것들이 사라졌는지 아니면 그저 애써 잊은 것인지 궁금하지 않았을까? 그녀는 오른쪽 끝 부분에 일련의 집들을 오일 파스텔로 그렸는데 집들은 점점 작아지고 있었다. 그녀의 부모는 이사를 자주 다녔고 그녀는 처음에는 그것이 재미있었다. 그러나 이사가 잦아지면서 재미도 시들해졌기 때문에 집들을 작게 그린 것이었다. 집 다음에는 그림의 아래쪽을 향한 '하향 나선형'이 나타났는데, 이는 그녀의 힘들었던 십대를 다시 나타낸 것이다.

오드리

오드리([그림 5-5])는 생활선을 크고 밝은 초록색의 상향 나선형을 그리는 것으로 시작했다. 그녀는 나선형을 그린 것이 삼차원적으로 작업하고 싶었기 때문이라고 말했다. 다양한 장면들은 그녀의 삶에서 중요한 사건들이었는데, 그녀는 그 내용들을 오른쪽 위의 구석에 간략하게 써 놓았다. 나선형은 왼쪽 아래에서 시작했는데 그것은 오드리가 태어났을 때로 부모와 오빠가 그려져 있었다. 왼쪽 위로 올라가면 그녀보다 훨씬 어린 남동생이 태어난 것이 나타

그림 5-4 **레슬리의 생활선**
출처: David Newton의 사진

나 있다. 그녀는 그를 무척 좋아했고 사실상 어머니와 함께 그를 돌보았다. 그다음에는 아버지가 결핵으로 사망한 것이 이어졌는데, (아래쪽 중앙) 그것은 검은 영구차('프리'는 장의사의 이름이었다)와 눈물 젖은 얼굴의 슬퍼하는 사람들로 묘사되었다. 오른쪽으로 더 가면 전쟁 중의 대학 시절(칼, 총, 철모와 성 모양의 건물들)이 나타나 있고 그다음에는 그녀의 결혼식이 이어졌다. 그녀는 부부가 앞으로 닥칠 어려움의 전조처럼 얼굴에 묘한 표정을 짓고 있다고 말했다. 오른쪽 아래에는 그녀가 학생들에게도 첫 번째 선생님이었고 그녀 자신에게도 첫 직업이었던 교사로서의 자신을 그렸다. 당시 그녀는 모든 것이 너무 힘들었기 때문에 '도와주세요! 도와주세요!'라고 외치고 있었다. 사진에 나타나 있듯이 그녀는 그림을 완성시키지 못했다. 그래서 느긋하게, 자기 속도대로 작업을 계속하기 위해 집으로 그림을 가지고 갔다. 그녀는 세 번째 종이에도 그림을 그리기 시작했지만 그 나머지 삶은 대체로 그렇게 다사다난하지는 않았다고 말했다. 그녀는 우리 대부분보다 나이가 많았기 때문에

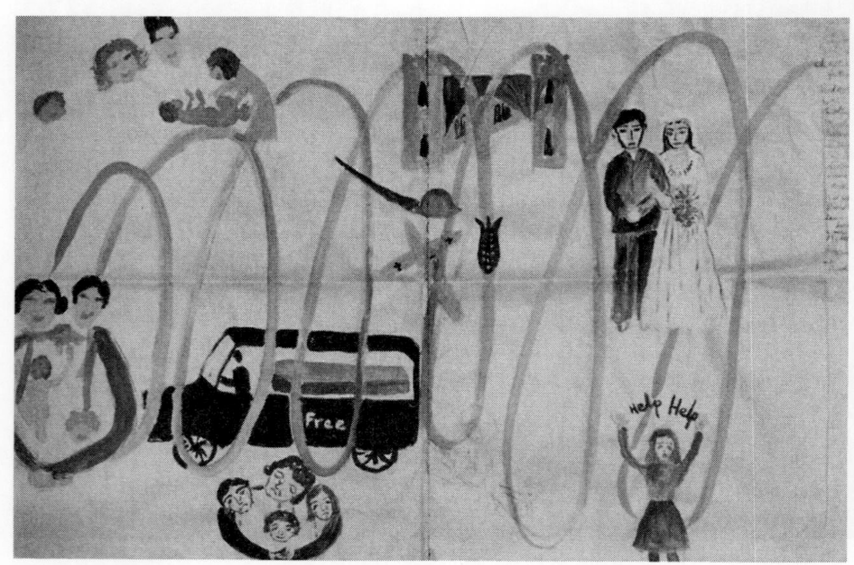

그림 5-5 오드리의 생활선
출처: David Newton의 사진

가족생활이란 것이 일단 시작되면 오랫동안 비슷하게 지속되기 쉬우며 전환점을 찾기가 어려울 거라고 여겼다.

루 스

루스는 철제 벽장문에 두 장의 종이를 붙이고 그 위에 오일 파스텔로 그림을 그렸다([그림 5-6] 참고). 그녀가 미술 훈련을 받은 것이 매체를 자신감 있고 체계적으로 사용하는 것에서 분명하게 드러났다. 그녀가 사용한 색깔은 대부분 파스텔 색조였고 짙고 검은 선과 모양들도 몇 개 있었다. 오른쪽 윗부분에 처음으로 그린 크고 검은 물음표는 어렸을 때 한 남자가 그녀를 유괴했던 기억을 그린 것이었다. 그다음에는 부풀어 오른 구근 모양이 이어졌는데 이것은 그녀가 아동기로부터 벗어나려고 하는 것을 나타내었다. 사각형은 안전에 대한 욕구와 관련이 있었고 그 안쪽의 회색 구름은 대학 시절의 혼란스러웠던 기간을 의미했다. 그림의 아래쪽을 향해 그려진 검고 선명한 색깔의 선들은 '신비롭지 못했던' 결혼을 상징하며, 분홍색과 파란색으로 그려진 두 개의 원은 자녀들을 의미했다. 맨 아래쪽은 검은 십자가와 검은 톱니 모양의 균열로 이어졌다. 십자가는 여동생의 갑작스러운 죽음을, 그리고 톱니 모양의 균열은 그녀의 결혼이 파경에 이른 것을 나타내었다. 두 사건은 상당히 최근에 일어났으며 이혼은 바로 지난 달에 있었던 일이었다. 그 뒤를 잇는 작은 동그라미들은 그 여파를 겪어 나가고 있는 것을 나타내었고, 붉은색과 흰색의 날개를 향하여 위쪽으로 가고 있는 동그라미들은 현재를 나타내었다. 그림의 왼쪽 위쪽에서 그녀는 다시 '날아오르고' 있다고 느꼈다.

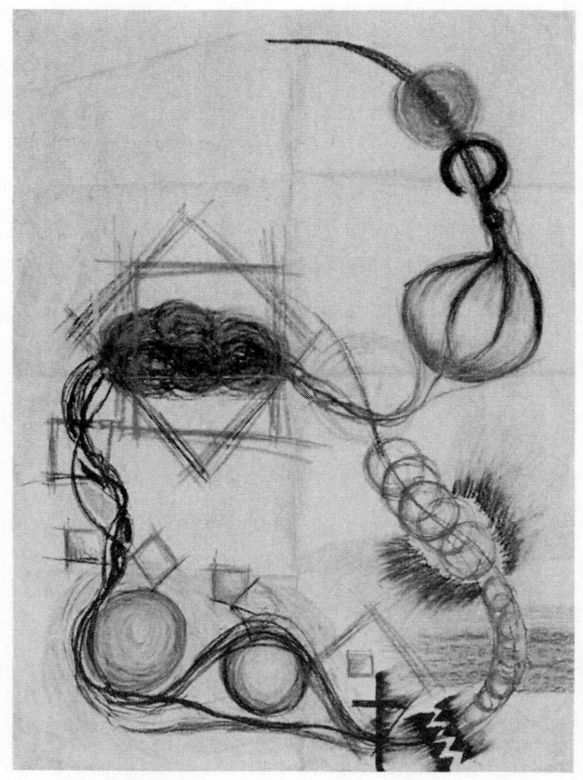

그림 5-6 **루스의 생활선**
출처: David Newton의 사진

제 니

제니는 종이 한 장이 또 한 장으로 이어지면서 바닥 위로 펼쳐 나가더니 마침내는 8장이나 사용하게 되었다([그림 5-7] 참고). 왼쪽 위에서 그녀의 출생(소용돌이치는 태양)으로부터 시작한 선이 안쪽으로 굽은 원이 되었을 때 그것은 그녀의 가족을 나타내었다. 그들은 계속 같은 장소에서 지냈던 반면에 그녀는 돌아다니는 것을 좋아했다. 그녀는 열일곱 살에 임신을 하고 아들(소용돌이치는 작은 태양)을 낳으면서 가족 모두에게 충격을 주었다. 그녀는 이것을 몹시 즐겼고, 그일은 그녀가 새로운 사람들(위쪽의 작은 사람들)을 많이 만나게 해 주었다. 그 후에 그녀는 남편(오른쪽 위)을 만났고 그와 함께 여러 곳으로 이사했다(오른쪽 위, 바닷가 휴양지를 나타내는 파도). 런던 도심지에서 지냈던 적도 있는데 거기서 그들은 중앙에 안뜰이 있는 공동주택(오른쪽 아래)에서 살았다. 그곳은 그녀가 지금까지 살았던 곳 중에서 최고였다. 그다음에는 프랑스로 이사하여(아래쪽 중앙) 다른 사람들과 함께 버려진 농가를 샀고 힘겹지만 그럴 만한 가치가 있는 환경에서 기초적이고 자급자족적인 생활을 하였다. 거기서 딸이 태어났다. 다음에 선은 힘들고 복잡한 시기였던 브리스톨(중앙)로 되돌아갔으며 이때 막내아들이 태어났다. 마지막으로 선은 그들이 '정착하기' 위해 사들인 집(왼쪽)에서 끝을 맺었다. 왼쪽 아래의 꽃 모양은 계속 이사하지 않아도 재미있는 일들이 그들의 가정에서 일어나기를 바라는 미래를 상징했다.

그림 5-7 제니의 생활선
출처: David Newton의 사진

나

나(마리안)의 생활선은 종이 4장까지 뻗어 나갔다. 왼쪽에서 시작하여 처음으로 그린 사건은 아버지의 죽음(쓰러진 모습)이고, 다음에 이어지는 검은 선은 힘들었던 대학 시절이다. 이것은 그림과 글쓰기의 발견, 런던으로의 이사(땅 밑의 표시), 그 후 브리스톨로의 이사(색깔이 있는 빛들, 많은 만남이 있던 시기)로 이어졌다. 그러고 나서 또 다른 선이 합류하여 붉은 부분(결혼)과 새로운 일에서 재능이 전성기에 이른 것으로 이어졌다. 배처럼 생긴 형태는 임신한 내 모습을 나타내었고 이어서 세 번째의 선이 합류하였다. 그것은 빙빙 돌고 있는 두 개의 짙은 선들 사이에 있는 노란 선인데 마치 우리의 어린아이가 우리를 '즐거운 춤'을 추도록 이끄는 것 같다. 그 아래에 있는 것은 직장 및 결정과 관련된 우울하고 어두운 부분이고, 화살표들이 가리키고 있는 것은 내가 취할 수 있는 여러 개의 다른 방향이다. 바닥에 있는 작은 인물은 나인데, 내 어깨 너머를 살펴보면서 가장 좋아하는 일을 기억해 내고 있다. 오른쪽에 있는 것은 꽃이 핀 푸른 초원이며 좀 더 안락한 미래에 대한 소망을 나타낸다.

우리는 시간을 약간 넘겼고 토론을 서둘러 해야 했기 때문에 마지막 그림 몇 개를 그리는 데는 원하는 만큼 시간을 오래 쓰지 못했다. 모두가 그 회기를

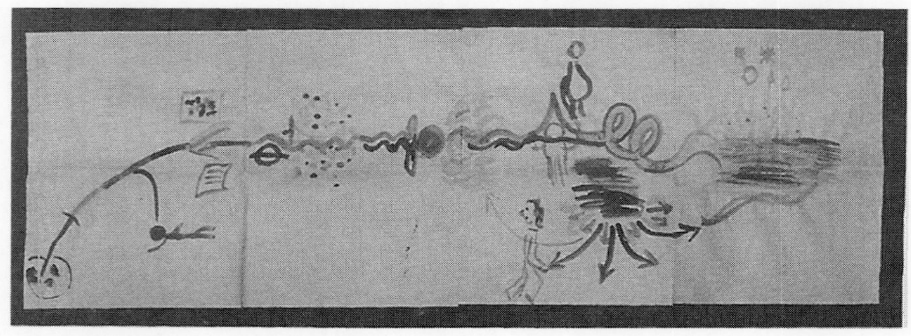

그림 5-8 마리안의 생활선
출처: David Newton의 사진

즐기는 것 같았고 특히 한두 명은 많은 것을 얻은 것 같았다. 우리는 이전에 했던 것과는 다른 방식으로 서로에 대해서 그리고 우리의 삶에 대해서 확실히 알게 되었고, 이것은 우리가 서로를 더 잘 이해하도록 도왔다. 또한 이 활동은 사람들로 하여금 뒤로 물러서서 자신들의 삶을 전체적으로 살펴볼 수 있게 해 줌으로써 균형감을 주는 것 같았다.

집단 그림

헤더가 또다시 자리를 비웠을 때는 단 4명만 있었고 분위기는 상당히 지루하고 침체된 것처럼 보였다. 나는 여러 가지 제안을 했지만 대부분 관심을 끌지 못했다. 마지막으로 나온 집단 그림을 그리자는 생각이 열의를 불러일으키는 것 같았다([그림 5-9]). 시작할 때 우리는 몇 분 동안 눈을 감은 채 목탄으로 '편안하게 하나의 선을 그은' 후에 눈을 뜨고 그것을 보았다. 침묵 속에서 우리는 우리가 그린 '불규칙한 곡선'을 토대로 그것 자체가 암시하는 어떤 것으로 변형시키면서 그림을 그렸다. 그러고 나서 우리는 남은 선들과 만나기 위해 움직여 나갔고 종이를 다 덮을 때까지 작업을 계속했는데 그것이 거의 한 시간이나 걸렸다. 나와 다른 한 사람은 나머지 사람들보다 훨씬 빠른 속도로 그림을 그렸기 때문에 때로 우리의 그림이 그들의 그림을 뒤덮을 위험이 있었다. 완성된 결과물은 네 개의 구역을 여전히 뚜렷하게 보여 주었으며 다음과 같았다.

나(왼쪽 아래)

노랑, 주황, 빨강, 파랑, 초록의 추상적인 소용돌이, 중앙에서 솟아오른 짙은 파란색의 형태.

그레이엄 오드리

마리안 피파

그림 5-9 **'금요일 집단'의 4명의 구성원들이 그린 집단 그림**
출처: David Newton의 사진

피파(오른쪽 아래)

그녀는 오른쪽 끝에서부터 시작하여, 1년 전에 그녀의 가족이 떠나 왔던 집과 정원에 대한 향수를 불러일으키는 장면을 그렸고 무척 마음에 들어 했다. 그녀는 아이들이 그리는 태양을 그렸고 가끔 아직도 아이 같다는 느낌을 아주 많이 가졌다. 그러고 나서 아무 생각 없이, 위에서 아래로 뻗은 근육질의 긴 팔이 낚아챈 낙태된 태아 둘(왼쪽 아래)을 그렸다. 그녀는 사실상 두 번의 낙태—한 번은 몇 년 전에, 또 한 번은 지난주에—를 했고, 여전히 그 일을 마음속에서 지워 버리려고 애쓰는 중이었다. 그녀는 누구에게도 말할 생각이 없었다. 태아는 그림 속에 '불쑥 나타났을' 뿐이었다. 의사는 낙태를 반대했지만 그녀는 이미 세 명의 아이들이 있었기 때문에 자신과 남편이 올바른 결정을 했다고 여겼다. 우리는 집단에서 그 일에 대해 꽤 오랫동안 토론했으며, 나는 그녀에게 '마음을 정리' 하는 데 그림을 계속 사용해 보도록 격려했다.

오드리(오른쪽 위, 그러나 그녀가 보는 방향에서 위쪽으로 설명함)

그녀는 목탄으로 그린 곡선들의 안쪽을 빨강, 파랑, 보라색으로 채우면서 시작했다. 그러고 나서 이것들의 균형을 맞추기 위해 몇 개의 직선이 필요하다고 생각하고 회색의 십자 선들을 그렸다. 그녀는 이 선들이 남편과 그녀의 결혼을 상징하는 '철창'이라고 말했다. 왼쪽 바닥의 불꽃은 그녀가 자신의 내부에서 찾고 있었던 분노였다. 그러나 그와 동시에 그녀는 그 분노가 폭발할까 봐 겁을 먹었다. 그녀는 결혼이 파경에 이르는 것을 원하지 않았다. 누군가가 그 위에서 날고 있는 어두운 파란색의 새에 대해 물었을 때 오드리는 울음을 터뜨리며 그것이 '날고' 싶지만 그렇게 할 수 없다고 느끼는 자기 자신이라고 말했다.

그레이엄(왼쪽 위, 그러나 그가 보는 방향에서 위쪽으로 설명함)

그는 바닥 가까이에 갈색과 초록색을 칠하는 것으로 시작하여 바깥으로 넓혀 나갔으며 내가 그린 곡선들과 계란 모양을 거울에 비춘 듯이 그렸다. 그러고 나서 그는 짙고 붉은 색의 얼룩(중앙)을 그렸고 마지막에는 오드리의 철창을 흉내 낸 울타리, 그리고 '스위스 풍경' (비록 스위스에 가 본 적은 한 번도 없지만)을 만들기 위한 몇 그루의 나무를 추가했다.

그 활동은 집단구성원들 대부분에게 집단 그림을 그린 첫 번째 경험이었는데 그것이 아마도 각자가 그린 부분이 거의 공평하게 분리되어 있다는 사실의 이유가 될 것이다. 집단 그림에서 다른 사람들의 그림과 갑자기 합쳐져야 한다는 것은 개인주의를 강조하는 문화에서 상당히 위협적인 경험이 될 수 있다. 그날 아침은 우리 모두가 함께 나누었던 매우 깊고 감동적인 경험이었으며 짐을 정리하고 집으로 돌아가는 것이 무척 힘들었다.

녹는 거울

이것은 헤더가 이끌었던 '환상 여행'이었다. 우리가 거울 앞에 서 있는데 거울이 녹아 섞이면서, 우리가 아주 잘 알고 좋아하는 장소에서 아이였던 자신과 얼굴을 마주한다고 상상했다. 그 아이는 우리에게 무슨 말을 하고 우리는 무슨 대답을 하는가? 우리가 쓸 물감을 모으면서 모두가 '무엇을 할지 모른다' 는 것이 드러났는데, '그것에 몰입하기' 위해서는 더 많은 시간이 필요했기 때문이었다. 그래서 우리는 헤더에게 그 과정을 다시 이끌어 주도록 요청했다. 그 결과 만들어진 그림들은 지금과 다른 나이와 장소에 있는 우리 자신들을 보여 주었다. 여기에 몇 개의 예가 있다.

루스

루스의 그림은 서너 살쯤의 그녀가 여왕처럼 차려입고 혼자 놀던 시간의 대부분을 보냈던 뒤뜰에서 사진을 찍고 있는 것을 보여 주었다. 그녀는 그다지 행복한 아동기를 보내지 못했으므로 이것은 도피였다. 다음 주에 루스는 자신을 그린 그 이미지가 한 주 동안 뇌리를 떠나지 않아서 그것 때문에 좀 혼란스러웠다고 보고했다.

제 니

그녀가 주로 기억하고 있는 것은 아주 특이한 분홍색 꽃무늬 벽지와 그 당시에 유행했던 갈색 리놀륨 바닥재에 대한 것이었다. 이것은 다른 집단구성원들 몇 명으로 하여금 어디에나 있던 갈색 리놀륨 바닥재로 채색된 기억들을 떠올리게 만들었다.

피 파

피파는 가장 좋아하는 방—덴마크에 있는 조부모의 욕실—에 걸린 사진에서 바라보는 자신을 같은 방식으로 마주보고 있었다. 바닥에는 그녀가 늘어뜨린 긴 팔이 있었다. 그림의 메시지는 그녀가 어린 시절의 가능성을 다 실현하지 못했다고 느끼는 것을 나타낸 것 같았다.

나

나는 8세인 나 자신과 이야기하고 있다. 어린 나는 어릴 적에 제일 좋아하고 자주 갔던, 집 근처 오래된 통나무 더미와 고사리 덤불이 있던 곳에서 "이리 나와서 놀자."라고 말하고 있었다. 이것 역시 삶에서 힘들었던 다른 일들로부터의 도피인 것 같았다.

베네치아

베네치아는 장성한 세 자녀를 둔 미술치료사였고, 브리스톨로 이사 오자마자 집단에 바로 합류하였다. 거울 속에 있는 그녀는 자신의 새 방에서 하얀 테니스복을 입은 키 크고 날씬한 12세쯤의 소녀였으며 성장하기를 열망하고 있었다. 현재 어른 자아인 그녀는 자신의 어린아이 같은 특성의 진가를 훨씬 잘 알게 되었고 흥미로운 반전이 일어나고 있는 중이었다.

우리는 어린이 자아의 아주 많은 부분이 여전히 현재 자아의 일부라는 것을 다시 한 번 깨달았다. 이 활동은 우리의 어린이 자아와 어른 자아가 대화를 시작하도록 도왔고 우리가 계속 지니고 있지만 자주 무시하는 욕구에 대해서 주의를 환기시켰다. 그것은 또한 우리가 가진 어린이 자아의 긍정적인 특성의 진가를 알고 이것을 어른 자아로 통합시키는 기회가 되었다.

이 회기들 사이사이에 헤더는 집단에게 그림에서 켈리의 이론 중 일부를 해석해 보도록 요청했다. 예컨대, '경계를 확장하는' 공격성과 '방어적 행위'인 적개심을 비교하기, '당신이 자신이 생각했던 사람이 아님을 알게 될 때' 생기는 죄책감 같은 것이었다. 우리는 그림에서 이것들을 탐색하고 토론하였다.

부활절이 다가오자 우리는 집단을 여름까지 계속할 것인가를 의논해야 한다고 생각했다. 헤더와 나는 다른 일들 때문에 6주간의 방학이 필요하다고 결정했다. 우리는 다음 학기의 시작 날짜를 의논했고 몇몇 사람들이 그렇게 긴 방학을 갖는다는 것에 매우 실망한 것을 알게 되었다. 방학 전의 마지막 회기는 집단 벽화였는데 여기에 그런 느낌들이 나타나 있다.

집단 벽화

우리 모두가 벽화에 참여했고 원하는 자리라면 어디든지 그림을 그렸다([그림 5-10], [그림 5-11]). [그림 5-10]은 작업하고 있는 집단의 모습이고, [그림 5-11]은 완성된 벽화다. 우리는 미리 혼합된 진한 액체 물감을 사용하였다. 왼쪽에 그레이엄이 그린 부분—매우 독특하고 난해한 상징들—에는 '데이지 꽃을 밀어 올리고 있는' 땅 밑의 얼굴이 하나 있다. 그는 자신의 구역을 분리시키기 위해 선을 그었다. 오른쪽으로 옮겨가서, 빛나는 태양과 초록

그림 5-10 **벽화 작업을 하고 있는 '금요일 집단'**
출처: Heather Buddery의 사진

그림 5-11 **'금요일 집단'의 집단 벽화**
출처: David Newton의 사진

색의 모닥불은 내가 그린 것인데, 모닥불 아래에는 작고 단단한 꽃도 몇 송이 있다. 키 크고 가느다란 꽃은 헤더가 그린 것이고 하늘 높이 날고 있는 새들도 마찬가지다. 제니는 파운드 기호(돈에 대한 걱정)로 가득 찬 파란색의 형상을 그렸는데 그것은 진한 검은색과 붉은색의 선들로 둘러싸여 있다. 오드리는 가장자리에 자리를 잡고 녹색의 아주 튼튼한 집(오른쪽 아래)을 그렸다. 루스는 슈타이너가 복숭아 색을 사용한 것에 대해서 전에 제니와 토론한 것에 고무되어, 오른쪽 위에 구름을 그렸다. 복숭아 색의 구름 사이에 루스는 파란 삼각형들을 그려 넣었고 그것을 부메랑 형태와 뒤섞어서 헤더가 그린 새들과 연결시켰다. 그녀는 오드리의 공간으로 '흘러가고' 싶었지만, 집의 딱딱한 가장자리는 위협적이었고 오드리에게 불쾌감을 줄까 봐 걱정했다. 나중에 오드리가 자신이 그린 집 위를 가로질러서 흐르는 듯한 어두운 색의 선들을 그어 루스의 소용돌이와 잇는 모습은 흥미로웠다. 루스는 그레이엄이 그린 부분을 벽화 전체와 연결시키려고도 했지만, 그레이엄은 그의 영역을 나머지 부분들과 분리시키는 선을 그려 넣음으로써 자신의 자리를 재차 빠르게 구분지었다. 작업이 끝날 무렵 헤더는 그림의 바닥 쪽에 몇 마리의 곤충과 '벌집'을 그리기로 마음먹었고, 그것은 다른 사람들에게 '현실감 있는' 마무리로 보였다.

이후 토론 시간에, 제니가 그린 파랑, 검정, 빨간색의 형태는 긴 방학에 대한 우울과 분노가 복합된 표현임이 드러났다. 여러 사람이 이것에 공감하면서, 집단이 그들에게 얼마나 많은 의미가 있는지 그리고 그것이 그들에게 얼마나 '안전한 장소'인지에 대해서 말했다. 이 '안전한 공간'이 못쓰게 되었거나 침해당했던 일들이 언급되었다. 집단구성원들 중 몇 사람은 매주의 회기가 없는 기간을 이겨 내도록 도와줄 사교 모임을 방학 중간쯤에 가지기로 결정했다. 새로운 학기가 시작될 때는 그 기간과 목적이 분명하게 토론되어야 할 것이다.

집단 벽화는 모두가 각자의 관심사를 표현하도록 해 줌과 동시에 우리를 한 집단으로 결집시켰다. 여러 사람이 차지한 자리는 그들이 집단 속에서 자신을 어떻게 보는가를 나타냈고, 종이 위에서의 상호작용은 진행 중인 집단 과정을 보여 주었다. 이와 같이 집단 벽화가 학기를 끝내는 데 적합한 의식이라는 것이 입증되었다.

결 론

이러한 일련의 집단 회기들은 한 집단의 성격이 어떻게 변화할 수 있는지를 보여 준다. 집단구성원들은 하나의 집단에 함께 모였고, 모든 사람의 동의하에 하나의 치료집단으로 발전하였다. 비록 어느 누구도 기관의 개입을 필요로 하지는 않았지만 그 당시 대부분의 사람이 나름대로 해결하고자 애썼던 중요한 문제들(이혼, 장기간의 실업, 우울, 결혼 문제, 직장 문제, 정신적인 질병, 중대한 결정 등)을 지니고 있었다. 다양한 방법으로 공유된 문제들은 전체 지역사회의 곳곳에 퍼져 있는 문제들의 전형적인 단면이었으므로 이러한 집단에서 미술치료의 유용성은 그것이 얼마나 광범위하게 적용될 수 있는지를 보여 주는 것이었다. 헤더의 개방적인 접근과 출석의 자유는 집단구성원들에게 매우 중요한 영향을 미쳤다(실제로는 출석률이 정해져 있기는 했지만).

하나의 장에서 진행 중인 집단과 그 결과로 일어난 개인적 삶의 공유를 이해시킨다는 것이 불가능하기 때문에 이러한 설명은 다소 지리멸렬한 것처럼 보일지도 모른다. 이것은 '완벽한' 집단에 대한 사례가 아니다. 그보다는 개인적인 그림과 토론을 통해 자신을 탐색했던, 실험적인 지역사회 집단의 변화에 관한 사례라고 하는 것이 맞을 것이다. 마지막 글은 우리 집단의 구성원인 루스가 부활절 방학 직전에 쓴 것이다.

> 지난 몇 주를 되돌아보니, 금요일마다 진행되었던 작업에는 아주 중요한 것들이 존재하는 것 같다. 나는 집에서 대형 그림을 그리고 있었는데 거기서 과거의 이미지와 금요일 집단에서 얻은 이미지가 연관되기 시작

하였다. 그것은 내 삶의 전체성과 연속성을 찾기 위해 뜨개실을 한 코, 두 코 집어 올려서 짜 나가는 것 같다. 나는 내 삶의 창조자이며, 외부의 사건이나 내부의 갈등이 나를 뒷걸음치게 하거나 방향을 바꾸게 할 때 그 무늬도 변한다. 이제 나는 과거의 무늬를 더 잘 볼 수 있게 되었고 어쩌면 다가올 일의 형태까지도 그럴 것이다.

참고문헌

Burr, V., & Butt, T. (1992). *Invitation to Personal Construct Psychology,* London: Whurr.

Dalton, P., & Dunnett, G. (1999). *A Psychology for Living: Personal Construct Theory for Professionals and Clients,* Preston: ECPA.

Fransella, F. (1995). *George Kelly (Key Figures in Counselling and Psychotherapy),* London: Sage.

Kelly, G. (1963). *A Theory of Personality: The Psychology of Personal Constructs,* New York: Norton.

06 집단 사례

이 장에서 나는 다양한 환경에서 이루어지는 개인 및 집단 미술치료 사례들을 좀 더 제시하고자 한다. 이것은 전형적이거나 포괄적인 사례들을 선별한 것이라기보다는 가능한 범위를 나타낸 것이다. 치료사나 촉진자의 관점에서 나온 설명이므로 주관성을 피할 수 없었다. 이 장은 단숨에 읽기보다는 독자의 특정한 관심사에 따라 골라 읽는 개론서로 사용하도록 만들어졌다. 이 장은 다음과 같이 분류된다(사용한 주제는 이탤릭체로 적혀 있다).

거주 시설

1. 대도시 정신병원의 입원병동(*과거, 현재 그리고 미래*)
2. 학습장애 내담자들의 집단작업(*집단 벽화*)
3. 소도시의 작은 치료센터(*자신을 상징하는 점토 나무*)
4. 섭식장애를 가진 젊은 여성들(*'나는 궁금하다' 벽*)

정신병동의 주간 환자/내담자

5. 가족에 대한 감정을 살펴보는 주간 병동 집단(*젖은 종이에 그리기, 사람들*

은 부모의 갈등 해결 방법을 어떻게 경험했는가)

6. '진퇴양난에 빠진' 주간 병동 집단(*자신을 어떻게 보는가, 다른 사람은 당신을 어떻게 보는가, 어떻게 되고 싶은가*)
7. 지역사회 정신건강 팀의 분노 조절 집단미술치료(*분노의 주제*)
8. 지역사회 장기지원 집단(*나선형의 생활선, 실제적인 집단 과제, 겨울의 색채, 자신들의 공동체*)

전문화된 주간 병동과 센터

9. 노인 주간 병동(*이름 첫 자 꾸미기, 결혼식*)
10. 알코올 시설(*다른 사람과 나의 가면, 신체 윤곽선, 집단 그림*)
11. 전과자를 위한 주간 보호소(*은유적 초상화*)
12. 암 지원센터(*바닷속 여행의 유도된 이미지*)
13. 어려움을 겪고 있는 아동(*가족 나무, 침묵 탐색하기*)
14. 아시아 여성 집단(*분노와 가족 문제*)

직원 집단

15. 시설 거주 아동을 돌보는 사회복지사(*집단 그림, 가족 나무*)
16. 노인 주간 병동에서 일하는 직원(*자신을 어떻게 보는가, 다른 사람은 당신을 어떻게 보는가 - 직업상*)
17. 상담기술 강좌의 선택 과목인 미술치료(*공동체 세우기, 자기 상자*)
18. 평화교육 담당 교사(*소개 그림, 짝지어 대화하기, 집단 그림*)
19. 갈등 조정자들을 위한 '미술과 갈등' 워크숍(*공간 공유하기, 시각적인 갈등 조정*)
20. 미술치료사들을 위한 인종과 문화 워크숍(*인종차별주의자의 이미지, 문화적 정체성*)

지역사회 환경

21. '의사소통으로서의 미술' 1일 워크숍(*소개 그림, 짝지어 대화하기, 돌려 그리기, 집단 만다라, 은유적 초상화*)
22. 여성 집단(*내가 느끼고 있는 것, 돌려 그리기, 집단 그림*)
23. 유대인 2세 집단 워크숍(*소개 그림, 이어받은 것에 대한 탐색*)
24. 어른과 아동의 혼합 집단(*차량 콜라주*)

- 진행 중인 연속 프로그램의 한 회기를 설명하는 것: 1, 3, 4, 5, 6, 9, 11, 13
- 전체 회기들을 간략하게 설명하는 것: 2, 7, 8, 10, 14, 17
- 일회성 집단을 설명하는 것: 12, 15, 16, 18, 19, 20, 21, 22, 23, 24

거주 시설

사례 1: 대도시 정신병원의 입원병동

이것은 대규모 정신병원에 있는 급성 입원병동의 환자들을 위한 정규 프로그램 중의 하나였다. 이때는 다섯 명의 환자가 참석하였는데 대부분이 이전에 미술치료 집단에 참여한 경험이 있었으며 미술치료사인 쉬나를 잘 알고 있었다. 이들은 장기간 지속된 알코올 문제를 가진 사람, 광장 공포증으로 고통 받는 사람, 그리고 쉬나가 진단명을 알지 못하는 세 사람이었다. 3명은 여성이고, 2명은 남성이었다. 거기에는 4명의 직원들도 있었는데, 그녀 자신, 미술치료 전공 학생(여성), 작업치료 전공 학생(여성) 그리고 의대생(남성)이었다.

입원병동에서 한 집단을 모으는 데는 늘 적지 않은 시간이 걸렸는데, 그 이유는 환자들의 상태가 상당히 나쁘기 때문이었다. 그들에게 거기에 올 의욕을 불러일으키는 것과 일단 오고 나면 집단에서 제대로 기능하게 하는 것이 둘 다 힘들었다. 집단은 병동에 딸린 작업치료실에서 이루어졌다. 그곳은 넓고 조용했으며 벽에는 기분을 좋게 만들어 주는 포스터가 붙어 있었다. 한쪽에는 탁자들과 의자들이 있었고, 다른 한쪽에는 안락의자들이 둥글게 놓여 있었다.

쉬나는 모두를 반갑게 맞이하였고, 그들의 이름과 한두 단어로 표현된 현재의 느낌을 말하도록 요청했다. 그러고 나서 그녀는 10~15분 동안 그들이 좋아하는 것을 그리게 했다. 그곳에는 많은 매체들이 있었는데 대부분은 물감을 사용했고 두 사람은 크레용을 더 좋아하였다. 그들이 작품을 완성하는 동안 쉬나는 커피를 준비하여 편안하고 친근한 분위기를 만들었다.

커피를 마신 뒤에 그녀는 주제를 소개하였다. 과거, 현재, 미래를 모두 한 장의 종이에 표현하는 것이었다. 그녀는 미래를 살펴보는 것이 상당히 '무서울' 수도 있지만 안전한 환경에서 한다면 도움이 될 수 있다고 말함으로써 사람들을 안심시켰다.

대부분의 사람들은 선을 그어 종이를 세 부분으로 나누었고 오랜 시간 조용히 작업하였다. 거의 모두가 작업을 마쳤을 때, 집단은 토론으로 넘어갔다. 쉬나는 모두에게 처음 그렸던 그림을 되돌아보도록 요청했고, 각자가 돌아가면서 자신이 그린 두 개의 그림에 대해서 이야기했다. 모든 것을 이야기하기에는 시간이 충분하지 않았으므로 그녀는 적어도 모든 환자가 원하는 것을 말할 기회를 가지고 있다는 것을 확실하게 이해시켰다.

대체로 대부분의 환자들은 과거를 '돌아가야 할' 아주 멋진 상태로 보았다. 현재는 뒤죽박죽에 혼란스럽고 불행하게, 미래는 아주 어둡고 절망적으로 보았다. 이와는 대조적으로 직원들 대부분의 미래는 훨씬 더 낙관적이었다. 몇 개의 사례들이 이것을 분명하게 보여 줄 것이다.

마가렛

그녀의 과거는 좋은 집과 좋은 남편으로 그려졌고, 그녀는 과거를 온통 장밋빛으로 보았다. 그녀의 현재는 몇 개의 먹구름을 제외하고는 텅 비어 있었다. 그녀의 미래는 회색과 검은색의 새들이 몇 마리 모여 있는 회색의 땅으로 이루어져 있었다. 쉬나가 색을 바꾸면 좀 더 희망적인 풍경이 되지 않겠느냐고 묻자 마가렛이 말했다. "나도 그렇게 될 수 있을 거라고 생각해요. 내 기분이 조금이라도 더 좋아지면 미래를 좀 더 희망적으로 볼 거라고 기대해요."

레이먼드

그가 처음 그린 그림은 훤히 트인 시골 외딴 곳에 있는 빨간 지붕의 오두막집이었다. 그것은 그가 어릴 때부터 항상 가지고 있었지만 결코 이룰 수 없었던 소원이었다(그가 현재 홀로 살고 있는 곳은 다세대 주택이었다). 그의 과거는 분홍색과 초록색으로 그려진 막대기 형태의 인물화로서, 그와 그의 아내, 4명의 아들과 그들의 여자친구가 함께 있으며 모두 행복해 보였다. 그의 현재는 그 자신과 (한쪽에 놓인 상자 안에 있는) 죽은 아내를 보여 주었다. 그의 미래는 한쪽에 놓인 상자 안에 있는 분홍색의 자기 자신(즉, 죽은), 초록색 옷을 입은 아들들, 검정색 옷을 입은 그들의 아내들, 미래의 아이들 모두를 의미하는 줄줄이 늘어선 붉은 형태들로 나타났다. 이것은 '순수한 혈통'을 계속 잇는 것으로서 미래에 대한 그의 설명과 일치한다. 그는 '운명을 함부로 바꾸는 것'은 그의 일이 아니라고 말했고, 그의 그림이 내뿜는 전체적인 느낌은 그가 자신의 삶을 바꿀 수 있는 힘이 없다고 여긴다는 것이었다.

의대생

그의 '현재'는 바다처럼 모여 있는 작은 사람들 위에서, 목에 청진기를 두르고 거대한 예수처럼 엄청나게 큰 팔을 한껏 내뻗은 자신의 모습으로 대부분의 공간을 채운 그림이었다. 다른 사람들이 작은 사람들은 누구냐고 물었을 때, 그는 교육과정을 함께 밟고 있는 친구들이라고 말했다. 집단은 그의 말을 그다지 믿지 않았다. 그 그림은 의사들이 환자들 위에서 행사하는 막강한 권력을 아주 정확하게 표현하고 있었기 때문에 그들은 작은 사람이 환자일 거라는 의심이 들었다.

쉬 나

쉬나는 집단에 합류하는 것을 항상 좋아했는데, 그렇게 하면 집단 진행이 더 잘된다고 여겼기 때문이다. 그녀의 과거는 놋쇠 손잡이가 달린 육중한 양판문으로 나타났다. 그 문은 닫혀 있었다. 왜냐하면 아무도 되돌아갈 수 없다고 생각하기 때문이었다. 그녀의 현재 이미지는 여러 가지 색깔의 공들을 가지고 저글링을 하는 자기 자신으로, 모든 것이 위태롭게 진행되고 있었다. 삶은 몹시 바빴지만 꽤 좋았다. 그녀의 미래는 두 발을 딛고 단단하게 서서, 금으로 된 공 두 개를 쥔 팔을 쭉 뻗고 있는, 행복해 보이는 그녀로 나타났다. 토론 시간에 그녀가 그림을 다시 살펴보았을 때, 그녀와 다른 사람들 모두 그림이 약간 정적으로 보이고 '현재'가 좀 더 재미있고 활기차 보인다고 생각했다.

토론은 그들이 점심식사를 할 준비가 되었는지 알아보려고 그 방으로 10분 일찍 전화한, 지나치게 유능한 간호사 때문에 단축되었다. 점심시간이라는 말을 듣자마자, 방을 정리해야 하는 쉬나를 남겨 둔 채로, 모든 사람이 황급히 빠져나갔다.

이 집단은 정신병원에 입원한 대부분의 환자가 느끼는 쓸쓸함을 보여 주고 있다. 사용한 주제는 집단구성원들로 하여금 그 쓸쓸함을 표현하게 해 주었을 뿐만 아니라 그들의 문제를 과거와 미래로 살펴봄으로써 전체적인 시야에서 보도록 하였다.

사례 2: 학습장애 내담자들의 집단작업

이 집단은 중간 정도의 학습장애를 가진 8명의 남성 내담자들로 이루어졌다. 그들은 인생의 대부분을 병원에서 지냈고 시설 생활에 익숙해 있었다. 나이는 22~72세로 다양했고, 자기 생각을 매우 분명하게 표현했다. 그들 모두가 공격성이나 폭력과 같은 '도전적인 행동' 양식을 가지고 있었는데, 대개 구체적인 상황에 대한 반응으로 나타나는 것이었다. 예컨대, 특정한 일을 하라는 요청을 받으면 그들 중 한두 명이 병동의 물건들을 주먹으로 치거나 부숴 버리곤 했다.

치료와 활동에는 투약, 행동수정, 작업치료, 근로치료가 포함되어 있었다. 집단미술치료는 그들이 자신들의 감정을 좀 더 적절한 방법으로 표현하고, 받아들여질 수 있는 방식으로 '자기주장'하는 법을 배우도록 돕기 위해 시작되었다. 치료사인 리처드는 벽에 큰 종이를 붙여서 일련의 집단작업을 하기로 결정했다. 첫 회기에 그는 A1 크기의 종이 8장을 벽에 붙여서 사용했고 반원형으로 놓인 의자들을 제외하고는 방 안에 있는 모든 것을 치웠다. 그는 집단의 작업구조를 매주 약간씩 다르게 제시했는데, 다음과 같았다.

- 돌아가면서 종이에 표시하기: 상당히 통제적인 방법이지만 개인을 많이 노출시켰다.
- 이 활동을 집단이 알아서 하도록 내버려두기: 누가 먼저 나서는지, 누가 다른 사람들과 협력하는지를 보는 것은 항상 흥미로웠다. 가끔은 모든 사람이 종이마다 자신의 자리를 정해 두었다.
- 자리 옮기기
- 짝지어서 작업하기
- 종이에 번호를 매겨서 1번에서 8번까지를 집단 여행으로 만들기
- 두 집단으로 나눠서 작업하기: 그 후 어느 집단이 다른 집단의 주제를 받아들이는지 혹은 없애 버리는지를 보는 것은 흥미로웠다.

다른 모양과 크기의 종이 그리고 다른 주제를 사용해서 변형시킬 수 있는 방법은 무궁무진하다. 매체 역시 바꿀 수 있다. 가끔 리처드는 집단에게 바닥에서 작업하도록 제안했다. 이것이 지닌 역동은 달랐다. 내담자들이 벽화를 그릴 때는 그것을 항상 잘 볼 수 있지만, 바닥에서는 일부만 알 뿐 전체가 어떻게 되어 가고 있는지를 보기가 어려웠다. 하지만 바닥에서는 다루기 힘든

매체를 사용하기가 더 쉬웠다.

리처드는 집단이 서로 상호작용하고 이야기하고 토론하고 협상하도록 격려했는데 이것들이 배우고 연습해야 할 기술이기 때문이었다. 때때로 비언어적인 작업과 대조하기 위해 그는 그들에게 말하지 않고 작업하도록 요청했다.

그 남성들은 1년에서 5년까지 참여 기간이 각기 달랐다. 집단에 있는 동안 여러 명의 내담자가 자기 생각을 말하는 법을 배웠고 그러고 나서 병원을 떠나 지역사회 기관으로 갔다. 나머지 사람들은 더 오래 걸렸다. 집단은 내담자들이 그렇게 옮겨가도록 돕기 위해 만들어지긴 했지만 어떤 면에서는 병동의 전반적인 성격—항상 무능력하고 돌봄이 필요한 사람들을 위한 장소로 만들어진—에 반하는 식으로 작업이 이루어졌다. 집단은 학습장애를 가진 사람들에게서 자주 나오는 주제인 '정상성'을 빼앗겼다는 감정을 집단구성원들로부터 이끌어 내기도 했다.

이 사례는 집단작업의 여러 주제와 구조가 여러 역동과 결과를 어떻게 만들어 낼 수 있는지를 보여 준다. 또한 집단작업이 중간 정도의 학습장애를 가진 남성 집단으로 하여금 그들의 목소리를 찾고 그들 자신의 미래를 만들어 나가기 시작하는 데 어떻게 사용될 수 있는지를 보여 준다.

사례 3: 소도시의 작은 치료센터

이 치료센터는 아름다운 시골에 있는 옛날 영주의 저택으로, 10~12명 정도의 사람들을 수용하고 있었다. 환자들의 나이는 대부분 18~25세였고, 의사나 복지사들에 의해 위탁되었다. 이 센터는 정부보조기관이었기 때문에 환자들은 치료에 필요한 비용을 지원받을 수 있었다. 대부분의 환자들은 우울성향이 있긴 하지만 정신병원에 입원할 정도는 아니었다. 몇 명은 약물중독의 병력을 지니고 있었다.

매일 개인치료와 집단치료가 있었고, 환자들은 센터의 전반적인 관리, 정원 돌보기와 보수 작업, 식사 준비 돕기 등의 활동에 참여하고 있었다. 미술치료는 일주일에 한 번 오후에, 장시간의 집단치료 회기 뒤에 열렸으며 가끔 늦게 끝날 때도 있었다.

이 특별한 회기는 날씨가 화창하고 따스했기 때문에 정원에서 열렸다. 평소 많이 썼던 물감 대신 점토를 사용했다. 이 회기에는 미술치료사인 리니아와 5명의 환자들 그리고 한 명의 미술치료 실습생이 참여하였다. 그녀는 모두에게 점토로 자신을 나타내는 나무를 만들어 보라고 하였고, 원한다면 돌, 나무막대기, 나뭇잎과 같은 자연재료를 덧붙여도 된다고 하였다. 나무 만들기 작업이 끝나자 리니아는 사람들에게 큰 합판 위에 나무를 놓아서 '숲'을 만들어 보라고 요청했다.

집단의 조소 작품이 완성되었을 때, 각각의 나무가 그것을 만든 사람의 개인적인 표현임을 쉽게 알 수 있었다. 어떤 것은 가지가 쭉 뻗었고, 다른 것은 줄기가 불안정해 보이고 밑동이 단단하지 못했다. 어떤 것은 돌이 고리 모양으로 빽빽하게 둘러싸고 있었고 다른 것은 잎으로 두껍게 덮여 있어 들여다볼 수가 없었다. 인접한 나무들에게로 이르는 여기저기 나 있는 길들은 다른 사람들에 대한 반응을 나타냈다.

딱 한 사람 댄은 점토 나무를 만들지 않았다. 그는 합판의 한쪽 끝에다가 점토로 산을 만들고 나서 산꼭대기에 바람에 휘어진 '막대기' 나무를 꽂고 그 옆에는 다른 나무들에게로 흘러내려서 물을 주는 푸른 강을 그렸다. 마지막으로 그는 원두막과 그 위로 올라가는 사다리를 만들어서 강 옆에 놓았다. 그가 작업한 것들은 모두 대단히 아름다웠다. 다른 사람들은 그들의 나무에서부터 그가 만든 '지켜 주는' 산과 환영하는 집으로 가는 길을 만들었다. 이것은 고독과 우울이라는 자신의 문제를 가지고 있음에도 다른 사람들을 돌보는 데 많은 시간을 쓰는 댄이라는 사람을 매우 잘 나타내었다. 그는 다른 사람들을 끌어당기는 조용하고 순수한 내면을 지니고 있었다.

그 회기는 매우 성공적이었고 즐거웠으며, 사람들이 합판 위의 작품에서 느끼는 감정과 생활 속에서 느끼는 감정 모두에 대해서 깊이 있게 토론하도록 이끌어 주었기 때문에 더욱더 그랬다.

사례 4: 섭식장애를 가진 젊은 여성들

'나는 궁금하다' 벽: 침묵에서 표현으로 가는 다리를 만들어 주는 도구

이 집단미술치료는 장기간 지속된 만성 섭식장애를 가진, 16~19세 젊은 여성들의 거주 시설에서 열렸다. 집단의 목표는 그들이 자신의 감정을 표현하도록 돕는 것이었지만 처음에 그들은 변해야 한다는 암시를 내포한 '치료'에 대해서 매우 저항적인 태도를 취했다. 미술치료사인 니키는 평소 비지시적으로 작업해 왔지만 이 집단에서는 젊은 여성들이 치료적인 공간을 잘 사용할 수 있도록 해 주는 어떤 활동이 회기 초반에 필요하다는 것을 깨달았다.

그래서 니키는 미술 매체를 색다른 방식으로 사용하는 활동을 소개하기 시작했는데, 종이에 지워지지 않는 표시 그리기, 두꺼운 종이에 물감 뿌리기, 이미지를 돌려 가면서 그리기, 그림으로 '결과' 만들기 등과 같은 것들이었다. 이 모든 것들은 젊은 여성들이 매체와 공간에 대해서 좀 더 안전하게 느끼도록 돕는 것을 목표로 하고 있었다. 니키는 "나는 여러분들이 오늘/이 활동에 대해서 어떻게 느끼는지 궁금하다."고 여러 번 물었지만 돌처럼 단단하고 괴롭기까지 한 침묵과 만날 뿐이었다. 젊은 여성들은 집단에서 서로 간에도 전혀 이야기하지 않았다.

회기가 시작되고 3개월쯤 지난 어느 날, 특히 더 '반치료적인' 태도를 보이고 있었던 한 젊은 여성(칼리)이 니키에게 줄 선물을 가지고 들어왔다. 그것은 직접적으로 말하지 않고도 좋아하는 직원을 받아들이고 인정하는 칼리만의 방식이었다. 그 선물은 티셔츠였는데 그녀는 거기에다가 다음과 같은 글귀를 정성스럽게 그려 넣었다. "나는 이 티셔츠를 입은 나에 대해서 다른 집단구성원들이 어떻게 느낄지 궁금하다."([그림 6-1] 참고) 칼리의 아이디어는 니키가 '나는 궁금하다…….'라고 쓰여진 티셔츠를 입는 것이었다. 칼리는 이것을 니키의 트레이드마크인 '치료사의 언어' 로 보았다.

그 티셔츠는 사실 니키에게 너무 작았지만(섭식장애를 가진 사람들은 정확한 크기를 인지하는 데 문제가 있는 경우가 많다) 그녀에게 어떤 아이디어를 제공했다. 다음 주에 그녀는 그 티셔츠를 재단사가 쓰는 의류 제작용 마네킹에 입혀서 가지고 왔고 엄지손가락만한 크기부터 A4 크기까지로 자른 티셔츠 모양의 종이도 100개 정도 가지고 왔다. 그녀는 방의 한쪽 끝에 있는 벽을 하드보드로 덮고는 거기에다가 '나는 궁금하다' 벽이라고 써 붙였다. 그녀는 집단구성원들에게 티셔츠 모양의 종이를 하나 골라서 '나는 궁금하다…….'로 시작하는 질문을 적으라고 요청했다. 예를 들면, '나는 여기가 왜 이렇게 조용한지 궁금하다.' '나는 이 집단에 있는 직원이 어떤 사람인지 궁금하다.' 등이었다. 그 후에 이것들을 '나는 궁금하다' 벽에 익명으로 붙였다. 당시 집단에는 다른 직원 두 명이 고정으로 늘 참석하였고 집단구성원으로는 4명의 젊은 여

그림 6-1 **'나는 궁금하다' 티셔츠(섭식장애를 가진 젊은 여성들)**

출처: Nicky Linfield의 사진

성들이 있었다.

처음에는 아무도 움직이지 않았다. 시간이 지나자 한 사람이 티셔츠 모양의 작은 종이에 손을 뻗었고 나중에는 다른 사람이 그렇게 하여서 마침내는 방에 있는 모든 사람이 자신의 안전한 공간에서 바쁘게 움직였다. 그들은 자신의 티셔츠 메시지들을 벽에 붙였다. 벽은 곧 '나는 궁금하다' 질문과 진술들로 가득 찼으며 집단의 에너지가 잦아들고 나서야 활동이 멈추었다. 그 후에는 모두가 메시지들을 읽었고, 그들이 본 것에 대해 무슨 느낌이 들었는지 그리고 다른 사람들에 대해 적으면서 어떤 느낌을 가졌는지에 대해 이야기하기 시작했다. 질문들 중 몇 개는 다음과 같았다.

• 나는 니키가 좌절하고 있는지 궁금하다.
• 나는 이 활동의 핵심이 무엇인지 궁금하다.
• 나는 집단에 새로 참여한 사람들과 함께 있는 것이 어떨지 궁금하다.

서로에 대한 개인적인 궁금증도 있었다. 어떤 글귀는 사람들을 웃게 만들었다. 마침내 집단구성원들은 자신의 느낌에 대한 개인적인 이미지들을 만들었다. 그들은 이것을 하면서 새로운 자유를 발견한 것 같았다.

이 회기는 솔직한 대화로 가는 문을 열었고 젊은 여성들이 자신의 관점을 말로 표현하도록 만들어 주었다. 그것은 가장 저항적인 구성원들도 집단에 합류하여 창조적인 방법을 발견하고 사용할 수 있도록 도움을 주었다. 칼리의 '반치료적인' 티셔츠는 그 회기의 참신한 영감이 되었고, 칼리는 이제 집단의 잠재력을 최대로 활용하는 충실한 구성원이 되었다.

이 사례는 치료사가 집단에서 생겨난 것—도발적인 제스처까지지도—을 어떻게 활용하여 집단을 결집시키는 주제로 쓸 수 있는지를 보여 준다. 또한 글쓰기(매우 사적일 경우가 많은)와 시각적인 작업이 어떻게 엮어져서 좋은 효과를 내는지도 분명하게 보여 준다.

정신병동의 주간 환자/내담자

사례 5: 가족에 대한 감정을 살펴보는 주간 병동 집단

이는 거의가 우울증을 겪고 있는 8명의 환자로 이루어진 새로운 집단이었으며 우연히도 모두가 처음 참여하는 것이었다. 그들은 전에 미술치료를 받아 본 적이 한 번도 없었고 대다수는 미술재료를 사용해 본 지도 아주 오래되었다. 미술치료사인 로이는 그들이 '미술작품을 만드는 것'에 대해 흔히 가지는 어려움을 우회하여 미술재료를 새로운 방식으로 사용함으로써 성취감과 흥미를 느끼기를 바랐다. 그래서 그는 집단구성원들이 종이를 물에 적셔서, 좋아하는 색깔을 몇 가지 골라서 가지고 놀고, 만들어진 색깔과 형태에 대한 느낌들을 알아차려 보라고 제안했다. 그러고 나서 그들의 그림이 뚜렷한 패턴이나 이미지를 연상시킨다면 그 이미지를 그림으로 발전시킬 수 있었다. 그 결과들은 다음과 같이 아주 다양했다.

- 한 그림은 거의 노란색이었는데, 그림을 가로지르는 짙은 선이 있었다. 그림을 그린 사람은 그것에 대해 어떻게 느꼈는가? 그것은 그녀가 자신의 감정을 계속 억눌러야 한다고 느끼고 있었음을 알게 해 주었다.
- 검은 탁자 위에 밝은 꽃들이 그려진 그림은 그 사람이 계속 유지하려고 애쓰는 화려한 겉모습과 관련되어 있다는 사실이 드러났다.
- 황무지, 비옥한 땅 그리고 전면에 폭포가 그려진 풍성한 그림은 쏟아져 나오는 감정과 정서들, 그렇게 하지 않으면 황량해질 세계에 물을 주는 것과 관련이 있는 듯했다.

사람들이 그림을 함께 나누었을 때, 해결되지 않은 많은 갈등, 억눌린 감정과 당장이라도 폭발할 것 같은 정서, 결혼생활의 문제와 관련된 수많은 표현이 있는 것 같았다. 가정에서 이러한 것들은 분노와 말다툼, 그리고 그런 행위들이 옳은지 아닌지에 대한 불안을 불러일으킬 뿐이었다. 집단구성원들은 그다음 주에 만나서 이 모든 것에 대해 토론했으며, 로이는 그들이 '부모의 갈등 해결 방법을 어떻게 경험했는가' 라는 주제를 제시했다.

그 결과들은 일깨워 주는 것이 많았다. 셜리라는 한 여성은 그녀의 아버지가 매우 수동적이고 '성자' 같았지만 어떤 감정도 다루지 못했던 것을 기억해냈다. 그녀의 어머니는 아이를 한 명 잃었고 이 일이 자신의 책임이라는 슬픔에 마음이 산란해져서 정신병에 걸렸던 것 같다. 셜리는 이 일에 대해서 어느 누구와도 나눈 적이 없었다. 이제 그녀는 자신이 어머니처럼 되고 있고 남편이 냉담하고 성자 같은 아버지처럼 되고 있다고 여겼다. 그녀는 자신의 분노에 겁을 먹었고 자기 역시 미쳤음에 틀림없다고 결론지었다.

또 다른 여성이 그것에 동질감을 느꼈다. 모랙은 엄청난 노력을 했음에도 불구하고 그녀의 남편과 말이 통하지 않았다. 그는 '지역사회의 중심인물'로 간주되었기 때문에 그녀는 자신의 분노가 틀림없이 받아들여지지 않을 거라고 여겼다. 그녀는 자신을 유리 새장으로 표현했는데, 그 안쪽에는 끔찍한 것들이 보였다.

함께 나눈 그림과 감정을 통해서 이 여성들은 처음으로 자신이 혼자가 아니라고 느꼈다. 집단의 나머지 사람들 역시 그러한 상황에서 화가 나는 것은 정상이라고 말했다. 그 회기에서 사람들은 많은 눈물을 흘렸고, 두 여성은 마침내 자신들이 받아들여질 수 있다고 느꼈다.

로이는 그다음 단계가 그들이 상황을 변화시킬 방법을 탐색하는 것이라고 생각했다. 그다음 주에 토론을 하고 나서 그는 가능한 주제로 다음의 것들을 생각했다. '당신이 억눌러 온 감정들을 발산한다면 무슨 일이 생길까 봐 두렵습니까?' 또는 '당신은 집에서 어떻게 행동하고 싶습니까?' 또는 '그 순간에 당신을 좌절시키는 것은 무엇입니까?' 대개 사람들은 세 가지의 두려움을 가지고 있었다.

- 다른 사람들을 파멸시킬까 봐
- 자기 자신을 파멸시킬까 봐
- 전혀 아무 일도 일어나지 않을까 봐

그는 이 주제들이 매우 강력하고 집단에서 강한 반응을 불러일으킨다고 여겼다. 하지만 그는 사람들이 만약 이러한 감정들을 경험하고 있다면 그것을 잘 표현할 수 있는 주제를 제시하는 것이 옳다고 느꼈다. 이것을 무시한 '말뿐인 동정'은 이러한 감정들을 갖는 것에 대한 그들의 불안감을 가중시킬 뿐이다. 결국은 바로 그것이 사람들로 하여금 주간 병동에 오게 만드는 이유였다. 경험 있는 미술치료사로서 그는 강한 감정들을 다루는 데 상당한 자신감을 가지고 있었고 더욱이 주간 병동의 간호사들과 의사들이 환자들을 지지하고 있었다. 그는 사람들이 마음을 터놓도록 격려함과 동시에 그들이 원하지 않는다면 자신을 감정적으로 노출하지 않아도 된다는 것을 분명히 했다.

이 이야기는 집단을 사용하여 서로의 지각을 점검하고 서로에게 지지를 제공하는 것이 둘 다 가능함을 보여 준다. 주제들은 이 과정에 적합하도록 선택되었으며 집단의 이점을 최대화시켰다.

사례 6: '진퇴양난에 빠진' 주간 병동 집단

모든 회기가 개인의 변화를 촉진시키는 통찰로 가득 찬, 흥미로운 토론을 이끌어 내지는 않는다. 어떤 집단은 '진퇴양난에 빠져' 있어 무엇을 시도하든 상관없이 전과 똑같이 낡은 방식에 머물러 있게 된다. 다음에 설명한 회기는 이러한 것들 중의 하나다. 그것은 큰 정신병원에 소속된 주간 병동에서 열렸다. 환자들은 6~8주 동안 매일 주간 병동에 와서 미술치료, 사이코드라마, 심리치료, 요가, 집단 토론 등으로 이루어진 프로그램에 참여하였다.

이 사례의 집단은 미술치료사인 존과 여섯 명의 환자(남자 2명, 여자 4명, 20대 1명, 40대 3명, 50대 2명)들로 구성되었다. 나이가 든 사람들은 결혼생활과 관련된 만성적인 문제들, 자녀의 가출, 장기간의 실직, 공포증과 같은 일련의 문제들을 안고 있었다. 반면 한 젊은 여성은 부모와의 문제, 남자친구들과의 문제를 지니고 있었다. 존은 그 집단구성원들을 당시의 사회적 풍토에서 희망이 거의 없는 사람들이라는 의미로 '사회의 피해자들'이라고 평했다. 그들에게 변화는 대단히 어려운 것이었으며 나이가 들수록 특히 더 그랬다. 대체로 사회에서는 삶이 힘겨운 사람들이 선택할 수 있는 것들이 점점 더 줄어들고 있는 것 같았으며 존은 때때로 이러한 전망들에 대한 인식을 높이고자 노력했다.

이 집단은 몇 주 동안 함께 작업을 해 왔으며, 다음 주에 프로그램이 끝날 예정이었다. 그래서 존은 바깥 세계 및 미래에 대한 꿈과 관련된 주제(주간 병동 팀과 상의하여)를 선택했다. 그는 사람들에게 자신의 기분을 그리되, 가능하면 그 그림에 자신을 포함시키도록 하는 '웜업' 활동으로 항상 시작했다. 그러고 나서 그는 중심 주제로 다음의 내용을 포함한 그림을 그리도록 요청했다.

① 당신은 자신을 어떻게 보는가?
② 다른 사람들(당신과 가까운 사람들)은 당신을 어떻게 보는가?
③ 당신은 어떻게 되고 싶은가?

모두가 오일 파스텔(존은 미술치료실에서 주간 병동으로 모든 미술재료들을 가지고 가야 했다)을 사용하여 약 30분간 작업을 계속했다. 남은 시간에는 토론을 하고 그림들을 살펴보았다. 모든 작품을 설명하려면 너무 오랜 시간이 걸리기 때문에 집단에서 두 명을 선택하여 그들의 그림에 대해서 설명하고자 한다.

몰리

몰리는 40대 초반이고 입원했던 적이 있었다. 그녀는 불안하고 우울했으며 가족이 그녀에게 관심이 없다고 생각했다. 그들은 단지 그들이 필요로 하는 것에만 그녀에게 의지할 뿐이었다(식사, 설거지 등).

〈웜업 활동〉

몰리의 마음속 혼란을 나타내는 무질서한 그림. 그녀는 가족이 그런 이야기를 들으면 넌더리를 내기 때문에 자기 마음을 그들과 함께 나눌 수 없다고 느꼈다. 그녀는 또한 (그녀 자신의) 죽음에 대한 생각을 많이 하고 있었다.

〈주 제〉

① 그녀는 자신을 지루한 흑인으로 보았다(그녀는 흑인이었고 학창시절에 이로 인한 인종차별을 경험했었다).

② 그녀는 자신이 '친절한' 가면을 쓰고 있다고 그렸는데 이것은 그녀가 가사도우미로 일할 때부터 오랫동안 써 온 것이었다. 슬프게도 이 가면은 이제 부서져 버렸다.

③ 그녀는 이 부분을 작업할 수 없었다. 그녀는 자신이 어떻게 되고 싶은지를 정말로 몰랐다.

짐

짐은 50대 초반으로 이혼했으며, 그 전에 외판원으로 일하던 직장에서 정리해고를 당했었다. 직장에 다닐 때 그의 사회생활은 직업상 관련된 술자리를 중심으로 돌아갔다. 현재 그는 지독히 외로웠고 너무 외설적이어서 주간 병동의 여성 직원들이 싫어했다.

〈웜업 활동〉

미로 그림. 이는 직업을 찾으려는 그의 노력과 관련된 것이었다.

〈주 제〉

① 오른쪽에 노란색의 가는 줄이 있고 세로로 늘어진 검은색의 두꺼운 띠. 그는 이것이 그의 우울증과 실직에 대한 것이라고 말했다.

② ①과 같다. 그는 자신이 다른 사람들에게 미치는 영향이나 병원 직원들이 그를 어떻게 바라보는지에 대해서 모르는 것 같았다.

③ 그는 더 많은 세로선과 띠를 그렸다. 하지만 이것들은 파랑, 노랑, 빨강, 주황으로 색깔이 더 밝았다. 그는 자신감과 독립심이 있는 사람이 되고 싶었고 일, 차, 사회생활과 친구들을 원했다. 그 당시는 불경기라 어떤 일이든 찾을 기회가 없었음에도 그가 스스로에 대해서 가진 모든 희망은 일과 밀접하게 관련되어 있었다.

존은 집단구성원들 대부분이 그의 힘으로 완화시킬 수 없는 부당한 억압의 희생자들—인종차별주의, 성차별주의와 여성의 역할, 실직, 교육의 부족—이라고 여겼기 때문에 이 집단의 결과에 대해 매우 좌절했다. 그가 할 수 있다고 여긴 모든 것은 그들이 처한 상황이 전적으로 그들의 과오는 아니라는 것을 깨닫도록 하여, 이러한 인식이 그들을 비참한 처지에서 벗어나게 하고 그들 자신을 대하는 태도에 작은 변화를 가져올 수 있도록 돕는 것이었다.

사례 7: 지역사회 정신건강 팀의 분노 조절 집단미술치료

지역사회의 남성 정신간호사 한 명과 내가 이 집단미술치료를 운영했는데, 목표는 정신건강 문제를 가지고 있으면서 분노를 처리하는 데 어려움을 겪는 사람들을 돕는 것이었다. 집단은 사람들에게 분노 조절 방법을 살펴볼 기회를 제공함으로써 분노가 그들 자신과 다른 사람들에게 미치는 파괴적인 영향을 줄이도록 고안되었다. 매 회기는 미술작업과 나누기로 구성되었고 이완작업으로 끝났다. 집단구성원들에게는 모든 회기를 참석하라고 요청했다. 프로그램은 다음과 같다.

① 소개와 기본 규칙 정하기
② 이완과 유도된 이미지
③ 분노란 무엇인가?
④ 분노의 신체적 증상. 분노－좋은 것인가 아니면 나쁜 것인가?
⑤ 분노 이면에는 무엇이 있는가?
⑥ 초기의 가족양식
⑦ 분노와 갈등
⑧ 느낌과 주장, 나 전달법
⑨그림 되돌아보기
⑩ 집단 그림과 종결

미술치료에는 분노 조절에 효과적인 특별한 것들이 몇 가지 있다.

- 미술치료는 화가 난 이유를 말로 명확하게 표현하는 것이 어려운 사람들에게 도움을 준다.
- 미술작품을 만드는 과정은 그들을 느긋하게 만들어서 무슨 일이 일어나고 있는지를 더 깊이 생각하도록 돕는다.
- 미술작품을 나누는 것은 사람들이 서로 공통점을 가지고 있다는 것을 깨닫도록 도와주어서 고립감을 극복하게 만든다.
- 미술작업은 분노를 다른 사람을 향하여 외부로 '행동화'하는 사람과 자기 자신을 향하여 내부로 '행동화'하는 사람 모두를 한 집단으로 아우를 수 있게 해 준다(언어 집단에서는 한 집단 안에서 이런 사람들 모두를 아우르는 것이 어려울 때가 많다).

기본 규칙을 정하는 것은 위협적으로 보이는 문제를 다룸으로써 집단을 안전한 곳으로 만든다는 점에서 특히 중요하다. 그래서 우리는 그것을 하는 데 한 회기의 절반을 썼고 모든 사람의 제안을 포함시켰다. 똑같은 이유로 이완

작업이 중요하다. 분노를 처리하는 방법으로 그리고 회기가 끝날 때 혼란스러운 감정들을 놓아 버리는 수단으로 사용하는 것 둘 다 그렇다. 여러 가지 이완 방법들이 유도된 이미지(예, 가장 좋아하는 평화로운 장소)와 함께 사용되었고 구성원들은 회기 내에서 그리고 생활 속에서 그것을 사용하는 능력이 점점 향상되었다.

분노 조절의 모든 국면에서 사용할 수 있는 인쇄물들이 있었다. 어떤 사람들은 이것이 도움이 된다고 여겼고 어떤 사람들은 그렇지 않았다. 몇 명의 내담자들은 집단이 끝난 후 주요 근무자들에게 인쇄물 세트를 보내 달라고 부탁하였다.

의뢰와 참석

정신건강 팀의 모든 구성원이 의뢰를 해 왔다. 신청자들은 (우리의 관점과 내담자의 관점에서) 열성과 적합성을 점검받고 집단을 준비하는 데 도움이 될 비공식 면담에 참석하라는 요청을 받았다. 도심 지역의 정신건강 서비스에서 참석률은 항상 문제가 되었다. 의뢰된 17명 중에서 8명의 내담자들만 실제로 집단을 시작하였고 도중에 4명이 여러 가지 이유로 그만두었다. 결국 집단구성원으로 3명의 남성과 1명의 여성이 남게 되자 성비 문제가 생겼고, 그러자 여성은 집단이 '너무 남성 위주'가 되었음을 알고는 집단을 떠났다. 하지만 그녀는 집단을 떠난 이유를 설명해 달라는 설득을 받아들이고 돌아왔다.

면담을 하기 전에 우리는 모두에게 자신의 분노 문제를 어떻게 보는지를 적어 보라고 요청했다. 그들의 대답에는 다음과 같은 것들이 포함되어 있었다.

- 일이 잘못되면 나는 화가 치밀고 냉정을 잃는다.
- 수많은 상황 속에서 스트레스를 받고 긴장하게 되면 화가 난다.
- 나는 가족의 상황을 통제할 수 없다.
- 나는 항상 조심해야 한다.
- 벽과 창문 치기

• 다른 사람들에 대한 폭력

집 단

집단은 신중하게 시작하여 제대로 발전하였다. 참가자들은 서로 간에 유대감을 발견하기 시작했고 어느 정도 이완되었다. 회기가 거듭되면서 집단구성원들은 미술작업에 몰두하기가 더 쉬워지고 있음을 알게 되었고, 그러고 나자 흥미로운 토론이 일어나게 되었다.

4회기에 분노의 신체적 증상을 살펴보는 활동이 있었는데 우리는 그것을 신체 윤곽선 위에다가 그렸다([그림 6-2] 참고). 마지막에 만들어진 복합적인 이미지는 분노가 누적된 결과를 보여 주었고 참가자들이 자신과 다른 사람의

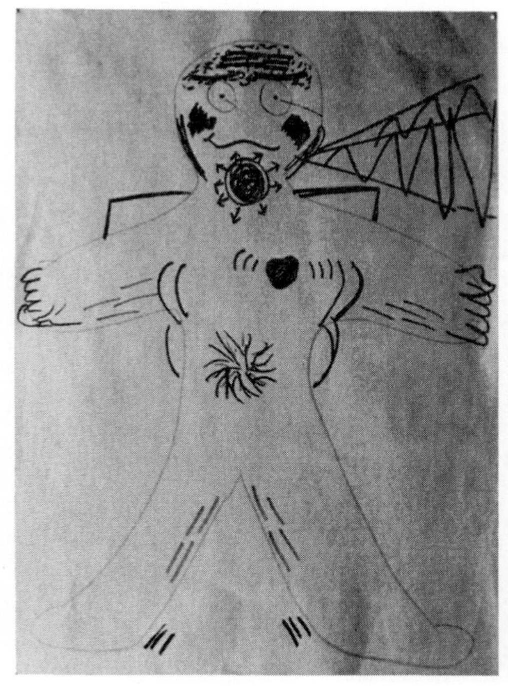

그림 6-2 분노의 신체적 증상(분노 조절 집단미술치료)
출처: Anna Coldham의 사진

분노를 알아차리는 데 도움이 되었다. 데이브라는 한 남성은 화가 날 때 그의 목구멍에 생기는 덩어리(방사형으로 뻗은 화살표들이 나 있는 빨간색의 방울로 그려짐)를 처음으로 공개했고, 그런 사람이 자기 혼자가 아님을 알고 놀랐다. 남은 회기들이 진행되면서 이 덩어리는 그에게서 사라졌다. 또한 그는 입을 물결선으로 그리고는 '분노의 비웃음'이라고 설명했다.

5회기에 사람들은 분노 이면의 정서를 살펴보는 것을 어려워했다. 여기서 특징적으로 나온 것은 슬픔과 불쾌감이었지만 그런 것들을 표현하는 것을 힘들어했다. 6회기의 가족양식에 대해서도 마찬가지였는데, 그것 역시 정서적인 회기였다. 7회기에는 사람들의 머릿속에 있는 부정적인 메시지와 긍정적인 메시지, 그리고 이것들이 어떻게 그들을 '화나게' 혹은 '진정하게' 할 수 있는지를 살펴보았다. 데이브의 그림([그림 6-3] 참고)은 그가 얼마나 발전했는지를 보여 주었다. 그것은 지난주에 그가 정신건강 주간 병동에 왔을 때

그림 6-3 분노와 갈등: 부정적인 메시지와 긍정적인 메시지(분노 조절 집단미술치료)
출처: Anna Coldham의 사진

'누군가가 그를 공격한' 사건과 관계가 있었다. 왼쪽 그림은—'점점 좁아지는 활동 범위 속에서' '몇 시간, 몇 날, 몇 주, 몇 달'이 가는 원한을 계속 지니면서 맹렬하게 복수하는—그의 습관적인 반응 방식이었다. 오른쪽 그림은 그가 그것에 대해서 잠시 동안 생각하고 나서, 그와 다른 사람 사이에 '건강한 거리'를 유지하자고 결정하고 반응하지 않는 것을 나타내었다. 그는 이렇게 정리하는 데는 겨우 수분이 걸릴 뿐이지만 그를 더 행복하게 해 준다는 것을 발견했다. '파묻힌 문제'는 다른 사람의 행동이 그의 문제가 되도록 놔두지 않겠다고 결정한 그의 통제감을 나타내었다.

주장성과 관련된 8회기에서, 미술작품은 '진정한 나'에게 초점을 맞추었다. 이것은 '내가 스스로에게 좋은 느낌을 가질 때'에 대한 이야기를 돌아가면서 하는 것으로 시작되었는데, 그 회기에 참석한 3명의 남성들에게 그것은 매우 드문 경험이라는 것이 드러났다. 그중 한 사람에게는 그렇게 느꼈던 유일한 때가 자그마치 30년 전이었다. 그것 역시 정서적인 회기였다.

9회기에는 지난 8회기 동안 그렸던 그림들(미술치료실에 있는 서류철에 보관되어 있었다)을 되돌아보고 나서 그것들을 종합한 중요한 측면을 그림으로 그렸다. 프로그램을 마무리하는 마지막 회기는 '선물'과 관련된 집단 활동을 하였는데, 모두가 서로의 상자와 바구니에 은유적인 선물을 그려 넣는 것이었다. 한 남성은 매우 감동하여 거의 눈물을 흘릴 지경이었으며 자신의 선물 그림을 조심스럽게 껴안고 집으로 갔다.

평 가

참가자들이 배운 것을 되돌아볼 기회로 평가 질문지와 추후 면담이 제공되었으며, 거기에는 집단구성원들과 함께 계속 작업할 전문가들에게 그 결과를 인계할 목적도 있었다. 집단구성원들은 미술작업을 할 기회, 비슷한 문제를 가진 다른 사람들을 만났던 것, 솔직한 토론들을 특히 소중하게 여겼다.

데이브는 집단이 힘들었지만 매주 참석했다. 그가 초기에 그린 그림들은 모두 한 가지 색깔의 펠트펜으로 윤곽선만 그린 것들이었지만 후반으로 가면서 더 많은 색깔을 쓰기 시작했고 그림은 더 창조적으로 변하였다. 그는 이야기하기를 정말 좋아했다. 사실, 멈출 수가 없었던 적이 여러 번이었다. 처음에 그는 이완하기가 매우 어려웠지만 끝 무렵에는 훨씬 더 잘할 수 있게 되었다. 그는 자신과 다른 사람들을 너그럽게 봐 주고 '분노를 터뜨리고 싶은' 욕구를 조절할 수 있음을 알게 되었고 자신의 생활을 더 잘해 나가게 되었다. 결과적으로 그는 덜 위협적이고 더 느긋하고 개방적인 사람이 되었다. 그는 혼란스러운 상황을 전과 달리 덜 위협적인 방법으로 다룰 수 있었다. 다른 사람들이 그 차이를 알아보았다. 마지막으로 그는 그 집단이 그가 완결했던 최초의 집단이었고 이완하는 것과 그림 그리는 것이 매우 유용하다는 것을 알게 되었다고 말했다.

분노 조절 집단미술치료는 몇 명의 내담자들에게 분노를 다루는 방법과 자신을 표현하는 방법에서 중요한 변화를 일으키도록 돕는 매개체를 제공했다. 여기에서 미술작품과 이완작업 둘 다가 중요한 요인이었고 집단의 지지와 유대감의 구축 또한 마찬가지였다.

사례 8: 지역사회 장기지원 집단

30~60세의 남녀 10명으로 구성된 이 집단은 입원치료나 통원치료가 끝난 후의 장기지원을 위해 그 지역의 주간 병동에서 매주 한 번씩 만났다. 그들은 거의가 단칸방에서 살고 있었으며 실직 상태였고 매우 외롭고 고립되어 있다고 느꼈다.

미술치료사인 헤더는 매주의 미술치료 회기가 지지하기 위한 것인 만큼 그 목표는 사회적인 접촉을 제공하고 집단구성원의 흥미를 불러일으키는 것이라고 보았다. 그녀는 그들이 자신들을 둘러싼 환경과 이용 가능한 기회들을 더 많이 알아차리도록 돕기 위하여 주변 세계, 특히 자연세계에 초점을 맞추기로 결정했다. 헤더는 집단구성원들이 자연세계와 사소하고 일상적인 방식으로 관계를 맺을 수 있도록 하기 위해 모든 활동을 그러한 방식으로 소개하려고 노력했다. 이것은 그들이 일상생활과 관련된 경험을 시작하고 유지할 수 있도록 도와주었다. 다음에 오는 일련의 프로그램들은 그녀가 몇 주에 걸쳐 이 광범위한 주제를 여러 가지 방법으로 사용했던 것을 설명하고 있다.

나선형의 생활선

이것은 소개하는 회기였는데, 헤더가 집단을 알 수 있게 도와주고 집단구성원들이 서로를 알 수 있게 도와주기 위한 것이었다. 그녀는 웜업을 위해 나선형에 관한 아이디어를 소개했고, 집단은 코르크 마개 따개, 회오리바람 등과 같은 자연 속에 있는 예들을 생각했다. 그러고 나서 그들은 종이에 굴곡진 나선형을 그렸다. 그것은 커다란 나선형으로 이어졌으며 출생으로부터 시작하여 삶의 중요한 사건들을 나타내면서 발전해 나갔다. 헤더는 또한 그들의 삶이 현재에서 멈추는 것이 아님을 상기시키기 위해 그 나선형을 미래까지 뻗어 나가게 하라고 요청했다.

실용적인 집단 과제

집단구성원들이 서로를 더 편안하게 느끼도록 도와주기 위해 헤더는 모두가 참여할 수 있는 간단한 집단 과제를 소개했다. 그때는 눈이 두껍게 쌓인 겨울이어서 새들이 먹이를 찾을 수 없었다. 집단구성원들은 주간 병동 정원에 있는 많은 새를 위해 오랜 시간과 정성을 들여서 새가 먹을 작은 케이크를 만들었다. 드디어 그들이 밖으로 나가 새 모이 판에 케이크를 놓는 자랑스러운 순간이 왔으며 그들은 새들이 그것을 먹을지 보려고 기다렸다. 그 주간 병동은 바다 바로 옆에 위치해 있었는데 육지의 새들이 케이크에 다가오기도 전에 탐욕스러운 바다 갈매기들이 덤벼들어 순식간에 먹어 치웠다. 그들의 힘든 작업들이 순식간에 파괴된 것은 집단구성원들에게 예상치 못한 자연의 교훈을 주었지만 그들이 재미있는 광경을 볼 수 있었던 것은 다행이었다.

겨울의 색채

늦겨울은 차가운 단칸방에서 빠듯하게 살아가는 사람들에게 특히 힘들고 쓸쓸한 시기이기 때문에 헤더는 집단구성원들의 세계 속으로 더 많은 색채를 가져다줌으로써 그들의 상상력을 고조시킬 수 있을지를 알고 싶었다. 그녀는 대부분의 사람들에게 형태보다는 색채가 더 좋은 생각을 떠올리게 만들고 더 즉각적인 반응을 불러일으킨다고 여겼기에 순수한 색채를 토대로 한 경험을 가지고 회기를 시작하는 것을 좋아했다.

이때 헤더는 사람들에게 2월과 어떤 색을 연관시킬 수 있는지 생각해 보라고 했다. 그러고 나서 그녀는 사람들에게 그들의 오감이 2월 하면 무엇을 연상하는지를 상상해 보고 이것을 그들 자신과 관련시켜서 시나 그림의 형태로 나타내 보라고 했다. 그림들은 모두 매우 달랐고, 2월에 대한 다양한 연상들을 보여 주었다.

2월에 대한 사람들의 초기 반응은 '얼마나 권태로운가' 였지만 그들은 곧 다양한 색깔과 연상들을 찾아내었다. 어떤 사람들은 갈색과 회색을 선택한 반면, 다른 사람들은 아네모네와 애기똥풀이 2월에 모습을 드러낸다는 것을 기억하고 흰색과 연한 노란색을 첨가했다. 또 다른 사람들은 봄을 준비하는 보라색의 새싹들을 생각한 반면, 실내에서 지내기를 좋아하는 사람들은 주황색과 빨간색의 불꽃들을 그렸다.

자신들의 공동체

헤더는 사람들에게 그들의 여러 가지 역할과 '자신들', 예컨대 엄마, 아들, 주부, 운전사 등에 대해 생각해 보고 그것들을 하나의 공동체로 함께 그려 보라고 요청했다. 그녀는 이 주제를 외부 세계가 집단구성원들을 거의 인정해 주지 않을 때, 그들이 가진 역할과 기술을 소중히 여기도록 돕는 방법으로 보았다. 사람들은 자신이 가진 서로 다른 역할이 얼마나 많은지를 알고 놀랐다. 그들은 다른 사람들의 역할이 자신에게도 적용된다는 것을 깨닫고는 서로의 기억을 일깨우기도 했다. 결과적으로 이 작업은 집단에 활기와 낙관적인 느낌을 불어넣었다.

몇 주에 걸쳐 집단구성원들이 경험을 나누고 작업을 함께해 나감에 따라 그들은 전반적으로 삶에 더 많은 관심을 가지고 치료 시간을 좀 더 즐기는 것 같았다. 그들은 서로 문제들을 공유하였고, 집단 밖에서의 만남을 마련하기 시작했다. 헤더는 그들이 서로 지원하는 것을 배우기 시작했다고 여겼다.

전문화된 주간 병동과 센터

사례 9: 노인 주간 병동

이것은 주로 우울증이나 외로움 때문에 아니면 친척들에게 '숨 돌릴 시간'을 주기 위해 주간 병동에 오는 노인들을 위한 일련의 정기적인 회기들 중 하나였다. 미술치료사인 카렌은 참여한 사람들이 서로에 대해 잘 모르고 다음 주가 되면 서로의 이름을 잊어버리는 경향이 있기 때문에, 항상 사람들에게 그들의 이름을 물으면서 회기를 시작했다. 그러고 나서 그녀는 좀 더 소개하고 토론할 시간을 주었는데, 그것은 투약 등에 대한 질문과 더불어 그들의 만성질병과 피로를 중심 주제로 하여 돌아갈 때가 많았다. 환자들 중 대다수는 대처해야 할 상당한 문제들을 지니고 있었기 때문에 그녀는 미술작업으로 옮겨가기 전에 그들의 불평을 토로할 시간을 주는 것이 최선이라고 여겼다. 카렌은 선택한 주제가 그들의 삶과 그것에 대한 느낌을 되돌아볼 기회를 주어야 한다고 생각했다.

그녀는 작업이 순조롭게 진행되도록 하기 위해 웜업 주제를 사용하는 것을 좋아했다. 이때 그녀는 그들의 이름 첫 자를 적고 그것으로 도안을 만들어 보게 하였다. 그 후에 중심 주제—그들의 결혼—를 소개했다. 그 결과로 나온 그림들과 이야기들이 집단에서 공유되었다. 여기에 세 가지 사례가 있다.

- 에드나는 극장을 그렸는데 그 이유는 그곳에서 남편이 청혼을 했기 때문이었다. 그녀는 또 그녀의 살림도구, 행주, 수건, 오리털 이불 등 모두 매우 실용적인 것들을 그렸다. 이 그림을 그리는 것은 그녀를 슬프게 만들었다. 왜냐하면 그녀는 최근에 남편과 사별하였고 여전히 비탄에 젖어 있었기 때문이었다. 하지만 또한 그것은 그녀에게 즐거웠던 멋진 결혼생활을 상기시켰다.
- 도리스는 교회와 그녀의 파란색 공단 웨딩드레스를 그렸다. 그녀의 어머니는 결혼식에 오지 않았는데, 그녀는 이것을 이야기 형식으로 적었다. 그녀의 아버지는 그녀에게 할아버지의 시계를 결혼 선물로 주었고, 그녀는 그것을 가족 안에서 보관하기 위해 최근에 증손자에게 주었다. 그녀는 이러한 방법으로 가족의 전통을 만드는 데 도움을 주었다는 것을 알고는 크게 만족하였다.
- 필리스는 직접 만든 웨딩드레스를 입은 자신과 살구색 드레스를 입은 5명의 신부 들러리들을 그렸다. 이것은 그 당시에 매우 자랑스러운 일이었으며, 그녀가 고아여서 혼수(이것도 그렸음)라고는 몇 장의 시트와 식탁보 하나가 전부였기 때문에 특히 더 그랬다. 그녀는 그림을 공유할 때 자랑스럽게 미소를 지었고 지금의 시대가 얼마나 변했는지를 이야기하였다. 이 그림은 그녀가 자신의 인생에서 만나고 이겨 냈던 수많은 변화들을 상기시켜 주었다.

모든 집단구성원이 그 회기를 즐겼고, 어떤 이들은 기쁨에 넘치는 표정을 지었다. 그들은 인생에서 가장 중요한 사건들 중 하나에 대한 추억을 나누었고 이것은 그들을 서로 더 가깝게 만들어 주었다. 이것은 그들이 다른 사건들도 기억해 내도록 도왔고 그럼으로써 그들은 좀 더 균형 잡힌 시각으로 자신들의 삶을 되돌아보기 시작했다. 카렌은 머지않아 이 균형 잡힌 시각이 그들로 하여금 현재의 상황과 문제에 보다 침착하게 대처하도록 돕기를 바랐다.

사례 10: 알코올 시설

알코올 시설은 알코올중독을 극복하려는 사람들을 위해 집단치료, 알코올 교육, 미술치료, 집단토론, 사회적 기술, 개인상담 등 매일의 강도 높은 회기로 구성된 6주 프로그램을 제공하는 주간 병동이었다. 지지적인 방법과 직면적인 방법 둘 다가 알코올중독의 특성인 거부와 방어를 깨뜨리기 위해 사용되었다.

프로그램의 일부로 수요일 오후에 선택 활동이 있었는데 이때 내담자들은 목공예, 도자기 만들기, 그림 그리기를 선택하여 배움으로써 새로운 취미를 개발할 수 있었다.

이 시설의 미술치료사인 폴과 미술치료 실습생 한 명이 여기에 참여하고 있었다. 그들은 이 활동을 일련의 프로그램을 함께 개발할 좋은 기회로 만들기로 결정했다. 그들은 내담자들이 실제적인 작업을 통해서 상호작용할 수 있도록 만든 프로그램을 선택했는데, 그 이유는 이것이 그 당시에 시설에서 진행되고 있던 다른 작업의 효과도 높일 것이기 때문이었다. 다음에 프로그램의 2회기에 대한 개요가 나와 있으며, 첫 번째와 마지막 것은 좀 더 자세하게 설명하였다.

다른 사람들의 가면

이 회기의 목표는 사람들이 서로 대화하도록 준비시키는 것으로써 익숙한 것에 대한 이야기로 시작했다. 시설의 사회적 기술 회기에서 사람들은 실제 '자신'이라고 믿게 되는 그들의 표면, '겉모습'에 대해서 토론할 때가 많았다. 그들은 흔히 자신의 것은 알아차리지 못하지만 다른 사람들의 가면은 좀 더 쉽게 볼 수 있었다. 그래서 폴은 7~8명의 집단구성원들에게 서로의 가면을 그리도록 요청하였다.

아주 다양한 가면이 만들어졌다. 어떤 이들은 여러 개의 가면을 만들어 서로 다른 측면을 나타내거나 하나의 가면에 여러 가지 측면을 표현했다. 어떤 이들은 밝고 쾌활한 가면들만을 고수하여 곤경에 빠진 사람들이 흔히 취하는 '용감한 겉모습'을 보여 주었다. 다른 사람들은 이 작업을 확장하여 중세의 드라마에서 사용되는 가면처럼 행복한 표정과 슬픈 표정을 대비시킨 것을 만들었다.

한 남자가 잡지에서 오린 '대중매체 이미지'를 붙여서 콜라주 가면을 만들었다. 외부의 가면은 자동차, 집, 아내, 자녀들 등의 그림을 붙여서 '성공한 가정적인 남자'를 나타내었다. 반면에, 그의 실제 자신을 나타내는 내부의 가면은 잘라 낸 거대한 병 위에 괴물 얼굴을 붙인 모습으로 겉모습 뒤의 파멸 상태를 보여 주었다. 이 가면에는 작게 오려 낸 '행복한 가족' 그림을 진한 검은색 크레용으로 줄을 그어 지운 부분도 있었다.

이러한 것들을 집단에서 토론했을 때 나온 결과는 사람들이 자신의 특성을 인식하기 위한 중간 단계로서 다른 사람들의 성격 측면들을 동일시할 수 있었다는 것이다.

자신의 가면

집단구성원들은 자신의 성격 측면을 나타내기 위해 하나 또는 여러 개의 가면을 만들었다. 그것은 세상에 내보이는 부분뿐만이 아니라 그들이 실제로 느끼는 부분까지 포함한 작업이었다.

신체 윤곽선

이 회기는 이완작업으로 시작하여 사람들이 자신의 신체와 에너지의 흐름을 실제로 느끼도록 도왔다. 그러고 나서 한 사람이 큰 종이 위에 눕고 다른 사람이 그의 신체 윤곽선을 따라 그려 주는 것을 번갈아 하였다. 사람들은 윤곽선 그림을 벽에 붙이고 자신의 그림을 원하는 방식대로 채웠다. 작업의 진행을 돕기 위해 했던 한 가지 제안은 그들이 느끼는 에너지의 흐름을 서로 다른 색깔로 표현해 보라는 것이었다. 이 회기는 매우 성공적이었으며 모두가 그것을 즐기는 것 같았다.

신체 이미지의 부분

집단구성원은 신체 이미지의 특정한 부분을 선택하여 그림으로 탐색하고 발전시켰다. 예를 들면, 어떤 여성 내담자는 자신의 심장 가까이에 새 한 마리를 그렸다.

집단 그림

이때의 집단은 7명의 내담자(4명의 남자와 3명의 여자)와 3명의 직원으로 이루어졌다. 직원 중 2명은 상호작용을 관찰하고 싶어 했기 때문에 참여하지는 않았다.

모두가 한 가지 색깔의 크레용을 가지고 시작했는데 원하면 나중에 다른 사람과 '맞바꿀' 수 있었다. 한두 사람이 아주 맹렬하게 시작했지만 그림이 차츰 채워지고 그들이 '자신의 흔적을 만들었다'고 느끼자 나중에는 접근 방법을 바꾸었다. 이것은 후에 통제의 욕구에 대한 토론을 이끌어 내었는데 그것은 알코올중독에서 핵심적인 이슈로 자주 등장하는 것이었다. 완성된 그림은 모든 공간을 다 덮었는데 그것은 마치 집단이 공백에 대한 어떤 생각도 견딜 수 없다는 것을 나타내는 것 같았다. 이것은 시설의 집단토론에서 실제로 일어난 일과 같았는데 그때 내담자들은 침묵의 순간을 가장 힘들어했다. 토론은 개인적인 공간과 사람들이 혼자 쓰는 자신만의 공간을 얼마나 많이 필요로 하는가에 대한 문제까지 다루었다.

폴과 미술치료 실습생은 일련의 프로그램들이 대단히 성공적이었다고 느꼈다. 실제적인 작업은 상호작용을 크게 증진시켰고 대부분의 사람을 즐겁게 만들었다. 그것은 또한 개인적인 많은 문제를 화제로 올려서 집단에서 토론하게 만들었는데, 이러한 문제들 중 많은 것이 알코올중독의 특징적인 태도에 직접적인 영향을 주었다.

사례 11: 전과자를 위한 주간 보호소

이 사례는 전과자와 사회적 · 개인적 문제를 가진 사람들 대상의 주간 보호소에서 했던 나의 작업에서 나온 것이다. 보호소의 구성원들은 자발적으로 와서 다양한 활동들을 선택했다. 거기에는 목공예, 지역사회 봉사사업, 집단 토론, 비디오 역할극, 읽고 쓰기와 계산 교육 그리고 미술(개인적으로 하거나 매주 '집단미술치료'로 할 수도 있음)이 있었다.

보호소의 구성원들은 이러한 것들이 그들의 창의성을 계발시키고 스스로가 가치 있는 사람이라고 느끼도록 도와주었기 때문에 활동들을 적극적으로 선택하였다. 그들은 대인의사소통에 관한 4주 프로그램을 선택하여 나와 다른 한 명의 직원과 함께 작업한 적이 있었다. 이 프로그램의 일부로 '은유적 초상화' 주제가 있었는데 그들은 그것을 하면서 즐거워했다.

그날 집단에는 9명이 있었는데, 2명의 직원(나를 포함하여), 보호소에 실습 나온 사회사업 전공 학생 1명 그리고 6명의 집단구성원(남자 3명, 여자 3명)이었고, 나이는 17~32세였다.

나는 그 주제에 대해서 간단히 설명했다. 우리 모두는 다른 집단구성원들의 초상화를 그릴 것인데 겉으로 보이는 대로가 아니라 그들의 성격에 관한 어떤 것을 형태, 색깔, 선으로 나타내는 것이었다. 나는 집단구성원들 중 한두 명이 그것을 지나치게 위협적으로 여기지 않을까 또는 약점을 공격할 때 그것을 사용하지 않을까 싶어서 약간 걱정이 되었다. 특히 여성들 중 한명은 다른 사람들에게 대체로 평판이 좋지 않았으며 그녀도 그것을 알고 있었다. 그녀는 또한 체중이 지나치게 많이 나갔으며 그 사실을 매우 부끄러워하고 있었다.

우리는 오일 파스텔 크레용으로 그림을 그렸고 완성하는 데 대략 30분이 걸렸다. 나는 집단의 일원으로 합류하였다. 나는 우리가 그린 초상화를 가지고 게임을 하자고 제안했다. 나는 내가 그린 그림들 중 하나를 들고 그것이 누구인지 추측해 보라고 했다. 집단이 알아맞히자 나는 그것을 그림의 주인공에게 선물로 주었고, 다음 차례로 그녀/그가 다른 사람의 초상화를 들었다. 우리는 모두가 다른 사람이 그린 자신의 초상화를 다 받을 때까지 계속하였다.

여기에는 예상할 수 있는 그림들이 몇 개 있었는데, 예를 들면 나는 그림붓과 갈색 물결선(나의 머리카락)이 그려진 그림을 받았다. 하지만 놀라운 그림도 있었다. 나의 공동촉진자는 한 구성원이 그를 먹구름으로 그린 것을 알고 깜짝 놀랐으며, 그 사람에 대해 걱정하였다. 다른 한편으로, 평판이 좋지 않았던 구성원은 꽃과 같은 여러 가지 메시지를 받았는데 그것은 다른 사람들이 그녀의 과거 힘들었던 일들을 알게 되었고, 그녀 내면의 감수성의 진가를 인정하게 되었음을 시사했다. 중요한 것은 집단에서 재미있고 따스한 느낌들이 생겨났다는 것인데, 그들 모두는 대부분의 시간을 '남을 헐뜯는 데' 익숙해 있던 사람들이었다. 그 회기에는 여러 가지 사실이 많이 드러났지만 상처가 되지 않도록 하기 위해서 부드러운 방식으로 진행하였다.

이 주제는 여러 가지로 변형할 수 있으며 다수의 상황에 적합하게 맞출 수 있는 매우 풍부한 주제다. 그것은 사람들로 하여금 그들이 타인을 어떻게 보는지를 간접적이고 유쾌한 방식으로 전달할 수 있게 해 주며, 하나의 특정한 은유를 선택할 때 그들의 몫은 무엇인지에 대해 심사숙고하게 해 준다.

사례 12: 암 지원센터

암 지원센터는 암환자들에게 여러 가지 '대체' 치료를 시도해 볼 기회를 제공한다. 그곳의 암환자 대부분은 영국 여러 지방과 해외에서 온 사람들로서 한두 주 동안 머물면서 특별 식이요법, 비타민 보충 치료, 이완, 명상, 생체자기제어, 상담 그리고 미술치료와 같이 제공되는 모든 치료를 시도해 보았다. 함께 머무는 환자들의 친척들도 집단에 참여하라는 권유를 받았다. 이곳의 일정에 포함된 집단미술치료는 단 한 번뿐이었다. 그래서 미술치료사인 헤더는 그 회기가 사람들이 이후에 혼자서 탐색할 수 있도록 되도록 많은 가능성을 열어 주는 것이어야 한다고 생각했다.

이 센터에 온 암환자들은 매우 '정상적인' 사람들이었고 병으로 기세가 꺾여 있었다. 그들은 무덤 속을 들여다보고 있다는 느낌 없이는 미래에 대한 어떤 생각도 가지기가 어려웠다. 많은 치료가 전통적으로 과거의 장애물에 관심을 기울여 왔지만 여기서는 그 장애물이 미래에 있는 것 같았다. 그래서 헤더는 미래를 다시 긍정적으로 바라보도록 도와줄 주제를 제시하고 싶었다.

이 특별한 회기에서 헤더는 집단을 바닷속 상상 여행으로 데리고 갔다. 그들은 수중 동굴을 통과하여 한 섬으로 헤엄쳐 갔으며 거기서 어떤 사람을 만나 선물을 받았다. 그녀는 사람들에게 그 선물과 그것을 준 사람을 그려 보라고 했다. 완성된 그림은 매혹적이었다. 선물들 중 몇 가지는 아름다운 조개껍데기와 빛나는 보석들이었는데 그것은 생명의 선물이라고 볼 수 있었다. 어떤 그림에서는 상어가 돌아다니면서 그들이 선물에 다가가는 것을 막았다. 상어를 죽음이나 그들이 걸린 암의 상징과 연관시키는 것은 어렵지 않았다. 이어진 토론에서 몇몇 집단구성원은 이 선물을 받음으로써 미래를 한 번 더 기대할 수 있게 되었다고 말했다.

헤더가 휴무였던 어느 날, 내가 헤더의 일을 대신하게 되었다. 집단에는 5명이 참석해 있었고, 그들 모두 센터에 참석한 첫 주였다. 그들은 30대의 암환자 데이비드, 50대의 암환자 톰과 그의 부인 실라, 그리고 너무 지쳐서 회기에 참석하지 못한 암환자의 두 딸 타냐와 자넷이었다. 돌아가면서 자기소개를 하고 회기의 성격을 설명한 후에 나는 또 다른 '여행'의 주제—'당신이 가고 싶은 여행 또는 당신이 이미 갔던 여행'—를 제시했다. 이 주제를 하고 싶지 않은 사람들에게는 명상 회기에서 떠올랐던 이미지를 그리거나 젖은 종이에 색칠하여 어떻게 되는지를 보라고 제안했다.

집단의 대부분은 그림 그리는 회기를 정말로 즐겼고 그들의 그림(대체로 개인적인 그림)에 대해 토론하면서 오랫동안 자리를 뜨지 않았다. 타냐와 자넷은 그들의 어머니가 그림을 그리도록 도와줄 방법을 찾아냈고 이것이 그녀가 암에서 회복하는 데 도움을 줄 것이라고 생각했다. 그들은 열성적으로 그림을 그렸고, 우리 역시 그녀가 준비가 되었을 때 그들이 그녀와 함께 시도해 볼 구체적인 방법들을 토론했다. 데이비드는 그해 말에 여자친구와 함께 휴가를 가기로 되어 있는 (그리고 전에 가 본 적이 있었던) 사이프러스로 여행하는 그림을 꼼꼼하게 그렸다. 그는 두 번째의 그림—훨씬 자유롭게 흐르는 선들로 그려진 추상화—도 그렸는데 집에 돌아가서도 이러한 방식의 그림 탐색을 계속하기를 간절히 원했다. 그는 암 지원센터가 자신에게 인생에 대한 새로운 태도와 새로운 시간을 주었다고 느꼈고 병을 극복하겠다고 결심했다. 그는 일에 중독된 사업가였지만 그림과 음악이 그가 스스로 긴장을 푸는 데 매우 유용한 방법이고 자신의 개인적인 생활을 한 번 더 찾을 수 있게 해 줄 거라고 여겼다. 오직 톰만 그 회기를 즐기지 않았다. 그는 그림을 그린 적이 한 번도 없었고 그가 원하는 색깔을 혼합할 수 없었으며 도와주겠다는 내 제안마저도 거부했다. 마치 무시를 허용하지 않겠다는 듯이. 그의 그림은 아무런 관련성이 없는 몇 개의 얼룩과 줄무늬로 이루어졌으며 그마저도 끝내지 않았다. 실라는 그림 그리기를 즐겼지만 톰이 일찍 나가자 그녀도 따라서 나갔다.

회기가 끝날 무렵 모두가 청소를 도왔고 나는 집단구성원들 중 3명이 해낼 수 있는 지시를 내가 제안했던 것으로 인해 행복했다. 또한 나는 죽음과 마주하고 있음에도 긍정적인 결과를 얻어 내려고 애쓰는 이들의 용기와 결단을 눈앞에서 보게 되어 매우 영광스러웠다.

약간 달랐던 이 두 회기는 미술치료가 암환자들에게 도움이 된다는 것을 보여 준다. 미술치료는 '말로 할 수 없는' 일에 대해 개인적으로 의사소통할 문을 열어 줌으로써 이것과—그리고 대부분의 암환자가 직면하는 불확실한 미래와—관련된 감정을 해결하도록 도와준다.

사례 13: 어려움을 겪고 있는 아동

이 집단은 9세 아이들 9명(소년 8명, 소녀 1명)으로 이루어진 집단이었다. 그들은 가정문제와 학교생활의 어려움 때문에 일주일에 한 번, 오후의 정규수업을 받지 않고 왔다. 이 오후 시간의 목적은 그들에게 관심을 주고 놀 기회를 제공하는 것이었다. 그들은 미술작업을 하면서 한 시간을 보낸 후 운동과 신뢰게임을 잠시 하고, 주스와 비스킷을 먹으면서 휴식을 가진 뒤에 여러 가지 장난감, 게임, 도구를 가지고 자유롭게 놀았다. 아이들은 5주 동안 이 프로그램에 참여하였다. 그들은 매우 활동적이었고 다루기가 상당히 힘겨웠다.

헤더의 주된 작업 방식은 아이들의 상상력을 동원하여 풍부한 공상 세계를 그리게 하는 것이었다. 보통 그녀는 짧은 토론으로 시작하여 그들에게 알맞은 공상 세계로 이끌어 줄 이야기를 지어 내면서 주제로 들어갔다.

가족 나무

이 회기에서 헤더는 아이들의 가족관계—즉, 아이들과 가장 강하게 연결되어 있는 사람들—를 되도록 폭넓게 살펴보고 싶었다. 그녀는 신데렐라를 예로 들어 동화 속의 친척들에 대해 이야기하면서 주제를 소개했다. 그것은 '좋은' 친척과 '무서운' 친척에 대한 아이들의 생각을 끌어내기 위한 것이었다. 그러고 나서 그녀는 아이들의 눈을 감게 한 뒤, 어느 날 저녁 밖으로 놀러 나가서 가장 좋아하는 나무에 기어올라가 거기에 있는 나무집에서 잠이 들었다고 상상해 보라고 했다. 그들이 깨어났을 때는 이른 아침이었고 새들이 지저귀는 소리를 들었다. 하지만 그들이 밖을 내다보았을 때는 새들 대신 그들의 이름을 부르는 친척들이 보였다. 몇 명은 그들을 향해 나무 위로 올라오고 있었고 나머지는 나무에서 떨어지고 있었다. 아이들에게 이것을 상상할 시간을 잠시 준 뒤에 헤더는 그들에게 눈을 뜨고 '가족 나무'를 그리게 하였다.

그 결과는 다양했다. 한 소년은 핵심을 놓치고 (아니면 자신의 것을 그리기로 결정하고) 새로 산 장난감 자동차를 그렸다. 대부분의 아이는 사람들이 나무에서 떨어질 수 있다는 가능성을 재미있어 했고 '아주 싫은' 친척들은 나무에서 꼭 떨어지게 만들었다. 각양각색의 사람들이 나무에 올라오고 떨어졌는데, 아이들에게 가장 중요한 사람들은 확실히 눈에 잘 띄는 장소에 있는 경향이 있었다. 집단구성원 중 단 한 명의 소녀는 그녀가 지난주에 그렸던 '유모' 그림과 같은 형태로 보이는 크고 둥근 나무(헤더가 보기로는)를 그렸다. 그녀의 '유모'는 가족의 중심인 것 같았다.

어떤 아이들은 다른 아이들보다 항상 먼저 끝냈으므로, 헤더는 그들에게 자기가 좋아하는 그림을 한 장 더 그려 보라고 했다. 마지막에는 모든 아이가 다른 사람들이 볼 수 있도록 자신의 그림을 들어 올려서 그림에 대해 짧게 설명하였다. 헤더는 아이들이 말하고 싶어 하지 않으면 속속들이 알려고 하지 않았다. 그때까지는 아이들이 상당히 불안해했기 때문에 토론은 대개 짧게 끝났다.

침 묵

지난 회기에서 1주일 후 이어진 이 회기는 크리스마스 바로 전날에 이루어졌다. 헤더는 아이들에게는 내면에서 흘러나오는 어떤 것을 담을 공간이 필요하다고 생각해 왔으며, 그것을 크리스마스 별과 연결시키고자 했다. 아마도 그 별을 볼 때의 아이들은 조용히 듣고 보기만 했을 것이다. 그녀는 그들이 가장 많이 사용했던 시각 말고 다른 감각들을 인식시키기 위해 잠시 눈을 감고 귀를 기울여 보라고 했다. 아이들은 그렇게 하기가 힘들었지만 잠시 동안 용케 해 내었다. 그 후 헤더는 그들에게 정말로 조용한 것에 대해서 생각해 보라고 했다. 한 아이가 돌이라고 말했다. 그들은 조용한 돌도 바람이 지나가거나 비가 후두두 떨어지거나 물이 휩쓸고 지나갈 때 소리를 낸다고 말했다. 헤더가 그들이 정말로 조용한 적이 있느냐고 묻자, 아이들 대부분은 잘 때만 그렇다고 했다. 그녀는 다른 사람들이 그들에게 조용히 하라고 하는 때가 언제냐고 물었는데 이런 일은 거의 학교에서 일어났고 아기가 잠들어 있을 때도 그런 것 같았다.

그러고 나서 그들은 그림으로 옮겨 왔다. 헤더는 아이들에게 종이의 가장자리 둘레에 침묵을 그린 다음, 가운데에 침묵으로부터 나오는 것이라면 뭐든지 그려 보라고 했다. 한 소년은 가운데에 흰 눈송이를 그렸다. 아이들 대부분은 밤에 침실에서 잠든 자신의 모습을 그렸다. 마음에 동요가 생긴 한 소년은 밤에 침대에서 자는 자신을 때리고 있는 아버지를 그렸는데, 그는 이것을 그의 생활에서 보통의 사건으로 받아들이고 있는 것 같았다(이 특별한 이야기는 현재 발효 중인 대부분의 아동보호협약이 나오기 전에 쓰였다. 현재는 전문 직원이 그렇게 폭로된 비밀을 그냥 지나치는 일이 거의 없다. 이와 같은 만일의 경우에 대비하여, 비밀 보장은 학대 사실이 밝혀질 경우에 배제되며 그럴 경우 직원에게는 조치를 취할 의무가 있다는 것을 집단 초기에 아이들에게 알려 주는 배려가 필요하다. 그러고 나면 아이들은 학대 사실을 밝힐지 그러지 않을지를 선택할 수 있게 된다).

이 회기가 끝난 후 헤더는 그곳의 직원들이 특별한 문제들을 알아차릴 수 있도록 하기 위해 그들과 함께 그림들을 나누었다. 아이들은 미술 회기들을 즐거워했고, 그 회기들을 그들만의 개인적인 공간으로 인식하는 것 같았다.

사례 14: 아시아 여성 집단

이 집단에 대한 제의는 에이워즈 유타오(Awaz Utaoh)에서 왔는데, 이곳은 남아시아 공동체에 있는 여성들에게 교육, 취업 기회, 사회적 활동을 제공하는 단체였다. 거기의 직원은 미술치료가 과거의 숨겨진 감정과 경험을 탐색하고 그에 대한 자각을 높이는 데 도움이 될 거라고 여겼다. 또한 그들은 미술치료가 구성원들로 하여금 현재의 상황, 특히 분노와 갈등이 수반된 상황을 살펴보고 그것을 다룰 수 있는 방법을 찾도록 도와주기를 바랐다. 직원은 그 문제가 구성원들이 그들에게 가져오는 문제이기 때문에 그것에 초점을 맞춰 달라고 제안한 것이었다.

우리는 첫 번째 회의를 열어서 집단 운영 방법을 의논하였으며, 내가 미술치료 실습생과 함께 집단을 진행하고 에이워즈 유타오의 사례 관리자가 통역을 해 주기로 합의했다. 집단은 폐쇄집단 형태로 참가자는 (그들이 가진 정서적 욕구에 따라 선별된) 6~10명의 여성들이며 6주 동안 진행될 예정이었다. 집단은 크고 둥근 탁자가 있는 조용하고 넓은 방에서 열렸는데 바깥쪽의 복도에서 물을 사용할 수 있었으며 15명이 앉을 수 있었다. 우리는 도심 지역의 정신건강 서비스센터 안에 있는 우리의 기지로부터 두 상자 분량의 미술재료를 가지고 왔고 내담자들에게 집단에 대해 설명하는 안내문을 쉬운 말로 작성하였다. 회기별 프로그램은 다음과 같았다.

- 1회기: 소개와 기본 규칙 정하기—종이에 자신을 소개하기
- 2회기: 분노란 무엇인가? 우리는 그것을 어떻게 표현하는가?
- 3회기: 분노 아래에는 무엇이 있는가? 그 원인을 살펴보기
- 4회기: 가족문제—그것은 분노와 어떤 관련이 있는가?
- 5회기: 분노와 권위 부여—주장하기
- 6회기: 되돌아보기와 차후 계획

막상 닥쳐 보니 상황은 에이워즈 유타오가 예상했던 것과 약간 달리 전개되었다. 먼저, 집단구성원들이 매번 바뀐다는 것이 분명해졌다. 예를 들면, 2회기에 참석한 여성들은 1회기에 참석한 여성들과 완전히 다른 집단이어서 우리는 그들을 위해 소개하는 회기를 다시 가졌다. 그 후에는 무슬림 축제와 미술치료 한 회기가 겹쳐서 전 과정이 5회기로 단축되어야 했다. 우리는 (11시까지 도착하는 사람들이 거의 없었기 때문에) 집단 시작 시간을 오전 11시에서 11시 반으로 바꾸었다. 우리는 결국 앞의 프로그램에 있는 4회기와 6회기의 주제를 생략하게 되었다.

전부 18명의 여성들이 참석하였고 중년 여성들과 젊은 여성들이 섞여 있었다(아이들을 탁아소에 맡기고 온 사람들은 아이들을 돌보기 위해 집단을 그만둬야

하는 일이 종종 있었다). 5회기를 모두 참석한 사람은 아무도 없었지만 두 여성(둘 다 센터가 걱정하던, 정신건강 문제를 가진 내담자들)은 4회기를 참석하였다. 그 외의 몇 사람은 2회기나 3회기를 참석하였고 13명의 여성들이 단 1회기를 참석하였다. 참석자는 4명에서 9명까지로 매주 달랐다. 미술치료 실습생(헬렌), 통역을 돕는 사례 관리자(나즐린) 그리고 내가 매주 참석했고, 우리는 미술작업에도 참여하였다. 특히 나즐린의 참여는 여성들이 작업을 시작하게 만드는 데 도움이 되었다.

1회기

9명의 여성 전부가 참석했고 모두 다른 시간에 왔다. 대부분이 영어를 조금 했지만 나즐린이 통역하는 것이 훨씬 도움이 되었다. 나는 집단에게 미술치료의 원리를 설명했다. 설명은 재미있고 유머러스하고 활기차게 주어졌으며 촉진자들이 회기에 대한 걱정이나 두려움을 탐색할 수 있게 해 주었다. 나는 비밀 보장, 통과할 권리(즉, 어떤 것이 힘들거나 불편하게 느껴지면 참여하지 않는 것), 존중, 시간 지키기, 청소 등의 기본 규칙에 대해서 자세하게 설명했다. 그날의 주제는 종이에 자신을 원하는 방식대로 소개하는 것이었다.

첫 회기에는 펠트펜, 파스텔, 크레용 같은 마른 재료만 사용하였다. 촉진자들까지 포함한 전체 집단이 참여하였다. 그림을 완성한 후 집단구성원들은 그것에 대해 이야기해 달라는 권유를 받았다. 모두가 자신의 그림에 대해서 이야기하는 쪽을 택했으며, 이것은 많은 웃음과 약간의 슬픔을 불러일으켰다.

2회기

많은 여성들이 그 전날 에이워즈 유타오에서 간 버밍엄 여행에서 늦게 돌아왔다고 나즐린이 말해 주었기 때문에 이 회기는 천천히 시작했다. 결국에는 완전히 다른 여성들이 모였기 때문에 나는 전주에 했던 소개 회기를 다시 진행하기로 결정했고, 모두가 그림을 그릴 수 있도록 12시 15분까지 회기를 연장했다. 그림을 소개하게 되자 모두 매우 좋아했으며, 멋진 자기 소개 그림이 몇 장 나오기도 했다. 색채의 상징에 대해서 그리고 인도 문화와 영국 문화에서 색채가 가지는 의미를 비교하면서 매우 활발한 토론이 일어났다. 검정은 시원한 그늘을 의미하며 죽음과는 관련이 없다. 인도의 장례식에서는 흰옷을 입는다. 빨강은 분노를 나타내는 것이 아니라 결혼식에서 많이 쓰인다.

3회기

이 회기는 집단의 편의를 위해 바꾼 시간인 11시 반에 시작했다. 5명의 여성이 모습을 나타냈고 그중 4명은 서로 다른 회기에 참석했던 사람들이었다. 이러한 상황은 내가 집단에게 '분노란 무엇인가? 우리는 그것을 어떻게 표현하는가?'의 주제를 소개할 수 있게 해 주었다. 나는 분노란 모양과 색깔이 무엇처럼 보이느냐고 물었다. 우리를 화나게 하는 것들은 무엇인가-사람들, 가족, 상황인가? 우리는 다른 사람들의 분노에 어떤 영향을 받는가?

여러 가지 말로 통역하는 나즐린의 노련함과 미술치료에 대한 그녀의 이해는 민감한 주제를 잘 전달하였고, 그 결과 집단은 분노를 그들의 생활과 연관시켜서, 즉 아이들, 친척들, 남편 등에 대한 분노로 활기차게 토론할 수 있었다(때로는 흥분하면서, 때로는 깔깔 웃으면서). 나는 집단에게 다른 것을 하고 싶으면 주제를 무시해도 된다고 상기시켰지만 모두가 그 주제로 인해 힘이 나는 것 같았고 이어서 대단히 열성적으로 재료를 사용하기 시작했다.

나누는 시간에 모든 사람은 좀 전의 대화가 그림으로 표현된 이미지들에 대해서 많은 이야기를 했다. 그림은 아들들, 친척들, 집안일에 대한 분노, 끊임없이 청소해야 하는 먼지, 바꾸고 싶은 낡은 씽크대 그리고 '분노하는 뇌'에 대한 것들이었다.

4회기

이 회기는 천천히 시작했지만 늦게 온 사람들까지 합쳐도 5명밖에 되지 않왔다. 4명은 전에 참석했던 사람들이었고 나머지 한 사람은 석 달 전에 브리스톨에 살게 된 젊은 학생이었다. 헬렌이 주제를 간단히 설명했다. 그것은 분노 아래에 있는 감정을 탐색하는 것과 우리가 어떤 사람이나 상황에 대해서 자주 느끼는 분노를 억누르게 되면 사소한 일에서 어떤 식으로 폭발하는가였다.

집단구성원들은 감정을 어떻게 그려야 할지를 전혀 몰랐기 때문에 시작하기를 어려워했다. 나는 일단 어떤 표시나 흔적을 내면서 시작하는 방법을 설명했고 그러자 그림들이 나오기 시작했다. 집단구성원들 중 두 명은 남편에 대한 분노를 표현한 그림을 그렸다. 한 명은 남편이 그녀에게 말도 안 하며 외출도 하고 싶어 하지 않기 때문이었다. 다른 한 명은 남편에게 소리를 지르며 화내는 자화상을 그렸는데 그가 일을 하러 나가면 그녀는 집에 혼자 외롭게 있기 때문이었다. 두 명은 이전에 감춰 두었던 분노 감정을 그렸고 한 명은 하라고 한 숙제를 하지 않은 아들에 대한 분노를 그렸다. 나누기 시간에는 많은 토론을 했고 모두가 자신의 그림에 대해서 생생하게 이야기했다. 가족에 대한 분노 감정들이 많이 나왔고 확실하게 환기되었다.

5회기

이 마지막 회기에는 4명의 여성이 참석하였는데, 2명은 3번 참석했던 사람들이었고 2명은 나즐린으로부터 미술치료에 대한 설명을 듣고 새로 온 사람들이었다. 회기가 줄어든 것 때문에 계획했던 주제 중 2개를 뺐지만 우리는 프로그램을 긍정적으로 끝내고 여성들에게 희망의 감정을 남겨 주는 것이 중요하다고 여겼다. 주제는 '화가 났지만 화에서 긍정적인 면을 발견했을 때'였다. 나는 모두가 분노를 극복하기 위한 차후의 대처 방법들을 생각해 내어서 회기가 끝날 무렵에 긍정적인 결과들의 목록을 만들 것이라고 말했다. 시작은 느렸지만 점점 깊이 몰두하여 물감, 펠트펜, 크레용을 자유롭게 사용한 인상적인 그림들이 만들어졌다.

나누는 시간에 집단구성원들은 자신들의 그림과 대처기제에 대해서 설명했고 나는 그것을 큰 종이에 적었다. 한 여성은 날씨, 특히 비가 오지 않을 때

그림 6-4 내가 딸을 위해 해 주는 좋은 것들(아시아 여성 집단)
출처: Anna Coldham의 사진

에 대해서 분노했는데 그 이유는 그녀의 모국에서는 비가 오지 않는 것이 사람들을 불안하게 만들기 때문이었다. 그녀에게 도움이 되었던 것은 기도였다. 또 다른 집단구성원은 그녀의 딸을 그리고 딸에게 부당하게 화냈던 때를 이야기했다. 그러고 나서 그녀는 화낸 것을 보상할 수 있는 좋은 것들을 딸에게 해 주었다([그림 6-4] 참고).

또 한 명의 구성원은 가게를 운영할 때 인종차별과 사기를 당했던 끔찍한 이야기를 했다. 그녀는 가게를 주유소에 넘기는 것으로 그 일을 마무리했다. 그녀의 대처 방법은 함께 이야기하고 싶은 사람을 찾는 것이었다. 네 번째의 집단구성원은 그녀가 화날 때 남편과 함께 가는 공원을 그렸는데 공원은 그녀를 진정시켜 주었다.

나누기가 끝날 무렵 완성된 목록에는 20가지의 분노 대처 방법들이 들어 있었다. 그다음에는 아시아 문화에서의 여성의 역할에 대한 흥미로운 토론이 이어졌다. 일찍 결혼하고 아이를 가지며, 보통 결혼은 대부분의 여성이 시댁에 들어가 살기 때문에 '남편 가족과의 결혼'을 의미했다. 많은 여성이 아이들 세대에는 달라지기를 바랐다. 그들은 여자도 남자처럼 결혼에 대해 생각하기 전에 우선 좋은 교육을 받고 직업을 가져야 한다는 것에 만장일치로 찬성했다.

우리는 4개의 질문으로 된 간단한 양식을 만들어서 집단을 평가했다. 나즐린은 참석한 여성들에게 이것을 (힘닿는 데까지) 통역해 주고 그 대답을 우리가 읽을 수 있도록 영어로 적어 주었다. 그것을 통해서 여성들이 접근하기 어려운 문제를 그림으로 그리고 토론할 기회를 가진 것을 정말로 고맙게 여겼다는 것이 나타났다. 그 회기들은 여성들이 다채로운 방법으로 그린 그림, 웃음소리, 토론 시간의 솔직함과 풍부한 나누기에서도 주목할 만했다.

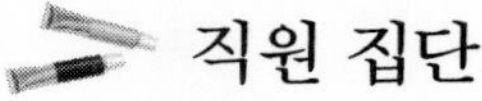

직원 집단

사례 15: 시설 거주 아동을 돌보는 사회복지사

헤더는 지방 사회복지과에서 운영하는 1주간의 연수교육의 일환으로, 보육원에서 거주하며 아이들을 돌보는 사회복지사들을 위해 1시간 반 동안의 미술치료 워크숍을 해 달라는 요청을 받았다.

그녀는 시간이 너무 짧았기 때문에 그들에게 그림을 그리면서 시작하도록 하는 것이 가장 좋겠다고 결정했다. 그녀는 벽에 비닐을 덮고 그 위에 큰 신문 인쇄용지를 핀으로 고정시키고 나서, 집단에게 말하지 않고 집단 그림을 그려 보라고 했다. 집단구성원들은 8명이었다. 10분 후 그녀는 그들에게 여전히 침묵을 지키며 뒤로 물러나서 이제까지 그린 그림을 보게 하였다. 그런 다음 그녀는 다시 10분 동안 계속하되, 모든 요소가 전체적인 조화를 이루도록 작업하라고 요청했다. 그들은 작품을 완성하고, 그림 그리는 것 자체와 그림을 그리는 동안 다른 사람들과 맞춰야 했던 것에서 어떤 느낌을 가졌는지를 간단하게 토론했다.

다음으로 헤더는 '가족 나무'라는 주제를 가지고 아이들에게 했던 것과 같은 방식으로(이 장의 사례 13 참고) 집단구성원들이 작업하도록 요청했다. 그녀는 그것이 아이들과 함께 작업했던 주제라는 것을 설명했고, 아이들을 돌보는 사람들이 그것을 경험해 보는 것 역시 의미가 있을 거라고 생각했다. 집단구성원들 대부분은 '가족 나무'를 자신들의 원가족과 연결시켰으며, 이것은 반쯤 잊혀진 많은 일을 다시 기억해 내도록 만들었다. 그것은 그들에게 아주 강렬한 경험이었고, 그들은 자신들이 돌보는 아이들도 분명 가족에 대해 이처럼 강한 감정을 경험하고 있을 거라고 생각했다. 그들은 이러한 자각을 감사하게 여겼고 이 경험 덕분에 그들이 맡고 있는 아이들을 더 많이 이해할 수 있을 거라고 여겼다.

사례 16: 노인 주간 병동에서 일하는 직원

이것은 미술치료사가 환자들을 위한 회기(이 장의 사례 9 참고)를 시작하기 전에 6명(모두 여성)의 직원들을 위해 진행했던 집단이다. 그 목적은 미술치료의 효과를 탐색함으로써 미술치료사가 내담자와 함께하는 작업을 나머지 직원들이 이해하고 지원하도록 하는 것이었다.

미술치료사 카렌은 미술치료에 관한 약간의 설명으로 회기를 시작했다. 그러고 나서 그녀는 웜업 주제로 '원을 그리고 원 안팎에 뭔가를 그리기'를 제안하였다. 그녀는 모두가 쉽게 그릴 수 있도록 하기 위해 매우 구체적인 주제를 택했다. 여러 가지 그림을 통해 사람들이 몰두하고 있는 것이 무엇인지 아주 분명하게 나타났다. 대부분의 시간을 TV에 대해서 얘기했던 한 간호사는 자신이 그린 원을 지방 TV 방송국 로고로 바꾸었다. 방금 머리를 손질하고 온 사람은 어떤 머리 모양을 한 얼굴을 그렸다. 차에 문제가 있었던 사람은 차 바퀴를 그렸다.

카렌은 미술이 사람들의 마음속에 있는 것을 어떻게 이끌어 낼 수 있는지를 보여 주기 위해 이 주제를 사용하였다. 그런 다음에 그녀는 그들을 좀 더 웜업시키기 위해 오일 파스텔 크레용을 사용하게 했다. 그녀는 그들이 밝고/어둡고, 가늘고/두껍고, 크고/작고 등의 뚜렷한 차이를 경험해 보게 했다. 몇몇 직원들은 미술작업을 여전히 생소하게 느꼈지만 나머지 직원들은 스스로 즐기기 시작했다. 중심 주제는 그들의 직업과 관련이 있었다.

- 나는 직업상 나 자신을 어떻게 보는가
- 다른 사람들이 직업상 나를 어떻게 보는가

결과는 흥미로웠으며, 그들이 직원들 간에 겪고 있는 어려움을 드러내 보였을 때 특히 그랬다.

수석 작업치료사

그녀의 그림은 양면이 동일했는데 그녀가 하는 '실제적인 작업치료 그 자체'인 항목들, 즉 뜨개질, 일상적인 작업 평가, 가정방문과 같은 것들로 채워졌다. 그녀는 자신의 역할을 확실하게 끝까지 해 내는 것이 옳다고 여겼으며 다른 사람들에게는 전혀 감정을 드러내지 않았다.

병동 책임간호사

그녀는 다른 사람들보다 높은 위치에서 책상 뒤에 앉아 있는 자신을 그렸고, 자신이 얼마나 고독하고 불안정한 느낌인지를 이야기했다. 그녀는 그곳에서 일한 지 1년밖에 되지 않았으며, 새로운 일을 어쩌면 너무 빨리 진행시키려고 하는지도 몰랐다. 수석 작업치료사는 그녀가 "도가 지나치다."고 불평했다. 그래서 그녀는 불안함에 잠시 자신의 책상 뒤로 물러나 있었던 것이다.

간호사

그녀는 정에 아주 약한 자신을 그렸지만 생각하고 느끼는 것을 말로 하기 때문에 다른 직원들이 자신을 잘못 알고 있다고 여겼다. 그녀는 (주간 병동임에도 불구하고) 주사와 침상 같은 실제적인 '간호사' 일들도 포함시켰다. 토론할 때, 작업치료 보조원이 그녀의 부드러운 마음은 어디에 있는지를 물었고, 그것은 그녀에게 부드러운 성격을 충분히 드러내지 못했던 것을 깨닫게 해주었다.

간호조무사 1

그녀는 웨이트리스 옷차림을 하고 도움의 손길을 뻗고 있는 자신을 그렸다. 그녀는 다른 직원들이 자신을 (그녀가 그린) '항상 충전된 건전지'—늘 활기 있고 일할 준비가 되어 있는—로 본다고 여겼다. 그녀는 자녀들이 바라던 것과 맞는 직장을 얻게 된 것에 감사하면서 항상 자신을 다른 사람에게 맞춰야 한다고 생각했다. 다른 직원들이 사실상 그녀가 모든 일을 하기를 기대하지 않는다고 말하면서 그녀에게 상당한 지지를 보내자 그녀는 안도감을 느꼈다.

간호조무사 2

그녀는 커다란 결혼반지를 낀 손의 윤곽선과 한 잔의 커피를 그렸다. 그녀는 집안일에 더 자신감을 가졌으며, 직장에서는 자신이 일을 제대로 하고 있는지 확신하지 못했다. 다른 사람들은 그녀가 일을 잘하고 있다고 격려했다.

작업치료 보조원

그녀는 자신이 그린 것을 보며 매우 당혹스러워했다. 그녀는 한쪽에다 게임판처럼 작은 정사각형으로 나누어진 직사각형을 그렸다. 두 정사각형 안에 검은색 테두리에 색깔이 서로 다른 원을 그려 넣었으며, 바닥에 자신을 그렸다. 그녀는 모든 사람이 자신들의 검은색 테두리로 보호받는 '자신만의 일을 한다.'고 느꼈다. 그림의 다른 쪽에는 그녀의 가정생활을 나타내는 노란색 원들을 그렸는데 그녀는 가정생활에서 함께하는 것이 훨씬 더 많다고 말했다.

그 회기에는 위계, 역할 정의, 지지, 협동 등과 같은 문제들이 분명하게 드러났다. 그들 중 일부는 놀랐고 일부는 그러한 것들을 털어놓는 것이 좋지 않다고 생각했다. 나머지 사람들은 의견을 달리 했고 그 회기가 가져다준 새로운 인식에 대하여 감사했다. 다음 몇 주을 지내면서 카렌은 그들 모두가 직원 토의에서나 함께 일할 때 전보다 더 동등하게 기여하고 있음을 알아차렸다.

사례 17: 상담기술 강좌의 선택 과목인 미술치료

이는 상담기술 자격증을 따려고 공부하는 성인들을 대상으로 한 1주간의 미술치료 강좌였다. 참가자들은 교사, 약물과 알코올중독 상담자, 목사, 간호사 등 모두 사람들과 관련된 직업에 종사하고 있었다. 미술치료를 배우는 방법이 경험에 바탕을 둔 것이기는 하지만 이 강좌의 목표는 치료라기보다는 교육이었다. 강좌가 짧고 목표가 교육이기 때문에 주제를 사용하는 것이 도움이 될 것 같았다. 나는 강좌가 열리는 날마다 1개씩 5개의 주제를 정하고 하루가 끝날 무렵에는 되돌아보는 시간을 가지기로 했다. 주제 옆에 있는 숫자는 제2부에서 그 기법을 설명하는 번호다.

첫째 날: 미술치료 과정 시작하기

- 소개
- 난화(짝지어서) 226번

- 물감 가지고 놀기 35번
- 종이에 자기 소개하기 125번
- 개인 그림

이날은 참가자들이 '웜업'하도록 돕는 데 목적을 두었으며, 비위협적인 방법으로 서로 상호작용하기(난화), 물감을 가지고 노는 방법을 다시 배우고 물감에 익숙해지기(물감 가지고 놀기), 한 집단으로 결집되기(종이에 자기 소개하기) 그리고 미술치료 과정의 활용을 시작하기(개인 그림)로 이루어졌다.

둘째 날: 은유와 해석

- 유도된 이미지(식물) 330번
- 미술치료에서의 은유 164번
- 해석 활동 288번

이날은 미술치료 접근법을 몇 가지 소개하였고(유도된 이미지, 은유) 참가자들이 잘 알지 못하면서 해석하는 것의 위험성을 인식하도록 도왔다(해석 활동).

셋째 날: 집단작업

- 공간 공유하기(짝지어서) 224번
- 공간 공유하기(집단으로) 240번
- 돌려 그리기(집단으로) 296번
- 집단 과제: 공동체 세우기(집단으로) 260번

이날은 상호작용하며 작업하는 여러 가지 방법을 제공하였다.

넷째 날: 개인작업, 이론 교육, 개별 지도

- 자기 상자 128번

- 개별 지도
- 내담자의 미술치료 작품을 담은 슬라이드 보기
- 이론 교육과 토론

이날 아침과 다음날 아침은 참가자들이 개인적인 작업(자기 상자)을 좀 더 많이 할 수 있도록 시간과 공간을 제공하였다. 이와 함께 참가자들은 그들의 숙제를 검토하는 개별 지도를 받았다. 오후에는 내담자들의 작품을 담은 슬라이드를 보여 주어 미술치료가 실제로 어떻게 이루어지는가를 잠깐 보여 주었다.

다섯째 날: 개인작업, 개별 지도, 종결

- 자기 상자(계속)
- 개별 지도
- 집단 선물 282번
- 평가서 작성

이날 아침에는 개인적인 시간과 개별 지도가 계속되었고, 오후에는 강좌를 종결하는 집단의식을 가졌다. 그 주 전체를 자세히 설명하기에는 시간이 너무 많이 걸리기 때문에 집단 과제와 개인작업으로 두 개의 활동을 선택하여 다음에 설명하였다. 독자는 각 번호에 해당하는 활동들을 찾아보면 설명한 활동 외의 그림들을 상상할 수 있을 것이다.

집단 과제: 공동체 세우기(셋째 날)

셋째 날의 집단 과제인 '공동체 세우기' 를 하는 데 오후 시간 대부분이 소요되었다. 우리는 탁자를 몇 개 붙이고 그 위에 마분지 4장을 놓아 테이프로 붙였다. 찰흙 봉지와 '잡동사니' 가 잔뜩 든 자루를 적당한 곳에 놓았다. 물감과 크레용도 가까이에 두었다. 나는 집단에게 마분지 위에 공동체를 세우되 그들이 필요하다고 생각하는 것은 무엇이든지 포함시켜도 된다고 말했다. 또한 의사소통이 매체를 통해 이루어지도록, 될 수 있으면 말을 하지 않고 작업하게 하였다.

잠시 주저한 후에 모두가 바쁘게 작업하기 시작했다. 몇몇 사람은 탁자에서 떨어진 곳에서 작업하고 완성된 것을 가져와서 적당한 곳에 놓았는데 가운데에 자리한 강가의 교회, 두 척의 배와 모닥불이 그랬다([그림 6-5] 참고). 다른 사람들은 (전면에 보이는) 정원을 만들거나 강을 그리면서 마분지에 바로 작업했다. 몇 그루의 야자나무, 집 한 채, 바나나와 그 외의 과일들이 더해졌다. 사람들이 함께 작업하기 시작하면서 더 많은 것이 나타났다. 다른 사람의 작품에 뭔가를 덧붙이거나 다른 사람이 자기가 만든 것을 테이프나 풀로 붙이면 그것을 눌러 주기도 했다. 두 사람이 함께 큰 천막을 만들어서 마분지 가장자리에 테이프로 붙였다. 한 사람은 오랜 시간을 조용하게 음식과 조리 장

그림 6-5 공동체 세우기(상담기술 강좌)
출처: Sue Barrance의 사진

그림 6-6 공동체 세우기: 음식 조리 장소(상담기술 강좌)
출처: Sue Barrance의 사진

소를 만들면서 보냈는데 '그녀의 아이의 세계에서는 사라진' 것들이라고 했다([그림 6-6] 참고). 또 다른 사람이 공동체 전체를 갈색이 섞인 노란색으로 칠했고, 그러자 작품이 갑자기 완성된 것 같았다.

그 경험을 살펴보는 하나의 방법으로 나는 집단에게 그 경험이나 최종 결과 그리고 그것이 그들에게 의미하는 것을 시, 산문 혹은 몇 줄의 문장으로 몇 분 동안 적어 보라고 했다.

오늘 내가 그 섬에 앉아 있을 때
어떤 일이 일어났다.
그것은 내게 필요했던 것
다가와서 놀아 줄 다른 사람들
처음으로 떠올랐던 것은

나무 그늘
미풍에 살랑거리는 나뭇잎
그 나뭇잎에 싸인 바나나

다음으로 떠올랐던 것은
바닷가의 집
크고 넓은 문과 지붕
그리고 내가 머물 방

내가 그것을 선택했기에 외로웠던 것
가까이에 친구들이 있음에도
(그리고 나서 집단구성원들 모두의 이름을 썼다)

전반적으로 일치된 의견은, 그들이 살고 싶은 공동체를 진짜로 세웠다는 것이었다. 살아가는 데 있어야 할 모든 것이 거기에 있었다. 음식, 집, 불, 물고기, 바나나, 심지어 그물침대까지 있었다. 함께 생존하고 일하는 것이 핵심이었지만 놀이의 요소도 두드러졌다. 몇몇 사람에게 그것은 어린 시절에 그리워했던 것이었다. 그리고 대부분의 사람이 전일제나 시간제의 일, 가족, 이 강좌 외의 다른 상담 강좌에도 다니느라 상당한 압박감을 느끼면서 생활하고 있었다.

이 활동이 항상 조화롭게 진행되지는 않으며 가끔 일어나는 갈등에서도 배울 것이 많다. 한 참가자는 갈등이 더 많이 일어났다면 이 집단이 더 많이 배웠을지도 모른다고 생각했다. 사람들은 다른 집단에서 맡고 있는 역할을 무의식적으로 계속하는 경우가 많으며(예, 시작하는 사람, 눈에 띄지 않게 작업하는 사람, 마무리하는 사람 등), 이 활동은 그러한 역할들에 대해서 곰곰이 생각해 볼 기회를 제공한다. 중요한 것은 유연한 태도를 취하고 집단에서 어떤 일이 생기든 그것을 가지고 작업하는 것이다.

자기 상자(넷째 날과 다섯째 날)

이것은 신뢰가 구축된 집단에서만 할 수 있는 아주 개인적인 작업이었다. 그것은 강좌가 종결을 향해 가는 시점에도 잘 맞았는데 그때 내가 집단의 모든 사람들에게 개별 지도를 해 줄 시간을 내야 했기 때문이었다. 나는 이 활동을 소개하면서 우리가 다른 사람들에게 보여 주는 공적인 자기와 몇몇 사람에게만 보여 주거나 아무에게도 보여 주지 않는 내적인 자기를 가지고 있다고 설명했다. 나는 모양과 크기가 다른 마분지로 된 상자들을 한 더미 주었으며 평소처럼 모든 미술재료를 쓸 수 있었다. 이 활동은 여러 가지로 해석될 수 있어서 사람들마다 자기 나름대로 작업을 하였다. 나는 사람들에게 작품을 미리부터 계획하지 말고 처음에 떠오른 아이디어대로 시작하여 하나의 아이디어가 유기적으로 다른 아이디어를 이끌어 내게 하라고 권유했다.

우리는 마지막 날 오전이 끝날 무렵에 완성된 상자에 대해서 이야기를 나누었다. 그것은 매우 감동적인 회기였는데, 사람들이 처음으로 매우 개인적인 것들을 공유했기 때문이었다. 구체적인 실체로 존재하는 상자가 이 과정을 촉진시켰다. 나는 '모든 것을 드러내라는' 강요는 없다는 것과 몇몇 사람은 어떤 측면을 공유하는 것에서 매우 행복감을 느끼는 반면, 글자 그대로 '베일에 싸인' 다른 부분도 있다는 것을 조심스럽게 강조했다. 그 다양함은 숨이 막힐 정도였다. 상자 안에 있는 상자, 안팎을 잡지로 콜라주 한 것, 폐품을 사용하여 개인적인 의미를 지닌 구조물을 만든 것, 점토와 플라스티신(역자 주-어린이 공작용 점토)으로 만든 작은 사람 모형들, 몇 개의 층을 가진 건축물 등등이었다. 나누기 시간은 자기의 여러 측면들을 탐색하는 기회였을 뿐만 아니라 같은 주제를 그렇게 다양하게 해석한 것과 그렇게 독창적으로 작업한 것을 칭찬하는 기회가 되었다.

한 사람은 자기 상자의 주제를 독특하게 해석했다. 그녀는 사람들이 철저히 분리된 내면생활과 외면생활을 가지고 있다는 생각을 싫어했고 시야가 확 트인 '상자'를 만들었다([그림 6-7] 참고). 몇 개의 분할된 부분들은 그녀의 생활이 여러 개의 영역으로 나뉜 것을 의미하지만 그 나뉨은 여전히 전체의 일

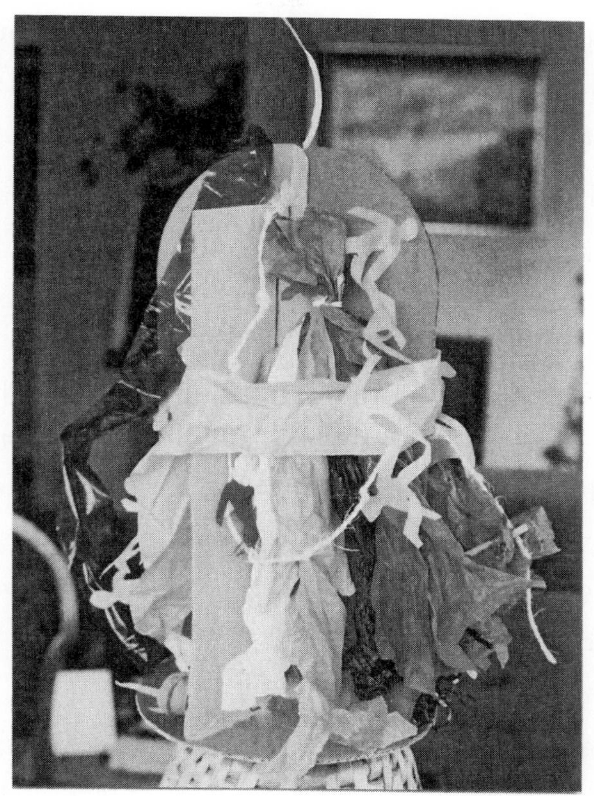

그림 6-7 **자기 상자(상담기술 강좌)**
출처: Sue Barrance의 사진

부다. 그 부분들의 색깔이 다른 것은 폭넓은 정서를 의미했다. 박엽지로 만든 사람들은 하나로 연결되어 있지만 끊어지기 쉬운 현재와 과거의 삶 속에 있던 사람들이었다. 반짝거리는 셀로판지는 물과 물에 반사된 빛을, 박엽지 다발은 그녀의 삶에 뒤섞인 것들을 의미했고, 매듭지어진 끈은 사물들을 연결하는 것으로 지속성을 암시했다. 반대쪽에는 삼라만상과 그것의 상호관계를 상징하는 사과나무(오른쪽에 비어져 나와 있음)를 놓았다. 마지막으로 그녀는 플라스티신으로 두 개의 손을 만들어서 덧붙였는데 그것은 서로 다가가서 대화하는 것을 의미했다.

이 두 가지 활동에서 나타나는 것은 입체적인 작품은 2차원적인 그림이 할 수 없는 표현을 하게 해 준다는 것이다. 게다가 입체적인 구성 과정은 더 많은 통찰을 부여할 수 있다. 그러나 입체적인 작업은 기여도가 아주 다른 것에서 볼 수 있듯이 어떤 사람들에게 그 외의 사람들보다 더 많은 매력을 지닌다.

사례 18: 평화교육 담당 교사

이것은 학급 활동을 통해 평화를 증진시킬 수 있는 방법에 대해 생각하는 교사 집단(주로 미술교사)의 요청으로 열린 워크숍이었다. 이 워크숍은 토요일에 교사 센터에서 열렸으며, 평화 네트워크를 통해서 '미술을 통한 평화'라는 제목으로 광고가 나갔다.

워크숍이 열리는 방을 찾느라 약간의 곤란을 겪은 뒤에 집단구성원들 대부분이 도착했다. 모두 7명이었는데 가르치는 일과 어떤 식으로든 관련된 사람들이었고 그리고 내가 있었다. 교사 센터의 책임자인 스티브는 과거에 미술교사였고 매우 열성적이었다. 미술교사가 한 사람 더 있었고, 다른 두 사람은 전직 강사였는데 현재는 자신들의 워크숍을 운영하고 있다. 지체장애 아동들의 교사가 1명 있었고 불어 교사가 2명이었는데 그중 1명은 학교에서 개인 및 사회 발달이라는 교육과정을 담당할 예정이었다. 우리는 3명의 남성과 5명의 여성으로 구성되었다. 나는 집단구성원들 중 어느 누구도 만나 본 적이 없었지만, 그들 중 몇 명은 서로를 꽤 잘 알고 있었다.

나는 회기를 시작하면서 미술을 의사소통의 수단으로 사용하게 될 거라는 것과 미술교사인 그들이 미술을 '미적 산물'로 생각하는 데 익숙해 있다면 이런 생각을 받아들이기 힘들고 심지어는 거슬릴지도 모른다고 설명했다. 이 회기를 평화교육과 관련시키기 위해서, 우리는 몇 가지 상호작용 작업을 통해 평화의 '과정'을 살펴보고 어떤 감정들이 일어나는지를 알아보고자 했다. 우리의 작업에는 개인으로, 둘씩 짝지어서 그리고 집단으로 하는 작업이 다 포함되었다. 그 방이나 가까운 곳에 싱크대가 없어서 우리는 오일 파스텔을 사용했다.

소개 그림

나는 모두에게 자기 자신, 좋아하는 것, 관심사, 생활양식, 마음에 떠오르는 어떤 것이든 소개하는 그림을 그려 보도록 했다. 집단이 상당히 작았기 때문에 우리는 그것들을 전체 집단에서 나누기로 결정했다. 그것들은 매우 다양했는데, 가족, 스포츠에 대한 관심, 작은 농지에서 유기농법으로 농사짓고 사는 것, 평화에 대한 관심과 핵의 위협, 프랑스 국기 등이었다. (그림의 이용에 관한 강의를 기대하며 온 것으로 드러난) 한 명을 제외한 모든 사람이 말로 하는 것보다 그림으로 소개하는 것이 훨씬 더 즐겁다고 했고, 그림으로 훨씬 더 많은 것을 이야기할 수 있다고 생각했다. 또한 그들은 자신의 그림을 살펴보면서 자신에 대한 것들을 잘 알게 되었다고 느꼈다. 그들은 이 소개 방법이 그들이 가르치는 아이들에게도 유용한 것이 될 수 있겠다고 생각했다.

짝지어 대화하기

나는 사람들에게 자신의 일면을 표현하는 색깔 하나를 선택한 후, 말하지 않은 채로 다른 색깔을 가진 누군가와 짝을 짓고, 그들 사이에 놓인 종이 위에 그 사람과 함께 침묵의 대화를 하라고 했다. 그들은 대화가 끝날 때까지 자신의 선을 종이 전체에 계속 긋거나 아니면 협력하여 하나의 연속적인 선을 그릴 수 있었다. 대화는 다양했는데, 정중하고 애매한, 친근하고 조화로운, 생기 있는 혹은 단절된 것들이었다.

우리는 짝과 함께 그림에 대해 나누기를 한 후, 집단에서 그 활동에 대해 토론하였다. 대부분의 사람이 그 과정에 매료되었고, 그 경험과 언어적인 대화를 비교하며 흥미로워했다.

집단 그림

우리는 여러 장의 종이를 테이프로 붙여서 넓은 공간을 만들었고 집단구성원들이 그 둘레에 자신의 자리를 잡았다. 그들이 평화를 추구하는 집단으로 함께 모였기 때문에 나는 그들에게 자신의 공간에 평화에 대한 자신의 견해(구체적, 상징적 혹은 추상적으로)를 전개해 보라고 했다. 그런 다음 (말하지 않고) 자신의 공간 밖으로 나가서 다른 사람들을 만나고, 크레용을 사용하여 어떤 갈등들을 해결하라고 요청했다. 그렇게 해서 나는 내용과 과정 두 측면에서 평화의 문제가 다루어지기를 바랐다.

결과는 아주 흥미로웠다. 전체로서의 그림은 매우 풍부하고 조화로웠다. 사람들은 함께 어울려서 작업을 잘했고, 어떤 '경계'에 대한 문제를 어려움 없이 해결할 수 있었다. 그러나 내용은 또 다른 문제였다. 집단구성원의 반수 이상은 평화에 대해 생각할 때 전쟁과 반대되는 것 외에는 다른 생각을 할 수가 없었다. 그래서 그림에는 폭발, 버섯 모양의 구름, 폭격기, 총 그리고 안쪽에 절규하는 머리가 그려진 검은색의 핵 반대운동 상징물이 포함되어 있었다. 이런 것은 사람들을 약간 실망시켰고 우리는 평화를 이루는 과정의 주된 방해물로서 평화에 대한 '고루한 생각'들에 관해 이야기를 나누었다.

전체 토론에서 교사들은 협동 작업이 개별 활동과 학생들 간의 경쟁을 부추기는 학교체제에 큰 도움이 될 거라는 생각을 했다고 말했다. 협동 작업 그 자체는 평화로 나아가는 길에서 첫걸음이 될 수 있겠지만, 학교와 수업이 이루어지는 방식 때문에 편성되기가 매우 어렵다. 집단은 그들끼리 워크숍을 좀 더 많이 가지는 것이 그 시작이 될 수 있을 거라고 여겼다. 그렇게 함으로써 그들은 스스로를 잘 준비시켜서 궁극적으로는 학교에 이러한 작업 방식과 아이디어를 소개할 수 있게 될 것이다.

사례 19: 갈등 조정자들을 위한 '미술과 갈등' 워크숍

이것은 갈등 조정 협의회에서 실시한 많은 워크숍 중에서 하나를 선별한 것이다. 그 목적은 비언어적인 매체(미술재료)를 제공하여 갈등의 여러 측면을 탐색하고 참가자들로 하여금 갈등의 개인적인 측면에 대한 통찰을 얻는 기회가 되도록 하는 것이었다. 미술적인 기술은 필요 없고 해 보려는 의지만 있으면 되었다.

몇몇 참가자는 갈등을 비언어적으로 살펴보기 위해서 그리고 갈등을 이제까지와는 다른 방식으로 이해하기 위해서 왔다. 다른 사람들은 호기심에서, 미술이 자신의 일에 어떤 도움이 될지를 알아보려고 왔다. 어떤 사람들은 다른 워크숍이 제공하는 것과는 '다른 어떤 것'을 시험 삼아 한번 해 보려고 혹은 '말에서 벗어나기 위해서' 왔다.

돌아가면서 소개를 하고 간단한 기본 규칙(비밀 보장, 존중, 참여하는 정도를 선택할 수 있는 것)을 알린 후, 두 가지의 활동, 즉 공간 공유하기와 시각적인 갈등 조정을 했다.

공간 공유하기

이 활동은 아주 단순하지만 깊은 영향력을 가지고 있다. 나는 참가자들에게 크레용과 종이 한 장을 가지고 짝지어 작업하도록 했다. 그들의 과제는 침묵 속에서 그들이 원하는 방식대로 종이를 공유하는 것이었다.

서로 다른 형태들이 많이 나타났다. 일부는 경계선을 그은 뒤 각자의 영역을 지켰으며, 한두 번 정도는 파트너가 그린 모양과 색채를 흉내냈지만 함께 작업해도 직접적으로 상호작용하지는 않았다. 몇몇 사람은, 경계를 그리거나 '각자의 영역'을 인정하면서 시작했지만 그 후에 점차 상대의 영역에 작은 표시를 하는 위험을 감수하였다고 말했다. 이들 중 몇 사람은 그 작은 표시를 이질적인 이미지로 남겨 둔 반면에 다른 사람들은 그 이질적인 표시가 전혀 드러나지 않는 통합된 이야기로 발전시켜 나갔다. 한두 쌍은 (많은 영토 분쟁에서 실제로 일어나는 것처럼) 각자의 표시를 오해하고 불만스러워했다. 토론은 다양한 일이 일어났던 것과 그것을 적용하여 이웃과 그 외의 분쟁을 이해하는 데 초점이 맞추어졌다.

공유된 그림들 중 하나가 [그림 6-8]이다. 다음은 짝이 된 두 사람 중에서 한 사람이 적은 것이다.

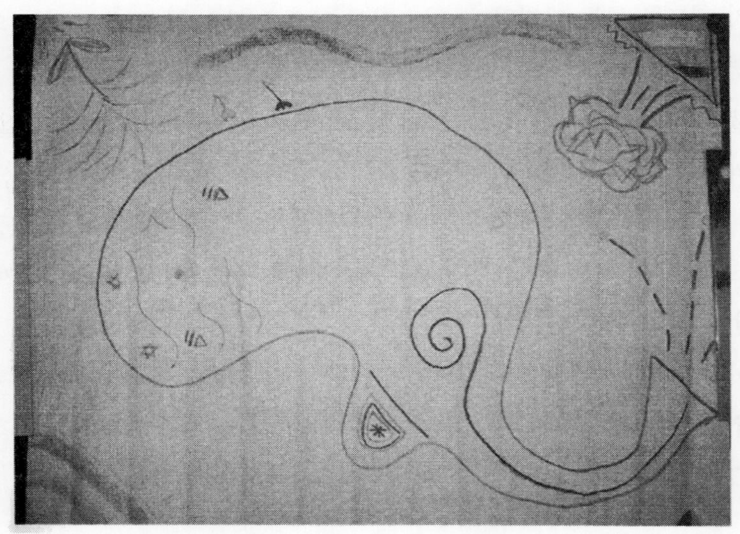

그림 6-8 **공간 공유하기(갈등 조정자들을 위한 워크숍)**
출처: Madeleine Lyons의 사진

나는 내 미술적인 능력에 전혀 자신이 없었지만 이 작업에는 그것이 결코 중요하지 않았다. 안전한 하나의 공간이 만들어졌고 거기서 나는 그림이 어떻게 보이는지에 개의치 않았다. 나는 이러한 환경이 그 활동을 해나가는 데 결정적으로 중요한 역할을 했다고 생각한다.

'공간 공유하기'는 내게 귀중한 활동이었다. 그것은 나의 대화를 시각적으로 녹음하는 것 같았다. 나중에 나는 그것을 좀 떨어진 데서 다시 살펴보고 나 자신에 대한 것과 내가 사람들과 어떻게 상호작용하는지를 알 수 있었다.

내 파트너가 먼저 하도록 잠시 기다린 뒤에 나는 답답해져서 나도 시작하기로 마음먹었다. 나는 종이를 가로질러서 선명한 선과 형태를 그리기 시작했다. 파트너가 합류하지 않는 것을 알아챈 나는 내가 지배적으로 행동한 것은 아닌지 걱정이 되었고 내게 가장 가까운 면의 구석으로 철수하였다. 파트너가 그림을 그리기 시작했을 때 나는 내 일이나 잘하자고 마음먹었다.

> 잠시 후에 나는 파트너와 의사소통을 하고 싶었지만 아까처럼 지배적인 방식으로는 아니었다. 그래서 나는 그녀의 그림을 따라 그리기 시작하면서 약간의 변화를 주었다. 그녀가 꽃을 그리면 내가 그 주제를 따라서 나무를 그리는 식으로 말이다. 그러고 나서 나는 그녀가 그린 화살과 똑같은 모양을 다른 색깔로 그렸다.
>
> 이 활동은 만족스러웠는데, 그 이유는 내 파트너가 첨가하여 그린 모든 것이 그림을 정말로 좋게 만들었기 때문이었다. 이것은 내게 나의 상호작용 방식에 대한 새로운 통찰을 주었다. 내가 좋았던 것을 하나 더 들면, 대화는 항상 우리가 미술작품을 만드는 것과 똑같은 방식으로 어떤 것(예, 관계)을 만든다는 통찰이었다. 내가 내 파트너보다도 종이를 더 많이 차지했고 내가 지배적으로 행동한 것에 대해서 불편감을 느꼈음에도, 미술에서 50:50의 깔끔한 나누기는 불가능하다!
>
> (Lyons, 2002)

시각적인 갈등 조정

이것은 갈등의 이미지를 가지고 상호작용하는 방법을 발전시키는 활동이었다. 나는 사람들에게 그들이 경험하는 갈등을 그리되, 되도록 전혀 다른 두 측면을 가진 것—예컨대, 외부적인 갈등 혹은 내부적인 갈등이 될 수 있는—을 그리게 한 다음 그것에 대해서 파트너(첫 번째 활동의 파트너와 다른 사람)와 이야기를 나누게 했다. 그러고 나서 나는 그들에게, 파트너가 그렸던 형태와 색깔들 중 일부를 똑같이 사용하되, 새로운 방식으로 배열한 새로운 그림을 각자 그리도록 했다(이것은 갈등 조정자들이 갈등하는 사람들로 하여금 사물을 새로운 방식으로 보게끔 돕는 조정 과정과 유사하다). 마지막으로 파트너들은 새로운 그림에 대해서 이야기를 나누었다. 이후에 우리는 그 경험들을 전체 집단에서 나누었다. 다음은 한 참가자가 자신의 작업에 대해 이야기한 것이다.

첫 번째 그림([그림 6-9a] 참고)은 내가 현재(2002) 전문적으로 관여하고 있는 상황—젊은이들과 반사회적 행동에 관한 이슈—을 표현한 것이다.

나는 그림 왼쪽에, 탁자를 둘러싸고 앉아서 차를 마시며 이야기하고 있는 한 무리의 어른들(군청색)을 분노의 붉은 낙서로 에워싸서 그렸다. 격앙된 대화는 젊은이들을 그 지역의 위협이자 말썽의 근원으로 받아들이는 그들의 인식이 맞다고 단정짓게 만들었다. 나는 그림의 오른쪽에, 일부는 함께 질주하고 일부는 중심 무리에서 떨어져 있는 젊은이들(주황색)을 그렸다. 한 명은 성인들 쪽을 바라보고 있고 다른 하나는 매우 작고 길을 잃었으며 외롭다. 어른들과 젊은이들 사이에는 그들을 떼어 놓는 장벽(초록색)이 있다.

두 번째 그림([그림 6-9b] 참고)은 내 파트너가 그 장면을 다시 그린 것이다. 우리는 그림이 무엇을 나타내는지에 대해서 서로에게 설명할 시간을 거의 가지지 못했다. 그래서 다시 그리기와 그것에 대한 나의 해석은 시각적인 재료에 전적으로 의지한 것이다.

그 장면은 아주 다르게 보인다. 분노의 붉은색은 사라졌으며, 장벽은 바뀌고 열려서 렌즈를 드러내었다. 이제 거기에는 각자의 편에서 서로의 상황이 어떤지를 살펴볼 방법이 있다. 양쪽 편에는 파란색과 주황색의 인물상들이 있다. 어른들은 탁자를 떠나서 한 사람마다 한 명의 젊은이와 상호작용하고 있다. 어른들은 젊은이들의 공간으로 들어가서 한 무리의 젊은이들과 동등하게 상호작용하고 있다.

재미있는 것은, 이것이야말로 내가 이루고자 애쓰는 것이다. 어른들과 젊은이들 사이에 다리를 놓을 방법을 찾아서 양측이 상대의 관점을 인정할 수 있게 하는 것 말이다.

(McDonnell, 2002)

몇몇 사람은 가족 간의 갈등을 표현했다. 다음은 그중 한 사람의 이야기다.

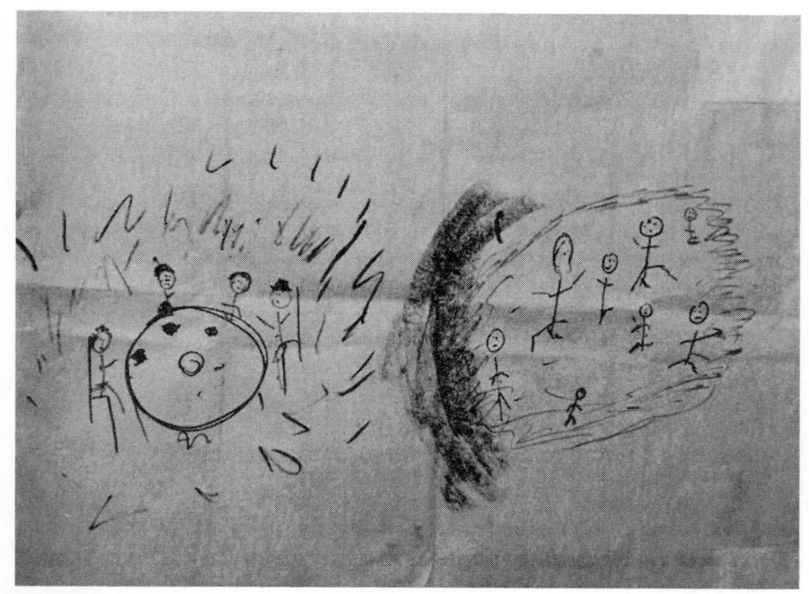

그림 6-9a **갈등 작업(갈등 조정자들을 위한 워크숍)**
출처: Anna Coldham의 사진

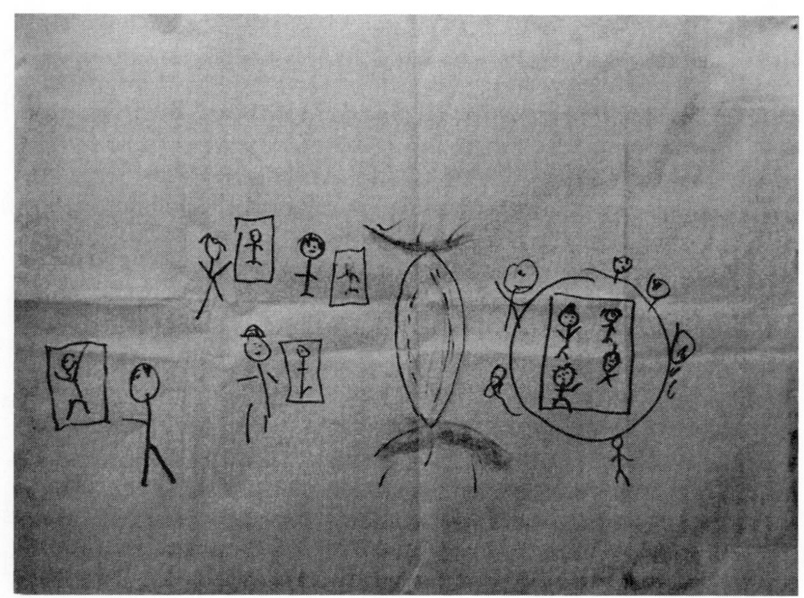

그림 6-9b **갈등 작업: 시각적인 갈등 조정**
출처: Anna Coldham의 사진

내가 그린 첫 번째 그림은 집에서 일어나는 갈등에 관한 것이다. 그것은 아들의 침실 상태에 관한 것이며, 우리 사이에서 끊임없이 반복되는 언쟁의 씨앗이다. 그림은 집과 잔디 깎기(내가 잘 못하는 일 중의 하나)를 해야 하는 정원을 보여 주고 있다. 나는 편안한 은신처인 내 침실을 흰색과 베이지색으로 그렸다([그림 6-10a]의 오른쪽). 하지만 아들의 침실은 내 감정을 나타내기 위해 노랑, 검정, 빨강의 원색으로 그렸다([그림 6-10a]의 왼쪽). 사실, 나는 내 파트너가 내 그림을 다시 그리면서([그림 6-10b]) 빨간색을 넓게 끼얹다시피 할 때까지 빨간색을 쓴 것을 알아채지 못했다(나는 빨간색을 싫어하기 때문에 보통은 그 색을 쓰지도, 주변에 두지도 않는다). 그것을 보고 나서야 나는 내가 얼마나 화가 났는지를 깨달았다.

내가 집에 가서 아들에게 내 그림을 보여 주자 아들은 매우 놀랐다. 아들은 내 분노를 인정하고는 "내가 뭔가를 해야만 할 것 같네요. 엄마가 그렇게 화가 났는지는 몰랐어요."라고 말했다. 그런 다음에야 나는 내가 아들에게 비현실적인 기대를 가졌다는 것을 깨달았다. 왜냐하면 아들이 더 어렸을 때는 늘 지나치게 꼼꼼했기 때문이었다. 그것은 정말 그림을 통한 자각의 여행 같았다.

(Byres, 2002)

다른 사람들은 다음의 사례와 같이 내면적인 갈등을 표현했다.

내가 그린 그림([그림 6-11a] 참고)은 내가 관계에서 경험하는 내면적인 갈등을 나타낸 것이다. 그것은 사랑을 상징하는 하트 주변을 맴돈다. 하트 가운데에 톱니 모양으로 갈라진 선은 갈등에 빠진 두 측면을 의미한다. 한편으로 나는 내 인생의 자유와 열정이 필요하다. 이것은 그림의 왼쪽에 그렸다. 왼쪽의 하늘과 새들은 자유를 나타내고, 하트의 왼쪽 절반에 있는 빨간색과 주황색은 따뜻함과 열정을 나타낸다.

그림 6-10a **가족 간의 갈등(갈등 조정자들을 위한 워크숍)**
출처: Anna Coldham의 사진

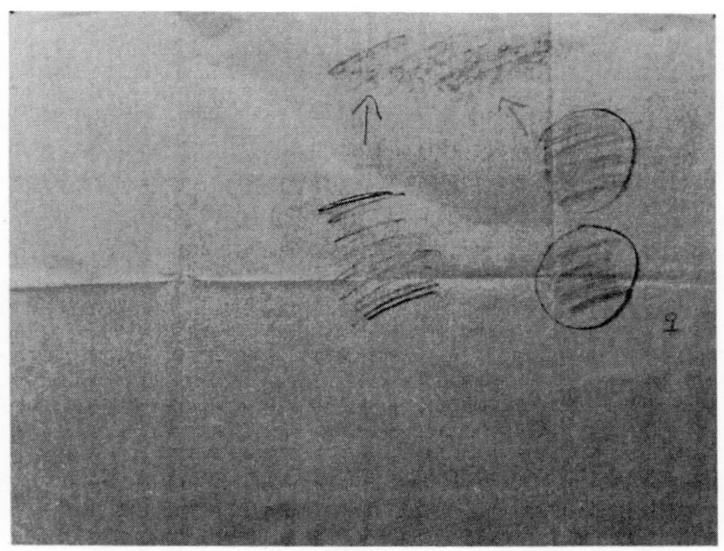

그림 6-10b **가족 간의 갈등: 시각적인 갈등 조정**
출처: Anna Coldham의 사진

그렇지만 나는 안전과 한 남성의 헌신도 원한다. 그러나 이것은 앞서 말한 욕구와 조화를 이룰 것 같지 않다. 그러므로 오른쪽의 검은색은 부정성과 내가 원하는 것을 얻을 수 없음을 의미한다. 빨간 눈물은 내가 원하는 안전과 사랑을 줄 수 없는 한 남성을 사랑하는 것을 나타낸다. 공과 사슬은 내

그림 6-11a 내면적인 갈등(갈등 조정자들을 위한 워크숍)
출처: Anna Coldham의 사진

그림 6-11b 내면적인 갈등: 시각적인 갈등 조정
출처: Anna Coldham의 사진

게 관심을 주지만 나는 흥미가 없는 남성들에게 사로잡힌 것을 나타낸다.

내 워크숍 파트너가 그린 그림([그림 6-11b])에는 내가 지각한 갈등과는 다른 관점이 나타나 있다. 그녀는 심장을 취해 그 아래에는 내가 원하는 안전을 나타내기 위해 뿌리를 그렸고 그 위에는 자유를 나타내는 파랑새들을 그렸다. 이렇게 함으로써 그녀는 안전과 자유가 조화를 이룰 수 있다는 것을 보여 준다. 그녀는 인생은 눈물을 가지고 있다는 것을 나타내기 위해 새들의 날개 끝에 빨간 눈물을 그렸지만 그것들이 그림을 압도하지는 않는다. 마찬가지로 눈물이 삶을 압도하지는 않는다. 그녀는 열정과 평화를 상징하기 위해 하트 안에 빨간색과 파란색을 칠했고 두 색을 차츰 혼합시켜서 구분되지 않게 만들었다. 그녀는 그림의 오른쪽에 하트를 가진 새싹을 그려서 미래의 기회와 긍정성을 나타냈다.

(Taylor, 2002)

마지막으로, 한 참가자가 그 과정을 통해 얻은 통찰을 나누었다.

이 활동은 내 상황에 대한 간단한 해석을 통해 '조언'을 얻을 수 있는 효과적인 매개체가 되었고 나는 그것이 실제적으로 도움이 됨을 경험했다. 나는 사람들에게 내가 뭔가를 해야 한다는 말을 들을 때보다도 그것을 받아들이는 것이 더 쉬웠다. 누군가가 10분이나 할애하여 내게 그림을 그려 준다는 것이 매우 감동적이다. 그것은 진정한 선물이었고 내가 그것에 따라 행동해야 한다는 압박감을 주지 않았으며 내 선택으로 남겨 두었다. 나에게 이 활동이 효과적이었던 것은, 일부는 내 파트너가 숨은 동기가 없는 중립적인 타인이었기 때문이고 일부는 그것이 새롭고 특이한 접근이었기 때문이라고 생각한다. 그 여운이 지금까지 내게 남아 있다.

(Lyons, 2002)

사례 20: 미술치료사들을 위한 인종과 문화 워크숍

다른 두 개의 사례가 특정한 문화를 가진 집단(사례 14 아시아 여성 집단, 사례 23 유대인 2세 집단 워크숍 참고)과 함께한 워크숍에서 나왔다. 그 밖의 사례들 대부분은 그 자신만의 '문화'를 가진 내담자 집단에서 나온 것이다. 이번 것은 흔히 힘들게 겪는 이슈들을 다룬 두 개의 접근이다. 미술재료를 사용함으로써 이러한 이슈들에 관해 비위협적인 방식으로 대화하는 해방된 경험을 할 수 있다. 내가 두 개의 접근을 함께 모은 이유는 그 둘 다가 이러한 이슈들과 씨름하는 미술치료사들을 위한 워크숍에서 나온 것이기 때문이다.

인종차별주의에 관한 워크숍

이것은 한 지역의 미술치료사 집단의 요청으로 열렸다. 그들은 인종차별주의에 대한 이해를 높이고 현장에서 인종 문제를 어떻게 하면 더 잘 다룰 수 있는지를 알아야 한다고 생각했다. 나는 이 집단의 구성원이었다. 워크숍의 촉진자들은 자신들의 배경에 대해 이야기했고, 우리는 우리의 배경에 대해 소개했다. 그들은 우리에게 인종차별주의를 다룬 자신들의 작업과 경험에 대해서 이야기했다. 그런 후에 그들은 우리 모두에게 '인종차별주의자의 이미지'를 그리라고 요청했다

내가 그린 이미지는 뾰족뾰족한 머리칼, 푸른 눈, 가슴에는 영국 국기, 팔에는 문신, 커다란 가죽 부츠와 벨트, 손에는 격투할 때 끼는 쇳조각, 길고 두꺼운 막대기를 들고, 이빨을 드러내며, '집에 가!' 하고 소리 지르는 불량배였다. 나는 이것이 진부한 이미지에 불과하다는 것을 곧 깨달았는데 다른 사람들이 자신이 그린 이미지에 대해서 이야기 나눌 때 특히 그랬다. 한 미술치료사는 흑인들 사이에 있는 한 명의 백인을 그렸는데, 자신의 머리에 처음으로 떠오른 이미지가 '모든 백인은 인종차별주의자'라는 것이었다고 말했다. 다른 사람들은 그 용어를 제대로 이해하려고 필사적으로 노력했지만 혼란스러웠던 것 그리고 때로는 그 노력이 너무 힘들었던 것에 대해서 이야기했다. 몇

그림 6-12 **인종차별주의자의 진부한 이미지(인종과 문화 워크숍)**
출처: Marian Liebman의 사진

몇 사람들은 어린 시절부터 오래 남아 있던 이미지들을 그렸다.

이 활동은 소집단의 토론으로 이어졌고, 우리는 우리의 일(우리 자신의 인종차별주의나 내담자의 인종차별주의를 다 포함하여)에서 표면화되어 있는 인종차별주의에 대한 이야기들을 공유하라는 요청을 받았다. 이야기는 부족하지 않았다. 이것은 우리가 의견을 교환하고 이 이슈에 대한 더 건설적인 전략들을 나누면서 서로를 도울 수 있게 해 주었다.

문화에 관한 워크숍

이 워크숍은 영국 미술치료사협회(BAAT)의 연차총회에서 열렸다. 그날의 주제는 '우리 자신 돌보기'였고, 오후에는 이 주제를 서로 다른 관점에서 다룬 5개의 워크숍(선택 가능)이 있었다. BAAT의 미술치료 인종과 문화 분과 위원회(the Art Therapy, Race and Culture Group: ARC)가 문화에 관한 워크숍을 주도하였으며, 흑인 치료사 한 명과 백인 치료사 한 명이 함께 진행했다. 대단히 많은 미술치료사(남성과 여성, 흑인과 백인)가 이 워크숍을 선택하였으며, 이 분야에 대한 관심이 점차 커지고 있음을 보여 주었다. 돌아가면서 이름을 말하고 나니, 우리가 이미 광범위한 문화적 영향력을 가진 집단 안에 들어 있음을 알 수 있었다.

워크숍을 진행하는 미술치료사들이 우리에게 '우리의 문화나 문화적 정체성에서 우리를 키워 주고 지지해 주는 어떤 것', 우리의 '안전한 피난처'가 될 수 있는 어떤 것을 나타내는 이미지를 그리라고 했다. 큰 집단인데다가 장소도 붐볐지만 곧바로 모든 사람이 자리를 잡고 작업에 들어갔다. 내 그림은 '삶의 흐름'에 대한 것이었는데, 그 강인함과 계속 나아가는 능력이 나를 지탱하는 데 가장 중요하다는 것을 나타낸 것이었다. 사람들이 많았기 때문에 우리는 우리의 이미지를 소집단으로 나누었다. 그 후에 우리는 다음 총회 때 받아들여져서 다룰 수 있도록 전체 집단에 다음과 같은 의견을 내었다.

- 다른 사람들에게 위협이 되지 않으면서 우리 문화를 고수하는 것
- 역경에 맞서는 단결성
- 개인과 문화의 관계
- 다른 사람들의 문화로 살아가는 것
- 우리가 속하기로 선택하는 집단, 선택할 수 없는 집단
- 이주의 영향과 의미
- 우리가 저항하는 문화, 받아들이는 문화
- 문화를 위한 장소의 중요성

우리는 다음 총회를 위해 우리 내부의 '안전한 피난처', 안전한 장소에 대한 아이디어가 우리 문화의 많은 측면 그리고 우리가 일과 그 밖의 다른 책임들을 해 나가도록 지탱해 주는 것들을 그릴 수 있게 하였다는 피드백을 주었다.

이 두 개의 짧은 이야기는 인종과 문화의 이슈를 접근하기에 '어렵고 골치 아픈' 영역으로 여기지 않아도 된다는 것을 보여 준다. 미술재료의 사용은 이러한 영역의 긍정적이고 축하할 만한 많은 측면을 명확하게 표현하도록 돕고 대두되는 이슈들을 토론할 기초를 제공한다. 그린 이미지를 가지고 토론을 하면 현실에 뿌리를 두면서 존재하는 많은 관점을 이해할 수 있게 된다. 이러한 방법으로 미술재료를 사용하면 직원과 내담자 집단 모두에게 이러한 이슈들로 접근하는 효과적인 경로가 될 수 있다.

지역사회 환경

사례 21: '의사소통으로서의 미술' 1일 워크숍

이 이야기는 '대중'을 위한 행사를 준비하는 것과 관련된 몇 가지 문제점과 이러한 것들이 그날의 경험에 어떤 영향을 미칠 수 있는지를 보여 준다. 또한 적절한 소개 프로그램을 구성하는 방법과 어떻게 하면 약간의 융통성을 발휘할 수 있는지도 알려 준다. 여러 가지 활동이 있고 참석한 사람들이 많을 때 많은 것을 자세하게 설명하는 것은 분명 불가능하다. 따라서 이어지는 것은 요약된 내용들이다.

이것은 미술치료에 대해 더 많은 것을 알고 싶어 하는, 복지 관련 직업에 종사하는 사람들의 요청으로 마련된 1일 워크숍이었다. 광고는 그 단체의 회보, 게시판, 구두로 이루어졌다. 워크숍 준비는 우리 5명(존, 카렌, 로이, 쉬나, 나)이 하였는데, 우리는 중심부에 있어서 찾아오기 편리한 교회의 홀을 예약했다. 발송된 답장을 보니 12명이 참석할 예정이어서 우리는 그에 맞게 재료를 준비하였다. 당일에는 23명이 나타났다. 몇몇 사람들이 친구를 데리고 왔던 것인데 '그냥 그렇게 해도' 된다고 여겼다는 것이었다. 이것은 여러 가지의 실제적인 문제들을 야기했다. 홀이 작아서 공간이 부족했다. 하지만 다행

히도 그림 그릴 때는 (춥긴 하지만) 바로 옆의 좀 더 큰 홀로 옮길 수 있었고 토론할 때는 원래의 홀로 돌아왔다.

23명의 집단으로는 의미 있는 나누기를 할 수 없는 것이 확실했기에 4개의 소집단으로 나누어서 대부분의 활동을 했으며 각 집단마다 한 명의 촉진자가 들어갔다(남은 한 사람은 허다하게 생기는 사소하고 실제적인 문제들을 처리하기로 했다). 그렇지만 토론 시간에는 소집단들이 서로 너무 가까이 있어서 심각할 정도로 산만했다.

그 밖의 다른 실제적인 문제들도 나타났다. 예약하지 않고 들어온 사람들에게 참가비를 받는 데 시간이 걸렸다. 커피는 길게 줄 서는 것과 귀중한 집단 시간을 낭비하는 것을 피하기 위해 시간차를 두고 마셔야 했다. 점심시간쯤에는 종이가 다 떨어져서 더 사 와야 했다. 이러한 예상치 못했던 어려움들이 의미하는 것은, 그날의 물리적 준비가 사람들의 경험을 결정짓는 데 있어서 평소보다 훨씬 더 큰 역할을 했다는 것이었다. 예컨대, 사람들이 서로를 알아간다는 것이 무척 어려웠는데, 사람들이 너무 많은데다가 불충분한 편의시설로 인해 커피를 마시면서 휴식을 취할 수 없었기 때문이었다.

그럼에도 모든 사람이 기꺼이, 나름대로 최선을 다하였고 물리적으로도 가능한 데까지 되도록 힘껏 프로그램에 참여했다. 촉진자인 우리는 번갈아 가면서 다음 프로그램의 여러 가지 활동을 소개했다. 한두 가지 활동은 좀 더 자세하게 설명되어 있다.

<u>프로그램</u>

① 일정과 촉진자 소개

② 이름 게임: 모든 사람이 원을 만들고(다소 밀착하여) 한 사람에게 콩주머니를 던지면서 그의 이름을 부르는 게임

③ 소개 그림: 종이 위에 자신을 소개한 후 그 그림들을 소집단으로 나누었다.

④ 커피(시간차를 두고)

⑤ 크레용으로 대화하기(이 장의 사례 18에 자세히 나와 있다. [그림 6-13] 참

고). 나는 존과 짝이 되었다. 우리는 종이 여기저기로 서로를 따라다니는 것이 좀 힘들었다. 존은 자신이 내게 맞추려고 한다고 여겼고 나중에는 거기에 걸려 버렸다고 생각했다. 나는 주도권을 잡고 있었고 그 책임감에 지쳐 버렸다. 우리 둘 다 이것이 일상 생활에서 우리가 빠져 있는 패턴이라는 것을 깨달았다.

⑥ 돌려 그리기. 우리가 자신을 상징하는 어떤 것을 그려서 옆 사람에게 넘기면 그가 거기에 뭔가를 덧붙여서 그린다. 이 과정을 자기 그림이 자신에게 돌아올 때까지 계속한다. 어떤 집단구성원은 여러 개의 그림에 작은 닻을 그렸다. 그녀는 자신이 특별한 계획이 없는 현재의 자유로움을 즐기고 있다고 말했다. 하지만 존은 그녀가 그린 닻이 결국에는 스스로를 구속할 방도를 찾고 있음을 나타내는 것이 아닌가 하고 생각했다. 그녀는 생각에 잠겨서 그림을 살펴보고는 "음, 당신의 말이 맞을 수도 있겠군요."라고 말했다.

⑦ 점심시간. 우리는 모두의 음식을 나눠 먹게 했다. 사람들은 소집단으로

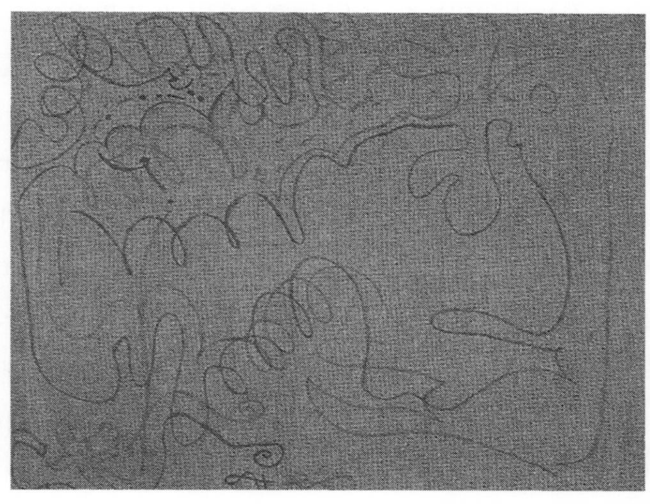

그림 6-13 크레용으로 대화하기('의사소통으로서의 미술' 1일 워크숍)
출처: David Newton의 사진

앉아서 음식을 먹거나 신선한 공기를 마시려고 나갔다.

⑧ 선택 가능한 5개의 활동

- 개별 작업
- 콜라주
- 젖은 종이로 색채 탐색하기
- 집단 '만다라'
- 은유적 초상화

우리는 한 사람이 하나의 활동을 선택하도록 준비했지만 여유가 있다고 생각했다. 그래서 사람들에게 선택의 자유를 완전히 맡겼다. 거의 모든 사람이 마지막 세 개 중 하나를 선택했다. '만다라' 집단은 두 개를 진행해야 했다.

집단 만다라

존이 두 집단 중 하나를 이끌었다. 그는 큰 종이에 하나의 원을 그려서 사람 수대로 나눈 후 한 사람당 한 부분씩을 배분했다. 그는 사람들에게 자신의 공간에 원하는 것은 무엇이든지 그리되, 괜찮으면 자기 자신을 그려도 된다고 말했다. 자신의 영역을 아주 명확하게 구분할지, 이웃과 조화를 이룰지, 다른 사람의 영역 안에 위험을 무릅쓰고 들어갈지는 그들에게 달려 있었다.

처음에는 대부분의 사람이 자신의 공간에 개인적인 그림을 그렸다. 현저한 차이들이 있었지만 완성된 그림은 하나의 전체성을 가진 것 같았다. 두 사람이 자신의 공간을 확고하게 고수한 반면, 나머지 사람들은 모험을 더 많이 했고 결과적으로 이것은 더 많은 의사소통을 이루어 냈다. 몇몇 사람은 자신에 대해 새로운 것을 알고 놀라워했다. 예컨대, 한 여성은 회색의 화산을 그리고 나서야 자신의 실제 감정이 겉으로 드러나지는 않지만 매우 폭발적이라는 것을 깨달았다. 또 다른 사람은 경계에 대한 협상이 예기치 않은 긴장을 유발한다는 것을 알았다. 대부분의 사람에게 이것은 처음 시도해 보는 것이었고 매우 흥미로운 회기라고 생각했다.

은유적 초상화

나는 사람들에게 큰 종이를 8조각으로 나누어서 서로의 '은유적 초상화'를 그리라고 요청했다. 일례로, 우리는 어떤 사람을 '덮은 책'이나 색깔 있는 선들의 추상적인 시리즈로 그릴 수 있다. 작업을 마친 우리는 그 초상화들을 가지고 알아맞히기 게임을 했다(이 장의 사례 11 참고). (예외는 약간 있었지만) 집단에 있는 대부분의 사람이 서로를 몰랐기 때문에 우리는 약간 주저했고 의례적으로 행동하였다. 두 명의 집단구성원들은 일관되게 같은 이미지들을 받았다. 한 사람은 청록색의 자기 억제적인 형태를 주로 받았고 다른 한 사람은 길고 폐쇄된 물건을 받았다. 끝날 때쯤에 한 사람이, 우리가 서로에 대해서 잘 알지 못하는 것을 고려해 볼 때 몇 가지 그림은 통찰력이 상당히 날카롭다고 말했다. [그림 6-14]는 내가 집에 가져온 일련의 초상화들이다. 1, 2, 3, 4번은 주로 신체적인 특징들을 나타낸다. 즉, 내 머리카락, 키, 내가 그날 입은 옷의 색깔 등이다. 5, 6, 7번은 많은 에너지를 가지고 있다고 본 것과 관련이 있다. 즉, 빙빙 도는 회전폭죽, 폭포, 따뜻한 진동이다. 8번의 벽돌담은 내가 아는 한 집단구성원이 그린 것인데, 나는 전에 특정한 상황 때문에 그녀와 의사소통하는 데 약간의 어려움을 겪었었다. 그녀는 나를 벽돌담처럼 '뚫고 들어갈 수 없다.'고 느꼈었다. 현재의 워크숍에서 만났을 때, 그녀는 구석에 그려진 태양과 약간 비어져 나온 푸른 나무에서 알 수 있듯이 상황이 다소 나아지고 있다고 여겼다. 차례를 바꿔서, 그녀를 그린 내 그림은 뾰족하게 모난 형태였는데 그것은 내가 그녀를 느낀 대로였다. 이 그림은 서로 이야기를 시작하는 데 도움이 되었고, 우리는 우리 사이에 놓인 균열을 치유할 수 있었다.

종결할 때는 모든 집단이 몇 분간 한데 모여서, 그날의 워크숍이 각자에게 어떤 의미가 있었는지를 서로 이야기했다. 모두가 매우 피곤했지만 워크숍에 대해서 아주 호의적이었으며 다음 번은 언제 할 것인지를 물었다. 대부분의 사람이 자신과 타인을 새로운 방식으로 탐색하기 시작했다고 여겼고 그 과정을 계속하고 싶어 했다. 마지막으로, 우리는 물감, 크레용, 종이를 깨끗이 치우고 바닥에 난 물감자국을 닦아 냈다. 우리는 편의를 봐 주고 이해심을 보여

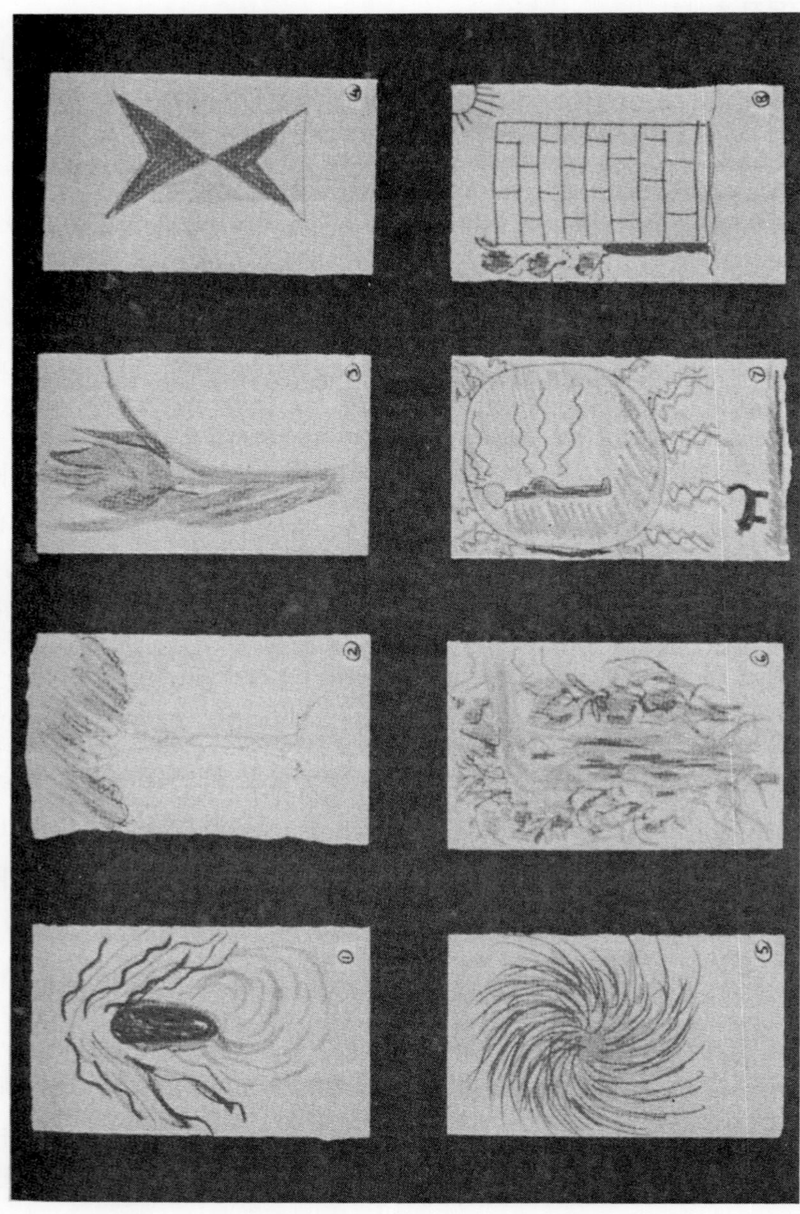

그림 6-14 은유적 초상화('의사소통으로서의 미술' 주간 워크숍)
출처: David Newton의 사진

주었던 건물 관리인에게 고마움을 표했다.

사례 22: 여성 집단

이 여성 집단은 12명으로 이루어진 안정된 집단으로서, 8개월 동안 격주로 모임을 가졌다. 그 집단은 여성들의 평화를 목적으로 한 집단이었지만 대부분의 여성들이 힘든 결혼생활이나 이혼을 겪고 있었기 때문에 이러한 문제들을 나누는 데 상당한 시간이 소비되었다. 집단구성원들은 또한 개인적인 탐색과 의식의 고양이 장기간 평화를 추구한 것과 관련이 있다고 보았다. 집단구성원들이 광범위한 경험을 가지고 있었기 때문에 우리는 번갈아 가면서 여러 가지 작업 방식으로 회기를 진행했다. 이날 저녁은 내 차례였다.

나는 미술이 아름다운 그림을 만들어 내기보다는 의사소통으로 사용되는 것에 대해 이야기하면서 집단을 시작했다. 어떤 표시나 흔적도 도움이 될 수 있으며 꼭 참여할 의무는 없었다. 나는 그림을 그리는 동안은 말을 삼가도록 제안했다. 우리는 개별 그림, 돌려 그리기, 집단 그림의 세 가지 활동을 했다.

- 개별 그림: '내가 느끼고 있는 것' '내가 있는 곳'에 대한 개별 그림으로서 우리를 현재에 존재하게 하기 위한 것이었다. 우리는 짝을 지어 그림에 대해 나누었다. 그 작업은 매우 생산적이어서 (돌이켜 생각해 보면) 긴 시간인데도 불구하고 아주 잘 지나갔다. 예컨대, 피오나는 괴로워하는 붉은 새를 그렸는데, 그 새의 머리 하나는 '먹이를 기다리는 굶주린 부리들'(그녀의 아이들)을 내려다보고 또 다른 머리는 새장(그녀의 결혼) 너머로 자유와 태양을 바라보고 있었다.
- 돌려 그리기: 우리는 각자의 종이에 서로 다른 숫자로 번호를 매긴 다음, 2분 동안 빠르게 그림을 그렸다. 그런 후에 옆 사람에게 넘기면 그 사람이 1분 동안 뭔가를 덧붙여 그려 주었다. 이 작업을 자기 그림이 자기에게 돌아올 때까지 계속했다. 마지막 2분 동안에는 자기 그림에 마지막 손

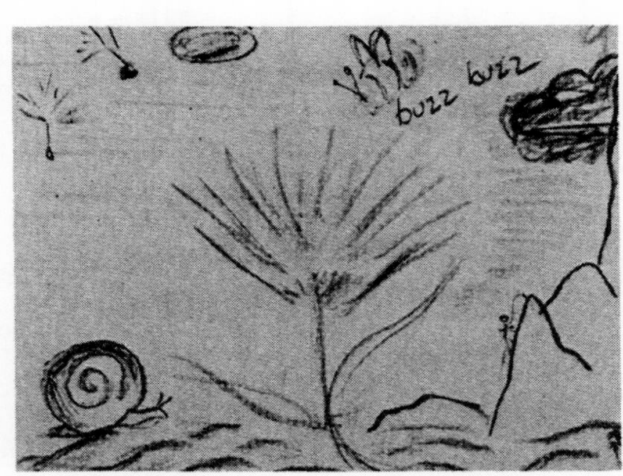

그림 6-15 돌려 그리기(여성 집단)
출처: David Newton의 사진

질을 하였다. [그림 6-15]는 그 그림들 중의 하나다. 대부분의 사람이 기존의 그림에 조화를 이루는 것을 그리려고 노력한 반면, 조는 우리 모두가 '너무 보기 좋게만' 그리고 있다고 느꼈다. 자신의 차례가 되었을 때 그녀는 나머지 사람들이 좀 놀랄 만한 것이나 생각해 볼 것을 덧붙여 그렸다. 이런 그림에서 그녀는 검은 산을 기어오르는 등산가와 산꼭대기의 두꺼운 먹구름을 그렸다.

자기 그림을 돌려받았을 때의 느낌에 대해 토론할 때, 몇몇 사람은 시작할 때의 그림이 흥미롭고 아름다운 그림으로 발전해 나가는 것에 감동했다고 하였다. 하지만 그들 대부분은 조가 그린 먹구름과 뾰족한 손가락에는 상당히 당황하였다. 그들은 그것들이 그림을 망친다고 느꼈다. 우리는 같은 표시도 수많은 방법으로 해석될 수 있으며 이로 인해 오해가 생길 수 있다는 것에 대해서 얼마 동안 토론했다.

- 집단 그림: 나는 자기 앞의 종이에 그림을 그려서 자신의 '출발점'을 만들고 난 뒤 밖으로 움직여 나가면서 종이 위에서 다른 사람들을 만나 보라고 제안했다. 그 과정에서 다른 사람들에게 민감하게 반응하도록 노력하고 이 마지막 활동에서 일어나는 것을 기억하도록 했다. 그 결과가 [그

림 6-16]이다. 그림의 윗부분은 사람들이 서로를 배려하려고 애쓰면서 그렸기 때문에 상당히 조화롭게 보인다. 비록 몇몇 사람은 다소 답답하게 느꼈지만 말이다. 하지만 왼쪽 아랫부분은 다른 이야기를 드러내고 있다. 시작한 지 얼마 되지 않아서 다이애나는 빨간 크레용으로 자기 앞에 경계선을 그어서 큰 공간을 마련했다(아랫부분 중앙). 그녀 바로 옆의 모서리에 있던 조와 웬디는 그녀의 경계선을 향해 움직이면서 그녀와 접촉을 시도했다. 아마도 이전의 작업에서 영향을 받아서인지 다이애나는 이 접근들을 공격으로 해석했다. 그녀는 처음에는 자신의 경계선을 보강했고(사각형의 왼쪽 윗부분의 모서리) 다음에는 작은 '내부의 피난처'(사각형의 중앙)로 물러났다. 그들이 계속 접근했을 때 다이애나는 마침내 격

그림 6-16 **집단 그림(여성 집단)**
출처: David Newton의 사진

분한 나머지 손을 뻗어서 그들의 영역 중 한곳에 크고 검은 '×' 표를 했다. 그보다 조금 위쪽에서 작업하던 피오나는 × 표시를 장식하여 '그 일격을 완화시키려고' 애썼지만 이미 너무 늦은 일이었다. 집단의 나머지 사람들은 놀란 나머지 그림에 드러난 갈등을 멍하니 바라보았다. 몇몇 여성은 어떻게 반응해야 할지 전혀 몰랐다. 나중에 우리는 우리의 오해에 대해서 토론했으며 경계선과 그것이 두려움과 공격성에 미치는 영향에 대해서 이야기했다. 경계선이 자기의 공간을 그리는 것 혹은 영역을 주장하는 것을 나타내는가? 결정적인 발언은 그 말재간을 당할 사람이 없는 조에게서 나왔다. "그럼요, 선을 그리는 것은 어렵거든요!"

그날 저녁은 시사하는 바가 많았고 우리 중 몇 사람에게는 다소 쓰라린 느낌을 남겼다. 나중에 나는 조와 다이애나가 만나 점심을 함께하면서 서로의 차이에 대해서 이야기를 나누었고 그 토론을 통해 많은 것을 얻었다는 것을 알게 되었다. 그들은 집단 그림이 이것을 가능하게 만들었다고 여겼다. 며칠 후 집단은 의사소통에 도움이 되는 보다 깊이 있는 미술 활동을 사용하기로 결정했다.

이 집단에서는 미술이 비언어적인 의사소통 수단으로 도입되어 집단의 의사소통이 더 잘되도록 도와주었다. 집단 상호작용 기법을 사용함으로써 폭발 직전에 놓여 있던 갈등이 표면화되었고 그런 후 다룰 수 있게 되었다.

사례 23: 유대인 2세 집단 워크숍

이 워크숍은 유대인 2세 집단을 위해 마련되었다. 그들은 부모가 홀로코스트의 희생자나 난민이었기 때문에 부모의 경험에 영향을 받았다고 느끼는 사람들이었다. 그들은 매달 만나 이 이슈를 탐구하면서 토론과 지지를 주고받았는데, 어느 때인가 미술재료를 사용해 보는 것이 흥미로울 것이라고 결정했다. 워크숍은 일요일에 하루 종일 열렸고 8명이 참석했다. 남성 2명, 여성 6명이었고, 나이는 35세부터 60세까지 걸쳐 있었다. 나는 그 집단의 촉진자였다.

우리는 소개(항상 새로운 사람들이 있기 마련인데 두 사람은 미술 워크숍이 있다고 해서 처음으로 온 것이었다)와 기본 규칙으로 시작했다. 그러고 나서 우리는 미술재료를 가지고 놀면서 잠시 시간을 보냈는데 그 이유는 많은 사람이 이와 비슷한 것을 해 본 지가 너무 오래되었기 때문이었다. 대부분의 사람이 상당히 쉽게 몰입하였고 그 촉감과 특히 색깔을 경험해 보면서 즐거워했다.

다음으로 우리는 미술재료를 가지고 자신을 소개했다. 사람들은 다시금 모든 재료를 사용하며 열정적으로 작업했다. 그 결과물은 색채 에너지부터 그들의 삶 속에 있는 사람들을 기념하는 입체작품까지 매우 다양했고, 직업과 성장 환경까지 포함하고 있었다. 부모의 모국도 등장하였다. 사람들은 자신이 만든 이미지와 경험을 전체 집단과 나누면서 행복해했다.

한 사람은 자신의 그림에 음식을 그려 넣었다. 이것은 여행에 대한 많은 토론을 이끌어 냈다. 알고 보니 몇몇 집단구성원은 아직도 여행 갈 때 만약의 경우('도중에 무슨 일이 생길지, 아니면 언제 어떻게 될지 모른다.')를 대비하여 (그 음식이 요즘에는 거의 모든 곳에서 사 먹을 수 있다는 것을 알면서도) 샌드위치를 무더기로 만들고 있었다. 그들은 이 불안이 난민이 된 이래로 모두 똑같은 생활을 해 왔던 부모들에게서 전해진 것임을 깨달았다. 또한 몇몇 집단구성원들은 다음과 같은 상황에 대해서 상당히 자주 생각하곤 했다. '무엇을 가지고 가지?' 혹은 '어디로 가지?' 혹은 '어디에 숨지?' 혹은 '이 집에서 숨기 좋은 장소는 어디지?'

(유대인 전통의 일부이기도 하지만 그 집단의 배경이 생존에 대한 걱정이 매우 큰 탓에 중요하기도 한) 상다리가 휘어지게 차린 점심을 함께 먹은 후, 그날 오후의 주제는 '2세라는 것—그것은 우리에게 무엇을 의미하는가?'를 미술재료를 사용하여 탐색하는 것이었다. 일부는 아침에 다룬 주제에 이어서 작업하였고 나머지는 새롭게 시작하였다.

강박적으로 샌드위치를 만들곤 하는, (아침 회기에 음식을 그린 사람이 아닌) 한 사람은 샌드위치의 중앙에서 물감과 천이 뿜어져 나오는 그림을 그렸다.

그녀는 자신의 아이디어가 '안심 샌드위치'를 포기하고 어디에나 식량이 있을 거라는 것을 좀 더 믿어 보려는 노력이라고 말했다.

두세 사람은 여러 세대와 그들 사이의 연결, 이들을 이어 주는 집과 휴가에 초점을 맞추었다. 다른 두세 명은 '어떻게 해야 할지 모르는 것' 혹은 '상황을 제자리로 되돌려 놓는 노력'에 대한 그림을 그렸다. 이 그림들 중의 하나는 조각 그림의 형태였는데, 한쪽 면(그녀의 배경)만 보면 맞추기가 어려웠지만 다른 쪽 면을 보면 맞추기가 쉬웠다. 이것은 영국적인 방식(그녀의 남편은 영국인이었다)으로의 동화와 관련이 있었고 통일성이 있는 하나의 그림으로 그려졌다.

한 사람은 아침부터 자신의 그림에서 색채에 관한 주제를 계속 추구하였다. 그는 정성을 기울여 정사각형들을 그리고 자신이 아는 가장 밝은 색깔들로 칠했다. 처음에 그는 질서를 좋아했지만 계속 그리면서 그 질서를 답답하게 여기기 시작했고 그 속에 갇혀 버렸다고 느꼈다. 그는 같은 색깔들을 가지고 두 번째 그림을 그렸는데 이번에는 경계선 없이 종이 여기저기에 그림을 그렸다. 이후의 토론에서 그는 나치즘이 가장 구조화된 사회체계라고 언급하면서, 그의 아버지가 신념에 따라 줄 서는 것을 항상 거부했던 것에 대해서 이야기했다. 이 주제는 다른 집단구성원들의 마음에도 깊이 울려 퍼졌다.

그림 토론에 걸린 시간은 놀라울 정도로 짧았다. 모든 에너지가 창작활동에 소모되어 버린 것 같았다. 그 집단의 다른 구성원이 들어와서 차 마실 시간이 되었음을 알렸다. 모든 사람이 그 하루가 보람 있고 시사하는 바가 많았다고 생각했으며 자신의 작품을 가득 안고 집으로 돌아갔다.

이 집단은 미술재료가 사람들에게 문화적인 배경(공통적인 요소와 보다 개인적인 측면 모두)을 공유할 방법을 어떻게 제공할 수 있는가를 보여 준다. 또한 이 과정은 미술재료로 인해 자각하게 된 이슈들을 토론하게 해 주었다. 이러한 워크숍에서는 신뢰할 수 있고 안전한 분위기를 만들어서 사람들이 자신과 자신의 배경에서 상처받기 쉬운 부분을 공유할 수 있도록 해 주는 것이 중요하다. 이 사례의 집단은 오랜 시간 함께한 역사가 있었고 그것이 상호 신뢰의 감정을 강화시켜 주었다.

사례 24: 어른과 아동의 혼합 집단

약 50명(2세에서 70세 이상까지)이 참석하는, 교회의 집단연례파티는 유쾌하고 상상력을 발휘하는 미술 활동이 필요한 특별한 행사였다. 차를 마신 후에 활동을 이끄는 사람이 참석자들에게 어른들과 아이들이 다 포함된 7개의 집단을 만들어 보라고 했다. 그는 각 집단에게 큰 종이가 든 대형 봉투 하나, 접착용 색종이 몇 장, 스티커, 박엽지, 빨대, 종이구멍을 튼튼하게 만드는 보강제, 색깔 있는 투명테이프 등을 나누어 주었다. 각 집단에게는 그 재료들을 이용하여 차량과 관련된 것을 만들라고 하였다. 가위나 칼은 없었다.

이것은 집단이 뭔가를 만들려면 협동해서 작업해야 한다는 것을 의미했다. 집단에는 모든 사람들이 포함되어 있었는데 일부는 의자에 앉아 있어야 하는 노인들이었고 일부는 활동에 참여하려면 어른들의 도움이 필요한 어린아이들이었다. 그 후의 20분은 바쁘고 활기가 넘치는 집중의 시간이었다.

완성된 작품들의 일부—배, 땅 고르는 기계, 헬리콥터, 입체로 만든 열기구—가 [그림 6-17]에 있다. 모든 사람이 상상력이 풍부한 작품을 보고 매우 감동했다. 아이들은 어른들과 동등하게 참여할 수 있었던 것을 특히 좋아했다. 몇몇 어른들 역시 거의 해 볼 기회가 없었던 활동이라 즐거워했고 그것이 협동적인 모험이었다는 사실을 환영했다.

비록 여기서는 파티의 게임으로 사용되었지만, 이 활동은 참가자들로 하여금 협동심과 다른 사람에 대한 민감성과 같은 상호작용 기술을 상상력이 풍부한 방법으로 전개하도록 요구한다. 이것은 인생에서 필수적인 자질이다.

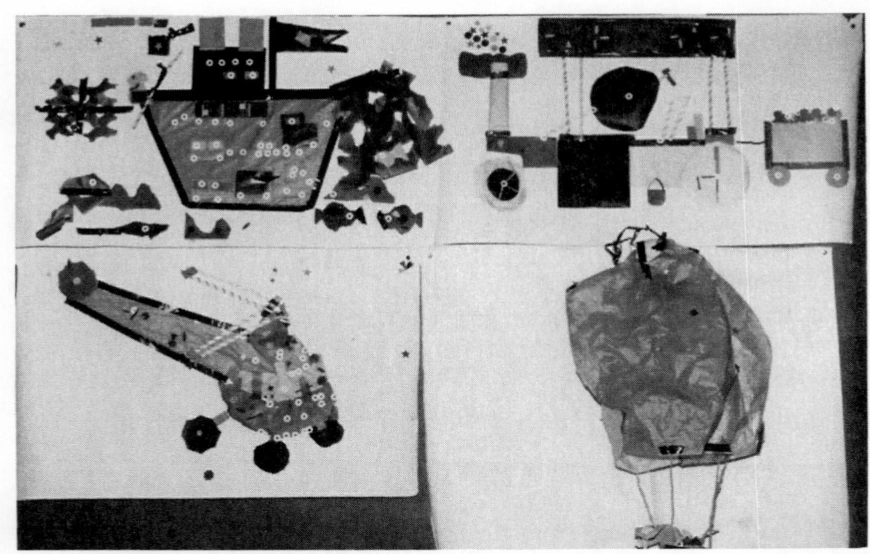

그림 6-17 차량 콜라주(어른들과 아이들의 혼합 집단)
출처: Heather Buddery의 사진

감사의 글

나는 이 장을 위해 자신들의 작업에 대해 이야기하거나 글로 써 주면서 내게 시간을 할애해 준 다음의 미술치료사들에게 감사를 표하고 싶다. 쉬나 앤더슨(사례 1: 대도시 정신병원의 입원병동), 미술치료 인종과 문화 분과 위원회(사례 20: 미술치료사들을 위한 인종과 문화 워크숍), 헤더 버더리(사례 8: 지역사회 장기지원 집단, 사례 12: 암 지원센터, 사례 13: 어려움을 겪고 있는 아이들, 사례 15: 시설 거주 아동을 돌보는 사회복지사), 폴 커티스(사례 10: 알코올 시설), 카렌리 드루커(사례 9: 노인 주간 병동, 사례 16: 노인 주간 병동에서 일하는 직원), 존 포드(사례 6: '진퇴양난에 빠진' 주간 병동 집단), 마리안 리브만(사례 7: 지역사회 정신건강 팀의 분노 조절 집단미술치료, 사례 11: 전과자를 위한 주간 보호소, 사례 14: 아시아 여성 집단, 사례 17: 상담기술 강좌의 선택 과목인 미술치료, 사례 18: 평화교육 담당 교사, 사례 19: 갈등 조정자들을 위한 '미술과 갈등' 워크숍, 사례 21: '의사소통으로서의 미술' 1일 워크숍, 사례 22: 여성 집단, 사례 23: 유대인 2세 집단 워크숍, 사례 24: 어른과 아이들의 혼합 집단), 니키 린필드와 그녀의 내담자 칼리 데일(사례 4: 섭식장애를 가진 젊은 여성들), 리니어 로즈(사례 3: 소도시의 작은 치료센터), 리처드 매너스(사례 2: 학습장애 내담자들의 집단작업), 로이 손튼(사례 5: 가족에 대한 감정을 살펴보는 주간 병동 집단). 나는 여기에 설명된 모든 집단의 구성원과 내담자에게도 감사를 표하고 싶다.

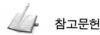

참고문헌

Byres, A. (2002). Personal communication.

Lyons, M. (2002). Personal communication.

McDonnell, E. (2002). Personal communication.

Taylor, E. (2002). Personal communication.

07 특수한 내담자 집단을 위한 출발점

제6장에서는 내담자 집단에게 여러 가지 주제를 사용한 사례들을 선별하여 몇 가지 제시하였다. 제2장에는 주제를 선택하는 다양한 방법에 대한 상세한 논의가 포함되어 있다. 그 부분으로 돌아가서 이 장과 함께 검토하면 도움이 된다. 이번 장에는 특수한 내담자 집단이 미술치료 과정에 몰두하도록 돕는 출발점에 관한 내용들이 들어 있다. 이러한 내용들이 관례적이라는 의미는 아니다. 그보다는 당신의 집단에 대한 사고 과정을 향상시키기 위한 아이디어들이다. 모든 집단이 서로 다르며, 당신은 당신이 처한 특수한 상황에서 무엇이 가장 효과적으로 작용할 것인지를 아는 유일한 사람일 것이다.

이 책의 목적은 모든 내담자 집단의 요구에 대한 책을 자세하게 논의하는 것이 아니다. 당신은 당신의 내담자들의 성격과 요구에 대한 책을 읽고 그와 관련된 교육과정에 참석해야 한다. 이러한 주제에 관한 정보를 얻을 수 있는 곳은 많다. 현재 특수한 내담자 집단과의 작업에 대해 쓴 미술치료 책들이 많고, 이러한 책들은 도서관과 출판사를 통해 찾아볼 수 있다.

제2부의 주제와 활동들을 내담자 집단의 특성에 따라 정리하지는 않았다. 대부분의 주제는 융통성 있게 사용되고 집단의 특정한 요구에 맞춰서 약간의

수정을 거친다면 많은 집단에 적합하게 쓰일 수 있다.

이 장은 특수한 내담자 집단에 관한 짤막한 설명들로 이루어져 있는데, 미술 활동에 참여한 것과 관련된 내용들이다. 몇몇 내담자 집단은 중복된다. 예컨대, 아이들과 주의력결핍장애나 주의력결핍 과잉행동장애를 가진 아이들이 그렇다. 물론 한 명의 내담자가 신체장애가 있는 집단과 우울증으로 고통받는 집단 양쪽에 속하는 식으로, 서로 다른 몇 개 집단의 구성원이 될 수도 있다. 제2부에 있는 특정한 장의 주제들이 한 내담자 집단에게 추천된다고 해서 다른 장의 주제들이 그 집단에 부적합하다는 의미는 아니다. 그러한 결정은 집단의 특수한 요구를 잘 알고 있는 촉진자나 치료사에게 달려 있다. 추천된 장의 알파벳은 제2부에 있는 장들을 가리킨다.

용어에 대해서

2판에서 이 부분을 다시 쓰면서, 나는 우리가 사용하는 용어들이 1판 이후로 크게 변화되었음을 알게 되었다. 나는 글을 쓸 당시에 통용되는 어휘를 사용했지만 물론 이것은 몇 년 안에 다시 변화할 것이다.

기관에 있는 내담자들

내담자 1: 기관에 있는 노인들

이들은 지역사회에서 더 이상 살 수 없는 사람들로서 노쇠, 착란, 길 잃고 헤매기, 요실금 등을 앓고 있다. 그들을 위한 집단미술 회기는 일상적인 과업에 대한 집중력을 유지하는 활동과 '현실 지남력'에 초점을 둘 경우가 많다. 그 목적은 그들이 할 수 있는 한 많은 종류의 현실적인 일에 대처하는 능력을 유지하도록 하기 위함이다. 어떤 사람들에게는 그들이 성취한 것을 기억하도록 돕는 활동이 도움이 되기도 하는데 이것은 그들에게 자존감을 느끼게 해 준다(이 장의 내담자 6: '주간 시설에 참여하는 노인들' 참고).

추천 항목

- C. 집중, 민첩성, 기억
- D. 일반적인 주제들

내담자 2: 재활 환자

이들은 아무도 받아들이려 하지 않는다는 이유로 수년 전부터 병원에 입원해 있는 사람들인 경우가 많다. 그들 중 일부는 병원 밖에서 생활할 수 있는 상태까지 재활하는 과정에 있으며 많은 지원을 받고 있다. 나머지는 독립적으로 생활하는 기술을 배울 수 없으며 병원을 결코 떠날 수 없다. 그들은 흔히 미술을 즐기지만, 같은 주제를 여러 번 반복하는 경향이 있고 아니면 제한된 활동에만 참여할 수 있다. 어떤 사람들에게는 매우 단순한 활동이 필요하지만 다른 사람들은 더 많은 것을 할 수 있으므로 그들의 기술과 상상력을 확장시키는 활동이 적절할 것이다. 이들은 흔히 병원이나 요양소 여행 같은 특별한 행사와 관련된 작업을 잘한다.

추천 항목

- B. 매체 탐색
- C. 집중, 민첩성, 기억
- D. 일반적인 주제들

다른 장에 있는 좀 더 단순한 활동들

- E. 자기인식(예, 168번 소원)
- H. 집단 그림(예, 264번 기여)

내담자 3: 급성 입원환자들

이 집단에는 광범위한 진단명과 문제를 가진 환자들이 포함되는데, 몇 가지만 들자면 우울증, 히스테리, 정신증, 정신분열증, 거식증 등이다. 흔히 이들 모두는 동일한 미술치료 집단에 있지만 미술치료사는 각 환자의 정식 진단명조차 모를 때가 있다. 대체로 너무 '개인적인 것을 요구하지' 않는 주제라면 어떤 것도 괜찮다. 새로 입원한 환자들의 집단이라면 그들이 입원하게 된 사건을 중심으로 질문하는 것이 도움이 될 수 있다. 예컨대, '나는 여기에 어떻게 오게 되었는가'처럼 말이다. 어떤 환자들은 스스로 선택해서 병원에 온 것이 아니며 추천한 활동에 저항할 수 있다는 것을 기억해 둘 필요가 있다. 설사 이것이 문제는 아니라고 해도, 많은 사람의 병이 상당히 심각한 상태여서 집단에 참여하기가 어렵다.

추천 항목

- B. 매체 탐색
- E. 자기인식

신중하게 선택할 활동들

- H. 집단 그림
- I. 집단 상호작용 활동
- K. 다른 예술과의 연계

내담자 4: 수감자들

수감자들은 온갖 종류의 능력과 장애를 가진 광범위한 사람들로 이루어져 있다. 그러나 폐쇄기관이라는 환경에서 보안장치와 감시는 신뢰 구축과는 반대로 작용한다. 대부분의 수감자는 '겉껍질' 안에 숨어 자신을 보호함으로써 교도소가 주는 압박감에서 살아남는다. 때로 미술 활동이나 미술치료는 가능하면 교육 강좌에서 '미술'이라는 이름으로 실시되어야 하며, 교도소 안에 널리 퍼져 있는 '낭만적인' 미술이라는 이미지를 넘어서야만 할 것이다. 현재 미술치료를 자력으로 실시하고 있는 교도소가 몇 군데 있다. 교도소에서 치료적인 이해에 도달하는 것은 어려울 수 있으며 안전이 우선이라는 것을 명심해야 한다. 지지적인 방법으로 작업하는 것이 가장 좋고, 깊고 개인적인 문제에 대한 작업은 교도소라는 환경에서 너무 많은 스트레스가 될 수 있기 때문에 피하는 것이 좋다. 어린 범죄자와 함께하는 작업에는 명확한 한계를 정하는 규칙이 필요하다.

그러나 가끔은 문제에 대한 수감자의 인식과 바깥 세계로 돌아갈 기회를 넓히는 것을 목적으로 하는 실험적인 프로젝트와 석방 전 강좌가 있다. 이러한 강좌 중 많은 것이 집단 속에서 신뢰를 쌓는 것을 목표로 하며 구조화된 집단작업 기술을 다양하게 사용한다. 이 책에 있는 몇몇 주제가 적절하게 사용될 수 있으며, 한 가지 항목은 그러한 상황을 위해 특별히 고안된 것이다.

추천 항목

- B. 매체 탐색
- D. 일반적인 주제들
- E. 자기인식(수정하여)

석방 전 강좌에서 시도해 볼 수 있는 것

- I. 집단 상호작용 활동

내담자 5: 기관에 있는 사람들-전반적인 의견

대형 기관은 복잡한 규칙을 가지고 있을 때가 많은데, 직원의 입장에서 광범위한 조직적 문제에 대처하는 유일한 방법은 기관 거주자들에게 안전감을 주는 것이다. 개인적인 미술작업은 이러한 특성과 충돌할 수 있는데, 그것이 개별성과 탐색을 강조할 때 특히 그렇다. 서로 다른 분야가 함께 협조하여 내담자들에게 동일한 '메시지'를 전달한다는 것을 보증하기 위해서는 특별한 주의가 필요하다. 그러나 미술은 자연스러운 자발성과 창조성의 길을 열어 줄 수 있으며 이러한 과정은 그것만이 가진 이로움이 많다. 사용하기에 가장 좋은 매체를 찾는 노력도 필요하다(예, 왁스 크레용은 사용하기 쉽고, 부러지지 않고, 오래 쓸 수 있다).

추천 항목

- B. 매체 탐색
- D. 일반적인 주제들

 주간 시설에 참여하는 내담자들

내담자 6: 주간 시설에 참여하는 노인들

주간 시설과 보호소에 의뢰되는 노인들은, 그들이 가진 문제(외로움, 사별, 건강 악화, 인생의 새로운 단계에 대처하지 못하는 것 등)가 그들을 불안정하게 만들기 때문에 인생의 이전 단계보다 좀 더 체계적인 도움이 필요하다. 그들이 빨리 지치는 것은 자연스러운 일이므로 가능하다면 집단은 아침에 열려야 한다. 이동, 식사 시간 등의 일정도 잘 맞추어야 한다. 난청, 시력 저하, 관절염 등과 같은 모든 종류의 장애에 맞추어 주변 환경을 주의 깊게 준비해야 한다.

이러한 장애들 중 어떤 것들은 사려 깊은 자리 배치, 돋보기, 충분한 조명, 큰 붓과 크레용, 손잡이가 달린 연필 등으로 극복할 수 있다(이 장의 내담자 7: '증상 완화 케어', 내담자 8: '신체적 장애를 가진 사람들' 참고).

미술집단은 노인들이 그들의 인생, 그들에게 일어났던 불행한 일과 행복한 일을 회상하고 이야기하도록 도와줌으로써, 그들이 자신이 이룬 것을 축하하고, 자신의 인생을 균형감 있게 바라보고, 자존감을 유지할 수 있게 해 준다. 또한 집단은 현재 가지고 있는 강점을 칭찬하고 사회적인 상호작용을 증진시킬 수 있다.

추천 항목

- D. 일반적인 주제들
- E. 자기인식(특히 148번 인생 되돌아보기)

다음 장에 있는 몇 가지 주제들

- H. 집단 그림(예, 264번 기여)

내담자 7: 증상 완화 케어-암환자들과 말기질환자들

현대 심리학에서 우리는 현재의 문제를 설명하기 위해서 과거의 이유를 찾는 데 익숙해 있다. 그러나 말기 질환을 가진 환자들의 경우에는 미래를 마주하기가 힘들다는 것을 인식해야 한다. 여기에 있는 주제들은 그들이 불확실한 미래를 마주하는 데 도움이 될 수 있다.

말기 질환자들에게 필요한 것은 우리 문화에서 종종 터부시되는 주제인 죽음에 대한 수용적인 태도와 솔직한 접근이다. 그들은 미술을 사용하여 자신들의 감정을 표현하고 죽음을 받아들이는 법을 배울 수 있을지도 모른다.

추천 항목

- D. 일반적인 주제들
- J. 유도된 이미지, 시각화, 꿈, 명상

다음 장에 있는 몇 가지 주제들이 적합할 수 있다.

- E. 자기인식(예, 140, 148, 149, 150, 155, 165, 167, 168, 170번)

내담자 8: 신체적 장애를 가진 사람들

여기서는 두 가지의 측면을 고려해야 한다. 첫째는 순전히 실제적인 어려움들을 극복하는 것이다. 예컨대, 회기에 참석하도록 이동시키는 것, 휠체어 준비, 알맞은 용기를 만들어 물감을 쓸 수 있게 하는 것, 큰 붓과 크레용을 적절하게 사용하는 것 등이다. 휠체어를 타고 있는 사람들도 붓을 자루에 매달고 종이가 마룻바닥이나 바깥의 땅바닥에 놓여 있다면 집단 그림에 참여할 수 있다. 신체적 장애를 가진 사람이 그림을 그리거나 찰흙을 사용할 수 있도록 물건들을 준비하는 것만으로도 그들의 자존감과 정상인이라는 느낌을 놀랄 만큼 높여 줄 수 있다.

그러나 일부 사람들의 신체적 장애는 그들이 원하는 결과물을 만들어 내지 못하게 하여 그들은 매우 좌절할 수 있다. 이럴 때 성취감을 얻는 데 신체적 장애 그 자체를 활용하는 것이 중요하다. 예를 들어서, 뇌졸중에 걸린 한 엔지니어는 배경을 칠하는 그림물감과 펠트펜을 사용하여 그림을 그리고 있었다. 하지만 그가 원하는 (설계도를 기억나게 하는) 곧은 선을 그릴 수 없다는 것을 알았을 때 그는 크게 동요하였다. 그는 미술치료사의 도움으로 가냘픈 선이 만드는 새로운 우아함의 진가를 알게 되었다. 그는 장애를 가진 화가들의 그림 전시회에 자신의 작품을 전시하게 되었다.

추천 항목

- B. 매체 탐색
- D. 일반적인 주제들

다음 장에 있는 몇 가지 주제들

- E. 자기인식
- H. 집단 그림

신체적 장애를 가진 사람들이 그림을 그리도록 도울 수 있는 기관으로는 콘퀘스트(Conquest)가 있다(책 말미의 참고 자료에 있는 주소 참고).

내담자 9: 시각장애인들

그들의 요구에 특별한 관심을 기울인다면 시각장애인도 미술집단에 참여할 수 있다. 이것의 의미는 점토, 잡동사니, 천 등과 같은 촉각적인 매체에 치중하라는 것이다. 로열 국립 시각장애인 기관(Royal National Institute Blind: RNIB)에 유용한 자료들이 있다.

추천 항목

콜라주, 점토, 그 외의 입체재료의 사용과 관련된 주제들은 매체 설명(제2부 M장)을 참고하기 바란다.

내담자 10: 학습 장애/문제를 가진 사람들

학습장애를 가진 사람들은 현재 대부분이 지역사회에서 살고 있는데 약간의 지원을 받으면서 작은 요양소나 공동주택에 사는 경우가 많으며 자기 소유의 원룸 아파트에서 사는 경우도 있다. 그들과 그 주변 세상에 알맞은 활동으로는 다음과 같은 것들이 있을 수 있다(이 장의 내담자 11: '아동' 참고).

추천 항목

- B. 매체 탐색
- C. 집중, 민첩성, 기억
- D. 일반적인 주제들

다음 장들에 있는 간단한 주제들

- E. 자기인식(예, 168번 소원)
- H. 집단 그림(예, 264번 기여)
- K. 다른 예술과의 연계(예, 379번 음악에 맞춰 그림 그리기)

내담자 11: 아동

아이들에게 특히 알맞은 활동은 그들의 타고난 상상력과 환상을 끌어낼 수 있는 것들이다. 이것은 외부 세계와 그들이 그것을 어떻게 보는가를 연결시킬 수 있다.

추천 항목

- B. 매체 탐색
- D. 일반적인 주제들

그 외의 장에 있는 많은 주제들 역시 아이들에게 적합하며 몇 개는 아이들에게 맞추어 변형시키면 된다. 예를 들면 다음과 같다.

- C. 집중, 민첩성, 기억(예, 88번 지도 만들기)
- E. 자기인식(예, 129번 실물 크기의 자화상)
- F. 가족관계(예, 198번 놀이를 통한 가족관계)
- G. 짝지어 작업하기(예, 226번 난화)
- H. 집단 그림(예, 252번 주제에 따른 집단 벽화)
- I. 집단 상호작용 활동(예, 307번 동물 이어 그리기)
- J. 유도된 이미지, 시각화, 꿈, 명상(예, 317번 마법의 융단 타기)
- K. 다른 예술과의 연계(예, 359번 행위와 갈등의 주제)

내담자 12: 주의력결핍장애(ADD)와 주의력결핍 과잉행동장애(ADHD)를 가진 아동

이런 아이들은 '사방을 돌아다니는' 경향이 있으며, 이들에게는 한 가지 일에 집중하고 매달리도록 도와주어야 한다. 때로는 짝지어 하는 작업이 유용하다. 아이들 가끔 불안해하므로 그들의 두려움을 표현하도록 돕는 주제가 도움이 될 수 있다. 그들은 혼란스럽고 화가 난 경우가 많으므로, 찰흙이나 압박을 견디는 매체를 가지고 작업하는 것처럼 분노를 해롭지 않게 터뜨리게 해 주는 활동이 유익하다. 분노와 관련된 은유와 이야기가 분노를 살펴보는 데 활용될 수 있다. 안전한 공간과 몇 가지 규칙 안에서, 자기 자신 및 가족 문제에 대한 감정과 접촉하고 살펴보게 해 주는 주제가 도움이 되기도 한다.

추천 항목

- B. 매체 탐색
- C. 집중, 민첩성, 기억
- D. 일반적인 주제들
- E. 자기인식(예, 134번 가면, 136번 이름, 137번 배지와 상징)
- G. 짝지어 작업하기

내담자 13: 청소년

청소년들은 이따금 허세를 부리기는 하지만 자신에 대해서 고통스럽게 인식할 때가 많고 자신감도 빈번할 정도로 떨어진다. 그들은 평가받는다는 느낌 없이 자신의 생각과 견해를 시험해 볼 기회가 필요하다. 극적인 주제는 많은 청소년들의 관심을 끌며 감정을 발산시키도록 돕는다.

추천 항목

- D. 일반적인 주제들(특히 115, 121, 123번)

아동처럼(이 장의 내담자 11: '아동') 청소년에게도 다른 장에 있는 많은 주제가 적절하게 사용될 수 있다. 청소년의 경우에는 아동보다 더 많은 주제가 가능하다.

내담자 14: 자폐스펙트럼 장애를 가진 아동과 어른

이 장애를 가진 아동과 어른에는 자폐증과 아스퍼거 증후군을 가진 이들이 포함되며, 이들은 말을 할 수 없는 사람부터 대학 졸업자에 이르기까지 다양한 범위의 능력을 가지고 있다. 이들에게 공통된 것은 다른 사람들의 감정을 이해하지 못하고 사회적 상호작용을 할 수 없는 것이다. 이것의 의미는 그들이 아주 예측 가능한 환경을 필요로 하며 상황이 변하면 쉽게 혼란에 빠진다는 것이다. 그들은 흔히 강박적인 관심사를 가지고 있으며 미술작품에서 같은 주제를 반복하기를 좋아한다. 집단은 예측할 수 없기 때문에 그들은 집단작업을 순조롭게 하지 못한다. 그러므로 집단작업을 할 때는 개개인에 대해 잘 아는 상태에서 주의 깊게 접근해야 한다. 어떤 주제를 사용하든지 사람들이 자신의 세계를 계속 통제할 수 있게 해야 한다. 이 집단에는 천과 입체재료가 인기가 많다.

추천 항목

다음 장에서 주의 깊게 선택된 주제들(집단구성원들에게 맞추어서)

- B. 매체 탐색
- C. 집중, 민첩성, 기억
- D. 일반적인 주제들

내담자 15: 섭식장애를 가진 사람들

섭식장애에는 거식증, 폭식증, 그 외에 흔치 않은 소수의 섭식장애가 포함된다. 이들은 성취 수준이 높고 '완벽주의자'인 십대나 젊은이들(전부는 아니지만 대부분이 젊은 여성들)일 경우가 많다. 치료에 의뢰되는 가장 흔한 장애가 거식증인데, 이유는 그것이 생명을 위협할 수 있기 때문이다. 일부는 거식증의 단계를 지나서 폭식증이 된다. 몇몇 치료사는 신체상에 관한 주제가 유익하다고 본다(모두가 이것에 동의하는 것은 아니지만). 다른 치료사들은 장애 뒤에 숨어 있는 정서적 혼란에 초점을 맞춘다. 거식증에 걸린 사람들에게는 흔히 그들이 통제할 수 있는 재료부터 시작하여 차츰 통제가 잘 되지 않는 재료로 넘어가야 한다. 반면, 폭식증에 걸린 사람들에게는 흔히 통제할 수 없는 어질러진 것부터 시작하여 그들이 차츰 그 경계를 찾아내도록 하는 것이 필요하다. 이 두 장애 모두 그 배후에는 학대받은 내력이 숨어 있을 수 있다.

추천 항목

- B. 매체 탐색
- D. 일반적인 주제들

준비가 되면 다음 장에 있는 주제들도 몇 가지 사용할 수 있다.

- E. 자기인식
- F. 가족관계

내담자 16: 가족치료와 부부치료

여기서는 개별 구성원의 욕구뿐만이 아니라 가족 역동도 중요하다. 따라서 개인적인 주제들 대부분이 전자와 관련이 있고 집단 활동은 후자와 관련이 있다. 문제가 있는 가족들의 경우 미술 활동은 한동안 부족했던 즐거움을 공유할 수 있게 해 준다.

추천 항목

[가족 역동]

- F. 가족관계
- G. 짝지어 작업하기
- H. 집단 그림
- I. 집단 상호작용 활동

[개인의 욕구]

- E. 자기인식

자녀가 있으면 아동과 관련된 주제(이 장의 내담자 11: '아동')를 참고하라.

내담자 17: 정신건강 문제를 가진 내담자들

여기서는 집단의 성격과 특정한 요구에 따라서 다양한 주제를 사용할 수 있다. 여기에는 서로 다른 수준의 통찰력을 가진 여러 종류의 사람이 있으므로 그에 따라 주제를 다르게 선택해야 한다. 주간 보호소의 내담자들은 바깥 활동에 참여하고 외부의 관계에 몰두해 있는 경우가 많다. 이러한 것들이 미술집단의 소재로 사용될 수 있다.

추천 항목

각 집단과 그 속에 있는 개인의 욕구를 염두에 둔다면 모든 장들을 사용할 수 있다.

내담자 18: 보호관찰 중인 내담자들과 감시를 받고 있는 어린 범죄자들

범죄자들에는 서로 다른 욕구와 능력을 가진 광범위한 사람들이 포함되어 있다. 다시 말하면, 통찰의 수준이 서로 다를 것이므로 주제나 활동은 그 집단의 욕구에 맞추어서 선택해야 한다. 집단에는 참여를 격려하는 것과 더불어 확고한 한계를 정하는 규칙이 필요하다. 흔히 주제로는 그들의 범법 행위에 대해서 곰곰이 생각해 보도록 하는 것이 필요하다.

추천 항목

각 집단과 그 속에 있는 개인의 욕구를 염두에 둔다면 모든 장을 사용할 수 있다.

내담자 19: 알코올과 약물 문제를 가진 사람들

바로 앞에서 설명한 것들 대부분이 적용된다. 대부분의 알코올과 약물치료센터는 사람을 중독 행위로 유인하는 사건들의 패턴을 살펴보고 그와 관련된 이슈들에 주의를 기울이도록 돕는다. 이것은 사람들이 개인적으로 성장하도록 이끌 때가 많다.

추천 항목

각 집단과 그 속에 있는 개인들의 욕구를 염두에 둔다면 모든 장을 사용할 수 있다.

내담자 20: 돕는 직업을 가진 사람들

이 집단에는 미술치료사, 교사, 의사, 사회사업가, 젊은이들을 이끄는 지도자, 교역자, 상담가 등 돕는 직업을 가진 사람들 모두가 포함된다. 이들은 대개 상당한 정도의 통찰력을 가진 것으로 생각되지만 이전에 미술재료를 사용해 본 적이 없을 것이다. 대체로 그들은 보다 깊이 있는 개인적 주제와 집단주제에 특히 관심이 있다. 주제는 회기의 목적에 따라 결정될 경우가 많다.

추천 항목

모든 장이 사용될 수 있다(관계가 없을 것 같은 제2부 C와 D를 제외하고). 어떤 사람들은 E의 자기인식에 특별한 관심을 가질 수 있다. B의 매체 탐색에 있는 활동을 웜업으로 사용하면 좋을 것이다.

내담자 21: 일반 대중

여기에는 거의 모든 사람이 포함된다. 확신을 가지고 말할 수 있는 단 하나는 촉진자가 집단구성원들이 가진 어떤 문제에 대해서도 미리 알 수가 없다는 것이다. 이는 집단을 좀 더 잘 알 때까지는 주제를 꽤 신중하게 선택해야하며 너무 개인적인 주제는 피하라는 의미다. 큰 문제를 밝혀 내는 것과 그것을 다루는 것은 별개다. 활동의 깊이는 상당히 가볍게 유지하는 것이 가장 좋다. 여기서는 여러 가지 수준으로 해석될 수 있는 주제가 좋다.

추천 항목

모든 항목이 사용될 수 있다. 그러나 너무 개인적인 주제는 피하도록 한다.

내담자 22: 그 외의 특수한 집단들

여기에 다 쓰지 못한 특수한 집단과 소집단이 그 외에도 많다. 예를 들면, 광장공포증에 걸린 사람들, 여성 집단, 남성 집단, 소수민족 집단, 항의집단, 모든 종류의 자조집단 등으로 일일이 열거하면 끝이 없다. 중요한 것은 집단의 요구가 무엇인지를 알아내어 그것을 충족시키려고 노력하는 것이다.

제2부
주제와 활동

서 론

몇 개의 신체적 · 언어적 웜업 게임을 제외하면 이 컬렉션은 시각적인 미술에 기초한 주제와 활동들만을 포함하고 있다. 그렇다고 해서 시각적인 미술 주제만 사용해야 한다는 말은 아니다. 그와는 반대로 미술 주제는 다른 표현 예술(예, 음악, 드라마, 동작, 춤, 글쓰기)과 함께 사용해도 효과가 좋다. 많은 집단이 한 회기 내에서 혹은 여러 회기에 걸쳐서 몇 개의 표현 매체들을 함께 사용한다. 현재 모든 예술치료에서 문학이 중요한 역할을 하고 있다.

비록 어떤 주제들은 강렬한 감정을 발산시키기가 더 쉽지만 이것은 그 당시 개인이 처한 특정한 상태에 따라 많이 좌우된다. 동일한 주제가 어떤 사람에게는 마음 편하게 즐길 수 있는 것이 되고 다른 사람에게는 매우 고통스러운 곳을 건드릴 수 있다. 다시 말해서, 적절한 시간과 상황에서는 고통스러운 이슈를 살펴보는 것이 치료적일 수 있다. 잘못된 시간과 장소에서 아니면 적절한 지지를 받지 못할 때 이것은 재앙이 될 수 있다.

이렇듯 반응이 달라질 수 있기 때문에 보편적인 문제들에 대해서 아주 간단하게 언급한 주제들을 포함시킬 수밖에 없다. 적절한 주제나 활동을 선택하고 그것을 융통성 있게 적용하는 과제는 그 집단과 상황에 대해서 알고 있고 특정한 경우의 분위기와 이슈들을 인식하고 있는 촉진자나 치료사의 책임이다.

실제적인 선택 과정에 착수하기 전에 제2장의 주제 선택에 대한 부분을 다시 읽어 보면 좋다. 특수한 내담자 집단과 작업하고 있는 치료사와 촉진자는 그런 집단에 적합한 주제들을 요약한 제7장을 참고할 수도 있다.

이어지는 주제들은 다양한 방법(건설적으로 혹은 파괴적으로, 서투르게 혹은 노련하게)으로 사용되는 도구와 같이 볼 수 있다. 이 비유에 따르면 보통 사람은 일을 시작하기 전에 도구가 무엇을 할 수 있는지를 알아야 하지만, 전문가는 그것을 사용한 실제적인 경험을 가져야 한다.

주제와 활동의 분류

이 컬렉션은 주제를 중심으로 몇 개의 부분으로 나뉘고 각각에는 짧은 서문이 있다. 첫 번째 부분은 웜업 활동, 매체 탐색, 간단한 활동과 일반적인 주제들(A~D)에 대한 것이다. 그다음에는 개인에게 초점을 맞추고 이어서 가족관계, 짝지어서 하는 작업, 집단(E~I)으로 확대된다. 마지막으로 그 외의 표현 방법들과의 연계가 간단하게 탐색된다(J~K). 주제들은 쉽게 찾아볼 수 있도록 번호를 매겨 놓았다.

선택한 매체가 일어날 일에 영향을 주는 것은 확실하지만, 별도의 설명이 없으면 대부분의 주제는 2차원적인 매체를 사용한다. 많은 주제가 콜라주, 점토 등과 같이 덜 자주 쓰이는 매체를 사용하는 것으로 수정될 수 있다. 매체 상호 참고(L장)에는 콜라주, 점토, 입체재료, 가면에 대해서 특별히 설명한 주제들을 골라 놓았다. M장에는 여러 가지 매체와 그것의 가능성에 대하여 간단히 설명해 놓았다. 그다음에는 이 책이 나오는 데 도움을 준 사람들의 목록을 실었다. 마지막으로 책의 말미에 참고 자료 부분이 있다.

컬렉션은 버밍엄 폴리테크닉에서 석사학위를 받기 위해 1979년 40명의 미술치료사들과 가진 면담에서 주로 모아졌다. 책과 논문들에 있던 기존의 컬렉션들도 참고하였다. 이러한 책과 논문들은 참고 자료에 열거되어 있다. 컬렉션은 책의 전반부에서 재료에 대해 쓸 때 수정되고 추가되었다. 전체적인 컬렉션은 2판(2004)을 쓸 때 다시 수정되었고, 새로운 70개의 주제와 기존의 주제의 여러 가지 변형도 함께 추가되었다.

모든 주제가 수정 · 변화 · 추가될 수 있으며, 그러면 그것은 새로운 것이 되기 때문에 이와 같은 컬렉션은 결코 완성될 수가 없다. 주제는 해야 할 것을 규정하지도 않는다. 그것을 대강 훑어보는 것만으로도 여기에 포함되어 있지 않은 완전히 다른 아이디어를 촉발시킬 수 있다. 자신의 아이디어를 더하고 자신이 원하는 어떤 방법으로든 이 컬렉션을 발전시켜 나가는 것은 이 책을 사용하는 사람의 몫이다.

주제와 활동 목록

A. 웜업 활동

신체적 · 언어적 활동

1. 이름 게임
2. 즉석 자서전
3. 짝지어서 나누기
4. 한 바퀴 돌기
5. 악수하기
6. 몸짓으로 소개하기
7. 빙빙 돌다가 뭉치기
8. 뭉치고 또 뭉치기
9. 큰 바람이 분다
10. 색깔 잡기
11. 신체 두드리기
12. 등 두드리기
13. 어깨 마사지
14. 등에 글자 쓰기
15. 가면 전달하기
16. 따라 하기
17. 밀어내기
18. 술래잡기
19. 신뢰감 연습
20. 등 맞대기
21. 무릎으로 원 만들기
22. 엉키기
23. 매듭
24. 사이몬이 말하길
25. 생일
26. 숨쉬기
27. 역동적인 숨쉬기
28. 동작 연습
29. 사지 흔들기
30. 서클 댄스
31. 주제 연습하기

색칠하기와 그리기 웜업

B. 매체 탐색: 32, 33, 34, 35, 36, 37, 41, 43, 48, 49, 50, 53, 54, 61번
C. 집중, 민첩성, 기억: 92, 100, 102, 104번
D. 일반적인 주제들: 107, 110, 111, 118번
E. 자기인식: 125, 130, 136, 138, 146, 164, 183번
G. 짝지어 작업하기: 220, 221, 224, 225, 226, 227, 228, 237번
H. 집단 그림. 244, 251, 253번
I. 집단 상호작용 활동: 274, 296, 298, 302, 304, 307, 311번
K. 다른 예술과의 연계: 354, 355, 370, 371, 377, 381번

B. 매체 탐색

32. 낙서
33. 그림 완성
34. 난화(scribbles)
35. 물감 탐색
36. 동물의 흔적
37. 색채 탐색
38. 이어진 생각들
39. 반대로 하기
40. 혼돈에서 질서로
41. 대조되는 색깔, 선, 형태
42. 형태와 그림
43. 무늬 만들기
44. 거울 사용하기
45. 매체 선택
46. 대규모 작업
47. 신체의 일부 사용하기
48. 왼손
49. 왼손과 오른손
50. 눈 감기
51. 직선
52. 창의력 동원 기법
53. 젖은 종이 기법
54. 잉크 얼룩과 나비
55. 찍기와 문지르기
56. 모노프린트(monoprint)
57. 관찰을 통한 작업
58. 오감
59. 빨랫줄
60. 종이만 가지고
61. 박엽지
62. 콜라주
63. 표면 긁기
64. 왁스 그림
65. 질감
66. 오브제 사용하기
67. 폐품을 이용한 조소 작품
68. 자연과 해변의 조소 작품
69. 혼합재료
70. 점토작업
71. 모래놀이
72. 분노 표출하기
73. 촉각재료 작업
74. 종이죽
75. 플레이도우
76. 슬라임(slime)
77. 음식으로 창의적인 놀이하기
78. 그 외의 기법들

C. 집중, 민첩성, 기억

79. 정원 만들기
80. 동물 벽화
81. 선반
82. 가게 놀이
83. 아침 식탁
84. 일상생활
85. 옷
86. 집
87. 국기
88. 지도 만들기
89. 상상 속의 교통체계
90. 물건
91. 과일, 꽃, 나뭇잎
92. 환경

93. 꽃 콜라주
94. 경험
95. 사계절
96. 자연물
97. 창문
98. 견본
99. 스텐실
100. 이름 디자인
101. 동그라미 속 무늬
102. 조각 무늬 퀼트
103. 엮어서 만든 무늬
104. 얼굴
105. 모양 오리기
106. 선물

D. 일반적인 주제들

107. 폴더 만들기와 장식하기
108. 4대 요소의 그림 시리즈
109. 요소 인식하기
110. 집-나무-사람
111. 자유화
112. 토론 주제
113. 축제에 관한 주제
114. 계란과 소원
115. 당신의 이상적인 장소 디자인하기
116. 계절
117. 삶의 주제
118. 그림 고르기
119. 기억
120. 색깔 연상
121. 그림의 주제
122. 섬
123. 갈등을 활동으로 바꾸는 주제
124. 개인적인 경험

E. 자기인식

125. 소개
126. 사실적인 자화상
127. 이미지로 나타내는 자화상
128. 가방과 상자를 이용한 자화상
129. 실물 크기의 자화상
130. 손과 발
131. 입체 자화상
132. 성적 취향과 성별
133. 다양성 축하하기
134. 가면
135. 신체 갑옷
136. 이름
137. 배지와 상징
138. 은유적 초상화
139. 광고
140. 생활선
141. 뱀과 사다리
142. 과거, 현재, 미래
143. 인생 콜라주
144. 인생 우선순위 콜라주
145. 자기의 측면들
146. 최근의 사건
147. 아동기의 기억
148. 인생 되돌아보기
149. 인생 단계에 따른 관심사
150. 상실
151. 수화물의 꼬리표
152. 비밀과 사생활

153. 공적인 가면과 사적인 가면
154. 장점과 단점
155. 긍정적인 특성
156. 이상적인 사람
157. 갈등
158. 분노
159. 문제
160. 트렁크와 쓰레기통
161. 장애에 대한 공감
162. 감정
163. 느낌과 실행 가능성
164. 현재의 기분
165. 감정을 캐릭터로 외현화하기
166. 대상과 느낌
167. 생존 욕구
168. 소원
169. 두려움
170. 영성
171. 그림 이야기
172. 좋아하는 사람과 싫어하는 사람
173. 우정 시리즈
174. 자신과 타인에 대한 인식
175. 자기의 그림자
176. 아니마/아니무스
177. 내향성/외향성
178. 나의 공간
179. 나의 풍경
180. 안전한 장소
181. 나의 진보
182. 시간의 진보
183. 나의 시간
184. 사전-사후 가면
185. 가면 일기
186. 미술작품 되돌아보기
187. 기관

F. 가족관계

가족에 대한 인식

188. 가족 초상화
189. 동적 가족화
190. 관계에 대한 가족 조각
191. 가족 나무
192. 유산
193. 가족 비교
194. 아동기의 기억
195. 부모와의 관계 재현
196. 가족에 관한 주제
197. 사별 문제
198. 놀이를 통한 가족관계

가족 활동

199. 사실적인 가족 초상화
200. 추상적인 가족 또는 부부관계
201. 부부관계
202. 정서적 초상화
203. 현재의 상황
204. 중요한 것
205. 경험 공유하기
206. 문제와 해결
207. 상상과 현실
208. 분노
209. 부모와 자녀
210. 역할 바꾸기
211. 가족 환경
212. 조부모의 영향

213. 움직이는 가족 조각
214. 가족화
215. 재료를 함께 사용하기
216. 덧붙여 그리기
217. 팀
218. 미술 평가 회기
219. 그 외의 짝/집단 활동

G. 짝지어 작업하기

220. 짝지어 그림 그리기
221. 대화(conversation)
222. 연필과 종이의 우정
223. 관찰자와 함께 그림 그리기
224. 공간 공유하기
225. 합동 그림
226. 난화(squiggles)
227. 소개 인터뷰
228. 대화(dialogue)
229. 연속적인 그림
230. 초상화
231. 첫인상
232. 가면
233. 얼굴 그림
234. 실루엣
235. 관계
236. 공동 과제
237. 공동 통제
238. 권력자 역할
239. 갈등

H. 집단 그림

240. 최소한의 지시에 따른 집단 그림
241. 협동 그림
242. 응집된 전체
243. 이동하며 작업하기
244. 이미지 뽑아 내기
245. 자신의 영역
246. 집단 만다라
247. 개별적인 출발점
248. 집단 이야기
249. 시간 순서에 따른 동화
250. 한 번에 한 마디씩 이어 만든 이야기
251. 돌려 그리는 집단 그림
252. 주제에 따른 집단 벽화
253. 벽보/그래피티 벽
254. 분노의 그래피티 벽
255. 분노의 복합된 증상들
256. 서로를 어떻게 보는가
257. 역설의 벽
258. 연대의식
259. 다양성 축하하기
260. 섬과 세계 만들기
261. 집단 콜라주
262. 감정 콜라주
263. 변화 만들기
264. 기여
265. 좀 더 가까이
266. 집단 조각 작품
267. 집단으로 셀로판 겹치기
268. 집단에서의 역할
269. 역할극
270. 음악 듣고 그리기

271. 집단 그림에 대한 개인의 반응

I. 집단 상호작용 활동

272. 초상화
273. 협동 초상화
274. 집단으로 손 본뜨기
275. 배지와 토템상
276. 공감 모자
277. 감정을 이해하고 인정하기
278. 서로 다른 관점
279. 문화적 정체성
280. 집단 상징
281. 가면
282. 선물
283. 긍정 포스터
284. 풍선 날려 보내기
285. 공유하고 있는 느낌
286. 은유적 초상화: 개별 작업
287. 은유적 초상화: 집단작업
288. 해석
289. 움직이는 해석
290. 다양성의 지도
291. 갈등의 만화
292. 집단 문제 해결
293. 스트레스 기부하기
294. 나비
295. 실물 크기의 개인과 집단
296. 돌려 그리기
297. 난화, 찢기, 재구성하기
298. 빠진 것 채우기
299. 촉진자가 그린다
300. 아름다움과 추함
301. 비밀
302. 큰 걱정 주머니
303. 그림 연못
304. 색깔 연못
305. 집단이 더해 준 것
306. 집단으로 이어 그리기
307. 동물 이어 그리기
308. 그림으로 대화하기
309. 상황 도표
310. 소시오그램
311. 창조적인 생각의 흐름
312. 시각적인 속삭임
313. 신문지 게임
314. 잡지 그림 사용하기
315. 무역의 기술
316. 미술 경기장 게임

J. 유도된 이미지, 시각화, 꿈, 명상

유도된 이미지와 시각화

시각화를 위한 준비

- 적합성
- 여러 가지 수준의 경험
- 이완의 단계
- 여행 또는 시각화
- 돌아오기
- 그림
- 지지
- 1인칭 이야기

상상 여행

317. 마법의 융단 타기
318. 현자의 인도

319. 선물
320. 비밀의 정원과 집
321. 비밀의 동굴
322. 출입구
323. 산의 경치
324. 농장
325. 마법의 가게
326. 배를 타고 가는 여행
327. 섬에 난파되어
328. 숨은 씨앗
329. 오감

동일시

330. 식물
331. 자연물
332. 대화(dialogue)
333. 움직이는 물건
334. 강
335. 신화적 인물

상상을 자극하는 다른 방법들

336. 집단 환상
337. 이완, 명상, 그림
338. 음악 듣기
339. 빛 속에서 숨쉬기

변화를 상상하기

340. 개인의 성장
341. 작별 인사

추가 참고 도서 목록

꿈, 신화와 동화

342. 꿈 작업
343. 백일몽과 환상
344. 점토 괴물
345. 이야기와 만화
346. 신화
347. 동화

명상으로서의 그림 그리기

348. 명상적인 그림
349. 만다라
350. 자율 훈련법
351. 색깔 명상

K. 다른 예술과의 연계

동 작

352. 믿으며 걷기
353. 정서
354. 몸짓 그리기
355. 감각을 행동으로 나타내기
356. 춤

드라마

357. 상황을 조각하기
358. 대화(dialogue)
359. 행위와 갈등의 주제
360. 요소와 갈등
361. 사고
362. 살아 움직이는 그림들
363. 가면
364. 모자
365. 드라마 게임
366. 인형 극장
367. 연극 의상

A. 웜업 활동

많은 지도자와 치료사는 사람들을 집단 회기를 시작할 때 준비시키기 위해 몇 가지 종류의 웜업 활동을 하는 것을 좋아한다. 이것은 신체적 · 언어적 활동이나 간단한 그림 활동이 될 수 있다. 전자는 사람들이 서로 접촉을 시작하도록 돕고 후자는 그림 그리기를 어떻게 시작해야 할지 모르겠다는 느낌을 넘어서도록 돕는다.

신체적 접촉(예, 등 문지르기)이 포함된 신체적 웜업은 어떤 집단에게는 적절하지 않을 수 있다. 예컨대, 과거에 학대를 겪었던 참가자들이나 장애가 있는 참가자들이 있는 집단, 그 집단의 문화가 신체적 접촉을 허용하지 않을 때, 집단이 처음으로 만났을 때 등이다. 내담자 집단을 잘 아는 누군가와 함께 무엇이 받아들여질지를 확인해 보는 것이 가장 좋다.

신체적 · 언어적 활동

이러한 활동을 개발하고 싶어 하는 사람들을 위해 상호협조 게임에 관한 책들이 참고 자료에 소개되어 있다. 여기에 몇 가지 예들을 간단하게 설명하였다.

1. 이름 게임

① 원으로 돌아가면서 이름을 말하고 박수를 친다. 이름이 귀에 익을 때까지 한다.
② 첫 번째 사람이 이름을 말하면, 그다음 사람이 첫 번째 사람과 자신의 이름을 말하고 세 번째 사람은 세 사람 이름을 모두 말하는 식으로 계속해 나간다.
③ 한 사람이 다른 사람에게 콩 주머니나 다른 적당한 물건을 던진다. 던지는 사람이 받는 사람의 이름을 말하고 받는 사람은 던지는 사람의 이름을 부른다.

2. 즉석 자서전

짝을 지어서 파트너에게 2분(혹은 5분)간 자신에 대해서 이야기하고 교대한다. 그러고 나서 파트너가 다른 짝이나 전체 집단에게 당신을 소개한다.

3. 짝지어서 나누기

짝을 지어서 한 사람이 3분 동안 쉬지 않고 자신이 좋아하는 것을 이야기한다. 상대는 주의 깊게 경청한다.

4. 한 바퀴 돌기

이것은 개인적인 정보를 나누고 사람들이 서로 알아 가게 하는 신속한 방법이다. 모든 사람이 다음과 같이 시작하는 몇 개의 단어나 하나의 문장을 돌아가면서 말한다.

- 여기 오는 도중에 나는 ~를 알아차렸다.

- 이번 주에 일어난 좋은 일 하나는 ~다.
- 나를 신나게 하는 것은 ~다.
- 내가 이 집단에서 얻고 싶은 것은 ~다.
- 지금 내 느낌은 ~다. (등)

5. 악수하기

되도록 많은 집단구성원과 악수하고 자신을 소개한다.

6. 몸짓으로 소개하기

자신의 특징적인 행동이나 살아가는 방식을 몸짓으로 소개한다.

7. 빙빙 돌다가 뭉치기

빙빙 돌다가 지도자가 '세 사람씩'이라고 외치면 모든 사람이 세 사람씩 무리를 짓는다. 다른 숫자로 무리 짓기를 반복한다.

8. 뭉치고 또 뭉치기

촉진자가 여러 가지 방법으로 무리를 짓게 한다. 예를 들면, 갈색/파란색 눈을 가진 사람들끼리, 쥠쇠/끈/장식이 없는 신발을 신은 사람들끼리 등이다.

9. 큰 바람이 분다

참가자들보다 하나 더 적은 수의 의자로 원을 만든다. 한 사람이 원의 중앙에 서서 자신과 몇몇 사람이 공유하는 특징을 외친다. 예컨대 안경을 낀 사람, 남자 형제가 있는 사람, 아침 식사를 한 사람 등등. 이 사람들은 자리를 바꾼다. 새로운 사람이 중앙에 설 때까지 계속한다. '큰 바람'은 모든 사람이 움직여야 하는 것을 뜻한다.

10. 색깔 잡기

지도자가 "모두 빨간색을 잡으세요."라고 외치면 모든 사람이 자신이나 다른 사람의 옷에 있는 빨간색을 잡는다. 다른 색이나 특징들을 부르며 반복한다.

11. 신체 두드리기

모든 사람이 자신의 신체를 얼얼할 정도로 세게 두드린다.

12. 등 두드리기

원을 만들어서, 모두가 앞 사람의 등(또는 그 아래까지)을 두드린다. 그런 다음 몸을 돌려서 바로 앞에 있는 사람에게 이것을 반복한다.

13. 어깨 마사지

원을 만들어서, 모두가 앞 사람의 어깨를 마사지한다. 그런 다음 몸을 돌려서 그쪽의 앞 사람에게 이것을 반복한다. 이것은 등 두드리기를 한 후에 자연스럽게 이어진다.

14. 등에 글자 쓰기

바닥에 원을 만들고 앉아서 옆 사람의 등을 마주한다. 첫 번째 사람이 옆 사람의 등에 짧은 단어를 (손가락으로) '적어서' 전달한다. 한 바퀴 돌고 나서 처음의 단어와 비교한다.

15. 가면 전달하기

원을 만들어서, 첫 번째 사람이 얼굴을 찡그려서 가면을 만들고, 옆 사람에게 손으로 그 가면을 '전달'한다(옆 사람의 얼굴을 손으로 만져서 그 가면의 표정을 만든다는 뜻). 옆 사람은 그것을 새로운 가면으로 발전시켜서 다음 사람에게 전달한다.

16. 따라 하기

짝을 지어서, 한 사람이 상대방의 행동을 보고 따라 한다. 역할을 바꾸어 가면서 반복한다.

17. 밀어내기

짝을 지어서 방의 중앙에서 시작한다. 서로 온 힘을 다해서 상대를 벽 쪽으로 민다.

18. 술래잡기

짝을 지어서 한 사람은 파트너의 등에 손을 대려 하고, 파트너는 닿지 않으려고 도망 다닌다.

19. 신뢰감 연습

몸 흔들기, 들어 올리기, 눈 감고 걷기, 얼굴을 만져 보고 누구인지 맞히기 등(이미 서로를 어느 정도 알고 있는 집단에 적합하다)

20. 등 맞대기

짝을 지어서, 등을 맞대고 무릎을 구부려 바닥에 앉는다. 팔짱을 끼고 함께 일어선다.

21. 무릎으로 원 만들기

최소 12명이 필요하다. 모두가 같은 쪽을 보면서 서로 밀착하여 원을 만든다. 그러고 나서 모든 사람이 동시에 뒷 사람의 무릎에 앉는다.

22. 엉키기

한 줄로 서서 손을 잡은 뒤, 끝에 선 사람이 다른 사람들 팔 밑으로 누비며 돌아다닌다. 집단 전체가 단단히 엉킬 때까지 계속한다.

23. 매 듭

원을 만들고 서서 눈을 감는다. 팔을 내밀어 각자 서로 다른 사람의 손 두 개를 꽉 잡는다. 눈을 뜨고 손을 놓지 않은 채로 매듭을 푼다.

24. 사이몬이 말하길

지도자가 지시를 하되, '사이몬이 말하길'로 시작하는 지시만 따르기로 한다. 틀린 사람은 퇴장한다.

25. 생일

말을 하지 않고, 몸짓이나 손짓만을 사용하여, 생일 순서대로 줄을 선다.

26. 숨쉬기

눈을 감고 앉는다. 공기를 아주 깊이 들이마시고 숨소리에 귀를 기울이면서 깊고 규칙적으로 숨을 쉰다.

27. 역동적인 숨쉬기

발을 바꾸어 가며 껑충껑충 뛰면서 '후' 소리를 계속 반복한다.

28. 동작 연습

팔다리 흔들기, 머리 돌리기, 스트레칭, 사지 주무르기, 휴식 등 단순한 동작을 한다.

29. 사지 흔들기

처음에는 한쪽 엄지손가락을 흔들고 다음에는 다른 쪽 엄지손가락을 흔들고 나머지 손가락, 팔, 다리, 몸을 더해 가며 흔든다. 방을 돌아다니면서 콧노래를 흥얼거리는 것도 동시에 할 수 있다.

30. 서클 댄스

이것은 하나의 큰 원을 만들어서 추는 춤이다. 아주 단순한 동작으로 된 춤을 선택하라. 음악 CD와 서클 댄스의 기본 스텝을 아는 사람이 필요하다.

31. 주제 연습하기

주제와 관련된 신체 동작이다. 예를 들면, 난화를 소개하기 위해 팔을 자유롭게 움직이는 연습, 나선형의 생활선을 소개하기 위한 나선형의 팔 동작, 음악에 맞춰 움직인 다음 그림 그리기를 소개하기 위한 율동 동작 등이다.

색칠하기와 그리기 웜업

B장(매체 탐색)에 있는 몇 가지 활동은 사람들이 종이에 처음으로 뭔가를 그리게 해 주는 비위협적인 방법이다. E장(자기인식)에 있는 몇 가지 주제도 시작을 잘할 수 있게 해 준다. B, E장에 있는 것들로 추천할 것 몇 가지와 다른 장에 있는 간단한 활동들을 함께 소개하겠다.

B. 매체 탐색

32. 낙서
33. 그림 완성
34. 난화(scribbles)
35. 물감 탐색
36. 동물의 흔적
37. 색채 탐색
41. 대조되는 색깔, 선, 형태
43. 무늬 만들기
48. 왼손
49. 왼손과 오른손

50. 눈 감기
53. 젖은 종이 기법
54. 잉크 얼룩과 나비
61. 박엽지

C. 집중, 민첩성, 기억

92. 환경
100. 이름 디자인
102. 조각 무늬 퀼트
104. 얼굴

D. 일반적인 주제들

107. 폴더 만들기와 장식하기
110. 집-나무-사람
111. 자유화
118. 그림 고르기

E. 자기인식

125. 소개
130. 손과 발
136. 이름
138. 은유적 초상화
146. 최근의 사건
164. 현재의 기분
183. 나의 시간

G. 짝지어 작업하기

220. 짝지어 그림 그리기
221. 대화(conversation)
224. 공간 공유하기
225. 합동 그림
226. 난화(squiggles)
227. 소개 인터뷰
228. 대화(dialogue)
237. 공동 통제

H. 집단 그림

244. 이미지 가려내기
251. 돌려 그리는 집단 그림
253. 벽보/그래피티 벽

I. 집단 상호작용 활동

274. 집단으로 손 본뜨기
296. 돌려 그리기
298. 빠진 것 채우기
302. 큰 걱정 주머니
304. 색깔 연못
307. 동물 이어 그리기
311. 창조적인 생각의 흐름

K. 다른 예술과의 연계

354. 몸짓 그리기
355. 감각을 행동으로 나타내기

370. 단어를 이미지로

371. 이야기의 결말 탐색하기

377. 이름 소리

381. 글자

B. 매체 탐색

이 장에 있는 아이디어들은 매체를 여러 가지 방법으로 탐색하는 데 초점을 맞추고 있으며 그 목적은 상상력과 창조성을 개발하기 위함이다. 추천된 활동의 일부는 다른 장에 열거된 주제들을 이끌어 내거나 그것들과 중복되기도 한다. 여기에 있는 많은 활동이 미술재료를 사용하는 방법을 제시하거나 자발적으로 작업하는 데 필요한 흥미를 불러일으킨다. 이것들은 새로운 집단이나 종이에 그림을 처음으로 그리는 것이 불안한 사람들에게 도움이 될 수 있다.

32. 낙서

낙서의 방법은 여러 가지가 있지만 핵심은 의미 있는 무언가가 나타날 때까지 펜이나 크레용으로 아무런 목적없이 그려 나가거나 '선을 따라다니게' 두는 것이다. 이것은 그래야만 효과가 있다. 몇 가지 변형은 다음과 같다.

[변형]

① '낙서 일기'를 쓰고 낙서가 일정 기간에 걸쳐 변화하는지를 지켜본다.

② 눈을 감고 크레용이 가는 대로 내버려둔다. 눈을 뜨고 이미지를 찾아서 발전시켜 본다.

③ 결과물이 '나와야 한다'는 느낌 없이 선, 색깔, 소리를 활용한다. 색깔이 '당신을 선택하게' 내버려둔다.

④ 여러 장의 낙서 중에서 가장 마음에 드는 것과 가장 마음에 들지 않는 것을 고른다.

⑤ 자연스럽게 그린 낙서에서 이야기를 이끌어 낸다.

⑥ 낙서와 거기에 나타난 뭔가가 불러일으키는 느낌들을 말해 본다.

⑦ 짝지어서, 시작 그림이 있는 난화를 그려 본다(226번 참고).

⑧ 모양 바꾸기: 그림에 손을 세 번 대어서 뭔가 다른 것으로 바꿔 본다.

⑨ 종이에 나 있는 지저분한 흔적들에서 뭔가를 연상하여 하나의 이미지로 발전시켜 본다.

⑩ 집단이라면 지저분한 벽에 나 있는 흔적들을 ⑨처럼 사용할 수 있다.

⑪ 54번을 참고한다.

⑫ 자기 이름의 첫 글자를 가능한 한 크게 그려서 거기에서 그림이나 도안을 찾아 발전시켜 본다. 이것은 난화보다 덜 위협적인데 그 이유는 자기 이름의 첫 글자가 이미 익숙해져 있기 때문이다.

33. 그림 완성

단순한 선과 형태를 출발점으로 삼아 하나의 그림을 완성시켜 본다. 여러 명의 집단구성원들로부터 나온 서로 다른 결과물들은 활기찬 토론을 일으킬 수 있다. 시각적인 차이(예, 선의 굵기)뿐만 아니라 상징적인 차이도 있을 수 있다.

[변형]

① 하나의 원에서 시작하여 그것이 뭔가를 나타내도록 만들어 본다. 그러고 나서 원의 안과 밖 또는 선 위에 뭔가를 덧붙여 본다.

② 54번을 참고한다.

34. 난화(scribbles)

가능하면 눈을 감고 몸 전체를 크게 움직이면서 난화를 그려 본다. 구석구석 살펴보고 어떤 그림을 연상시키는 형태를 찾아서 그것을 발전시켜 본다.

35. 물감 탐색

얼마나 많은 방법으로 물감을 칠할 수 있는지 탐색해 본다. 붓, 막대기, 롤러, 스펀지, 천, 손가락을 사용해 본다. 진한 물감과 묽은 물감을 탐색해 본다. 붓의 자루처럼 도구의 다른 부분을 이용해 본다.

36. 동물의 흔적

붓이 어떤 곤충(예, 메뚜기)이라고 상상하고 종이 위에 흔적을 만들어 본다. 그러고 나서 붓이 뱀이라고 상상하고 뱀이 종이 위를 미끄러져 가는 것처럼 흔적을 만들어 본다. 다른 동물로도 상상하면서 계속해 본다.

37. 색채 탐색

오직 한 가지 색깔과 흰 종이만을 사용하여 당신에게 이 색깔이 주는 의미를 탐색해 본다. 예컨대, 그 색깔로 형태와 선을 그리면서 말이다.

[변형]

① 가장 좋아하거나 가장 싫어하는 색깔을 고른다.

② 조화로운 집단을 상징하거나, 성격의 일면을 표현하거나, 감정을 나타내는 두세 가지의 색깔을 고른다.

③ 부정적인 감정을 제어하여 균형을 잡아 주는 색깔을 고른다.

④ 하나의 색깔로 시작하고 나서 다른 색깔을 혼합시킨다.

⑤ 큰 종이를 두세 가지 색깔로 칠한다.

⑥ 도화지를 되도록 많은 색깔로, 최대한 빠르게 채운다.

⑦ 좋아하는 색깔 하나와 싫어하는 색깔 하나를 골라서 그림을 그린다. 싫어하는 색깔 두 가지를 사용할 수도 있다.

⑧ 가장 좋아하는 색깔로 그림을 그리고 가장 싫어하는 색깔로 그림을 그린 뒤 두 그림을 비교한다.

⑨ 162번 감정을 참고한다.

⑩ 주제(예, 계절)와 연관된 한 가지 색깔로 시작하여 다른 색깔로 넘어가는 식으로 색깔의 '모자이크 융단'을 만든다. 이것이 특정한 이미지를 떠오르게 하는지 살펴본다.

⑪ 큰 붓과 한 가지 색깔을 골라서 눈을 감은 채로 종이를 흔적들로 채운다. 눈을 뜨고 그린 것을 본 후 다른 색깔을 고른다.

⑫ 색깔이 있는 배경: 서로 다른 색깔의 종이에 일련의 그림들을 그린다. 시작하기 전에 종이의 색깔에서 뭔가를 연상하여 이것을 그림으로 발전시킨다.

38. 이어진 생각들

연속적으로 이어진 생각들이나 이전 작품이 끝나기 전에 혹은 새로운 작품을 시작하면서 경험한 느낌들을 가지고 작업한다. 이것은 시작에 대한 두려움을 없애 주고 생각의 흐름을 촉진시킬 수 있다.

39. 반대로 하기

자연스러운 방법으로 그림을 그리기 시작한다. 그러고 나서 의도적으로 방법을 바꾸고 그에 따라 만들어진 결과물에 주목한다. 나타난 형태를 이해하고 그 이해를 발전시켜 나가면서 이 자업을 몇 번이고 반복한다.

[변형]

그림을 재빨리 그린다. 거기에 어떤 패턴이 있으면 평소 그리는 것과 반대되는 것을 실험적으로 그려 본다.

40. 혼돈에서 질서로

혼돈이라는 단어에 대해서 생각하면서 가능한 한 무질서하게 그림을 그리거나 선을 긋는다. 멈추고 결과물을 살펴본다. 거기서 마음에 드는 작은 부분을 골라 내어 새로운 종이에 의미 있는 어떤 것으로 발전시켜 나간다.

41. 대조되는 색깔, 선, 형태

색깔, 선, 형태, 곡선 등을 사용하여 대조되는 것을 만들어 낸다. 예컨대, 가늘고 굵은, 길고 짧은, 밝고 어두운, 선명하고 희미한 선 등이다.

[변형]

① 직선과 곡선을 긋는다. 당신의 인생에서 이런 것들과 관련된 것을 생각해 본다.

② 대조되는 것들을 따로따로 작업한 후에 그것들을 하나로 합쳐 본다.

42. 형태와 그림

좋아하는 형태를 그려서 자르고 그것에 선과 그림을 추가한다. 다른 형태를 가지고 이 작업을 반복한다.

[변형]

그 형태를 어떤 배경 위에 붙여서 선과 그림을 추가한다.

43. 무늬 만들기

시작할 때 좋은 방법들이다. 무늬를 몇 가지 제안하면 다음과 같다.

① 반복되는 형태들. 직사각형이나 반원 등 단순한 선으로 된 형태와 세 가지 색깔을 고른다. 이 형태를 여러 개의 부분으로 나누고, 다른 색깔을 칠하고, 방향을 바꾸고, 크기를 다르게 그리고, 겹쳐 본다. 어떤 패턴이 나타나면 그것에 음영을 넣고 연결시켜서 발전시킨다.

② 반대되는 형태를 반대되는 방법으로 하여 ①을 반복한다.

③ 정사각형과 원, '옵아트(op art)'[1)]

---

1) 착시 현상을 이용하는 현대미술 양식(역자 주)

④ 10개의 비눗방울을 그리고 그 둘레를 선으로 감싼다. 색깔을 채운다.

⑤ 편안하게 선을 그린다(돌진하듯이, 지그재그로, 방울방울로).

⑥ 단순한 형태를 그리고 그것을 매번 조금씩 다르게 반복한다. 그 형태들 중 몇 개를 하나의 무늬로 만든다. 처음에는 한 가지 색깔을 사용하고 다음에는 다른 색깔들을 추가한다.

⑦ 형태들을 찢어서 그것들이 만들어 내는 무늬를 살펴본다. 그리고 나서 형태들 사이에 있는 공간을 살펴보고 이것들에서 다른 무늬를 만들어 낸다.

⑧ 두꺼운 곡선을 그리고 나서 양옆에 가는 선들을 그린다. 그 형태는 당신이 하고 싶은 대로 한다. 그것이 무엇을 연상시키는지 살펴본다.

⑨ 박엽지 무늬(61번 참고).

⑩ 종이, 두루마리 휴지 속지, 성냥갑 또는 다른 잡동사니를 사용하여 입체 무늬를 만든다.

⑪ 콜라주 재료나 물감을 칠하여 질감이 있는 무늬를 만든다.

⑫ 오려 낸 형태들을 배열하여 무늬로 만든다. 이것은 그날그날 바꿀 수 있다.

44. 거울 사용하기

세 가지 색깔의 왁스 크레용을 사용하여 부드러운 질감의 추상적인 무늬를 만든다. 모서리에 두 개의 거울을 서로 직각이 되게 놓았을 때 만들어지는 이미지를 살펴본다.

[변형]

네 사람씩 무리를 지어서 부드러운 질감의 무늬를 만든다. 각자 한 가지 색깔을 사용하고 말하지 않고 작업한다. 위와 같은 방법으로 거울을 사용한다.

45. 매체 선택

주어진 과제를 한 가지 매체로 또는 매체를 혼합하여 완성한다. 과제는 미리 정해진 주제일 수도 있고 각자가 정하게 할 수도 있다. 선택한 매체에 대해서 곰곰이 생각해 본다.

46. 대규모 작업

롤러, 큰 붓, 스펀지, 천, 발, 손 등을 사용하는 대규모 작업이다. 날씨가 좋을 때 밖에서 하는 것이 가장 좋다.

[변형]

① 큰 종이 위에 자유롭게 그린다.

② 큰 마분지에 롤러로 액체 물감을 칠한다. 쉐이커[2)]를 사용하여 그 위에 분말 물감이나 반짝이를 뿌린다.

③ 여러 가지 종류의 원통형 물체에다 물감 접시에 있는 액체 물감을 묻혀서 긴 종이에 칠한다.

④ 큰 종이 주변에 여러 가지 색깔의 물감을 짜둔 접시를 놓고 스펀지로 집단 그림을 그린다. 집단구성원들 각자가 모든 색깔을 써 볼 수 있도록 몇 분 간격으로 자리를 움직인다.

⑤ 손으로 집단 그림을 그린다.

47. 신체의 일부 사용하기

신체의 여러 부분을 사용하여 그림을 그린다. 예컨대, 손 본뜨기, 손가락 그림, 손자국과 발자국 만들기 등이다.

[변형]

① 발에 대한 의식을 높이기 위해 발가락, 발뒤꿈치 등을 사용한다.

② 48번과 49번을 참고한다.

48. 왼손

평소 쓰지 않는 손을 사용하여 그림을 그린다. 이것은 긴장을 푸는 데 좋은 방법이다.

[변형]

① 큰 붓과 한 가지 색깔을 사용하여 종이에 흔적을 남긴다. 색깔을 바꿔서

---

2) 소금, 설탕 따위를 뿌리는 용기(역자 주)

반복한다.

② 평소 쓰지 않는 손으로 손가락 그림을 그린다.

③ 평소 쓰지 않는 손으로 주제에 따라 작업한다.

49. 왼손과 오른손

오른손이 스스로 색깔 하나를 선택하게 한다. 왼손도 마찬가지로 한다. 눈을 감고 두 손으로 두 색깔을 써 본다. 눈을 뜨고 두 손에 두 색깔로 그림을 그린다. 집단에서 그 경험을 나눈다.

[변형]

어떤 그림을 그리거나 모사한다. 처음에는 평소 쓰는 손으로 하고 나중에는 그 반대 손으로 한다.

50. 눈 감기

눈을 감고 선을 긋거나 그림을 그린다. 완벽하게 하는 것이 불가능하기 때문에, 그림을 잘 그리지 못한다고 걱정하는 사람이나 작품이 잘 나오길 바라는 사람에게 좋다.

[변형]

① 49번 왼손과 오른손을 참고한다.

② 37번 색채 탐색의 ⑪을 참고한다.

51. 직선

참가자들에게 이미지들을 주고 거기서 하나를 선택하게 한다. 그들에게 A5 용지, 자, 연필을 주고 선택한 이미지를 자와 연필만 가지고 모사하게 한다. 이것은 통제에 대한 토론을 이끌어 내는 재미있는 방법이 될 수 있다.

52. 창의력 동원 기법

이것은 볼프강 루트헤(Wolfgang Luthe, 1976)가 개발한 비언어적 기법으로서 뇌기능을 동원하여 창의력을 증진시키기 위해 만들어졌다. 자세한 설명은 그의 책 『창의력 동원 기법(Creativity Mobilisation Technique)』에 나와 있다(이 장 말미의 참고 자료 참고). 간단히 요약하면 다음과 같다.

① 2분 안에 신문지의 70~90%를 색깔로 뒤덮는다. 최대한 크게 엉망으로 만든다.
② 그런 식으로 '아무 생각 없이' 엉망으로 그린 그림 15개를 연속적으로 만든다.
③ 1주일에 4일 동안 최소한 한 번은 그림 그리는 회기에 참여한다.
④ 최소한 4~6주 동안은 그림 그리는 회기에 규칙적으로 계속 참여한다.
⑤ 각 회기를 기록하여 일지로 남긴다.

53. 젖은 종이 기법

젖은 종이 위에다 물감을 붓으로 칠하거나 튀기거나 부어 본다. 색깔들이 섞이는 것을 지켜보면서 생기는 감정들을 알아차려 본다.

[변형]

① 종이를 적시고 구긴다.
② 그렇게 해서 생긴 형태들을 하나의 이미지로 발전시킨다.
③ 펠트펜을 사용하여 얼룩 주위와 얼룩 사이에 그림을 그린다.
④ 즉석에서 만들어진 얼룩 몇 개에 제목을 붙인다.

54. 잉크 얼룩과 나비

종이 위에 잉크나 걸쭉한 물감 방울을 떨어뜨린다. 반으로 접었다가 편다. 그것이 연상시키는 이미지를 발전시킨다.

[변형]

① 유사한 잉크 얼룩들을 집단구성원들에게 나누어 준다. 각자가 그것을 발전시켜서 생긴 결과물들을 서로 비교한다.

② 특별히 마음에 드는 얼룩 부분을 오려 내어 두꺼운 종이 위에 붙인다(이 것은 작업 과정을 통제하는 느낌을 되찾아 준다).

③ 32번과 33번을 참고한다.

55. 찍기와 문지르기

잡동사니들과 결이 있는 물건들을 물감에 담갔다가 찍는다. 또는 종이 아래에 놓고 문지른다.

[변형]

① 날씨가 좋을 때 바깥에 있는 물건들을 사용한다.

② 결이 있는 여러 가지 물체와 문지르기 기법을 사용하여 집단 그림을 만든다.

③ 찍기로 무늬를 만든다.

56. 모노프린트(monoprint)

크림 같은 점성(예, 혼합물감)을 지닌 물감을 돌, 유리, 멜라민 같은 매끈한 표면에 바른다. 손가락, 붓의 자루, 또는 다른 도구를 사용하여 물감으로 무늬를 만들거나 그림을 그린다. 종이를 그 위에 놓고 찍는다. 필요하면 물감을 더해서 이 과정을 반복한다. 이것은 어떤 아이디어를 표현하려고 하지만 그림 실력의 부족으로 좌절하는 아동(또는 성인)에게 도움이 된다.

[변형]

인쇄 잉크를 롤러로 유리 위에 바른다.

57. 관찰을 통한 작업

그릴 물건들을 가지고 와서 그것들을 관찰하고 난 후 집단 그림을 그린다. 예컨대, 나뭇잎, 과일, 손, 도구, 얼굴 등이다.

[변형]

① 물건들을 관찰하고 그것과 관련된 느낌들을 질문한다.

② 꽃을 유심히 살펴본 후에 그린다.

58. 오감

이번 달이 어떤 색깔을 연상시키는지 생각해 본다. 이번 달을 오감 중 어떤 감각으로 떠올리는지를 살펴본다. 이 모든 측면을 그림이나 시를 통해서 당신과 연관시켜 본다. 겉보기에 사물이 죽은 것 같아 보이는 겨울에 특히 좋은 작업이다.

59. 빨랫줄

빨랫줄에 걸린 종이에 그림을 그린다. 탁자 위에 놓인 종이에 그린 그림과 이것을 비교한다.

60. 종이만 가지고

집단구성원들은 20분 동안 한 사람당 1장의 종이를 사용하여 개인적인 시간을 표현한다. 종이를 찢거나, 테이프로 붙이거나, 물어 뜯거나 할 수 있지만 그림을 그릴 수는 없다. 그 과정을 설명하거나, 결과물이 나왔다면 그것에 대해 설명하거나, 개인적으로 연상되는 것을 적으면서 그 과정에 대해 곰곰이 생각해 볼 수 있다.

[변형]

① 종이 1장을 집단구성원들에게 돌린다. 말하지 않은 채, 그것을 가지고 하고 싶은 대로 한다. 종이가 산산조각 날 때까지 돌린다.

② 각자 종이 한 장, 풀, 가위를 가지고 뭔가를 재빨리 만든다.

③ 집단은 신문지를 말아서 입체 작품(예, 정글과 거주자)을 만든다.

④ 종이 3장과 접착제를 사용하여 다음과 같이 한다.

- 모르는 사람에게서 "당신은 괜찮아."라는 메시지를 받는다.
- 집단을 위한 선물을 만든다.
- 기관의 상징을 만든다.

⑤ 접거나 잘라서 종이 인형, 동물 그리고 그 밖의 모양들을 만든다. 동물 가족, 동물원 등과 관련된 이야기를 당신이 원하는 대로 전개시킨다(아이들에게 좋다).
⑥ 자투리로 남은 종이를 찢어서 조각 낸다. 그것을 이용하여 집단으로 그림이나 조소 작품을 만든다.
⑦ 여러 가지 질감과 두께를 가진 흰 종이를 찢어서 콜라주를 만든다.

61. 박엽지

여러 가지 색깔의 박엽지를 찢어서 흰 종이에 붙여 추상적인 디자인을 만든다. 이것은 그림을 잘 그릴 수 없다고 생각하는 사람들에게 좋다.

[변형]
① 한 가지 색깔의 박엽지만 사용한다.
② 박엽지를 찢지 말고 자른다.
③ 창문 위에다가 박엽지로 작업을 한다.
④ 종이 접시에 박엽지로 얼굴을 만든다.
⑤ 박엽지와 철사를 사용하여 조소 작품을 만든다.

62. 콜라주

콜라주 재료와 잡지 사진들을 가지고 해 볼 수 있는 것들이 많다. 예를 들면, 다음과 같다.

① 102번 조각 무늬 퀼트를 참고한다.
② 인물 사진을 오려 내어 붙인다. 그들이 생각하거나 말하는 것을 적어 본다.
③ 여러 가지 천 조각을 종이에 붙인다. 그 사이를 색칠하여 추상적인 디자인을 만든다.
④ 풍경 그림을 오려 내고 연상되는 것을 적어 본다.

⑤ 여러 가지 색깔의 종이를 찢어서 사용한다(그냥 흰 종이도 된다. 60번 참고).

⑥ 자연의 재료들을 사용한다.

⑦ 양면테이프를 사용하여 마분지에 작은 콜라주를 만든다.

63. 표면 긁기

펠트펜이나 연필을 사용하여 종이 전체를 색칠한다. 검은 왁스 크레용이나 오일 파스텔로 그 위를 덮는다. 아래에 있는 색깔들이 보이도록 표면을 긁는다.

64. 왁스 그림

흡수력이 상당히 좋은 종이에 양초의 끝부분(혹은 왁스 크레용)을 가지고 무늬나 그림을 그린다. 종이를 수채화 물감으로 칠해서 그 그림이 나타나도록 한다.

65. 질감

서로 다른 질감을 가진 다양한 물건을 모은다. 그것들을 만져 보고(가방이나 상자에 그 물건들을 넣어서 눈을 감고 하는 것이 더 좋다) 난 후에, 그로 인해 생긴 반응을 그리거나 그 질감을 그림으로 나타내 본다. 짝지어서 또는 집단으로 할 수 있다.

[변형]

당신의 성격을 나타내는 질감을 가진 재료로 작은 환경(촉각 상자)을 만들어 본다.

66. 오브제(found object) 사용하기[3)]

되도록 주변에서 얻을 수 있는 자연물과 인공물을 모은다. 예컨대, 조개껍

---

3) objet trouvé: 사람의 손이 가지 않은 미술품. 표류목 등 자연 그대로의 미술품(역자 주)

데기, 꽃, 장신구, 나뭇잎, 식물, 바위, 돌멩이, 모래, 물, 톱밥 등이다. 그림, 콜라주, 입체 작품 등을 만들어 본다. 이 작업은 주제를 정해 놓거나 각자가 정하도록 할 수 있다.

[변형]

① 큰 종이에 신체의 윤곽선을 그리고 다양한 질감의 재료로 그 안을 채운다(129번의 변형 ① 참고).

② 다양한 종류의 크래커나 파스타로 콜라주 작업을 한다.

67. 폐품을 이용한 조소 작품

66번과 비슷하지만 여러 가지 폐품을 이용한다는 것이 다르다. 폐품을 이용하는 방법들은 많다.

① 인형을 만든다(이것은 놀이, 인형극, 연극으로 확장될 수 있다).

② 나무토막, 신문지 뭉치 또는 다른 재료들로 집단 조소 작품을 만든다.

③ 마분지 상자를 쌓아 올려 토템 기둥을 만들고 그것을 색칠한다.

④ 큰 널빤지 위에다 풍경을 만든다.

⑤ 모빌을 만든다.

⑥ 진주, 반짝이 등 준보석의 잡동사니로 작업한다.

⑦ 특정한 물건을 만든다.

68. 자연과 해변의 조소 작품

바깥에서 자연물—잔가지, 돌, 깃털, 산딸기 등—을 모아서 개인 혹은 집단으로 조소 작품을 만든다. 해변은 모래, 조개껍데기, 여러 가지 색깔의 돌, 해초, 떠내려 온 나무, 오브제 등을 쓸 수 있어서 이 작업을 하기에 특히 좋은 장소다. 이 책에 있는 많은 주제를 사용할 수 있다. 환경을 보호하고 식물을 뽑거나 살아 있는 나뭇가지를 부러뜨리면 안 된다는 것을 명심해야 한다. 완성된 작품은 오래 가지 못할 경우가 많으므로 사진을 찍어 두는 것이 좋다.

69. 혼합재료

소집단으로 나눈다. 각 소집단은 혼합재료(예, 큰 종이, 박엽지, 접착용 색종이, 빨대, 종이 보강제, 색깔 있는 투명테이프 등)가 든 봉투를 받아서 특정한 주제(예, 차량)와 관련된 그림이나 물건을 만든다. 이 작업은 어른과 아이들로 이루어진 혼합 집단에 좋다.

70. 점토작업

점토로 작업할 수 있는 방법들이 많다. 예를 들면 다음과 같다.

① 느껴보기, 누르기, 짜기, 형태 만들기 등을 통해서 점토를 하나의 재료로 알아 간다. 모든 감각을 사용하여 점토를 경험해 본다.
② 눈을 감고 점토 덩어리로 무엇인가를 만든다.
③ 5분 동안 점토를 잡고서 떠오르는 생각과 느낌에 주의를 기울인다.
④ 점토로 만든 작품을 1인칭으로 설명한다.
⑤ 도구로 점토에 자국을 낸다.
⑥ 구체적인 주제에 따라 작업한다. 예컨대, 집단으로 만든 거리 풍경에 개인의 집을 만든다.
⑦ 단순한 모양의 길쭉하고 평평한 화분과 작은 화분을 만든다.
⑧ 유약을 사용한다.

71. 모래놀이

동물과 사람 모양의 조각상과 모래상자를 사용하여 상황을 표현하면서 이야기를 만든다. 의사소통에 어려움이 있는 아동과 그 밖의 사람들에게 도움이 된다. 상상력이 풍부한 놀이 안에서 생활의 갈등을 완화시킬 수 있다.

72. 분노 표출하기

자유롭게 사용할 수 있다면 특정한 재료들을 가지고 다음과 같이 하면 효과적이다.

① 나무토막을 때려 부수고 못을 박는다.
② 46번을 참고한 대규모 작업
③ 67번을 참고한 폐품을 이용한 조소 작품
④ 점토를 세게 치고 쪼갠다.
⑤ 52번을 참고한 창의력 동원 기법
⑥ 60번의 ③과 ⑥을 참고하여 찢고 붙여서 만드는 신문지 조소 작품
⑦ 60번의 ①과 ⑦을 참고한 종이 기법
⑧ 71번을 참고한 모래놀이

73. 촉각재료 작업

면도 크림, 비눗방울, 모래, 쌀, 콩, 시리얼, 물 등 다양한 촉각재료를 준비한다. 재료를 탐색하면서 서로 다른 성질에 주의를 기울인다. 자폐스펙트럼장애, 주의력 문제, 학습장애를 가지고 있는 사람들에게 좋다.

74. 종이죽

물통 안에 양질의 도배 풀을 반 팩 정도 채우고 물에 적신 찢은(자르지 않은) 신문지 조각을 넣는다. 모형을 만들기 위해 (먼저 바세린으로 윤활유를 발라 놓은) 틀 안에 신문지 조각을 넣는다. 며칠 정도 둔 뒤 종이죽이 마르면 틀에서 떼어내어 색칠한다. 다음과 같은 것을 만들 때 특히 좋다.

① 플라스티신이나 점토로 모형을 만들거나 풍선(나중에 터진다)을 이용하여 만든 가면
② 인형
③ 모든 종류의 모형

75. 플레이도우

쓸모가 많고 값이 싼 모형 제작 재료다. (아주 짜지만) 먹을 수 있고 놀이용 음식으로 만들 수 있기 때문에 특히 어린아이들에게 좋다. 만든 후에는 비닐봉지나 상자에 넣어 냉장고에 보관한다. 만드는 방법은 몇 가지가 있다. 여기서는 약간 다른 것 두 가지를 소개한다.

① 밀가루 2컵, 소금 3/4컵, 오일 1T, 물 1/2컵을 섞어서 반죽을 만든다. 물의 양은 밀가루의 양에 따라 달라진다. 식용색소나 분말 물감을 넣을 수 있다.

② 오일 1T와 물 4T(아니면 더 많이)를 끓인다. 여기에 밀가루 1컵, 소금 1T, 베이킹파우더 2T 그리고 식용색소나 분말물감을 넣는다(열은 반죽을 엉기게 하고 베이킹파우더는 플레이도우를 오래 보존시키며 더 부드러운 느낌을 준다).

재창조하기(Re-Create: 카디프 놀이 자료 센터)에서 나온 정보지에 여러 종류의 플레이도우 만드는 방법이 더 많이 나와 있다.

주소: 일리 브리지 산업단지, 로턴 거리, 카디프, 사우스 웨일즈 CF5 4AB

전화: 02920 578100/팩스: 02920 578110/이메일: danny@re-create.co.uk

웹사이트: www.re-create.co.uk

76. 슬라임(slime)

아이들에게 큰 인기가 있다. 각기 다른 용기를 쓴다. [1] 큰 용기에 PVA 풀 5T, 글리세린 1T, [2] 뜨거운 물 150ml(7tbs)와 식용색소, [3] 뜨거운 물 150ml(7tbs)와 붕사[4] 2T, [1], [2], [3]을 각각 잘 섞는다. [1]에 [2]를 넣고 잘 섞은 후에, 젤이 되게 하는 [3]을 조금씩 넣으면서 젓는다. 모든 액체가 잘 섞여서 젤이 될 때까지 섞는다. 슬라임은 통의 가장자리에서부터 생길 것이다.

---

4) 붕산나트륨의 흰 결정. 특수 유리의 원료나 도자기 유약의 원료. 또는 방부제 따위에 쓰임(역자 주)

식혀서 준비한다. 사용 후에 끈적거리면 다시 냉장고에 넣어서 식힌다.

77. 음식으로 창의적인 놀이하기

얼굴 모양의 비스킷을 만들거나 비스킷을 얼굴 모양으로 장식하고 먹기 전에 이야기를 나눈다.

[변형]

① 그 밖의 다른 음식을 이쑤시개나 꼬치로 연결한다.

② 마른 파스타, 여러 가지 종류의 콩을 이용하여 콜라주를 만든다.

78. 그 외의 기법들

상상력을 자극하는 창의적인 방법으로 쓸 수 있는 재료와 기법들이 아주 많다. 여기에 몇 가지를 소개한다.

① 풍경, 모래 거푸집 주조, 조소, 조각 등에 이용되는 석고. 낡은 마분지 상자에 석고를 붓고 나중에 상자를 떼어 내면 조각할 때 쓸 수 있는 덩어리가 나온다. 더 큰 입체작품을 만들려면 철망으로 뼈대를 만들어 그 위에 부으면 된다. 석고는 매우 빨리 굳으므로 천천히 굳히고 싶다면 폴리필라(Polyfilla)를 사용하기도 한다. 석고 붕대는 빠르고 쉽게 사용할 수 있는 재료다.

② 실크스크린 인쇄.[5] 예를 들면 신문지로 만든 디자인

③ 54번과 55번을 참고한 나비 그림과 감자 찍기

④ 스크래치 보드[6] 그림

⑤ 마블링

⑥ 나무토막과 기타 재료로 만든 추상적인 조소 작품

5) 결이 거친 명주를 틀에 붙이고 인쇄하지 않을 부분을 아교풀이나 종이로 덮어 가리고 그 위에 고무롤러로 잉크를 눌러 인쇄하는 공판 인쇄법(역자 주)

6) 흰색의 점토를 두껍게 바르고 잉크막을 씌워, 철필 등으로 긁어 밑의 흰 바탕이 나타나도록 하는 두터운 판지(역자 주)

⑦ 밀랍 염색과 직물 염색
⑧ 홀치기 염색[7)]한 티셔츠와 천
⑨ 티셔츠, 야구모자 등에 직물용 물감 이용하기
⑩ 양초 만들기
⑪ 등 만들기
⑫ 리놀륨 판화[8)]
⑬ 핀과 실을 이용한 그림
⑭ 연 만들기
⑮ 74번을 참고하여 풍선 위에 종이죽을 사용한 풍선 가면
⑯ 빨대로 불어 만든 그림
⑰ 모자이크
⑱ 스텐실[9)]
⑲ 실 인쇄: 실을 물감에 적셔서 종이 위에 놓고, 종이를 접어 누른 상태에서 실을 잡아당긴다.
⑳ 북아메리카 원주민들의 Medicine wheel[10)]/캐나다 원주민의 전통들(자세한 것은 Barber, 2002 참고)

참고문헌

Barver, V. (2002). *Explore Yourself Through Art: Creative Project to Promote Personal Insight, Growth and Problem-solving*, London: Carroll & Brown.

Luthe, W. (1976). *Creativity Mobilization Technique*, New York: Grune and Stratton.

---

7) 물들일 천을 물감에 담그기 전에 어떤 부분을 홀치거나 묶어서 그 부분은 물감이 배어들지 못하게 하는 염색법(역자 주)

8) 두꺼운 리놀륨 판을 조각도로 깎아내는 볼록판화(역자 주)

9) 글자, 무늬, 그림 등의 모양을 오려 낸 후 그 구멍에 물감을 넣어 그림을 찍어 내는 기법(역자 주)

10) 신성한 원을 상징하는, 북미 원주민들의 의례용 도구(역자 주)

C. 집중, 민첩성, 기억

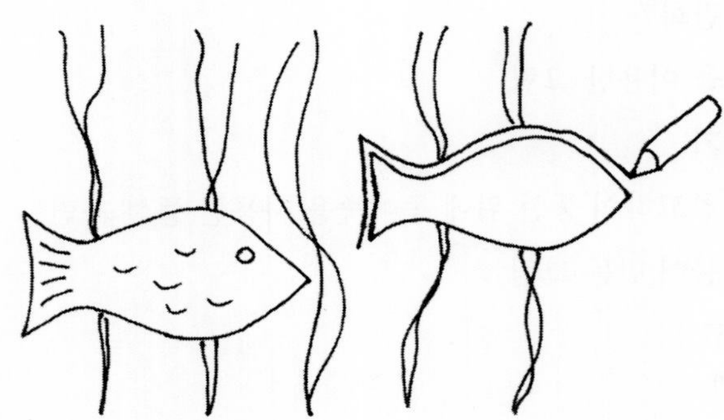

여기 있는 대부분의 활동은 집중, 민첩성, 기억을 증진시키거나 유지하기 위한 것이다. 이 활동들은 학습장애를 가진 아동과 어른의 학습활동에, 시설에서 오랫동안 지내다가 퇴원을 준비하는 장기 환자/내담자의 재활에 유용하게 쓰일 수 있다. 또한 치매 문제를 가진 노인들이 '현실 감각'을 놓치지 않도록 돕는 데도 좋다(그들이 시설에서 살아야 할 경우 특히 더 그렇다). 더욱 중요한 것은, 그들이 살아오면서 경험했던 것들을 활용할 수 있게 하고, 그들이 해 온 것들을 기억하면서 개인적인 가치를 재확인하게 할 수 있다는 것이다.

79. 정원 만들기

정원을 가꾸었던 경험이 많은 사람에게 유용하다. 그리기, 색칠하기, 콜라주 등을 이용하여 정원을 만든다.

80. 동물 벽화

준비된 견본을 참고하되, 모든 사람이 자신의 생각대로 동물을 그리고 색칠하여 오린다. 벽화에 미리 정해진 공간이나 색칠이 된 배경에 이것들을 맞추어 붙인다.

81. 선반

선반(shelves)이 그려진 종이를 준비한다. 그것이 식품 저장실이라고 상상하고 무엇으로 채울지를 결정한다.

[변형]

① 정원에 있는 헛간

② 도구를 넣는 벽장

③ 탁자 위: 어떤 종류의 음식이 있을까?

④ 빨래줄: 무엇이 걸려 있을까?

⑤ 가게 진열장: 그 안에 무엇이 있을까?

82. 가게 놀이

윗부분에 서로 다른 가게 이름이 적힌 빈 종이 한 장씩을 집단구성원들에게 나누어 준다. 예컨대, 신발 가게, 식료품점, 자동차 정비공장, 빵집 등이다. 그러고 나서 가게에 어울리는 물건들을 그리거나 잡지에서 오려서 가게 안을 채운다.

[변형]

① 종이의 윗부분을 서로 다른 색깔로 칠하고 그 색깔을 가진 물건들을 붙인다.

② 종이 윗부분에 스포츠, 요리, 그 외의 활동들을 적을 수 있다.

③ 가구나 옷 등을 적을 수도 있다.

83. 아침 식탁

탁자를 종이로 덮고 그 위에 차 주전자, 토스트 등의 실물들을 놓는다. 환상적인 식사를 상상한다. 종이에 아침으로 먹고 싶은 것을 그린다. 실물을 종이에 대고 따라 그리거나 필요하면 복사를 한다. 집단구성원 모두가 탁자 둘레에서 작업한다.

[변형]

실물이 없으면 마분지에 그려서 오려 낸 것을 사용한다.

84. 일상생활

최근에 한 식사, 행사, 사람들, 옷 등 일상생활에 관한 그림을 그리거나 사진을 오린다. 그 과정에서 있었던 세부적인 일들을 기억하고 이야기를 나눈다.

85. 옷

잡지에 나온 유명한 사람의 얼굴을 종이에 복사한다. 그 얼굴 아래에 당신이 원하는 옷을 그린다.

[변형]

자기의 실제 옷을 기억하여 그린다.

86. 집

사람들에게 집의 외곽선을 그린 종이를 주어 그들이 원하는 것으로 안을 채우게 한다. 사람들이 원한다면 더 많은 물건과 인물상을 준다(이것은 집에 있는 가족과 사람들에 대한 토론을 이끌어 낼 수 있다).

87. 국기

여러 나라 국기의 복사본을 나누어 주고 그 안을 색칠하게 한다. 집단구성원들은 자신이 원하는 것 하나를 선택하여 그것과 관련된 연상을 할 수 있다(전쟁 등으로 다른 나라에 가 본 경험이 있는 노인들에게 좋다. 다문화 배경을 가진 집단에도 좋다).

88. 지도 만들기

학교, 클럽, 병원, 주간 보호소 혹은 흥미로운 다른 장소로 가기 위한, 버스, 구급차, 도보, 자전거 길을 그린다.

89. 상상 속의 교통체계

미니자동차 컬렉션을 사용한다. 마을의 큰 도로 체계를 그리고 다른 건물 등도 그려 넣는다.

90. 물건

종이 한 장을 8칸으로 나누고, 새, 의자, 자동차, 동물 등의 서로 다른 제목을 적는다. 집단구성원들은 각각의 칸 안에 알맞은 그림을 그리거나 오려서 붙인다.

91. 과일, 꽃, 나뭇잎

나뭇잎, 꽃, 과일, 오브제 등을 그리거나 보고 베낀다. 색칠하고 오려 낸다. 집단으로 콜라주 작업을 한다.

[변형]

나비, 물고기, 해바라기 등이 합쳐진 벽화

92. 환경

잡지에서 인물상을 오려 내고 그 주변의 환경을 그린다.

93. 꽃 콜라주

개별로 일회용 접시 안에 꽃으로 콜라주를 한다. 집단으로 콜라주를 전시한다.

[변형]

264번의 ①을 참고하여 개인 화판에 다른 주제를 사용한다.

94. 경험

무지개를 봤던 것 같은 경험에 대해서 이야기를 나눈다. 그러고 나서 무지개, 나무, 언덕, 구름, 비 등을 그리면서 이 기억을 표현해 낸다. 최근에 갔던 소풍 등 집단이 공유한 어떤 경험에도 적용할 수 있다.

95. 사계절

서로 다른 4가지 색의 큰 종이를 준비한다. 집단에게 어떤 색이 어느 계절에 맞을지를 선택하게 한다. 그러고 나서 잡지의 사진을 오려서 어울리는 계절의 종이에 붙인다.

96. 자연물

자연물을 이용하여 토론을 이끌어 낸 뒤 벽화를 그린다.

97. 창문

179번을 변형한 것이다. 다양한 '창문'을 준비한다. 창문을 통해 보이는 풍경과 방 안에 있는 것을 그린다(안에서 또는 밖에서 보는 것으로).

98. 견본

견본을 준다. 집단은 마분지에 견본을 베끼고 오려서 벽화에 붙인다. 예컨대, 113번을 참고하여 축제에 관한 주제를 사용할 수 있다.

99. 스텐실

견본과 유사하지만 사람들이 형태 안에 그림을 그리는 것이 다르다. 벽화에 붙이는 그림으로 또는 반복되는 무늬를 만들 때 쓸 수 있다.

100. 이름 디자인

이름을 적어서 디자인한다.

[변형]

① 이름이나 별명을 사용한다.

② 글자를 뒤집어서 반복하여 적는다. 글자 모양들이 만들어 내는 패턴과 공간을 살펴보고 그것을 디자인으로 발전시킨다.

101. 동그라미 속 무늬

큰 동그라미를 준비하여 오렌지처럼 부분들로 나눈다. 집단은 동그라미의 중심에서부터 시작하여 바깥으로 작업해 나가면서, 색깔, 모양, 선 등의 무늬를 만들어 낸다(거기에 무엇인가를 붙일 수도 있다).

[변형]

다른 모양을 준비하여 작은 부분들로 나눈다(264번 ②, ③, ④ 참고).

102. 조각 무늬 퀼트

색종이와 잡지에서 조각들을 많이 오려 낸다. 집단구성원들은 조각들을 이용하여 자신만의 '퀼트' 무늬를 만든다.

[변형]

모든 사람이 같은 무늬로 작업하여 하나의 큰 '퀼트'를 만든다.

103. 엮어서 만든 무늬

가늘고 긴 색종이를 엮어서 자신만의 무늬를 만든다.

104. 얼굴

준비된 원에 얼굴을 그린다.

[변형]

① 이것이 너무 어려우면 스텐실을 한다.

② 재미있는 얼굴, 슬픈 얼굴, 바보 같은 얼굴 등 다양한 종류의 얼굴을 그린다.

105. 모양 오리기

사람들, 남성과 여성의 모양(또는 사람들의 모양으로 남성과 여성을 만들어서)을 오려서 원하는 매체를 사용하여 색칠한다.

[변형]

① 나비 모양

② 동물 모양

106. 선물

누군가에게 주고 싶은 것을 만들거나 그린다.

D. 일반적인 주제들

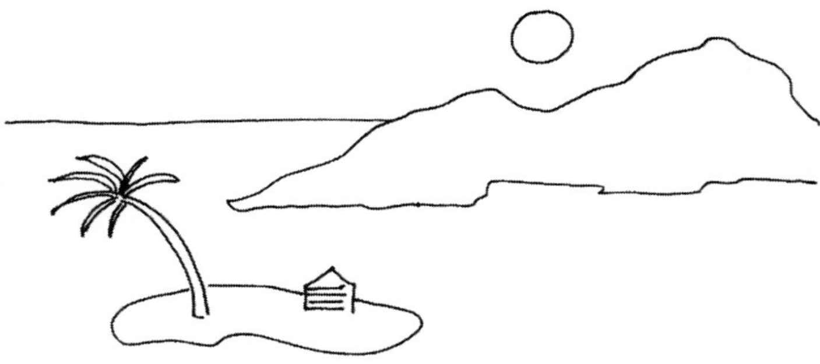

개인적이 아닌 일반적인 주제라도, 그림과 이어지는 토론 과정에서 중요한 느낌들을 이끌어 낼 수 있는 주제들이 많다.

107. 폴더 만들기와 장식하기

이것은 참가자들이 집단에 대해 긴장하고 불안해하는 첫 회기에 좋은 활동이다. 폴더를 만들고 장식하는 것은 다른 집단구성원들과의 상호작용을 시작하는 절제된 방법이 될 수 있다. 또한 앞으로 만들어질 그림들을 보관할 안전한 장소가 된다.

108. 4대 요소의 그림 시리즈

이 시리즈는 공기, 흙, 불, 물이라는 고대의 4대 요소들을 바탕으로 한다. 다음의 주제에 따라서 종이 한 장에 하나씩, 총 24장의 그림을 그린다.

① 흙 시리즈: 동굴－오두막－집－마당－들판－흙

② 물 시리즈: 샘－시내－강－호수－바다－물

③ 공기 시리즈: 호흡－바람－폭풍－구름－하늘/천국－공기

④ 불 시리즈: 횃불－벽난로－등불－난로/불－빛－불

이것은 같은 시리즈의 그림들을 비교해 보고, 사람들이 그 주제를 얼마나 다르게 해석하는지를 알아보는 토론 주제로 사용될 수 있다. 어떤 사람들은 다른 시리즈보다 한 시리즈에 더 친근감을 느낀다는 것을 알게 될 것이고, 이것 또한 토론의 주제가 될 수 있다.

[변형]

하나의 주제(흙, 물, 공기, 불)만을 선택해서 이것의 모든 측면에 대한 그림을 그린다.

109. 요소 인식하기

각 요소들(흙, 공기, 불, 물)에 관해 차례로 생각해 본다. 하나를 선택하여 그것을 안전한 방법으로 경험해 본다. 그런 다음, 이 요소에 대한 느낌을 색깔, 모양, 질감으로 나타내거나 콜라주로 표현한다.

[변형]

① 당신의 기질에 가장 가까운 요소와 반대되는 요소를 선택한다. 두 가지를 모두 포함한 작품을 만든다. 미술재료나 콜라주, 오브제를 사용한다.

② 사계절을 나타내는 각각의 그림에 요소들을 결합시킨다. 혹은 사계절이 모두 포함된 하나의 그림을 만든다.

110. 집－나무－사람

집, 나무, 사람(또는 얼굴)을 그린다. 또는 이것들 중 하나를 선택하여 집단으로 그린다.

[변형]

① 풍경을 더한다.

② 각각을 1인칭으로 설명한다.

③ 당신의 집이나 이상적인 집 또는 이상적인 섬을 그린다.

111. 자유화

15~20분 동안 그림을 그린다. 집단에게 보여 주며 당신이 말하고 싶은 것을 최대한 많이 말한다. 분석은 하지 않는다. 이것은 개인적인 느낌을 나눌 준비가 되어 있는 사람들에게 그렇게 할 공간을 주고 그렇게 해도 된다고 '허용' 히는 의미가 있다.

112. 토론 주제

개인이나 집단작업의 주제에 대하여 집단으로 토론하다가 나타난 주제를 사용한다.

113. 축제에 관한 주제

특정한 축제를 출발점으로 삼아서 개인이나 집단으로 작업할 수 있는 것들이 많다. 예를 들면, 다음과 같은 것들이 있다.

① 하누카[11], 춘절[12], 크리스마스, 등명제(燈明祭)[13], 이드[14] 등의 축제의 식. 이것을 가지고 개인이나 집단으로 그림을 그릴 수 있다.

② 축제에 포함되어 있는 상징들을 탐색한다.

③ 서로 다른 문화의 축제 음식과 그것을 먹는 장소를 탐색한다.

④ 축제의 장식과 같은 실용적인 주제

⑤ 봄 축제처럼 여러 가지 계절 축제를 집단 그림으로 표현한다.

⑥ 새해의 다짐

---

11) 11월이나 12월에 8일간 진행되는 유대교 축제(역자 주)

12) 중국의 신년례(역자 주)

13) 힌두교의 축제(역자 주)

14) 이슬람교의 두 가지 주요 축제인 Eid al-Fitr나 Eid al-Adha를 가리킴(역자 주)

⑦ 집단구성원을 위한 거대한 생일축하 카드
⑧ 행사용 또는 아이디어를 이해시키는 포스터
⑨ 잡동사니를 그린 그림들을 가지고 바자회 열기

이 주제들 대부분이 즐거운 행사를 축하하는 것이기는 하지만 행복했던 시절의 기억들을 되살려 줄 수도 있다. 시설에 있는 사람들이라면 현재의 고립감과 우울을 강화시킬 수도 있다. 이러한 점을 유념하고 있어야 한다.

114. 달걀과 소원

이 작업에는 반으로 나뉘어 열리는, 플라스틱이나 마분지로 된 큰 달걀 모양이 필요하다. 집단구성원들은 작은 종이에 개인적인 소원을 적은 다음 그것을 달걀 안에 넣는다. 달걀을 닫고 박엽지를 찢어 붙여서 덮는다. 그대로 두거나 후일에 열어 볼 수 있다.

115. 당신의 이상적인 장소 디자인하기

당신의 이상적인 커피숍, 호프집, 카페, 레스토랑 또는 다른 유사한 장소를 디자인한다.

116. 계절

사계절과 그것이 당신에게 어떤 의미를 가지고 있는지에 대해 생각해 본다. 이것을 그림, 점토, 콜라주로 표현해 본다.

[변형]

① 사계절을 나타내는 그림을 개별로 그린다.
② 사계절을 나타내는 집단 그림을 그린다.
③ 가장 좋아하거나 싫어하는 계절을 골라서 탐색해 본다.
④ 각 계절을 색깔과 연결시킨다.
⑤ 적절한 콜라주 재료와 자연물로 각 계절을 나타낸다.

117. 삶의 주제

특별한 삶의 주제를 택하여 이와 관련된 그림을 그린다. 예를 들면, 성(sex), 성별(gender), 결혼, 가족, 권위, 자유, 성장, 삶과 죽음, 남겨짐, 이별, 집단, 의사소통, 문제, 삶, 빛, 사랑, 당신의 삶에 강력한 영향을 미치는 힘 등이다. 시작할 때, 주제에 대한 간단한 소개가 필요하다.

118. 그림 고르기

잡지에서 다양한 주제(예, 풍경, 사람, 상황, 추상적인 무늬, 미술작품 등)에 관한 그림을 오려서 모은다. 마분지에 그것들을 붙이거나 플라스틱 상자에 담는다. 집단구성원들로 하여금 그들에게 이야기를 건네는 그림 한두 개를 조용히 고르게 한다. 그러고 나서 그것을 선택한 이유를 나누게 한다.

[변형]

① 같은 방법으로 그림엽서를 모은다.

② 여러 가지 주제(예, 관계)로 집단을 나눈다.

③ 사람들에게 하나의 주제에 따라서 그림들을 선택하게 한다. 예컨대 어린 시절을 기억나게 하는 것 등이다.

119. 기억

집단에 적합한 것으로, 특별한 사건에 대한 기억에 초점을 맞춘다. 예를 들면, 다음과 같다.

① 중요한 여행

② 중요한 사건(사진을 출발점으로 삼아 그림을 그려도 좋다)

③ 자랑스럽게 여기는 성취

④ 특별한 의미가 있는 물건(집단구성원들에게 그러한 물건들을 집단에 가져오게 한다)

⑤ 대를 이어서 가족에게 전해져 온 의미 있는 물건

⑥ 모국과 관련된 중요한 음식(이것은 특정한 과일, 채소나 양념, 몇 가지 재료가 들어간 요리도 될 수 있다)

⑦ 종이 접시와 다양한 색의 플라스티신을 이용하여 ⑥ 작업을 할 수 있다.

120. 색깔 연상

색깔과 추상적인 상태를 연결시킨다. 예를 들면 다음과 같다.

① 감정(슬픔, 두려움, 사랑, 즐거움, 고요함 등)

② 삶의 시기(유아기, 아동기 등)

③ 계절(116번 참고)

④ 하루의 시간

⑤ 심리적 기능(사고, 느낌, 직관, 감각 등)

⑥ 사람의 유형(외향적 · 내향적 등)

⑦ 가족구성원, 영향력 있는 다른 사람

121. 그림의 주제

이것은 개인적인 경험과 관련지을 수 있고 또는 자신을 표현하는 보다 비밀스러운 방법이 될 수 있다. 아동과 청소년들이 이 주제를 그렇게 이용할 때가 많다. 그러한 주제는 수없이 많다. 여기에 몇 가지를 소개한다.

① 자연(사막, 산, 바위, 식물, 나무, 동물, 새, 물고기, 조개껍데기)

② 날씨(폭풍, 천둥과 번개, 태양, 눈, 비, 구름, 바람, 불, 뜨거운 날씨, 황혼, 달빛)

③ 뜨겁고 차가운: 무엇이 당신을 이렇게 생각하도록 만드는가?

④ 물(빗방울, 폭포, 소용돌이, 잔물결, 물결, 바다, 강, 호수 등)

⑤ 정원(비밀 정원, 미로)

⑥ 관점의 변화(개미, 새, 코끼리의 눈으로)

⑦ 창문을 통해 바라본 광경: 안과 밖에는 무엇이 있는가?

⑧ 사람(악당, 악마, 유령, 마법사, 천사, 마녀, 요정, 광대)

⑨ 초영웅(남성/여성)

⑩ 종교(신의 모습, 천사와 악마, 천국과 지옥, 영적인 경험, 명상 등)

⑪ 꿈과 악몽(342번 참고)

⑫ 집단적인 상황(싸움, 전쟁, 서커스, 장날, 오케스트라 등)

⑬ 환상(다른 행성, 우주 공간, 동굴 탐험, TV 또는 이야기의 주인공 등)

⑭ 행사(주말, 1일 여행, 나의 하루, 나의 한 주, 여행 갔던 일, 기대하거나 바라는 여행 등)

⑮ 점토로 동물들을 만들고 그것들을 위한 환경을 만들어 준다.

122. 섬

외부에서 접근할 수 있는 섬을 그려 본다.

[변형]

① 그대로 둘 것과 바꿀 것을 결정한다.

② 당신의 이상적인 섬을 만든다.

③ 집단구성원들이 서로의 섬을 방문하도록 하는 상호작용 작업으로 활용한다.

④ 260번 참고

123. 갈등을 활동으로 바꾸는 주제

이것은 일부 아동과 청소년 들처럼 갈등을 말로는 쉽게 설명하지 못하지만, 다른 상황에서는 생생하게 표현할 수 있는 사람들에게 유용하다.

① 큰 종이에 그래피티하기

② 유령과 해골

③ 불(예, 불이 난 배)

④ 다른 행성에서의 삶

⑤ 감옥에서(안이나 밖에서)

⑥ '수배자' 포스터

⑦ 스포츠(권투, 축구 등)

⑧ 폭풍(예, 바다에서 또는 한쪽 구석에 햇빛이 있으면서 폭풍우가 몰아치는 하늘)

⑨ 폭발, 화산 등

⑩ 전쟁

⑪ 물속 그림

⑫ 선사시대나 신화에 나오는 괴물, 어떤 사람의 머릿속에 있는 괴물, 진흙 속에 있는 무시무시하고 끈적거리는 괴물, 자기 자신의 괴물을 만들고 다루기

⑬ 살해

⑭ 기분(예, 기분 변화, 슬프고 비참한, 화난, 행복한 생각, 겁먹은, 흥분한, 평화로운, 외로운, 함정에 빠진, 아픈 느낌)

⑮ 손과 손목을 따라 그리고 그 위에 시계, 반지, 상처, 정맥, 문신 등을 그린다.

124. 개인적인 경험

사람들이 경험했던 사건들(예, 특별한 여행, 특정한 병동 등)에 대한 미술작품.

[아이들을 위한 변형]

애완동물과 동물에 대한 경험. 이것은 그 경험에 따라 보호, 책임감, 공포 또는 폭력에 대한 강한 감정을 불러일으킬 수 있다. 아이들에게는 사람에 대한 것보다 동물에 대한 감정을 표현하는 것이 더 쉬울 수 있다.

E. 자기인식

이 장에 있는 대부분의 활동은 사람들이 자신을 어떻게 바라보는지를 다양한 방법으로 나타내 준다. 이것은 많은 사람에게 참신하고 사색적인 경험이 될 수 있다. 그러나 상처가 많거나 기능이 손상된 사람들에게는 너무 직면적인 작업이 될 수 있으므로 D장의 간접적인 주제들이 더 적합할 것이다.

125. 소개

이것은 종이를 통해서 집단에게 자신을 소개하는 것이다. 이것은 말로 하는 소개보다 덜 위협적이고 모든 사람들이 곧바로 할 수 있다. 여기에는 가족구성원들, 취미, 좋아하는 것과 싫어하는 것, 자화상 등을 소개하거나 선과 색깔을 사용하여 추상적으로 소개하는 등 다양한 방법으로 할 수 있다. 자신을 나타내는 것을 그리라거나 이름을 적으라는 등의 지시를 덧붙일 수도 있다.

[변형]

① 폴더 만들기와 장식하기(107번 참고)

② 집단/회의 등의 기간 동안 전시할 포스터를 만든다.
③ 당신의 생활방식을 다른 사람에게 보여 줄 포스터를 만든다.
④ 구체적인 태도, 흥미, 성격, 가족, 친구 등을 포함한다.
⑤ 좋아하는 것이나 잘하는 것을 포함한다.
⑥ 콜라주를 이용한다.
⑦ 집단의 첫 모임에 가지고 온다.
⑧ 개인적인 세계: 당신의 세계를 색깔, 선, 모양, 상징으로 또는 당신이 바라는 세계를 나타낸다.

126. 사실적인 자화상

파스텔, 물감 또는 점토로 자신의 사실적인 자화상을 표현한다. 세부적인 것을 표현해 낼 수 있는 재료들이 적당하다.

[변형]

① 기억하여 그린 자화상: 얼굴 또는 누드
② 사실적인 자화상을 2분 또는 제한 시간 안에 신속하게 그린다.
③ 눈을 감고 점토로 자화상을 만든다. 한 손으로 얼굴을 만지고 다른 손으로는 형상을 만든다.
④ 얼굴을 만져 본 뒤 그린다.
⑤ 자신의 누드 상을 그린다. 그런 다음, 집에서 거울에 비치는 자신의 모습과 그림을 비교한다(이 활동은 개별적으로 작업한 뒤에 집단에서 나누는 것이 좋다).
⑥ 자신을 닮은 꼭두각시 인형을 점토와 철사로 만들되, 그것이 있을 환경에 크기를 맞추고 움직일 수 있게 한다. 이것은 움직이는 물건을 통해서 실제의 신체를 받아들이도록 돕는다.
⑦ 자신과 가장 비슷한 사진을 고른다. 장애나 신체적인 손상에 대한 토론을 하는 데 좋다(예, 장애를 가진 자녀가 있는 어머니).
⑧ 피부색: 거울에 비친 자신을 보고 나서 피부색에 맞게 색칠한다. 아동

집단에서 피부색에 대한 토론을 시작할 때 좋다.

127. 이미지로 나타내는 자화상

다음과 같이 자화상을 표현한다.

① 자신을 어떻게 보는가? 또는 내면에서 어떻게 느끼고 있는가?
② 다른 사람들(예, 가족구성원처럼 가까운 누군가)은 당신을 어떻게 보는가?(또는 당신은 현재의 자신을 어떻게 보는가?) 사실적으로 혹은 추상적으로 할 수 있다.

[변형]

① 세 번째의 질문을 추가한다: 당신은 어떻게 보이고 싶은가?
② 점토나 콜라주 또는 혼합재료를 사용한다.
③ 당신은 오늘/지금의 자신을 어떻게 보는가?
④ 마음이 통하는 친구가 보는 당신과 당신이 싫어하는 누군가가 보는 당신
⑤ ④와 유사하되, 그 두 가지 관점에서 당신 자신에 관한 글을 적는다.
⑥ '나는 자신을 어떻게 이해하고 있는가?' 만 한다.
⑦ 종이가 문에 있는 거울이라고 상상한다. 당신은 무엇을 보는가?(사실적인, 은유적인 혹은 추상적인)
⑧ 네 명의 자신(실제의, 이해한, 이상적인, 미래의 자신)
⑨ 자기 상자(128번 참고)
⑩ 당신이 본다고 생각하는 것을 과장한 자화상
⑪ 특별한 역할에 적용하기. 예컨대, 전문가인 자신
⑫ 여러 가지 상황에서 나타나는, 자신의 서로 다른 측면들을 보여 주는 가면을 몇 개 만든다. 당신이 실제로 어떻게 느끼는지를 보여 주는 가면도 만든다.
⑬ ⑫와 유사하되, 하나의 가면에 모든 측면을 나타낸다.

⑭ ⑫나 ⑬과 유사하되, 콜라주 재료나 잡지에서 오린 '이미지'를 사용한다.

⑮ 이 작업을 인종, 색깔, 문화 또는 성별 이슈와 관련지어서 해 본다. 이것은 사회의 고정관념과 그것에 대한 개인의 반응에 대해서 깊이 생각할 수 있게 해 준다.

128. 가방과 상자를 이용한 자화상

콜라주 이미지와 상자, 가방 또는 다른 용기의 안팎을 이용하여 당신이 자신의 내면과 외면을 어떻게 느끼는지를 나타낸다.

[변형]

① 상자의 꼭대기 부분에는 중요한 목표에 대한 상징을, 상자의 옆면에는 당신이 바꾸고 싶은 것에 대한 상징을 표현한다(아크릴 물감은 빨리 마르므로 더 많은 변화를 나타내는 데 쓰일 수 있다).

② 상자의 외부에는 당신의 역할을 나타낸다. 내부에는 당신의 가치관, 친구, 가족, 취미, 당신에게 중요한 것들과 관련된 물건이나 그림으로 채운다.

③ 폐품을 활용한다.

④ 종이 가방의 외부에는 당신이 세상에 보여 주고 싶은 것에 대한 그림을 붙이고, 내부에는 당신이 안에 두고 싶은 것에 대한 그림을 넣는다.

⑤ 당신과 친밀한 사람들로 ④의 작업을 반복한다. 예컨대, 어머니, 아버지, 배우자, 자녀 등. 비슷한 점이 있는가?

⑥ 당신의 가치관들을 나타내는 추상적인 상징들을 몇 장의 종이에 따로 그린다. 가방의 내부에는 항상 가지고 있는 가치관을 넣고, 외부에는 현재 상황에만 적용하는 가치관을 붙인다.

⑦ 당신에게 일어날 수 있는 가장 좋은 일을 외부에 붙인다. 내부에는 당신이 두려워하는 것들을 모아서 넣어 둔다.

⑧ 상자를 이용하여 숨겨진 문이나 입구를 만들고 그 뒤에 있는 세상을 건설한다.

⑨ 비밀을 위한 장소로 상자나 가방의 내부를 이용한다. 집단구성원들이 원한다면 비밀을 밝힐 기회를 주는 것과 동시에 그렇게 하도록 압력을 가하지 않는 것이 중요하다.

⑩ 상자의 도면을 만들고 그 위에 개인적인 특성과 다른 것들을 붙인다. 도면을 붙여 상자를 만들고 거기에 붙은 항목들의 관계에 대해서 생각해 본다.

⑪ 낡은 모자를 상자와 같은 방법으로 이용한다(또는 마분지로 모자를 몇 개 만든다). 사람들은 그것을 쓸 수 있고 어떤 느낌이 드는지를 살펴볼 수 있다.

[그림 E-1]은 깡통과 상자로 자화상을 만들기 위해 폐품 활용에 대한 의견을 나누는 알코올 센터의 집단을 보여 준다.

129. 실물 크기의 자화상

큰 두루마리 종이를 벽에 핀으로 고정한다. 자신의 윤곽선을 따라 그린 뒤 실물 크기의 신체상을 가지고 자신이 좋아하는 방식으로 작업한다. 접촉하는 것에 어려움을 가진 집단이나 신체상에 대한 문제를 가진 집단에는 주의를 요한다.

[변형]

① 한 사람이 바닥에 누우면 다른 사람이 종이에 따라 그려 준다.

② 자신의 느낌을 전달하기 위해 신체의 여러 부분을 어떻게 사용하고 있는지를 나타내는 실물 크기의 신체상

③ 신체의 윤곽선을 그리고 각 부분에 이름을 붙인다. 색깔이나 콜라주 재료로, 혹은 신체적 · 정신적으로 자신의 내부에서 진행되고 있는 것으로, 혹은 에너지의 선으로 안을 채운다.

④ 신체 부분들의 윤곽선을 그리고 오려서 벽화에 배열한다.

⑤ 자신이 지금 당장 어떠한지를 나타내는 실물 크기의 자화상

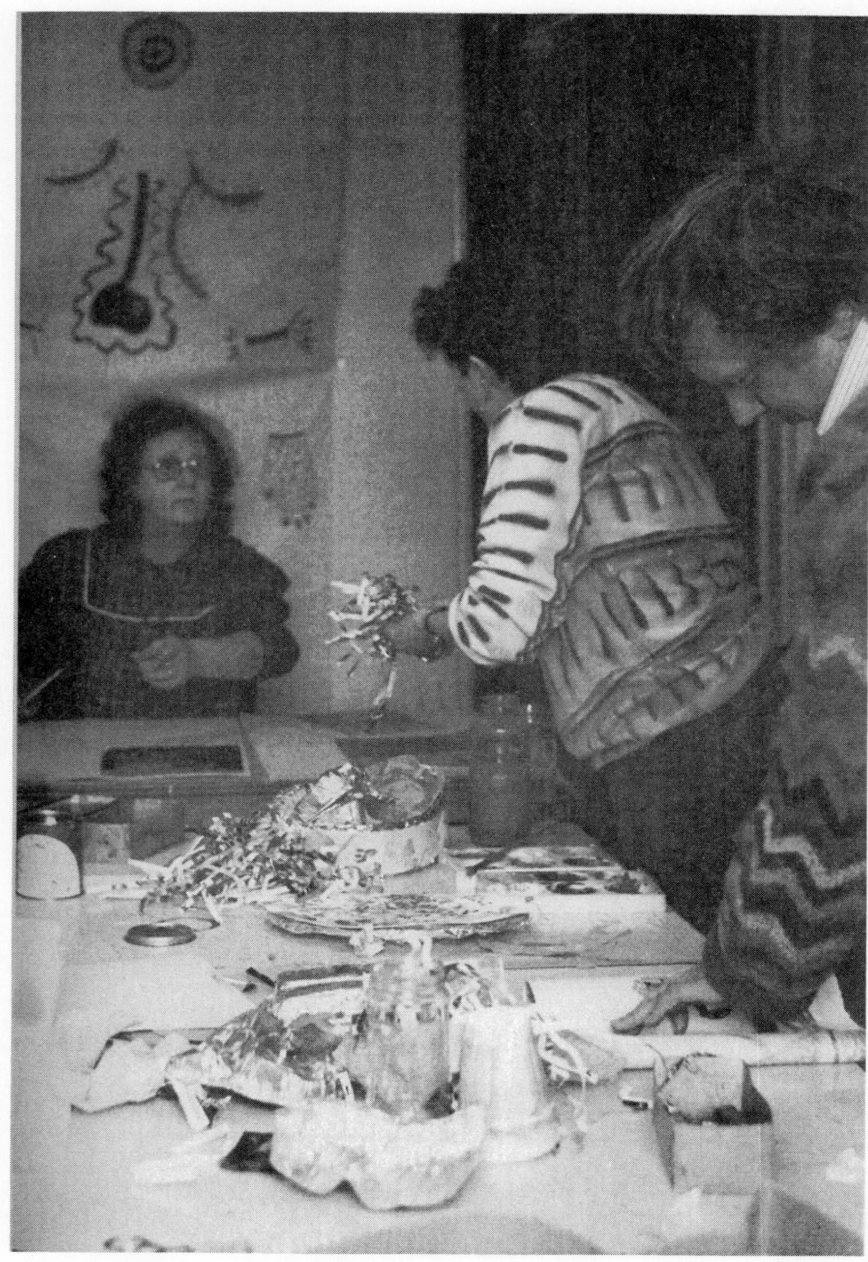

[그림 E-1] 상자와 폐품을 이용하여 만드는 자화상: 알코올 센터
출처: Paul Curtis의 사진

⑥ 바로 앞에 자신이 있다고 상상하고 자신의 윤곽선과 이야기한다.
⑦ 신체상의 한 부분을 골라 다른 그림으로 그려서 탐색한다.
⑧ 부모님과 신체의 특정한 부분이 서로 연결되는지를 살펴본다.
⑨ 자신과 닮도록 안을 채운다. 예컨대, 머리와 옷(아이들에게 좋다).
⑩ 실물 크기의 모형을 만들어서 '다른 자기'를 연기해 본다.
⑪ 전신 거울을 사용한다(아이들에게 좋다).
⑫ 신체의 내부에는 스트레스를 두고 외부에는 스트레스 요인을 덧붙인다.
⑬ 나이별로 겪은 정서적 상처를 그와 관련된 신체의 부분에 표시한다.
⑭ 성적 취향과 관련된 감정을 표현하는 기초 작업으로 활용한다(이것은 안정된 집단에서만 사용한다).

130. 손과 발

손과 발을 따라 그리고 그것들을 하나의 그림으로 만든다. 손과 발이 당신을 위해서 무엇을 해 주고 있는지를 생각해 본다.

[변형]

손과 발에 물감을 묻혀서 찍은 것을 이용한다.

131. 입체 자화상

폐품을 활용하여 자화상을 입체로 만들어 본다.

[변형]

① 자기 상자(128번 참고). 또는 상자의 안팎에 폐품을 사용한다.
② 큰 점토 덩어리를 가지고 모형을 만들려고 애쓰기보다는 아무렇게나 작업한다. 작업을 마치면 탁자에 올려놓고, 점토가 당신이라면 편안함을 느낄 곳이 어디인지를 생각해 본다.
③ 움직이는 점토 꼭두각시 인형을 자신과 닮게 만든다.
④ 신발 상자 안쪽에 점토를 넣어 양각으로 자화상을 만든다. 말려서 색칠한다.

⑤ 눈을 감고 둥근 공이 자신의 실제적이거나 추상적인 이미지로 변화하는 것을 상상해 본다. 그런 다음 손으로 이미지를 만든다. 작업을 마치고 눈을 뜬다.

⑥ 점토로 만든 손: 점토를 굴려서 공으로 만들고 한 손을 눌러 찍어서 손자국을 만든다. 당신과 친숙한 어떤 것을 나타내는 상징을 긁어서 표현한다. 당신이 좋아하는 사람의 손으로 이 작업을 반복하고 적절한 위치에 두 손을 가지런히 놓는다.

⑦ 126번의 ③과 127번의 ②를 참고한다.

132. 성적 취향과 성별

물감, 크레용, 점토 또는 콜라주를 사용하여 자신의 성적 취향/성별에 관한 생각과 느낌을 표현한다.

[변형]

① 자신의 성적 취향의 발달에 대한 인식을 도표로 나타낸다.

② 성차에 대한 자신의 인식 발달을 도표로 나타낸다.

③ 긍정적인 면을 축하하는 것에 집중한다.

④ 자신이 이상적이라고 여기는 여성/남성의 속성

⑤ 생활 속의 인물 또는 가상의 인물을 택하여 ③의 작업을 한다.

⑥ 남성다움과 여성다움의 본질에 대한 집단 그림. 두 개의 소집단으로 나누어서 각각에 대해 작업하면 흥미로울 것이다.

이것은 힘든 감정들을 불러일으킬 수 있으므로, 이 주제를 탐구하기 전에 당신의 집단에 대해 잘 알고 있어야 한다.

133. 다양성 축하하기

인종, 피부색, 문화, 유산과 같은 당신 자신의 어떤 측면을 축하하는 그림을 그린다. 미술재료나 긍정적인 면을 나타내는 콜라주를 이용한다.

[변형]

① 가족과 조상으로부터 내려온 긍정적인 특성, 당신이 자랑스러워하는 유산들

② 집단구성원들이 자신의 출신지에 대해서 이야기를 나눈 후 이러한 측면과 관련된 미술작품을 만든다.

③ 처음부터 집단 그림을 그리거나 각자의 그림을 모아서 집단 그림을 만든다.

④ 검은색과 흰색 물감으로 작업하고 그로부터 생겨나는 연상, 생각, 느낌을 성찰한다.

⑤ 당신이 물려받은 문화유산의 모든 요소를 가지고 종이로 '조각 퀼트'를 만든다. 많은 사람이 자신을 하나 이상의 문화에 속한 구성원이라고 느끼며 이것은 이러한 정체성을 표현하는 방법이 된다.

⑥ 당신의 현재의 정체성을 형성한, 모든 사건과 사람으로 이루어진 인종적 · 문화적 지도를 만든다.

⑦ ⑥을 기초로 삼아서, 당신이 낯선 언어, 환경, 관습 등을 가진 외국에 있다고 상상한다. 원래의 문화적 지도에 있는 어떤 측면이 새로운 상황에 대처하도록 돕는가?

⑧ 당신의 민족적 · 문화적 정체성에 관한 두 장의 그림을 그린다. 하나는 다른 집단을 위협할 수 있고 하나는 비위협적일 수 있다. 다른 사람들과 토론한다.

⑨ 문화적 유산을 나타내는 깃발, 표장, 상징을 탐색한다.

게이와 레즈비언 집단, 계층, 성별 등이 다른 집단으로 이러한 활동들을 확장한다.

134. 가면

얇은 마분지나 종이 접시로 자신의 가면을 만든다. 가면을 쓰고 그것이 연

상시키는 역할을 연기한다.

[변형]

① 특정한 감정을 표현하는 가면을 만든다. 162번을 참고한다.

② 가면을 필요로 하는 이야기를 만들거나 사용한다.

③ 127번과 연결하여, 당신이 자신을 어떻게 보는지와 다른 사람들이 당신을 어떻게 보는지에 대한 가면을 만든다.

④ 153번 공적인 가면과 사적인 가면을 참고한다. 154번 좋은 것과 나쁜 것을 참고하여, 당신의 이상적인 면과 받아들일 수 없는 면을 나타내는 가면을 만든다.

⑤ 대개 사람들이 당신이 쓰고 싶어 할 거라고 여기지 않는, 그러나 당신의 일면을 나타내는 가면을 만든다.

⑥ 반쪽 가면(위 또는 아래)을 만들고 어떤 느낌을 주는지를 살펴본다.

⑦ 석고붕대를 사용하여 눈, 코, 입의 공간은 남겨 두고 얼굴 가면을 만든다(이것을 하기 전에 얼굴에 바세린을 바른다). 접촉을 싫어하는 사람들에게는 주의를 요한다. 하지만 그들도 가끔은 가면 만들기를 좋아한다.

⑧ 가면의 다른 용도에 대해서 184번과 185번을 참고한다.

135. 신체 갑옷

당신 성격의 긍정적이고 부정적인 측면을 나타내는 갑옷을 만든다. 예컨대, 강함을 나타내는 방패, 분노를 나타내는 창이다. 갑옷을 입고 다른 사람들과 그것에 대해 이야기를 나눈다.

[변형]

만약 당신이 삶에서 어떤 도전과 마주하고 있다면, 이것을 헤쳐 나가는 데 도움이 되는 갑옷을 만든다.

136. 이름

다음의 이미지를 그린다.

① 어린 시절의 별명
② 실제 이름
③ 상상의 이름

[변형]
① 당신의 느낌에 따라 이름을 선택하여 꾸민다.
② 평소 사용하지 않는 손으로 자신의 이름을 적는다.
- 뒤로
- 앞으로 적으면서 전체 공간 채우기
- 매우 천천히
③ 이 활동을 자신에 관한 다른 활동과 합친다.
④ 이름의 첫 글자를 사용하여 무늬를 만든다.
⑤ 이름에 문화적인 연상과 자신의 배경에서 나온 의미를 추가한다.

이름과 이름의 첫 글자는 강한 감정을 불러일으킬 수 있는데, 그것들이 그들의 생활 속에 있는 다른 사람들과 고통스럽거나 괴로운 환경을 떠올리게 할 때 특히 그렇다.

137. 배지와 상징

자신의 상징을 찾아서 그린다. 이것이 어려우면, 우선 매일 보는 다른 시각적 상징에 대해서 생각해 본다.

[변형]
① 개인적인 보호 장치로 사용할 수 있는 자신의 상징을 개발한다.
② 자신의 상징을 사용하여 만화를 만든다.
③ 자신의 자랑스러운 자질을 나타내는 배지를 만든다.
④ 티셔츠에 넣을 상징을 만든다.
⑤ 자신의 상징에 어울리는 구호를 만든다.

⑥ 좌우명, 상징, 묘비명 등을 가지고 자신의 '문장(紋章)'을 만든다.

⑦ 점토나 그 밖의 모형 제작이 가능한 재료를 사용하여 자신의 명판을 만든다.

138. 은유적 초상화

자신을 어떤 종류의 대상물로 그려 본다. 대상의 선택은 무엇이 나오는지를 보기 위해 각자 선택하도록 할 수도 있고 구체적으로 명시할 수도 있다. 예컨대, 자신을 집, 나무, 동물, 음식, 섬, 색깔과 모양, 건물, 꽃, 식물, 식사, 물, 풍경으로 그린다. 적절한 경우에는 배경(정원, 과일 그릇, 풍경 등)을 포함시킨다.

[변형]

① 대상을 그린 후에, 자신이 그 대상인 것처럼 연기하면서 그것에 대해 1인칭으로 이야기한다.

② 어떤 대상(동물, 건물 등)이 되고 싶은가?

③ 환생한다면 어떤 대상(동물, 건물 등)이 될 것 같은가?

④ 자신을 오늘의 기분을 나타내는 대상물로 그린다.

⑤ 자신을 동물(기타 등등)로 그린다.

- 가장 되고 싶은 것
- 가장 되기 싫은 것

⑥ 자신을 종이의 한 면에는 물건으로, 반대 면에는 동물로 그린다(이것은 다른 사람이 당신을 어떻게 대하는지 혹은 당신이 다른 사람과 어떻게 관계하는지와 연관이 있는가?).

⑦ 역동적인 은유. 예컨대, 자라는 씨앗의 이미지를 사용하여, 자신의 성장 시점을 나타내고 성장 과정에 대한 반응에 주목한다.

⑧ 몇 개의 색깔을 선택하여, 자신을 나타내는 그림을 그린다.

⑨ 스스로를 고립시키는 경향이 있는 사람에게는 들어갈 환경에 대해서 질문한다.

139. 광고

자신을 위한 광고를 그린다. 이것은 '자신을 파는' 의미가 포함되어 자존감이 낮을 경우 부정적인 감정을 불러일으킬 수 있다. 광고로 어떤 사람들의 마음을 끌고 싶은지에 대해서 생각해 볼 수도 있다.

[변형]

① 개별 작업을 마친 뒤, 집단의 다른 사람들이 각각의 광고에 빠진 부분들을 덧붙인다.

② 자신을 친구, 근로자, 부모 등으로 파는 광고

③ 다른 사람들을 위한 광고를 적거나 그린다.

④ 자신의 개인적 특성을 전시하는 백화점을 그린다. 그런 다음 다른 사람들의 가게에 있는 물건들을 고르는 '쇼핑 여행'을 하여 그것으로 또 하나의 그림을 그린다.

⑤ 성취에 초점을 맞춘다.

140. 생활선

자신의 삶을 선, 여행, 도로 지도, 강으로 그린다. 길을 따라서 이미지와 사건들을 집어넣는다.

[변형]

① 생활선의 한 부분을 선택하여 이미지로 그린다.

② 한 부분 또는 특정한 측면(예, 친구, 직장 생활, 성생활, 문화 의식 등)을 선택하여 하나의 선으로만 표현한다.

③ '과거' '현재' '미래'의 꼬리표를 붙여 부분들을 나눈다.

④ 적절하다면 자신의 삶을 미로로 그린다.

⑤ 종이 전체 또는 두루마리 종이를 사용하여 자신의 일생을 그린다.

⑥ 다양한 경험을 각기 다른 종류의 선/색깔로 나타낸다.

⑦ 출생부터 시작하여 나선형으로 표현한 생활선

⑧ 생활선을 미래로 이어지게 한다.

⑨ 자신의 인생 이야기를 잡지에서 가져온 이미지로 표현한다(콜라주).

⑩ 자신의 삶에서 중요한 물건, 장소, 사람들을 지도로 그린다.

⑪ 자신의 삶을 나타낸 만화

⑫ 자신이 어디로 가고 있는지를 특히 강조한다.

⑬ 특정한 시기에 만든 과거의 미술작품을 살펴본다.

⑭ 장애물과 우회로를 그리고 이것들을 극복하는 역할극을 한다.

⑮ 어떻게 하여 특정한 상황(예, 교도소, 병원, 곤경 등)에 처하게 되었는지에 대한 이야기

⑯ 자신의 삶을 자전거, 자동차, 버스, 기차, 배 등 몇몇 종류의 운송수단으로 그린다. 자신과 중요한 사람들을 포함시킨다.

141. 뱀과 사다리

자기 삶의 사건과 이미지들을 사용하여 자신만의 뱀과 사다리 게임을 만들어 낸다. 자신의 게임으로 다른 사람들과 놀이를 해 본다.

142. 과거, 현재, 미래

이것은 140번과 비슷한 주제를 다른 관점으로 본 것이다. 그러나 장애물이 좀 더 뚜렷하게 나타난다. 자신의 과거, 현재, 소망하는 미래에 대한 이미지를 그린다.

[변형]

① 미래에만 초점을 맞춘다. 미래(당면한 미래, 5년 후, 10년 후)를 여러 개의 이미지로 시각화한다.

② 현재, 지금-여기의 경험에만 초점을 맞춘다.

③ 잡지의 이미지를 사용한다.

④ 인생의 특정한 순간, 예컨대 10년 전, 지금으로부터 1년 후, 또는 특정한 나이

⑤ 과거, 현재, 미래의 자기상. 어떤 갈등이 있는지를 탐색한다.

⑥ 미래의 특정한 측면에 초점을 맞춘다. 예로, 원하는 직업, 살고 싶은 집의 종류 등
⑦ 자신이 교차로에 있다고 상상한다. 어떤 방향을 선택할 것인가?
⑧ 결정한 것들/결정할 것들
⑨ 새해(기타 등등)에 바꾸고 싶은 것과 바라는 것
⑩ 가까운 미래에 힘들게 될 일
⑪ '이상적인' 상태에서 '최저' 상태까지 등급을 매긴다. 자신이 현재 있는 곳과 위로 올라가야 할 곳을 표시한다. 140번(생활선)과 연결하여, 어떤 패턴이 당신에게 영향을 끼치는지를 살펴본다.
⑫ 과거와 미래의 인생 맥락에서 지금 이 순간의 자신을 표현한다.
⑬ 내년의 소망처럼 구체적인 정보를 담은 개인의 문장(紋章)을 만든다.
⑭ 이별과 만남에 대한 느낌
⑮ 이상적인 세계
⑯ 나는 어디에서 왔고, 현재 어디에 있으며, 어디로 갈 것인가?
⑰ 미해결 과제
⑱ 후회 그리고 어떻게 되었더라면 좋았겠는가?
⑲ 삶에서 잃은 것과 미래에서 찾고 싶은 것. 150번을 참고한다.
⑳ 자신에게 중요한 사람, 혹은 과거에 중요했던 사람
㉑ 전과 후: 특별한 사건이 생기기 전・후의 자기 자신이나 자신의 생활과 그때의 느낌을 그린다. 예컨대, 사고, 질병, 결혼, 이사 등이다.
㉒ 과거, 현재, 미래를 다른 종이에 따로따로 그린다. 그런 다음, 그것들을 바닥에 디딤돌처럼 놓는다. 한곳에서 다른 곳으로 걸으면서 일어나는 느낌에 주목한다.
㉓ 뒤에 남겨 두는 것과 지나가는 것을 가지고 과거에서 미래로 가는 다리를 놓는다.

143. 인생 콜라주

당신의 인생과 관련이 있는 잡지 그림을 고르고(10분) 단어를 오린다(5분). 그것들을 모아서 당신의 인생을 나타내는 콜라주를 만든다(30분).

[변형]

① 당신과 당신 생활과 관련이 있는 제목을 오린다.

② 당신의 주머니/핸드백에 있는 내용물들을 꺼내어 당신과 다른 사람들 간의 감정적 거리에 따라서 그 물건들을 배열한다. 이것은 당신의 생활 패턴을 나타낸다.

③ 당신의 관심사를 그리고 종이에 배열하여 '생활공간'의 그림을 만들어 낸다.

④ 당신을 설명하는 그림 혹은 흔쾌히 이야기 나누고 싶은 것들을 보여 주는 그림을 3~5개 골라낸다.

144. 인생 우선순위 콜라주

큰 종이에 먼 거리, 중간 거리, 가까운 거리를 나타내는 색깔의 수평 띠 세 개를 그린다. 그런 다음, 당신의 일, 가족, 사회생활(혹은 이들 중 한 가지만)의 여러 가지 측면을 나타내는 그림을 오리거나 그린다. 이 그림들을 떼어 낼 수 있는 접착제로 알맞은 색깔의 띠에 붙인다. 작업을 마치면 결과물들을 살펴보고 전체가 '편안'하게 느껴질 때까지 그림들을 이동시킨다. 우선순위를 재평가하는 데 유용하다.

145. 자기의 측면들

중심에 당신 자신이 있는 지도를 만들고, 당신의 여러 가지 측면을 거리와 크기 등을 유념하면서 서로의 관계에 따라 중심의 주변에 놓는다.

[변형]

① 인생에서 중요한 물건, 장소, 사람들을 당신 자신과 관련지어서 지도로 만든다.

② 영혼, 정신, 신체의 측면을 나타내는 색깔 띠 세 개를 그린다. 집단으로 또는 비슷한 무늬를 가진 사람과 짝을 지어서, 색깔, 질감, 띠의 폭에 대해서 토론한다.

③ 당신의 여러 가지 측면을 가지고 중심에서 바깥쪽으로 향하여 만다라(중심이 있는 이미지)를 그린다(349번 참고).

④ 당신의 '공동체'. 종이에 자신의 여러 가지 역할(예, 운전사, 부모 등)을 하나의 공동체로 표현한다.

146. 최근의 사건

지난주나 지난 밤을 돌이켜 생각해 보고 당신을 행복하게 했던 것을 나타낸다. 그런 다음 당신을 속상하게 만들었던 것을 나타낸다.

[변형]

지난주에 일어났던 사건들을 만화로 표현한다.

147. 아동기의 기억

최초의 또는 초기의 기억, 아동기의 기억, 인상 깊었던 기억을 그린다. 이러한 주제는 사람들이 인식하지 못했고 다루기 힘든 아동기의 상처를 불러일으킬 때가 많다. 이것에 대해 토론할 시간을 충분히 갖는 것이 중요하다.

[변형]

① 아동기의 따뜻하거나 행복한 기억과 불행한 기억

② 좋은 기억과 나쁜 기억

③ 난처했던 기억

④ 아동기의 중요한 대상물(예, 장난감, 그릇, 책 등)

⑤ 아이인 자기 자신

⑥ 강한 감정과 연관된 기억

⑦ 평소 사용하지 않는 손으로 최초의 기억을 그린다.

⑧ 6~10세의 어린아이처럼 말하고 손가락에 물감을 묻혀 그림을 그린다.

⑨ 물감을 사용하여 처음에는 오른손으로, 다음에는 왼손으로 이름을 적는다.
⑩ 아동기에 금지되었던 것들(이것들은 어른이 된 당신이 죄책감을 많이 느끼는 것들인가?)
⑪ 마치 그 나이인 것처럼 기억을 그린다.
⑫ '녹는 거울' : 상상을 통해서 아동기로 돌아가는 기법. 당신이 거울 속에 비친 자신을 볼 때 거울이 녹으면서 이미지가 흔들린다. 흔들림이 가라앉으면 당신의 집의 어느 방에 있는 아이인 당신이 나타난다(그 자체가 암시하는 나이를 정하고). 그 방과, 당신과 당신의 어린이 자아가 나누는 대화를 상상한다. 아이는 당신에게 무엇을 이야기하는가? 당신은 뭐라고 대답하는가? 그 상황을 그린다. 그런 다음, 지금의 당신을 위한 메시지가 그 속에 있는지 살펴본다.
⑬ 분리에 대한 최초의 기억 그리고 현재의 만남과 이별(어떠한 연관성이 있는가?) 이것은 강한 감정을 불러일으킬 수 있다.

148. 인생 되돌아보기

당신의 인생에서 중요한 기억들을 그린다. 이것은 노인이나 삶의 기로에 서 있는 사람들이 자신의 인생을 되돌아보는 데 도움이 된다. 몇 가지 예를 들면 다음과 같다.

① 아동기, 청소년기, 성인기의 이미지
② 좋은 기억과 나쁜 기억
③ 난처했던 기억
④ 강한 감정과 연관된 기억
⑤ 중요한 사건(예, 결혼, 출생, 죽음, 집을 떠나는 것, 이사 등)
⑥ 중요한 집단(예, 가족, 친구, 마을, 직장 동료, 종교 집단 등)
⑦ 도시 풍경과 시골 풍경

⑧ 오래된 가족사진을 이용하여 인생과 사건들에 대한 사진 앨범을 만든다.

⑨ 생활의 중요한 요소들(예, 애완동물, 집, 직업, 취미, 특별히 즐기는 활동). 이것들은 모두 보다 장기적인 과제로 발전될 수 있다.

⑩ 현재의 일상생활과 몇 년 전의 일상생활, 그리고 이와 관련된 감정

⑪ 당신이 뭔가를 말하지 못했거나 끝내지 못했던 가족, 친구 등을 그린다. 말하고 싶었거나 하고 싶었던 것을 덧붙인다.

⑫ 가정용품, 도구 등과 같이 선대부터 내려오는 물건들을 돌려가며 본다. 이것들은 많은 기억을 불러일으키는 자극제가 될 수 있다(집단구성원들이 이러한 활동을 위해 물건을 기증할 수도 있다). 만약 이주와 관련된 회한이나 트라우마(예, 난민)가 있다면 이 작업을 할 때 세심한 주의를 기울여야 한다.

⑬ 삶의 단계에 따라 인생을 되돌아보기

149. 인생 단계에 따른 관심사

청소년기, 중년기 등 인생 단계에 따른 관심사를 주제로 사용한다. 일반적인 방법으로 관심사에 대해 질문한다. 예컨대, 청소년들은 무엇에 관심이 있는가? 네 나이 또래의 여자아이들에게는 무엇이 가장 짜증스러운가?

150. 상실

떠나 버린 사람이나 사물을 그림이나 추상적인 상징으로 나타낸다.

[변형]

① 이러한 사건에 대한 감정

② 197번 사별 문제와 284번 풍선 날려 보내기를 참고한다.

이 주제는 매우 카타르시스적일 것이며, 특히 최근에 심각한 상실을 경험한 사람들의 경우에는 신중하게 다루어야 한다. 그러나 이것은 중요한 감정을 함께 나누는 데 있어서 귀중한 출발점을 제공할 것이다. 또한 신체적 능력

을 점점 상실해 가고 있는 노인들에게도 도움이 될 수 있다. 148번 인생 되돌아보기의 설명을 참고한다.

151. 수화물의 꼬리표

수화물의 꼬리표 한 면에는 당신의 이름과 목적지(실제적으로, 은유적으로, 상상으로)를 적고, 다른 면에는 당신의 개인적인 수화물을 그린다.

152. 비밀과 사생활

다음의 세 가지를 사실적으로 또는 추상적으로 그린다.

㉠ 집단과 공유할 것
㉡ 집단과 공유할 것 같은 것
㉢ 집단과 공유하지 않을 것

토론을 하면서 사람들이 결국에는 ㉡과 ㉢을 공유하려고 결심할 수도 있지만 그렇게 하도록 압력을 가해서는 안 된다.

[변형]

① 사적인 당신과 대외적인 당신
② 당신이 세상에 보여 주는 부분과 보여 주지 않는 부분
③ 128번 가방과 상자를 이용한 자화상 참고: 특히 ㉠에 대해 가방과 상자를 사용한다.
④ 혼자 있는 것, 다른 사람들과 함께 있는 것
⑤ 앞의 모든 주제를 가지고 가면이나 가면 시리즈를 만든다. 사적인 가면을 공유하도록 압력을 가하면 안 된다. 153번을 참고한다.

153. 공적인 가면과 사적인 가면

준비된 가면을 사용하여, 세상이 모두 보는 아침에 당신이 '쓰는' 얼굴을

그린다. 그 후에 많은 사람이 보지 못하는 좀 더 사적인 얼굴을 그린다. 각각의 가면을 얼굴 위에 올리고 다른 얼굴을 가진 자신과 이야기를 나눈다. 이 활동은 사람들이 자기 '사생활'의 노출 수준을 선택하게 해 주며 이것은 존중되어야 한다. 대부분의 사람은 집단에서 자신을 너무 깊이 노출하는 것에 위협감을 느낀다.

154. 장점과 단점

자신의 좋은 면과 나쁜 면, 자신에 대해서 좋아하는 것과 싫어하는 것, 계속 지키고 싶은 것과 바꾸고 싶은 것, 강점과 약점 등을 그린다.

[변형]

① 좋아하는 면과 싫어하는 면을 점토로 형상화한다.

② 이상적인 면과 수용할 수 없는 면을 가면으로 나타낸다.

③ 이상적 자아와 실제적 자아

④ 하나의 그림 속에 있는 부정적인 면과 긍정적인 면을 살펴보고 이 두 부분과 대화를 나눈다.

⑤ 이미 일어난 변화와 앞으로 일어날 변화

⑥ 두 측면의 얼굴을 종이 가방을 사용하여 나타낸다.

155. 긍정적인 특성

자원이 많은, 친절한 등과 같은 긍정적인 특성들을 적어서 카드 한 벌을 만든다. 집단구성원들에게 무작위로 (보지 않고) 3개의 카드를 고르게 한다. 그들이 하나하나의 특성을 드러내었던 인생의 각 시기를 그리게 한다.

[변형]

① 내가 자랑스러워하는 것

② 행복 상자 만들기(아동에게 좋음)

③ '존중'이 의미하는 것 그리기

156. 이상적인 사람

당신이 이상적으로 생각하는 치료사/교사/부모/친구 등을 그리거나 조각한다. 그들은 어떤 말과 행동을 하며, 당신을 어떻게 도울 것인가 등. 현실에 대해 토론하고 이상과 현실의 차이를 깨닫는다.

[변형]

당신이 초인간이 되는 특별한 신체적 능력을 구할 수 있다고 상상한다. 그것이 무엇인지(예, 한 쌍의 눈이 더 있는 것)를 그린다. 그런 능력이 당신으로 하여금 무엇을 할 수 있게 하는지를 토론한다.

157. 갈등

어떤 종류의 갈등(내적/외적으로)이나 당신의 성격에서 갈등하는 부분들을 그린다.

[변형]

① 성격의 부분들에 대한 은유를 만화 형태로 나타낸다.

② 현재의 갈등과 자신들의 갈등을 해결해 나가는 당신의 부모를 그린다.

③ 당신의 성격에서 대립하는 두 측면을 그리거나 모형으로 나타낸다. 그것들에게 목소리를 주고 대화하게 한다(358번 참고).

④ 갈등과 그것의 이상적인 해결책을 그린다.

⑤ 갈등의 두 측면을 그린다. 그런 다음 그것을 그림으로 보고 두 측면에 있는 요소들을 골라서 새로운 그림으로 그린다. 이것이 원래의 갈등을 다루는 데 도움이 될 어떤 메시지를 가지고 있는지 살펴본다. 이 활동을 파트너와 함께하려면 239번을 참고한다.

⑥ 분열된 감정과 양가감정을 그린다.

⑦ 점토를 사용한다.

158. 분노

사람의 윤곽선을 그린 후, 거기에 당신이 가진 분노의 신체적 증상들을 그

증상에 맞는 색깔과 선을 사용해서 표시한다. 제6장의 사례 7과 사례 14에 분노에 대한 일련의 활동들이 나와 있다.

159. 문제

현재의 문제, 특히 지속되거나 되풀이되는 문제를 그린다. 그런 다음, 그 문제를 가짐으로써 생기는 이득을 그리거나 콜라주로 나타낸다.

[변형]

① 문제를 그리고 나서 그 문제를 극복하는 자신을 그린다.

② 그 문제에 대해서 당신이 가지고 있는 대처 기술을 그림으로 그린다.

③ 색깔과 모양을 선택하여 스트레스를 그린다. 그와 반대되는 감정에 대해서도 같은 방법으로 작업한다.

160. 트렁크와 쓰레기통

트렁크와 쓰레기통의 은유를 사용하여 사람들로 하여금 자신의 인생에서 원치 않는 것들을 담도록 한다. 트렁크는 물건을 보관하는 데 사용되므로 지금은 그것들을 담아서 치워 버리지만 미래에는 꺼낼 수 있다. 쓰레기통은 사람들이 고장이 났거나 더 이상 필요치 않다고 생각하는 것들을 버리는 데 사용할 수 있다.

161. 장애에 대한 공감

다양한 제약에 대한 그림을 그린 다음, 그에 따라 생겨나는 당신의 느낌, 실제적인 어려움, 그것에 대처하는 방법들에 주의를 기울인다. 다음에 제시된 것들을 해 본다.

① 눈가리개를 한다.

② 듣지 못하게 한다.

③ 한 손만 사용한다.

④ 발만 사용한다.

⑤ 입만 사용한다.

162. 감정

선, 형태, 질감, 색깔을 사용하여 여러 가지 감정과 기분을 그린다. 감정은 개인이나 집단이 선택할 수 있다.

[변형]

① 상반되는 한 쌍의 감정(예, 사랑/미움, 분노/평온함)을 선택하여 하나의 그림으로 합친다.

② 단어(예, 사랑, 미움, 분노, 평화, 일, 가족 등)를 듣고 생긴 반응을 추상적인 그림으로 빠르게 그린다.

③ 간단한 표시에서 시작하여 크레파스로 낙서를 한다. 그러고 나서 강하고 부정적인 감정(예, 분노)을 표현한 후 그와 반대되는 기분으로 작업을 마친다.

④ 생각해 낼 수 있는 한 많은 감정을 그린다.

⑤ 하나의 그림 주제로 하나의 감정(예, 두려움, 분노)을 택한다.

⑥ 특정한 감정을 표현하는 가면을 만든다.

⑦ 원에 여러 가지 감정을 표시한 다음 색칠한다. 매주 하나씩 택하여 하나의 그림으로 그린다.

⑧ 기쁘거나 불쾌한 느낌 또는 그러한 기억과 연관된 대상을 그린다.

⑨ 다른 사람들이 연루되어 있으면서 당신이 분노, 불안, 평화로움을 느꼈던 상황들

⑩ (당신이 '제정신이 아닌'을 뭐라고 이해하든 간에) '제정신이 아닌' 그림을 그린다.

⑪ 특정한 감정을 나타내는 잡지의 사진(예, 화내는 사람)을 오려서 그들이 말하고 있는 것을 상상한다.

⑫ 점토로 '분노의 대상'을 만든다. 도구를 사용하여 점토를 자르고, 두드

리고, 치는 등 강한 감정을 표현한다.

163. 느낌과 실행 가능성

강한 감정을 불러일으키는 상황을 그린다. 행동하고 싶은 것을 그린다. 그것에 대해 곰곰이 생각한 후, 좀 더 실행 가능한 행동을 나타내는 또 한 장의 그림을 그린다.

164. 현재의 기분

지금 이 순간의 기분이나 느낌을 그림으로 그린다. 필요하면, '나는 어찌할 바를 모른다.' '모든 것이 텅 비어 있다.'처럼 은유적으로 묘사한다.

[변형]

① 표시, 모양, 색깔을 이용하여 지금 이 순간의 신체적 · 정서적 느낌들을 나타낸다.

② 상징을 이용하여 현재의 기분을 표현한다.

③ 낙서를 이용한다.

④ '나는 ~이다.' '나의 느낌은 ~이다' '나는 ~가지고 있다.' '나는 ~한다' 중 하나 이상을 택하여 그림으로 그린다.

⑤ 최근의 또는 되풀이되는 감정 문제들을 그린다(162번 감정 참고).

⑥ 이별과 만남에 대한 느낌

⑦ 두통, 요통 등과 같은 신체적 고통을 이용한다.

⑧ 현재의 느낌을 그린다. 그 느낌이나 그림의 부분을 과장하여 더 많은 그림을 시리즈로 그린다.

⑨ 큰 반원을 그려서 0에서 10까지 번호를 매긴다. 각각의 숫자에 적합한 그림들을 오린다. 지침을 만들어서 그것이 가리키는 기분의 수준에 대해서 생각해 본다.

165. 감정을 캐릭터로 외현화하기

우울, '경쾌한' 기분, 충동적인 등과 같은 감정이나 상태를 택하여 그것들을 그 자체의 인격을 가진 괴물이나 도움을 주는 생명체로 발전시킨다. '충동이 생명체라면 그것은 어떻게 생겼을까?' 그 생명체를 그림으로 그리고 그것의 행동을 전개하고 자신의 다른 부분들과 대화하게 한다.

166. 대상과 느낌

하나의 대상(꽃, 나뭇잎, 조개껍데기 등)을 2분 동안 바라본다. 그러고 나서 그것에 대한 느낌을 그린다.

[변형]

① 더 오래 바라본다.

② 색깔, 선, 모양만 이용한다.

③ 당신에게 의미가 많은 대상을 택한다.

167. 생존 욕구

무인도에 난파되었다는 상상 여행(J장 참고)을 한 후, 지형, 생존 수단, 머무는 기간 등을 생각하여 섬을 그린다.

[변형]

① 무인도에 있는 당신과 살아남기 위해 가장 중요한 것들을 함께 그린다. (가장 중요한 것들이 아니어서) 가지고 오지 않은 것은 무엇인가?

② 필요한 모든 것을 그린다. 그런 후 원하는 모든 것을 그린다.

③ 당신만의 섬을 만들고 거기에 있는 사람들과 활동들을 나타낸다.

④ 폴더를 '여행 가방'으로 삼아서, 가정이 위험에 빠졌을 때 가지고 나올 중요한 것들을 몇 가지 넣는다. 그 위에 주소를 쓴다. 이것이 사람들(또는 그들의 친척들)의 경험(예, 난민)과 공명할 경우 특히 도움이 된다.

168. 소원

한 가지 소원, 세 가지나 다섯 가지의 소원을 그린다(좀 더 많은 소원은 더 큰 상상력을 필요로 하고 사람들로 하여금 진부한 소원들 너머로 나아가게 한다).

[변형]

① 하고 싶은 여행

② 지금 당장 있고 싶은 장소

③ 자신을 포함시켜서 만화로 만든 환상적인 모험

④ 50억 원이 있다면 무엇을 할 것인가?

⑤ 환상적인 가게의 진열창을 보면 무엇을 가지고 싶겠는가?

⑥ 보물 상자에서 발견하고 싶은 것은?

⑦ 다락방에서 발견하고 싶은 것(그리고 거기에 두고 싶은 것)은?

⑧ 당신의 영웅

⑨ 중요한 희망과 두려움을 나타낸다.

⑩ 받고 싶은(또는 주고 싶은) 선물은 무엇인가? 누구에게 받고(또는 주고) 싶은가?

⑪ 당신은 강을 건너고 있다. 맞은편에 무엇이 있는가?

⑫ 당신은 막 자라기 시작한 씨앗이다. 그 환경은 어떠한가?

⑬ 안전하고 고요한 피난처를 상상한다. 그곳은 어떠하며 당신과 함께 있는 사람은 누구인가? 당신이 피하고 싶은 압박감과 긴장은 무엇인가?

169. 두려움

최악의 두려움이나 한 가지 두려움, 또는 세 가지나 다섯 가지의 두려움을 그린다(168번의 변형 참고).

[변형]

① 당신이 숨어 있다고 상상한다: 그곳은 어디이며 무엇으로부터 숨어 있는가?

② 위협적인 상황들

③ 당신은 보트를 타고 표류하고 있다: 무엇을 할 것인가?
④ 당신은 숲 속에서 길을 잃었다: 무엇을 할 것인가?
⑤ 당신은 감옥에 갇혀 있다: 어떻게 빠져 나오겠는가?
⑥ 방문이나 대문이 있다고 상상한다: 그 뒤에 무엇이 펼쳐져 있는가?

170. 영성

당신의 영성과 관련 있는 것을 나타내는 그림을 그린다.

[변형]

당신을 영적으로 지탱해 주는 것은 무엇이든지 괜찮다.

171. 그림 이야기

네 컷짜리 만화처럼 몇 개의 장면을 가지고 하나의 이야기를 하는 식으로, 주제를 이야기 형식으로 탐색한다. 대사는 있어도 되고 없어도 된다. (처음에 또는 미리 틀을 그려 놓는 것이 좋다. 종이를 9개의 칸으로 나누어 놓는 것처럼 말이다.) 이야기는 필요한 만큼의 틀에 넣으면 된다. 예를 들면 다음과 같다.

① 당신의 인생/인생 각본의 여행에 대한 이야기를 한다.
② 당신을 긴장시키는/불안하게 만드는 것에 대한 이야기를 한다.
③ 당신은 보트를 타고 표류하고 있다/교도소 안에서 길을 잃었다: 무슨 일이 일어날 것인가?
④ 살고 싶은 장소에 대한 이야기를 한다.
⑤ 돈은 제외하고 직업의 이점에 대한 이야기를 한다.
⑥ 여행이 끝날 무렵 무슨 일이 일어날 것인지를 이야기한다.
⑦ 고립된 지역에서 여행을 하고 있던 중 차가 고장이 났다. 무엇을 할 것인가?

이 장에 있는 많은 주제는 이 형식에 맞출 수 있으며, (항상 그렇지는 않지만)

사람들로 하여금 자신을 이야기 속의 주인공으로 놓고 '자신만의' 행동과 느낌을 가지도록 해 준다. 또한 만화는 '그림 그리기'를 낯설고 힘들게 여기는 사람들이 감당할 수 있고 문화적으로 수용할 수 있는 시각적 형태이기도 하다. 사람들이 인생의 위기를 받아들이는 법을 배우도록 돕고 실행 가능한 미래를 계획하게 하는 데 특히 유용하다. 아동에게는, 그들 자신과 비슷한 경험이나 감정을 겪고 있는 사람이나 동물에 대한 만화(또는 제목을 붙인 시리즈물로)를 만들게 하면 좋다. 예를 들면, 다음과 같다.

⑧ 길을 잃고 헤매는 작은 강아지가 등장하는 그림 이야기를 만든다.

치료사나 촉진자가 '행복한 결말'을 적절하게 제시하는 데도 도움이 된다. 자세한 내용은 도넬리(Donnelly, 1983)의 책을 참고한다.

⑨ 만화는 범죄, 분노 폭발 또는 그 밖의 위기상황을 사전에 살펴보는 데 도움이 된다. 집단구성원들은 짝을 지어 그러한 것들을 토론하고, 되풀이되는 것을 막기 위해 무엇을 할 수 있는지를 살피도록 서로 도울 수 있다(Liebmann, 1990 참고).

172. 좋아하는 사람과 싫어하는 사람

당신이 싫어하는 사람과 그 사람이 당신을 어떻게 보는지를 그린다. 그러고 나서 당신이 좋아하는 사람에 대해서 똑같이 작업한다. 당신 자신의 특징들과 비교할 수도 있다.

[변형]

① 싫어하는 사람을 그린다. 그 후에 하고 싶은 것(찢어 버리기 등)을 한다.

② 좋아하는 얼굴들과 싫어하는 얼굴들을 골라서 콜라주를 만든다(175번 참고).

③ 좋아하는 사람과 싫어하는 사람을 점토로 만든다.

④ 가장 친한 친구에 대해서 설명한 후, 얼마나 많은 특징이 당신에게도 있는지를 살펴본다.
⑤ 종이를 6등분 또는 8등분하고, 당신이 존경하는 사람, 미워하는 사람, 사랑하는 사람, 동정하는 사람, 입장을 바꾸고 싶은 사람, 마음에 자주 떠오르는 사람 등을 그린다.
⑥ 자신에 대해 좋아하는 것이나 자랑스러워하는 것을 그린다.
⑦ 당신이 존경하는 동성의 사람들의 사진을 골라 콜라주를 만든다.

173. 우정 시리즈

우정에는 많은 측면이 있다. 예를 들면, 다음과 같다.

① 과거의 친구
② 친구의 자질
③ 미래의 친구
④ 친구가 있는 상황과 없는 상황의 자신을 그린다.

이것들은 모두 우정과 이따금 문제가 되는 외로움에 대한 토론을 이끌어 낸다.

174. 자신과 타인에 대한 인식

당신과 한 명의 중요한 타인에 대한 추상적인 이미지를 그린다.

[변형]

① 당신과 그 사람을 나타내는 두 개의 채색된 형태를 고른다.
② 한 명의 중요한 타인을 집단 내부나 외부에서만 택하도록 제한한다.
③ 이상적인 동료와 상상의 적
④ 아동, 부모 등과 같은 특정한 역할의 관점에서 그린다.

175. 자기의 그림자

싫어하는(또는 좋아하는) 얼굴 사진들을 여러 개 오려 두고 그 중앙에 가장 싫어하는(또는 가장 좋아하는) 얼굴 사진을 배치한다. 그 결과물을 가지고 게슈탈트 기법을 활용할 수 있다(제1부 제2장의 '해석' 86-90쪽 참고).

[변형]

① 당신과 가장 반대라고 생각되는 성격의 이미지/상징을 그린다. 그렇게 함으로써 생기는 반응들을 확인하고 토론한다.

② 당신에게 부정적인 영향을 끼치는 동성 인물들(예, 부모, 친구)의 성격에 주목한다. 이런 성격들을 나타내는 잡지 사진들을 모아서 종이에 붙인다. 가장 부정적인 것은 중앙에 오게 한다. 일주일 동안 그 콜라주 작품을 지니고 있다가 그 후에 그것에 관한 대화를 시작한다.

③ 부정적인 성격들을 합성하여 그림으로 나타낸다. 그 결과물을 가지고 게슈탈트 기법을 활용할 수 있다.

④ 극도로 불쾌한 점을 가져서 싫은 누군가를 그린다. 그러고 나서 이것이 자화상이라고 애써 인정해 본다. 이것은 다른 사람들에게 투사된, 용납할 수 없고 자기 것이 아니라고 부인한 자신의 일부를 발견하는 방법이다.

176. 아니마/아니무스

이성에 대한 매우 긍정적인 느낌 그리고 매우 부정적인 느낌과 관련이 있는 잡지 사진들을 고른다.

[변형]

① 자신의 아니무스와 아니마-좋은 면과 나쁜 면에 대한 이미지들을 그린다.

두 가지를 비교하고 토론한다. 두 가지가 명확하게 구분될 경우 특히 그렇다.

② 사람을 그리고 난 후 반대되는 성의 사람을 그린다.

③ 당신이 지금과 반대되는 성이라면 어떤 기분일지를 상상하여 그린다.

④ 남/여: 당신은 남녀의 서로 다른 역할/특징이 무엇이라고 생각하는가?

177. 내향성/외향성

당신과 상반되는 기질을 가진 사람의 특징을 추측하여 적거나 그린다(즉, 내향적인 사람은 외향적인 사람의 특징을 추측하여 적는다). 그런 다음, 당신이 이러한 특징들을 한 가지 이상 가진 것처럼 그림을 그린다.

178. 나의 공간

당신의 신체만한 크기의 종이를 택하여 그 위 어딘가에 당신 자신을 그린다.

[변형]

① 종이의 색깔과 크기를 택하여 그 위에 당신의 이름을 적는다. 원하면 나머지 부분을 꾸민다.

② 종이의 크기를 선택한 후, 그 크기의 종이를 나누어 주고 누가 더 큰 종이를 요구하는지 혹은 더 작은 종이를 요구하는지 본다.

③ 공간 내부(외부)에 자신을 그린다.

④ 종이가 당신을 상징한다면, 현재의 걱정이 얼마만큼을 차지하고 있는가?

179. 나의 풍경

풍경(마을, 바다 또는 시골)을 그리고 그 풍경을 자신과 연관시킨다.

[변형]

① 크기에 상관없이 창을 그린다. 창밖의 풍경과 방 안에 있는 것을 사실적으로 혹은 추상적으로 그린다(결과물은 창밖을 보는 것일 때도 있고 방 안을 보는 것일 때도 있다).

② 구두상자 카메라로 방 안에 있는 중요한 것에 초점을 맞추어서 상상의 사진을 찍는다.

③ 풍경 속에 있는 자신을 그린다.

④ 이상적인 장소나 가장 좋아하는 장소(또는 싫어하는 장소)를 그린다.

180. 안전한 장소

지내거나 숨기에 안전한 장소를 그리거나 모형으로 만든다. 이것은 아동기의 기억에서 나온 것이거나 현재 상황의 안전한 장소도 될 수 있다. 이 주제는 비밀 보장이나 신뢰에 대한 문제가 있을 때 도움이 된다.

[변형]

① 집단구성원들에게 그들의 안전한 장소에 편안함을 주는 물건 하나를 가지고 가라고 제안한다.

② 좋아하는 동물/애완동물을 위한 안전한 장소(아동에게 도움이 됨)

181. 나의 진보

'당신은 누구인가?'라는 질문에 대답하는 그림을 그린다. 그 질문에 대답할 때마다 계속해서 좀 더 의미 있는 그림을 그리려고 노력한다. 각 그림에 대한 설명을 적어 둔다.

182. 시간의 진보

치료나 교육과정 등의 첫 주 동안, 당신의 삶에 영향을 끼친 사람들을 그린다. 3, 4개월 후에 이것을 반복한다.

183. 나의 시간

일상적인 하루/24시간/한 주에 당신이 평소 하는 것을 그림으로 그린다.

184. 사전-사후 가면

집단구성원들은 집단에 도착했을 때 가면 하나를 그리거나 색칠한다. 그러고 나서 그것을 얼굴 부분이 아래로 가게 내려놓는다. 회기가 끝날 무렵, 가면 하나를 더 그린다. 두 개의 가면을 비교하고 느낌과 지각에서 어떤 변화가 있는지를 토론한다.

185. 가면 일기

184번과 비슷하지만, '사전'과 '사후'의 가면은 집단 기간 동안 계속 그려서 폴더 안에 넣어 둔다. 전체 회기가 종결에 가까워질 무렵 가면들을 꺼내어 늘어놓고, 가면을 통해서 자신의 여행에 대한 이야기를 나눈다. 진행 중인 집단의 경우, 가면에 대한 이야기를 나눌 시기는 5~8주 후가 좋다.

186. 미술작품 되돌아보기

일정 기간 동안 완성한 그림과 그 밖의 미술작품을 되돌아본다. 어떤 패턴이나 되풀이되는 주제가 있는지 살펴본다. 또한 당시에는 보이지 않았으나 관련이 있는 것 같은 것들을 새롭게 연결한다.

187. 기관

(내담자나 직원으로서) 학교, 병원, 양로원, 교도소와 같은 기관에 오거나 지내는 것에 대한 반응과 관련된 주제들이 많다. 이 주제들은 특정한 욕구와 기관에 맞추는 것이 가장 좋다. 내담자와 직원에게 활용할 수 있는 주제들은 다음과 같다.

① 기관에서의 첫날 경험이나 첫인상
② 어떻게 하여 거기 오게 되었는지 또는 곤경에 빠졌는지에 대한 이야기. 다양한 수준으로 이야기될 수 있다.
③ 개인이나 기관의 주요 관심사
④ 당신은 자신을 어떻게 보는지, 다른 사람들은 당신을 어떻게 보는지, 당신은 어떻게 보이고 싶은지
⑤ 당신이 소속된 기관
⑥ 종이를 반으로 접는다. 한 면에는 당신 생활의 내면을, 다른 면에는 생활의 외면을 그려 비교한다.
⑦ 직업상의 자신/역할(앞의 ④ 참고)
⑧ 당신의 직원/내담자의 관계(직원일 경우)

⑨ '최악'의 경험과 현재의 상황. 이는 무기력감과 통제력 상실에 초점을 맞춘다.

⑩ 특정한 위기로 몰고 온 상황과 감정(예, 과음, 범죄, 약물 과다복용 등)

⑪ 당신이 속한 기관에서 당신의 목표

⑫ 떠날 때: 떠나는 것에 대한 감정과 이곳에서의 경험이 당신에게 주는 의미

⑬ 기관이 당신에게 도움이 된 것, 도움이 되지 않은 것

⑭ 촉진자, 치료사, 교사의 (사실적 또는 추상적) 초상화. 이는 촉진자, 치료사 또는 교사에 대한 감정과 기관에 대한 감정을 보여 준다.

⑮ 다가오는 축제에 대한 느낌(고립감, 좌절감 등을 강화시킬 수 있다)

⑯ 며칠 동안 기관을 떠날 수 있다면 무엇을 하고 싶은지를 만화로 나타낸다.

⑰ 조직의 지형도. 예컨대, 빙산, 상어, 위험한 조류, 안전한 섬, 비바람이 들이치지 않는 항구 등이다(이러한 은유는 특정한 사람을 묘사하기보다는 상황과 관련된다).

⑱ 직업상의 문제: 미술재료를 사용하여 업무상의 갈등, 내담자와의 작업, 평가, 전문성 개발 등과 같은 이슈를 살펴본다(자세한 것은 Campbell, 1993 참고).

⑲ 집단은 기관의 잘못된 점을 나타내는 미술작품을 만들고 나서, 그것을 시각적으로 변형시킨다.

참고문헌

Campbell, J. (1993). *Creative Art in Groupwork,* Bicester: Speechmark.

Donnelly, M. (1983). 'The origins of pictorial narrative and its potential in adult psychiatry', unpublished research diploma thesis, Department of Art Therapy, Gloucester Rouse, Southmead Hospital, Bristol.

Liebmann, M. (1990). " 'It just happened" : looking at crime events', in M. Liebmann (Ed.). *Art Therapy in Practice,* London: Jessica Kingsley Publishers.

F. 가족관계

가족에 대한 생각은 지난 20년 동안 중요한 변화를 겪어 왔다. 결혼한 두 성인과 두 자녀를 표준으로 하는 가족의 개념은 한부모 가족, 재혼 가족, 자녀를 가진 동성애 부부, 조부모 가족, 그리고 현재 영국에서 살고 있는 다문화 공동체의 광범위한 네트워크가 포함된, 가족에 대한 폭넓은 관점에 의해 바뀌고 있다. 따라서 가족은 이 모든 것을 포함하며, 가까이에서 혹은 친밀한 관계를 맺으면서 함께 살아가는 모든 집단이 될 수 있다.

다른 장에 있는 많은 아이디어는 '가족'에 적용될 수 있다. 여기에 제시된 것들은 가족에게 한정된 것들이다. 이것들은 두 부분으로 나뉜다.

- 가족에 대한 인식: 가족 관계에 대한 개별 활동
- 가족 활동: 현재 가족이 서로 관계하는 방식을 살펴보기 위한 가족 집단 활동

가족에 대한 인식

가족에 대한 인식의 주제는 우리가 가족과의 관계를 어떻게 인식하는가를 살펴보는 것이다. 대부분의 사람이 가족에 대해 강한 감정을 가지고 있으므로 이를 소개할 때는 고도로 신중하게 해야 한다. 토론에도 많은 시간을 할애해야 한다. 이 주제들 중 몇 가지는 특정 부류의 사람들(예, 최근에 사별했거나 고아인 사람들)에게 특히 힘들 수 있다.

188. 가족 초상화

초상화는 사실적으로 그려질 수도 있고 I장의 272, 273, 286, 287번의 기법들 중 어느 것이라도 이용할 수 있다. 한 가지 방법은, 기차에서 낯선 사람에게 이야기하듯이 가족구성원들에 대해 설명하는 것이다. 다른 방법은 가족을 어떻게 인식하고 있는지를 설명하는 것이다. 그러고 나서 이것들을 그림이나 점토로 표현할 수 있다.

[변형]

① 같은 방법을 이용한 자화상

② 가족구성원들을 동물이나 대상물로 나타낸다(286번 참고).

③ 가족을 간단하게 그린다.

④ 그림 속의 가족구성원들과 대화를 한다.

⑤ 가족을 떠올리게 하는 사진들을 오린다.

⑥ 색종이로 가족구성원을 나타내는 모양을 오린다.

189. 동적 가족화

구성원 모두가 뭔가를 하고 있는 가족, 또는 다 함께 뭔가를 하고 있거나 어디로 가고 있는 가족, 또는 가족생활의 한 장면을 그린다.

[변형]

① 좀 더 구체화시킨다(예, 가족과 외출한 날 등).

② 가족에서 당신이 하는 역할

③ 집을 설계한다면(또는 가족이 분리되거나 재구성될 경우의 설계), 가족구성원들은 어디에 들어가고 무엇을 할 것인가?

190. 관계에 대한 가족 조각

각 구성원들이 다른 구성원들과의 관계 속에서 특정한 위치에 있는 모습을 표현함으로써 가족관계를 나타낸다. 이는 점토를 가지고 또는 살아 있는 사람들의 집단을 이용하여 할 수 있다.

[변형]

① 소시오그램은 원의 크기, 중요성과 감정적 거리를 의미하는 간격을 이용하여 가족관계 속에서의 자신을 나타낸다.

② 가족 모빌: 옷걸이, 마분지, 실을 이용한 3차원적 소시오그램

③ 여러 가지 가족관계에 대한 그림들

191. 가족 나무

가족을 나타내는 가계도를 그린다(이것은 추가 정보를 가진 가족 나무다). 가계도에 대한 자세한 사항은 번햄(Burnham, 1986), 맥골드릭과 그 동료들(McGoldrick et al., 1999) 등의 가족치료 관련 책을 참고한다. 감정과 관계를 반영하도록 색깔을 칠하고 그림을 그린다.

[변형]

① 가족 나무: 나무로 표현한 가족이다. 나무의 각 부분이 각각의 구성원들에게 할당되어 있거나 가족구성원들이 그림을 그린 사람과의 거리에 따라 가지의 특정한 위치에 자리하고 있다(나무에 잠자러 가는 것을 상상한다. 잠에서 깨었을 때 가족구성원을 발견하거나 '안녕' 하고 말하면서 다가오는 그들을 본다. 그들의 위치를 그린다—당신에게 가깝거나 심지어는 나무에서 떨어지고 있을 수도 있다. 아동과 함께 가족문제에 접근하는 데 좋은 방법이다).

② ①과 같은 가족 나무를 그린다. 하지만 뿌리와 줄기를 추가해서 물려받

은 유산과 현재까지의 여행을 나타낸다.

192. 유산

종이를 네 부분으로 접고 각각에 다음을 그린다.

- 당신이 물려받은 것
- 당신이 물려받고 싶었던 것
- 당신이 가장 물려받기 싫었던 것
- 당신이 아이들에게 물려주고 싶은 것

[변형]

① 과거의 가족, 현재의 가족, 그리고 당신이 바라는 가족

② 양쪽 부모에게서 물려받은 강점과 약점

193. 가족 비교

E장(자기인식)에서 관련된 주제를 골라 자신을 두고 그것을 해 본다. 그 후 가족 내 다른 사람, 즉 부모, 양육자, 배우자, 자녀 등을 두고 그것을 반복한다. 어떤 유사성이 있는가?

194. 아동기의 기억

아동기의 한 시기를 나타내는 가족 조각(190번 참고)을 만든다. 아동기의 기억들은 오랫동안 잊고 있었던 상처를 떠올리게 하여 사람들을 동요시킬 때가 많다. 이것을 알고 있어야 하며 표현할 시간을 주는 것이 중요하다.

[변형]

① 어린 시절로 상상의 여행을 떠나서 기억들을 떠올린다(147번 참고).

② 현재의 자신, 좋아하는 것, 신체상, 직업 등을 그린다. 그 후 아동기의 어느 한 시점에서 같은 작업을 한다.

③ 다양한 동일시의 단계들을 나타내는 인형의 집을 만든다. 예컨대, 조부모, 부모, 자녀의 집 등이다.

195. 부모와의 관계 재현

'부모'와 '자녀'의 두 집단으로 나눈다. 관계를 강조하는 다양한 역할극을 한다(예, 장님 걸음, 몸 흔들기 등). 그러고 나서 '자녀'들은 '부모/양육자'에 대한 그림을 그리고 '부모/양육자'는 재료를 가져다준다. '부모/양육자'들은 '자녀'들과 놀거나 자녀들에 대한 그림을 그린다. 부모/자녀 관계에 대해서 토론한다.

[변형]

① 당신을 비난하는(또는 상황에 맞게 비슷한 말로) 부모/양육자를 그린다.

② 촉진자가 말한 교류분석적 진술에 대하여 핑거페인팅을 한다('부모 자아' '어른 자아' 또는 '어린이 자아'의 진술. 예로, '네 방으로 가' '나는 네 의견을 인정해' '놀자'). 교류분석에 대한 소개는 해리스(Harris, 1995)를 참고한다.

③ 집단을 역할이 배분된 한 가족으로 그린다.

196. 가족에 관한 주제

가족에 대한 기억, 감정, 토론을 촉진시킬 수 있는 주제들이 있다. 예를 들면 다음과 같다.

① 당신 자신과 가족구성원 중 한 사람

② 아동기의 기억

③ 당신과 당신의 부모/양육자 등

④ 가족에게 생긴 사건들, 예컨대 결혼, 출생, 죽음, 모임 등

⑤ 가족의 경사

⑥ 가족문제

⑦ 가족이 놓아야 하는 것

⑧ 가족구성원들은 자신들을 어떻게 지각하며, 다른 가족구성원들은 그들을 어떻게 지각하는가?

⑨ 신뢰

197. 사별 문제

이것은 매우 민감하게 다루어져야 한다. 다음과 같은 것들이 있다.

① 상실과 관련된 것을 나누고 그림으로 그린다.

② 자신의 정체성과 이것의 변화에 대하여 콜라주/그림으로 나타낸다.

③ 개인적이고 현실적인 자원에 대해 나눈다.

④ 분노와 격노를 표현한다.

284번 풍선 날려 보내기를 참고한다.

198. 놀이를 통한 가족관계

아동은 자신의 감정을 직접적으로 말하기 힘들 때가 많다. 하지만 다른 수단을 통해서 그러한 상황을 행동으로 나타낼 수 있다. 예를 들면, 다음과 같다.

① 모래놀이: 모래상자, 동물과 사람 모양의 인물상을 이용하여 가족생활과 관련된 상황을 표현하고 이야기한다.

② 종이 인물상: 종이 인형과 종이 동물을 접고 잘라서 동물 가족과 사람 가족에 대한 이야기를 전개한다.

③ 플레이도우(만드는 방법은 75번 참고)를 이용하여 아이에게 중요한 인물상들을 만들게 한다. 그들이 어떤 행동을 하고 무슨 말을 하는지를 살펴본다.

④ 인형 가족을 이용하여 상황과 느낌을 표현한다.

가족 활동

이 활동들은 가족이나 부부가 그들의 실제적인 관계를 탐색하게 하는 것이다(예, 가족치료 회기). 이 중 몇 가지는 말수가 적은 가족구성원들도 동등하게 참여할 수 있게 해 준다. 하지만 그것이 어떤 가족구성원들에게는 받아들이기 힘든 사실을 밝혀 낼 수도 있다. 이들이 밝혀진 것을 받아들이도록 돕고, 가능하다면 새롭게 관계 맺는 법을 배우게 하려면 많은 지지를 해 주어야 한다.

199. 사실적인 가족 초상화

각자 자신을 포함한 모든 가족구성원을 전체적인 모습(막대기 모양이 아닌)으로 나타낸 가족화를 그린다.

200. 추상적인 가족 또는 부부관계

각자 가족이나 부부관계에 대한 추상적이거나 상징적인 그림을 각각의 종이에 동시에 그린다.

201. 부부관계

부부관계를 살펴보는 몇 가지 방법들로 다음과 같은 것들이 있다.

① 부부는 그들의 관계에서 좋은 면과 나쁜 면에 대한 이미지를 그리고 이에 대해 토론한다.
② 각자 상대가 그 관계를 어떻게 본다고 생각하는지를 나타낸 이미지를 그린다.
③ 특정한 측면에 초점을 맞춘다.
④ 종이 한 장을 세 부분으로 나눈다. 각자 하나씩의 공간에 '현재 나의 기분'에 대한 이미지를 그린다. 세 번째 부분에는 그들이 함께 뭔가를 만들어 내어 그린다.

202. 정서적 초상화

부부는 서로에 대한 정서적 초상화를 그린다. 그림을 교환하여 자신의 초상화를 자신이 원하는 대로 바꾼다.

[변형]

사실적인 자화상을 크게 그린다. 이것을 상대에게 주고, 원하는 대로 바꾸게 한다.

203. 현재의 상황

가족구성원들 모두가 그들이 보고 싶은 대로 현재의 상황을 그린다. 그 차이들을 살펴봄으로써 가족들은 변화에 대한 자신들의 목표를 설정할 수 있다.

204. 중요한 것

가족들은 집에서 그들에게 가장 중요한 것들을 그리고, 다음 회기에 그림들을 가지고 와서 토론한다.

205. 경험 공유하기

가족구성원들 각자가 자기 자신과 자신이 주말에 하려고 하는 것에 대한 그림을 그린다. 이 그림들을 비교하고 토론한다.

[변형]

① 가족생활의 다른 장면들

② 189번 동적 가족화를 참고한다.

③ '가족에 대한 인식' 부분의 모든 주제를 사용하고 그림들을 비교한다.

206. 문제와 해결

가족구성원들 각자가 가족 내의 주된 문제(예, 알코올, 범죄, 정신병, 약물 과다복용, 장애, 실직 등)와 그것이 그들 개인의 삶에 어떤 영향을 미치는지를 그린다.

[변형]

가족이나 가족구성원 한 사람이 특정한 문제에 직면하고 있을 경우, 각자가 그 문제를 어떻게 보는지, 자신의 욕구는 무엇인지, 그 문제에 대한 느낌은 어떠한지를 그린다. 다양한 관점에 관해 토론하고, 가능하다면 그것에 대해 어떤 조치를 취할 것인지를 구체화한다.

207. 상상과 현실

가족구성원들은 그들의 관계가 어떻게 되기를 바라는지 그리고 현실은 어떠한지를 (그림으로) 나타낸다.

208. 분노

가족구성원들 각자 자신의 분노와 관련된 그림을 그린다. 그러고 나서 가족의 다른 구성원에게 그것을 넘겨 준다.

209. 부모와 자녀

아이들은 더 어릴 때의 자신을 그림으로 그린다. 부모/양육자는 아이들 중 한 명과 비슷한 나이였을 때의 자신을 그린다. 이것은 비슷한 역할, 문제, 투사, 동일시 등을 이끌어 낼 수 있다.

210. 역할 바꾸기

238번 권력자 역할을 참고하여, 아이가 부모/양육자를 감독하게 한다.

211. 가족 환경

가족구성원들 각자가 가족 환경의 좋은 면과 나쁜 면을 나타내는 그림이나 콜라주를 만든다. 예컨대, 한부모 가족의 구성원이 되는 것, 대가족/소가족의 구성원이 되는 것 등이다.

212. 조부모의 영향

이것은 두 개의 활동으로 나뉜다.

① 가족구성원 각자가 가족에 대한 상징적인 그림을 그린다(200번 참고).

② 종이를 반으로 나눈다. 한 면에는 외조부모 가족에 대한 상징적 그림을, 다른 면에는 친조부모 가족의 상징적 그림을 그린다. 완성 후, 두 그림 중에서 ①의 그림과 더 많이 닮은 그림에 표시를 한다.

이 활동은 선대로부터 내려오는 무의식적 유산을 찾아내는 데 도움이 된다.

213. 움직이는 가족 조각

190번 관계에 대한 가족 조각을 참고한다. 그러나 여기서는 가족구성원들을 이용하여 나타낸다.

214. 가족화

가족구성원들이 한 장의 커다란 종이에 함께 그림을 그린다. 그 후 가족의 역동에 대해 토론한다.

[변형]

① 처음에 가족은 무엇을 그릴 것인지를 정한다.

② 어떤 재료든 사용하여 합동으로 건축물을 만든다.

③ 집에 있는 가족을 그린다.

④ 모두 뭔가를 하고 있는 것을 그린다.

⑤ 가족 모두를 위한 안전한 환경을 만든다.

⑥ 뒤죽박죽된 그림을 그리고 나서 그것을 아름다운 것으로 변형시킨다.

215. 재료를 함께 사용하기

가족에게 가족 조각을 만들 재료들을 준다. 그 재료에는 바닥에 깔 마분지,

가위, 풀, 오일 파스텔, 여러 가지 색깔의 빳빳한 종이 같은 다양한 것들이 있다. 그러나 가족구성원보다 적은 수의 종이를 주어야 하며(예, 5명의 가족에게 4장을 주는 식으로) 따라서 그들은 재료를 어떻게 배분할지를 결정해야 한다.

216. 덧붙여 그리기

가족구성원들 각자 재료를 선택하여 방 안의 지정된 자리에 간다. 모두가 몇 분 동안 자신의 그림을 그린다. 그런 후 자유롭게 돌아다니면서 다른 사람의 종이에 그림을 그린다.

[변형]

가족구성원들은 다른 사람들이 가지고 있다고/가져야 한다고 여기는 특성들을 덧붙여 그린다.

217. 팀

가족구성원들 각자 서로 다른 색깔의 크레용과 마커를 선택한다. 가족을 두 팀으로 나눈다. 각 팀은 말하지 않고 서로 번갈아 가며 그림을 그려서 하나의 그림을 완성한다. 이것으로 '가족 연합'과 그들이 작업하는 방식을 알아낼 수 있다.

218. 미술 평가 회기

이것은 가족치료와 부부치료 분야에서 일하는 미술치료사들이 개발한 시리즈다. 각각의 과제를 하는 데 10분 정도씩 쓰고 그다음 10~15분간 토론을 한다. 이 시리즈는 쿼아트코스카(Kwaitkowska, 1978)의 작업을 바탕으로 한다.

① 사실적인 가족 초상화(199번 참고)

② 추상적인 가족 또는 부부관계(200번 참고)

③ 합동 난화(225번의 ⑦ 참고)

④ 파트너에게 준 자화상(202번 참고)

⑤ 주제가 없는 개별 그림

219. 그 외의 짝/집단 활동

G, H, I장에 있는 짝 또는 집단 활동을 적절하게 이용한다. 이 활동들은 숨겨진 것들을 드러낼 수 있지만 즐거운 활동을 공유할 기회가 되기도 하는데, 그것은 가족들에게 중요한 경험이 될 수 있다.

참고문헌

부부 및 가족치료 기법

Arrington, D. B. (2001). *Home Is Where the Art Is: An Art Therapy Approach to Family Therapy,* Springfield, IL: C. C. Thomas.

Kwiatkowska, H. (1978). *Family Therapy and Evaluation Through Art,* Springfield, IL: C. C. Thomas.

Landgarten, H. (1987). *Family Art Psychotherapy: A Clinical Guide and Casebook,* New York: Brunner/Mazel.

Linesch, D. (1997). *Art Therapy with Families in Crisis: Overcoming Resistance Through Nonverbal Expression,* New York: Brunner/Mazel.

Linesch, D. (2000). *Celebrating Family Milestones: By Making Art Together,* Toronto: Firefly Books.

Proulx, L. (2003). *Strengthening Emotional Ties through Parent-Child-Dyad Art Therapy,* London: Jessica Kingsley Publishers.

Wadeson, H. (1980). *Art Psychotherapy,* Chichester: Wiley.

가족치료와 가계도

Burnham, J. (1986). *Family Therapy,* London: Tavistock.

McGoldrick, M., Gerson, R., & Shellenburger, S. (1999). *Genograms: Assessment and Intervention,* 2nd edn, New York: Norton.

기타

Harris, T. A. (1995). *I'm O.K. - You're O.K.,* London: Arrow Books.

G. 짝지어 작업하기

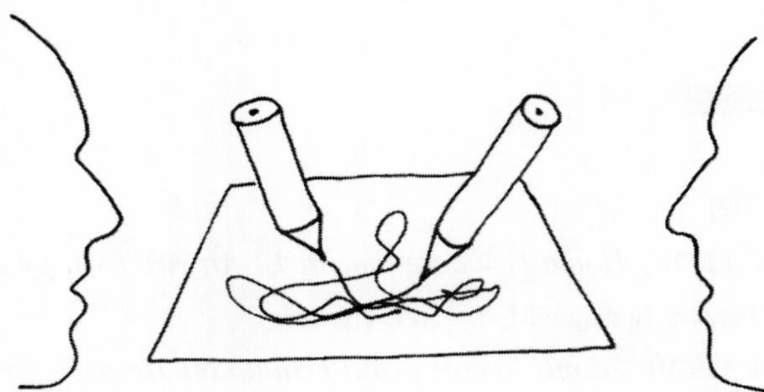

이 장은 짝을 지어 함께하는 활동으로 구성되어 있다. 이 중 많은 활동이 두 사람 사이에서 일어나는 관계에 대한 것들이다. 상호작용에 영향을 미치는 '기본 규칙'이 약간 다른 활동이 몇 개 있다. 대부분의 활동은 말 대신 그림 등을 그리며 침묵 속에서 작업하는 것이 가장 좋다.

220. 짝지어 그림 그리기

짝을 지어서 같은 종이에 그림을 그린다. 다른 규칙이 없다는 것이 힘들게 느껴지면 다음과 같은 규칙들을 적용하면 된다.

① 한 사람은 곡선을 그리고 다른 사람은 직선을 그린다.
② 각자 특정한 한 가지 색깔 또는 몇 가지 색깔만 사용한다.
③ 상대가 그리는 것을 동시에 따라 그린다.

221. 대화(conversation)[15)]

당신의 일면을 표현하는 색깔 하나를 골라서 다른 색깔을 가진 사람과 말없이 짝을 이룬다. 그리고 같은 종이에서 그림이나 크레용으로 대화를 나눈다. 각자가 한 가지 색깔만 사용하고 한 사람씩 차례로 그려 나가며 당신의 선을 계속 이어 나간다.

[변형]

① 색깔, 형태, 모든 종류의 표시를 사용하고 짝의 그림에 응답한다.

② 대화의 종류(예, 화내기)를 정해 놓는다.

③ 한 번에 한 사람씩 차례로 그린다. 한 사람이 그리는 동안 다른 사람은 지켜본다. 처음의 사람이 멈춘 곳에서 지켜보던 사람이 그리기 시작한다.

④ 두 사람이 자기의 선을 편안하게 그리면서 동시에 작업한다.

⑤ 서로를 따라다니면서 그린다.

⑥ 어느 정도 그리고 나서 색깔을 서로 바꾼다.

⑦ 공동의 그림으로 전개시킨다.

⑧ 평소 사용하는 손과 반대되는 손을 사용한다.

⑨ '식탁': 긴 종이의 맞은편에 있는 사람들끼리 짝을 지어 대화를 시작한다. 그러고 나서 좌우에 이웃한 사람들과의 대화로 발전시킨다.

222. 연필과 종이의 우정

이것은 관계를 할 때의 여러 가지 행동이 어떤 결과를 낳는지를 탐색하는 간단한 활동이다. 파트너들은 종이 한 장을 사이에 두고 각자 자신의 연필(혹은 서로 다른 색깔의 크레용)을 가진다. 각자에 대한 지시가 쪽지로 주어져서 파트너들은 상대가 받은 지시가 무엇인지를 모른다. A와 B가 파트너라면, 그 지시들은 다음과 같을 수 있다.

---

15) conversation(대화)은 사람들 사이에서 사적 혹은 비공식적으로 주고받는 대화다. 사람들 혹은 집단 간의 의사소통이나 논의를 말한다. 이것은 conversation보다 문제 해결에 치중하는 부분이 크다. 책, 연극, 영화 속 인물 간의 대화를 지칭하기도 한다. (역자 주)

① A: 연필을 종이에 놓고 주변을 돌아다닌다. B로부터 멀어지려고 애쓴다.
B: 가능한 한 A의 연필/크레용과 가깝게 있으려고 한다.

② A: 가만히 있는다.
B: A의 연필/크레용을 움직이게 하려고 할 수 있는 모든 것을 한다.

③ A: B가 종이를 사용하지 못하게 한다(기본 규칙을 지키는 선에서).
B: 할 수 있는 한 종이를 엉망진창으로 만든다.

④ A: 낙서를 하고 하고 싶은 대로 한다.
B: A가 하는 것은 무엇이든지 따라 한다.

⑤ A: 종이가 전부 자기 것인 것처럼 행동한다.
B: 종이가 전부 자기 것인 것처럼 행동한다.

⑥ A: 종이를 사용하지 않는다.
B: A가 그리도록 설득한다.

⑦ A: 종이의 반을 지킨다.
B: 종이 전체를 꽉 사용한다.

⑧ A: B를 방해한다.
B: 자기가 하고 싶은 대로 한다.

많은 것을 생각해 낼 수 있다.

223. 관찰자와 함께 그림 그리기

짝의 한 사람은 다른 사람이 그림 그리는 것을 보면서 마음에 떠오르는 것을 말한다. 그림 그리는 사람은 짝의 말에 맞게 그린다.

[변형]

관찰자는 그리는 사람의 리듬과 작업 방식을 그대로 따라한다. 세 번째 사람이 두 사람 모두를 관찰하게 할 수도 있다. 역할을 교대한다.

224. 공간 공유하기

시작할 때 같은 종이에 번갈아가면서 그림을 그린다. 그런 다음 동시에 그림을 그리면서 계속해 나간다. 당신이 공간을 구성한 방식을 살펴본다.

[변형]

① 두 사람이 함께 세 가지 색깔을 선택한다. 당신의 관계에 대한 경험, 특히 공간을 어떻게 공유하고 있는지에 대한 경험을 그린다.

② 잠시 후 색깔을 서로 바꾼다.

③ 콜라주 기법을 사용한다. 각자 서로 다른 색깔의 접착용 종이를 함께 쓰는 큰 종이 위에 붙여서 패턴을 만든다.

225. 합동 그림

파트너와 함께 하나의 그림을 그린다. 말을 하지 않는 것이 더 좋다. 서로의 의사소통에 반응하고 그림을 그리는 동안 그 관계를 유지한다. 이 작업은 새로운 사람들이 만났을 때 그리고 관계를 새로 맺기 시작할 때 좋다.

[변형]

① 짝을 지어, 말하지 않고 그냥 그림만 그린다.

② 이야기하면서 그림을 그린다. ①의 그림과 비교한다.

③ 두 사람이 함께 있을 하나의 환경을 만든다.

④ 자기가 택한 색깔로 2분 동안 눈을 감고 그림을 그린다. 그러고 나서 그 결과물을 가지고 함께 작업한다.

⑤ 주제를 미리 합의하여 정한다.

⑥ 파트너와 함께 응집된 전체로서의 그림을 그린다.

⑦ 각자 눈을 감고 낙서를 한다. 그러고 나서 두 사람이 그 결과물들을 연결하여 하나의 낙서를 정하고 그림으로 발전시킨다. 그림이 완성되면 그것에 대한 이야기를 만든다.

⑧ 함께 점토 작품을 만든다.

226. 난화[squiggles; Winnicott, 1971(1982)의 작업을 바탕으로]

난화를 그리고 난 후 파트너와 서로 바꾸어서 그것으로 이미지를 만든다. 이것은 웜업을 할 때 또는 집단이 교착 상태에 빠지거나 시들해져서 상상력을 불러일으키려 할 때 좋다.

[변형]

① 난화를 주거나 완성된 것을 받을 때 했던 가정(assumption)에 대해서 곰곰이 생각해 본다.

② 현재의 순간이나 관심사를 나타내는 상징이나 그림을 그린다. 파트너와 말없이 바꾸어 아무것도 지우지 않은 채로 파트너의 그림을 계속 그린다. 해석과 환상의 상호작용에 대해서 토론한다.

③ 어떤 것을 그리고 파트너와 교환하여 파트너의 그림으로 작업을 한다. 주제에 따라서 할 수도 있고 마음에 떠오르는 대로 할 수도 있다.

227. 소개 인터뷰

파트너를 인터뷰하고 난 후 파트너의 생활과 관심사를 나타내는 그림을 그린다.

228. 대화(dialogue)

현재의 감정이나 관심사를 표현하는 것을 그린다. 파트너는 그에 대한 반응으로 어떤 것을 그린다. 역할을 바꾸어 이 작업을 반복한다.

[변형]

① 파트너 각자는 동시에 자기 그림을 그린다. 그러고 나서 그림을 바꾸어 그에 대한 반응으로 그림을 그린다.

② 왼쪽에 문제를 그린다. 그림을 교환한 후 파트너가 오른쪽에 해결책을 그린다.

③ 첫 번째 사람이 걱정하는 상황을 그리고 그것에 대해 설명한다. 두 번째 사람이 그 상황을 개선시킨 그림을 그리고 그것에 대해 설명한다. 그러

고 나서 두 사람이 토론하여 더욱 개선된 것을 덧붙여 그린다. 그 후 역할을 바꾼다.

④ 위험한 여행. 한 사람이 길과 위험한 것을 그리고 다른 사람이 해결책을 그린다.

229. 연속적인 그림

처음 사람이 등장인물을 그리면 두 번째 사람이 대화(dialogue)를 적어 넣는 등으로 연속적인 이야기를 만든다.

[변형]

처음과 두 번째 사람이 번갈아 그림을 그려서 이야기를 만든다. 그러나 대화는 적지 않는다.

230. 초상화

자화상과 파트너의 초상화를 그린다. 모두 4개의 초상화가 생긴다. 그림을 함께 보며 토론한다.

[변형]

① 색깔과 형태로 파트너의 초상화를 그린다.

② 자화상을 그리고 파트너와 교환하여 거기에 덧붙여 그린다. 파트너의 초상화를 그리고 교환하여 거기에 덧붙여 그린다.

③ 파트너를 보면서 그린다.

④ 파트너의 초상화를 그린 후에 파트너를 인터뷰한다.

⑤ 단추, 벨트 등과 같은 세세한 부분에 특히 관심을 기울인다.

⑥ 콜라주를 이용하여 여러 가지 효과를 얻는다.

231. 첫인상

230번 초상화와 비슷하다. 긴장을 풀고 서로를 바라본다. 한 장의 종이를 공유한다. 번갈아 가면서 파트너의 얼굴에서 눈이 가는 곳을 그리되, 종이에서 크레용을 떼지 않고 그린다. 끝마치면 그 결과물에 대해 토론한다.

[변형]

① 같은 종이에 추상적인 형태로 첫인상, 생각 또는 느낌을 번갈아 가면서 그린다.

② 하나의 형태와 하나의 색깔을 이용해서 파트너의 인상을 그린다.

③ 파트너가 어떤 사람인지를 나타내는 표정을 넣어서 얼굴 초상화를 그린다.

④ 파트너에게 당신은 어떤 사람인지를 나타내는 그림과 당신에게 그/그녀는 어떤 사람인지를 나타내는 그림을 그린다.

⑤ 서로의 초상화를 그리고 그 아래에 파트너에 대한 긍정적인 진술을 적는다.

232. 가면

가면을 만들고(또는 백지 가면을 사용하여) 파트너가 가면을 쓰고 있는 동안 가면에 그/그녀의 표정을 그린다.

[변형]

① 한 개 또는 여러 개의 가면을 만들고 색칠한다. 가면을 써 보면서 파트너와 함께 작업한다.

② 134번 가면을 참고한다. 이 활동을 짝을 지어 한다.

③ 상대의 '표정'으로 서로의 가면을 만들어 준다(다른 사람이 우리 자신보다 우리의 '표정'을 감지하는 것이 더 쉬울 때가 있다).

④ 콜라주 재료나 잡지에서 오려 낸 매체 이미지를 사용한다.

⑤ 짝을 지어서 석고 붕대로 석고 가면을 만든다(134번의 ⑦ 참고).

233. 얼굴 그림

가면과 비슷하지만 '실제의 얼굴'을 사용한다. 짝을 지어서 파트너가 어떤 사람인지에 대한 당신의 느낌을 그/그녀의 얼굴에 그린다.

[변형]

파트너의 얼굴을 캔버스로 이용하여, 시간을 들여서 추상적인 디자인이나 표정이 풍부한 가면을 그린다.

234. 실루엣

짝을 지어서, 종이 한 장과 램프를 이용하여 서로의 그림자를 따라 그린다. 파트너의 실루엣을 세밀하게 그린다.

[변형]

① 여러 가지 자세를 취하여 여러 가지 그림자가 나오는 것에 주의를 기울인다.

② 자신의 실루엣을 검은색으로만 채운다.

③ 아이들과 할 때는 방 전체를 어둡게 만든다. 차례가 오기를 기다리는 아이들은 점토나 다른 것으로 작업할 수 있다. '무서운' 분위기에 적응하고 즐긴다.

235. 관계

웜업 게임과 함께 사용한다. 웜업 후에 두 파트너가 'E. 자기인식' 의 개인적인 주제를 택하여 그림을 그린다. 그림을 다 그리면 이야기를 나눈다. 마지막으로 당신이 파트너와 형성한 관계를 개별로 또는 함께 그림으로 나타낸다.

236. 공동 과제

파트너와 함께 공동의 활동을 맡는다. 예컨대, 드로잉, 회화, 콜라주, 조각작품, 입체물 만들기 등이다. 대화를 하도록 격려한다.

[변형]

폐품을 이용하여 말하지 않고 작품을 함께 만든다.

237. 공동 통제

두 사람이 같은 연필을 잡고 말하지 않은 채로 5분 동안 그림을 그린다. 그 후에 그 경험과 자신의 인생에서 그와 비슷한 상황에 대해 이야기한다.

238. 권력자 역할

한 사람이 다른 사람에게 무슨 미술 매체를 사용할지, 매체를 어떻게 사용할지, 무엇을 그릴지 등을 명령한다. 역할을 바꾼다. 그 경험에 대해 토론한다. 이는 권력, 통제, 권위의 문제를 제기한다. 역할이 평소의 역할과 전도될 때 특히 유용하다(예, 아동이 부모나 교사를 감독할 때).

239. 갈등

당신의 삶에서 갈등이 되는 부분(외적 또는 내적으로)을 그린다. 파트너에게 그것이 무엇인지 추측해 보라고 한다. 파트너가 말한 것에 대해 곰곰이 생각해 본다.

[변형]

그림을 그린 후에 파트너와 이야기를 나눈다. 그러고 나서 그림을 서로 바꾼다. 각자 상대의 그림을 보고, 같은 색깔과 형태를 사용하되, 해결책을 제시하는 식으로 배치를 달리해서 새로운 그림을 그린다. 그림에 대해서 서로 이야기를 나누고, 새로운 그림이 갈등을 바라보는 더 나은 방식이나 전과 다른 방식을 얼마나 제시하고 있는지를 곰곰이 생각해 본다.

참고문헌

Winnicott, D. W. (1971). *Playing and Reality*, London: Taylor and Francis Books Ltd; London: Tavistock Publications, 1971; London: Routledge, 1982.

H. 집단 그림

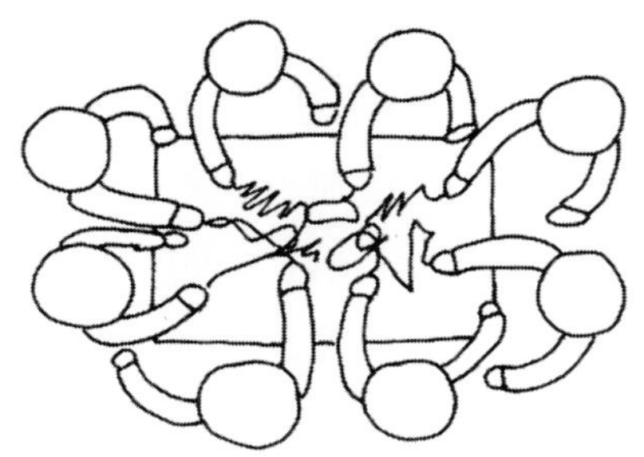

이 장에 있는 모든 활동은 여러 사람이 함께 한 장의 종이에 그림을 그리거나 하나의 완성된 작품을 만드는 집단 그림들이다. 집단 그림들 간의 차이점은 설정된 '기본 규칙'에 달려 있다. 앞으로 제시될 각각의 아이디어들은 이러한 규칙의 여러 설정을 발췌해 놓은 것이며, 그 설정들은 앞으로 일어날 일에 영향을 끼치게 된다(집단의 종류, 배경, 환경 등도 물론 앞으로 일어날 일에 영향을 끼친다. 제1부의 제2장 참고). 집단 그림은 개개인의 인식을 나타낼 뿐만 아니라 작용하고 있는 집단 역동을 매우 강렬하게 (때로는 고통스럽게) 드러낼 때가 많다. 다음은 집단 상호작용에 대해 제기해 볼 수 있는 유용한 질문들이다.

- 미술 형식이 어떻게 시작되는가?
- 누가 주도하는가?
- 누구의 제안이 받아들여지는가? 혹은 무시되는가?
- 사람들이 번갈아 가면서 작업하는가, 팀을 구성하는가, 또는 동시에 작업하는가?

- 소외되는 사람이 있는가?
- 각 사람들의 작품이 어디에 놓여지며 얼마나 많은 공간을 차지하는가?
- 사람들이 다른 사람들의 작품에 덧붙여 그리는가?
- 지도자 또는 가장 적극적인 참여자는 누구인가?
- 여러 종류의 경계선이 어떤 영향을 끼치는가?
- 집단 그림은 즐거운 경험인가? 아니면 두려운 경험인가?

이와 같은 질문 전부가 모든 상황과 관련되거나 유익한 것은 아니다. 그것은 얼마나 많은 탐색이 가치 있는 것으로 여겨지는가에 달려 있다. [그림 H-1]은 정신병원에 근무하는 직원 집단이 집단 그림을 그리고 있는 모습이다.

240. 최소한의 지시에 따른 집단 그림

가장 기본적으로, 집단은 (바닥이나 탁자 위에) 큰 종이를 받고 특별한 주제

[그림 H-1] 집단 그림을 그리는 과정: 정신병원의 직원 집단
출처: John Ford의 사진

없이 집단으로 큰 그림을 그리라는 지시를 받는다. 이 장의 시작 부분에 나온 많은 질문이 토론과 연결될 수 있을 것이다. 변형은 이러한 상태에 다음과 같은 구조들을 원하는 만큼 추가하면 된다.

① 각자 한 가지 색깔을 선택하여 계속 사용한다. 원하면 나중에 색깔을 바꾸거나 다른 사람들과 협상하여 처음의 색깔들을 서로 섞는다.
② 모두 동시에 그리기 시작한다.
③ 짝을 지어 또는 팀을 구성하여 작업한다.
④ 협력하여 작업한다.
⑤ 주제는 집단이 결정하거나 그림을 그리는 과정 중에 생겨날 수 있다.
⑥ 모두 종이의 가운데에서 시작하거나 가장자리에서 시작한다.
⑦ 각자 번갈아 가면서 2분 동안 작업하고 그 후에는 모두 자유롭게 작업한다.
⑧ 손과 손가락을 사용한다.
⑨ 롤러와 스펀지를 사용한다.
⑩ 종이 여기저기를 돌아다니며 작업한다.
⑪ 그림 그릴 때 말하지 않고 할 것인지 아니면 말을 할 것인지를 선택한다.
⑫ 벽에 종이를 붙인다. 한눈에 잘 보이겠지만 윗부분은 접근이 어려워질 것이다([그림 H-1] 참고).

241. 협동 그림

주제를 특별히 정해 놓지 않고 집단 그림을 크게 그린다. 하지만 서로 함께 작업하고 자신의 부분을 옆 사람의 부분과 연결시킨다. 많은 경험을 공유하게 된다.

[변형]

테두리와 규칙(앞의 내용 참고)의 영향에 대해 토론한다. 그것들은 집단 경험의 성장을 돕는가? 아니면 방해하는가?

242. 응집된 전체

각자 자기 종이에 10분간 그림을 그린다. 종이를 뒤집어 뒷면에 번호와 글자를 적는다. 예컨대, 1A, 1B, …… 3C, 3D 등이다. 이것들을 투명테이프를 이용하여 다음과 같이 격자 모양으로 붙인다.

1A, 1B, 1C, 1D
2A, ……
3A, …… 등

붙인 것을 다시 한 번 뒤집으면, 집단은 말을 하지 않고 그 그림이 응집된 전체로서 조화를 이루도록 만들어야 한다.

[변형]

① 큰 종이에 각자 아무렇게나 낙서를 한다. 그 후 집단은 이것들을 가지고 하나의 응집된 전체를 만든다.

② 큰 종이를 불규칙한 조각으로 잘라 낸다. 집단구성원들이 이 조각들에다 작업을 한 후 그것들을 하나로 합친다.

243. 이동하며 작업하기

모든 사람이 한 장의 큰 종이 둘레에서 작업을 시작한다. 색칠을 하거나 그림을 그린 다음 다른 장소로 이동한다.

244. 이미지 뽑아 내기

집단은 아무렇게나 택한 색깔과 형태로 종이를 채운다. 그 후 종이를 돌려가면서 본다. 구성원들은 그들이 본 이미지들을 뽑아 내어 그것들을 강조하여 그린다.

[변형]

첫 번째 사람이 그린 형태들 중 하나(마음에 들거나 들지 않는 것으로)를 골라서 이야기를 나눈다.

245. 자신의 영역

구성원들은 자신의 영역을 정하여 이름을 적고 자신을 나타내는 무언가를 그려 넣는다. 그다음에 모두가 자유롭게 다른 사람의 영역에 아무것이나 그려 넣는다. 누가 누구에게 무엇을 주었는지 등을 포함하여 토론할 수 있다.

[변형]

① 당신이 다른 사람에게 필요할 거라고 생각하는 것을 준다.

② 처음의 10~15분 동안 자신의 영역을 점유할 수 있게 해 준다. 마지막에 자신의 영역으로 돌아가서 최종적으로 변화시키거나 덧붙이도록 하고 마친다.

③ 처음의 영역에 자신에 대한 것을 그린 후 다른 사람의 영역과 연결시킨다.

246. 집단 만다라

커다란 종이에 큰 원을 그리고 집단의 사람 수에 맞게 케이크 조각처럼 부채꼴로 나눈다. 자신이 원하는 것을 그리면서 자신의 영역에 남고 싶은지 또는 다른 사람들의 영역에도 들어가고 싶은지를 각자가 결정할 수 있다. 자신의 경계를 굳게 지킬 것인지 또는 옆에 있는 사람들과 섞여서 어울릴 것인지도 각자가 결정한다. 토론에서는 사람들의 결정이 전체 그림과 사람들 간의 상호작용에 어떤 영향을 끼쳤는지를 살펴볼 수 있다.

[변형]

① 큰 원을 작은 동심원들로 나누어서 각자 하나씩 준다.

② 전체 집단이 한 주제를 선택한다. 예컨대 밤과 낮 등이다.

247. 개별적인 출발점

각자 한 가지 색깔을 택하여, 눈을 감고 편안하게 선 하나를 그린다. 몇 분 후, 모두 눈을 뜨고 자신의 공간을 온갖 색깔로 칠하며 펼쳐 나가고 경계선에서 다른 사람들과 어루어진다.

[변형]

① 초기 단계에서는 종이 여기저기를 돌아다니며 작업할 수 있다.

② 후기 단계에서는 그림이 하나의 전체가 되도록 작업한다.

③ 토론은 전체 집단과 또는 이웃한 사람들과 할 수 있다.

④ '어린 시절로 돌아가서' 버전: 5~18세 중에 하나의 나이를 택하여 자신의 선과 공간으로 시작한다.

248. 집단 이야기

각자 종이 위 어딘가에서 또는 자신의 영역에서 하나의 이야기를 그리기 시작한다. 모든 사람의 이야기가 확장되어 다른 사람들의 이야기와 마주치면, 각자의 이야기가 다른 사람들의 이야기로 발전하고 또 그 이야기의 측면들을 포함하도록 만든다. 종이 여기저기를 돌아다니면서 작업한다.

[변형]

① 종이 여기저기를 돌아다니면서 자기 이야기로 돌아올 때까지 각각의 이야기에 차례로 덧붙여 그린다.

② 종이 여기저기에 공통적인 이야기나 사건을 그린다.

③ 종이 가장자리에서 '당신이 있다고 여기는 장소'에 대한 그림을 그리기 시작한다. 그 후에 다른 사람의 이야기로 계속 넘어간다.

249. 시간 순서에 따른 동화

긴 종이 위에 각자 시간의 순서에 따라(처음에 종이의 위와 아래, 시작과 끝을 어디로 할 것인지에 대해 합의를 한다) 자신이 상상한 동화를 그린다. 모두 아무데서나 시작할 수 있다. 말은 하지 않는다.

[변형]

① 모두가 완성된 그림이나 그 과정에 대해서 짧은 이야기, 시, 몇 개의 문장을 만들어 적는다. 그러고 나서 원하는 사람은 집단에게 그것을 읽어

준다.

② 집단 그림에 영감을 받아서 더 많은 시, 이야기, 그림이 생겨날 수 있다.

250. 한 번에 한 마디씩 이어 만든 이야기

각자 차례대로 한 마디씩 하여 하나의 이야기를 만들고 적는다. 그 후에 이 이야기는 개인 그림이나 집단 그림으로 그려진다.

[변형]

① 사람들이 이야기를 전개시킨 이미지를 이용하여 이야기를 그린다.

② 그림을 돌려 가면서 한 사람씩 뭔가를 덧붙여 그리고 이야기한다.

251. 돌려 그리는 집단 그림

커다란 종이에 한 사람이 그림을 그리기 시작하고 다른 사람들은 지켜본다. 그 후 다음 사람이 그것을 건네받아 작업을 이어 간다. 이런 식으로 반복한다.

[변형]

① 하나의 이야기로 시작하여 다음 사람이 이어 간다.

② 이전에 그려진 것에 대한 반응으로 뭔가를 그린다.

③ 점, 직선, 곡선만 사용해서, 처음에는 검은색과 흰색만을 사용하다가 나중에는 여러 가지 색깔을 사용해서 그린다.

④ 차례대로 돌아가는 횟수를 정해 놓는다. 또는 모두의 동의하에 작업을 마친다.

⑤ 종이가 작으면 종이를 돌린다.

⑥ (만약 추상적인 그림이라면) 그림에 마음을 투사하여 보이는 환상을 그린다.

⑦ 번갈아 가면서 자신에 대한 어떤 것을 그린다. 마지막에, 원한다면 전체에 뭔가를 덧붙여 그린다.

⑧ 소개: 자기 그림에 이름을 적어서 벽에 붙인 종이에 붙인다.

⑨ 주제 벽화: 주제를 토론한 후, 각자 차례대로 벽화에 다가가서 그림을 그

린다.

⑩ 선보다는 물감과 색깔을 사용한다.

⑪ 점토: 한 덩어리의 점토를 돌린다. 각자 빠르게 뭔가를 하고 나서 넘긴다. 변화와 관련된 느낌들을 토론한다.

⑫ 번갈아 가면서 하나의 입체 구조물을 만든다.

252. 주제에 따른 집단 벽화

이것은 촉진자나 집단이 선택한, 또는 아이디어를 끌어내거나 토론을 하다가 생긴 특정한 주제에 따라 (벽이나 칠판에 고정시킨 큰 종이에) 그린 벽화다. 한 번에 한 사람씩 작업할 수도 있고 집단 전체가 동시에 작업할 수도 있다(단, 집단이 너무 크지 않을 경우). 주제들의 예는 다음과 같다.

① 어떤 특정한 센터나 기관 등에서 겪는 삶의 단면

② 집단 행사(예, 외출, 소풍, 파티 등)

③ 집단에서 공통으로 겪는 경험에 대한 느낌

④ 여행, 바닷속 생활, 우주 공간에서의 생활, 동물 등과 같은 환상적인 주제

⑤ 사계절

⑥ 추상적인 디자인

⑦ 다른 사람들(예, 다음에 오는 집단)에게 줄 메시지

⑧ 흙, 공기, 불, 물: 집단구성원들을 이러한 4대 요소들로 나눈다(또는 구성원들이 고른다). 그런 다음 네 개의 모퉁이에서부터 서로 다른 방식으로 그림을 그린다. 또는 자기들 요소의 방식대로 아무 곳에나 그림을 그린다.

253. 벽보/그래피티 벽

벽에 붙인 큰 종이와 (끈으로 매단) 펠트펜을 제공한다. 모두가 언제라도 무엇이든 적거나 그릴 수 있다. 분노를 표출하거나 아이디어를 익명으로 표현

하는 데 좋다(예, 회의 장소에서).

254. 분노의 그래피티 벽

큰 종이를 벽에 테이프로 붙인다. 가급적이면 밖에서 하는 것이 좋다. 그렇지 않으면, 벽의 남은 부분과 바닥을 비닐이나 낡은 시트로 덮는다(집단구성원들에게 미끄러질 수 있으니 조심하라고 알린다). 집단구성원들은 그들을 화나게 만드는 모든 것을 적거나 그린다. 집단이 이 작업을 함께할 수 없을 때는 포스트잇을 사용한다. 벽에 모든 것이 표현되면, 집단에게 점토와 물감을 섞은 덩어리를 만들어서 벽에 던지라고 한다.

확실한 기본 규칙이 필요하다. 즉, 모두가 정해 놓은 선 뒤에 있으면서 벽을 겨냥하되, 사람이나 벽을 제외한 물건에 손상을 입혀서는 안 된다. 분노를 소리로 내지르도록 격려한다. 청소년들에게 좋지만, 많은 주의가 필요하다. 후에 토론할 시간을 충분히 준다.

255. 분노의 복합된 증상들

158번 분노를 바탕으로 한다. 큰 종이에 사람의 윤곽선을 그린다. 집단구성원들이 번갈아 가면서 분노의 신체적 증상들을 그린다. 자신의 증상이나 다른 사람들에게서 본 것들을 그린다. 종이에 그려진 사람은 마지막에 매우 화난 모습이 된다.

256. 서로를 어떻게 보는가

벽에 큰 종이를 붙이고 여러 칸으로 나눈다. 각각의 칸 안에 인물상을 그리고 그 위에 제목을 적는다. 이 제목들은 집단, 인물상에 대한 투사, 인물상에 의한 투사를 나타낸다. 젊은이들과 작업할 때의 예를 들면 다음과 같다.

- 젊은이들이 젊은이들에 대해서 생각하는 것
- 젊은이들이 부모/교사/경찰 등에 대해서 생각하는 것

• 부모/교사/경찰 등이 젊은이들을 어떻게 생각하는지에 대해서 젊은이들이 생각하는 것

젊은이들에게 각각의 칸에 자신의 생각을 적고 그린 다음 인물상에 옷을 입히는 등의 작업을 하라고 요청한다. 칸이 다 차면 그 내용들과 전체 과정에 대해서 토론한다.

257. 역설의 벽

큰 종이를 벽에 붙이고 중간에서 반으로 나눈다. 집단구성원들에게 사랑/증오처럼 서로 반대되는 것들을 생각해 보게 한다. 그런 다음 참여자들은 나누어진 반반의 종이에다가 자신의 사랑과 증오를 적고 그린다(특정한 사람의 이름을 적지는 않는다). 이 활동은 인생과 관계에 있어서 긍정적인 면과 부정적인 면을 함께 이끌어 낸다. 그 후에 토론한다. 때로 사람들은 증오하는 것이 자신에게도 있는 부분임을 알게 된다.

[변형]

반대되는 다른 것들을 사용한다(예, 부모의 메시지를 지키기/거부하기).

258. 연대의식

때로 억압받는 소수자들은 그들의 경험을 벽화로 그리는 것이 공통의 유대감과 자신들의 긍정적인 기여를 축하하는 데 유익하다는 것을 알게 된다. 정치적인 문제가 연관되면 열띤 논쟁이 일어날 수 있다. 주제의 예는 다음과 같다.

① 소수민족의 축제와 음악
② 인류에 대한 여성의 기여
③ 장애 문제
④ 평화의 상징
⑤ 주변의 공동체 내에서 하는 지역 활동에 대한 벽화

⑥ 개발 문제

⑦ 소외된 집단(예, 노숙자, 전과자, 정신건강 문제를 가진 사람 등)이 직면한 문제

259. 다양성 축하하기

문화, 유산, 성별, 집단 정체성 등의 다양성에 대한 집단 그림/콜라주를 같은 종이에 모두가 함께 그리거나 각자가 그린 그림을 하나의 전체로 만든다.

260. 섬과 세계 만들기

집단은 폐품, 물감, 콜라주, 크레용 등을 사용하여 집단이 살아갈 섬이나 세계를 만든다.

[변형]

① 몇 개의 소집단으로 나누어 이 작업을 하면 나중에 다른 섬을 방문하여 자신들의 섬과 비교할 수 있다.

② 섬 대신 집, 공원, 학교, 지역사회 센터, 마을, 도시, 세계 또는 '집단 환경'을 만든다.

③ 폐품 대신 크레용이나 물감을 사용한다.

④ 좀 더 많은 조건을 명시한다. 예컨대, 특별한 행사를 하고 있는 마을, 섬에 좌초된 것, 생존 욕구 충족시키기, 참가자들과 함께 공동으로 일하거나 살면서 개발시킨 마을을 위에서 바라본 광경 등이다.

⑤ 벽화에 개개인의 섬들을 그린다. 어떤 사람의 섬을 택하여 방문하기로 하고 거기에 갈 방법을 궁리한다. 적절하다면 그런 선택을 한 이유에 대해서 토론한다.

⑥ 큰 종이 구석에 개개인의 마을을 그린다. 다른 사람의 마을로 가는 길을 만든다(4명으로 구성된 집단일 경우 가장 좋다).

⑦ 벽화 종이에 마커나 크레용으로 환상의 공동체를 그린다.

⑧ 자신의 집을 만들고 나서 이웃을 만든다.

⑨ 점토로 '세계'를 만든다.

⑩ 개별로 점토를 가지고 나무를 만들어서 큰 판자 위에 숲을 꾸민다. 야외라면 막대기, 잎, 돌멩이도 추가한다.

⑪ 개별로 자기 상자(128번 참고)를 만들고 나서 그것을 위한 환경을 만든다.

⑫ 콜라주를 이용하여 원형의 '세계'를 만든다.

⑬ 상자 속의 세계

⑭ 전신 자화상을 만들어서 가장 적합한 자리에 둔다. 집단은 토론을 하고 자리를 바꿀 수도 있다. 그런 다음 자화상에 어울리는 환경을 만든다.

⑮ 몇 개의 집단이 참가할 경우, 마지막 토론에서 도시나 세계를 비교할 수도 있고 그것들을 평가하기 위한 기준을 만들 수도 있다.

⑯ 집단에 대한 그림이나 조각 작품

261. 집단 콜라주

지금까지 열거된 아이디어들 중 다수는 물감이나 크레용 대신 잡지나 기존에 만들어진 이미지들을 이용하여 콜라주로 바꾸어 할 수 있다. 예컨대, 주제에 따른 벽화나 세계 만들기 등을 콜라주로 할 수 있다.

[아동에게 좋은 변형]

각각의 아이들에게 최소한 한 가지의 도구(예컨대, 가위)에 대한 사용 권한을 준다. 각각의 도구들은 사용 권한이 있는 아이만이 사용할 수 있다.

262. 감정 콜라주

감정을 뚜렷하게 표현하는 사진들을 오려서 콜라주 작품이 되도록 붙인다. 각 인물들이 말하고 있을 법한 것들을 적는다.

[변형]

집단구성원들은 표현된 감정을 마임이나 행동으로 나타낼 수 있다.

263. 변화 만들기

기관이나 조직에서 잘못하고 있는 것을 집단 그림으로 나타낸다. 그러고 나서 집단은 긍정적인 변화를 상상하여 그 그림을 시각적으로 변형시킨다.

[변형]

그 상황을 폐품으로 나타낸다. 그런 다음 그것을 그렇게 되기를 바라는 대로 변형시킨다(폐품으로 된 조소 작품은 쓰레기나 나쁜 상황에서부터 좋은 것을 만들어 낸다는 훌륭한 은유가 될 수 있다).

264. 기여

다음에 나오는 것은 집단구성원 각자의 기여로 집단 그림을 만드는 아이디어들이다. 이것은 덜 구조화된 방법으로는 함께 작업할 수 없는 집단에게 특히 적합하다.

① 크레용, 물감 또는 콜라주를 이용해서 주어진 주제에 따라 그려진 (사전에 서로 들어맞게 준비된) 개인의 화판을 한데 모은다.

② 주어진 과제에 따라 각자 정해진 공간을 할당받는다.

③ 짜 맞추기 퍼즐: 비어 있는 종이를 작은 형태들로 자른다. 구성원 각자 하나의 형태를 채우고 나서 원래대로 짜 맞춘다.

④ 큰 종이 한 장을 중심의 원에서 만나도록 하여 나눈다. 서로 다른 모양(예, 삼각형, 사각형, 별 등)을 각 구성원들에게 할당한다. 중심을 향하여 작업하도록 지시한다.

⑤ 집단으로 나무를 그린다. 그러고 나서 모두가 나무 아래에 여러 가지 것을 그려 넣는다.

⑥ 집을 그리고 나서 사람들이 서로 다른 방과 활동들을 그려 넣는다.

⑦ 네 명의 사람이 상자의 네 면을 이용하여 주제에 따라 개별적으로 작업할 수 있다.

⑧ 큰 종이 위에 모든 집단구성원의 손을 본뜬다. 이것은 모든 사람이 같은

종이에 번갈아 가면서 자기 손을 본뜨거나 각자 다른 종이에 손을 본뜬 후 잘라서 큰 종이에 붙이면 된다.

⑨ 각자의 기여가 함께 조화를 이룰 방법에 대해서 토론한다.

265. 좀 더 가까이

현재 진행 중인 집단이 협동과제로 작업하는 것을 어려워한다면, 점진적으로 다가갈 수 있는 단계를 고안한다.

① 커다란 종이의 할당된 공간에서 신체적인 거리를 두고 작업한다.
② 할당된 공간을 줄여서 신체적으로 근접시킨다.
③ 개인적인 부분들을 통합시켜 하나의 응집된 전체를 만든다.
④ 모든 사람이 공간이 할당되지 않은 상태에서 하나의 작은 과제를 함께 한다.

266. 집단 조각작품

집단은 정해진 주제 없이 한 덩어리의 점토를 가지고 함께 작업하여 공동의 조각작품을 만들어 낸다.

[변형]

① 점토를 한 층으로 깔아서 (점토를 소비하기보다는) 집단 그림을 그린다.
② 나무토막이나 폐품과 같은 입체재료들을 이용한다.
③ 아동에게 좋은 활동: 각각의 아이들이 최소한 한 가지의 폐품, 점토, 플라스티신 등에 대한 사용 권한을 가진 상태에서(그 아이만이 그 재료를 사용할 수 있다) 협력하여 집단 조각작품을 만든다.
④ 모든 사람이 특정한 장면(예, 공원, 서커스)의 일부를 만들고 난 후 그것들을 합쳐 전체로 만든다.
⑤ 각자 서로 다른 색깔의 플라스티신이나 기타 재료를 사용하여 개인이 기여한 것이 드러나게 한다.

⑥ 각자 서로 다른 재료들(예, 색종이, 박엽지, 셀로판지 등)을 가진다. 첫 번째 사람이 작업을 시작하고, 다음 사람이 그것을 건네받아 뭔가를 추가한다.

267. 집단으로 셀로판 겹치기

이 작업은 다른 과제를 함께했던 집단이나 얼마 동안 함께 지내 온 집단에게 좋다. 각자 서로 다른 색깔의 셀로판지를 택하여 그것의 형태, 크기, 위치를 가지고 집단 속에서의 자신을 나타낸다. 색 셀로판지를 사용하는 것은 개인의 형태를 겹침으로써 집단이 기능하는 방식이 드러날 수 있다는 점에서 중요하다.

268. 집단에서의 역할

각자 (점토, 플라스티신, 나무토막, 기타 폐품으로) 입체적인 자아상을 만든다. 그 후 말하지 않은 채로 그 자아상을 '세상의 공간'으로 설정한 큰 종이나 판자에 여기저기 옮겨 본다. 각자 자신의 '자리'를 찾으면 선으로 표시한다. 그러고 나서 집단 내에 있을 수 있는 다양한 역할에 대해서 토론한다. 예컨대, 촉진자, 파괴자, 이방인, 침입자, 희생자, 중재자 등이다.

269. 역할극

사람들이 평소 행동과 반대되는 역할을 할당받은 상태에서 집단 그림을 그린다. 마칠 때는 '원래의 자신'으로 돌아가서 개별 그림을 그리고 마무리한다.

[변형]

① '노란색 칠하기' '많은 공간을 차지하기' 등과 같이 그림 그리는 역할을 할당한다.

② 252번의 ⑧을 참고한다.

270. 음악 듣고 그리기

음악을 들으면서 집단으로 그림을 그린다. 집단과 느낌들을 인식하면서 한다.

[변형]

① 음악에 맞춰 움직이며 웜업한다.

② 동작 연습을 한 후에 여러 가지 특징을 가진 동작을 그림으로 나타낸다. 예컨대, 대담한, 맹렬한, 억제된 동작 등이다.

271. 집단 그림에 대한 개인의 반응

집단 그림은 강렬한 경험이 될 수 있다. 각각의 집단구성원들이 집단 그림을 그린 경험에 대한 반응으로 개인의 그림을 그린다면 그런 경험들이 잘 소화될 수 있을 것이다. 원하면 개인의 그림에 대해서 이야기를 나눈다.

I. 집단 상호작용 활동

이 장에는 집단의 완성품이 나오지는 않아도, '상호작용의 규칙'을 집단의 전제 조건으로 한 상호작용 활동들이 포함된다. 대부분의 활동은 자신의 인식을 다른 사람들의 인식과 비교하는 작업을 수반하고 있다. 다수가 E장(자기 인식)과 G장(짝지어 작업하기)의 아이디어들을 확장한 것이다. 이 장의 활동들이 개인의 미술작품에 초점을 두고 있지 않기 때문에 미술을 개인적인 방식으로 사용하는 방법이 될 수 있다. 어떤 상황에서 이 활동들은 재미있는 게임으로 경험될 수 있다. 그러나 진지한 관심사에 대해서 새로운 관점을 제공할 때도 많다. 집단에 상처받기 쉬운 사람들이 있을 경우에는 특별한 주의가 필요하다.

272. 초상화

자신을 제외한 모두의 초상화를 빠르게 그린다(예, 30분 안에 10개 그리기). 그림에 서명하여 그려진 사람에게 준다.

[변형]

① 초상화를 재미있게 또는 형태와 색깔로 또는 천을 사용하여 제작하라고 제안한다.

② 집단구성원들이 걷는 모습 또는 그들 특유의 행동을 하고 있는 모습을 스케치한다(성냥개비 형태로 그려도 된다).

③ 점토 인물상: 다른 집단구성원이 자신의 감정을 분명하게 전달하는 자세로 있는 모습을 만든다.

④ 뚜렷한 특징을 사용하여 자화상을 그린다. 자신의 그림을 집단에게 설명한다. 집단은 별명을 지어 주거나 누가 그렸는지를 알아맞힌다.

⑤ 파트너의 초상화를 그린다. 다른 사람들이 초상화에 추가 작업할 것을 협의한다.

273. 협동 초상화

각 구성원들이 차례대로 주제가 되어 자화상을 그린다. 다른 구성원들이 차례대로 그 초상화를 주제와 더욱 비슷하게 만든다.

274. 집단으로 손 본뜨기

모든 사람이 큰 종이에 서로 다른 색깔의 크레용을 사용하여 자신의 손을 차례대로 본뜬다. 이것은 집단을 시작하는 좋은 방법이 될 수 있고, 겹치는 손이라는 상징성으로 비밀 보장의 약속을 강조할 수 있다.

[변형]

메시지를 추가한다.

275. 배지와 토템상

당신을 나타낸 배지를 그려서 옷에 단다. 그런 다음 다른 사람들의 주요 특징을 나타내는 비슷한 배지를 만든다. 사람들이 서로 잘 알고 있을 때 또는 위험을 감수할 준비가 되어 있는 사람들의 집단에서 작업하면 가장 좋다.

[변형]

① 집단 '토템 기둥'에 개인의 배지를 부착한다.

② 판지 상자로 큰 토템 기둥을 만든다. 집단구성원들이 개인적인 상징으로 장식한다.

③ 자신과 다른 사람들의 문장(紋章)을 만든다.

276. 공감 모자

공감의 의미에 대해 예를 들어 설명한다. 집단구성원들은 마분지와 다른 재료로 모자를 만든다. 모자 안은 감정으로, 밖은 남에게 드러내는 것으로 꾸민다. 이것들에 대해서 토론한다. 그런 다음 집단구성원들은 서로의 모자를 써 보면서 어떤 느낌을 가졌는지에 대해서 이야기를 나눈다. 다른 사람의 감정을 이해하는 것을 배우는 아이들에게 도움이 된다(머리를 덮는 것에 대한 여러 가지 문화적 이슈들과 모자의 의미를 인식하면서 집단을 이끈다).

[변형]

개인은 많이 경험한 감정에 대해서 생각해 보고 그것을 표현하는 모자를 만든다. 그다음에 사람들과 모자를 바꾸어 써 보고 자신의 경험에서 표현된 감정을 탐색한다.

277. 감정을 이해하고 인정하기

치료사/촉진자는 '행복한' '슬픈' '화난' 감정을 나타내는 단순한 얼굴을 카드에 그린다. 집단구성원들은 서로에게 이러한 감정들을 드러내어 보여 준다. 거울이 있으면 자신의 표정을 볼 수 있게 해 주어서 좋다. 그런 다음 집단구성원들은 잡지나 콜라주 컬렉션에서 얼굴들을 잘라 내어 이러한 감정을 나타내는 집단 그림을 만든다. 다양한 얼굴색과 배경이 포함되어야 한다.

278. 서로 다른 관점

하나의 문제 상황에서 시작한다. 집단구성원들 각자는 서로 다른 관점에서 본 상황을 그린다. 그림들을 공유하고 차이점을 토론한다.

279. 문화적 정체성(133번 ⑧을 바탕으로)

집단구성원들 중에 다른 문화 집단에서 온 사람들이 있다면(다른 정체성을 가진 어떤 집단이 있을 경우에도 마찬가지) 각각의 집단에게 두 개의 집단 이미지를 그려 보라고 요청한다. 하나는 위협적으로 인식될 것으로 생각하는 것이고, 다른 하나는 비위협적으로 인식될 거라고 생각하는 것이다. 그러고 나서 이것을 다른 집단과 함께 검증해 볼 수 있다(서로 다른 소집단에 속한 구성원들의 수에서 차이가 많이 나면 적합하지 않다).

280. 집단 상징

집단은 전체 집단이 공유할 수 있는 상징을 개발하여 그린다.

[변형]

집단 문장(紋章)

281. 가면

모든 사람이 가면을 그려서 쓰고 가면의 인물이 되어 역할극에 참여한다. 네 명 정도의 소집단으로 하면 가장 좋다. 변형할 수 있는 것과 선택한 가면으로 할 수 있는 것들이 많다. 예를 들면, 다음과 같다.

① 당신 성격의 받아들일 수 없는 면을 가면으로 만든다. 그런 다음, 반대되는 가면을 쓴 사람들끼리 네 명이 모여서 '가족 단위'를 형성하고 역할극을 한다. 받아들일 수 없는 면과 접촉할 때 상상과 시각화 기법을 사용할 수 있다(J 참고).

② 한 사람이 자신의 가면에 대해서 이야기하면 다른 사람이 그 역할을 연기한다.

③ 모두가 집단에 물건 하나씩을 가지고 온다. 각자 모든 물건을 사용하여

무언극을 하고 어떤 '인물'을 이끌어 내어 자신의 가면에 그린다. 그러고 나서 가면을 역할극에 사용한다.

④ 종이 가방과 물감을 사용하여 살ㄹ아 있는 캐릭터를 만든다. 그것을 쓰고 역할놀이를 한다(아이들에게 좋다).

⑤ 가면 축제

282. 선물

집단에 있는 개개인에게 주고 싶은 선물을 만들거나 그린다. 그런 다음 그들에게 전달한다. 이것은 큰 칠판 위에서 작업할 수도 있다. 토론을 통해 주고받는 것에 대한 느낌을 탐색하고 가능하다면 선물과 함께 서로 헤어지는 것에 대한 느낌도 탐색한다.

[변형]

① 집단을 마칠 때, 가져갈 수 있는 '작별' 선물을 만든다.

② 하누카, 크리스마스, 등명제, 부활절, 이드 등의 축제 시기와 맞출 수 있다.

③ 사실적인 선물, 추상적인 선물 등 선물의 유형을 명시한다.

④ 단기목표를 이루도록 돕기 등의 특정한 목적도 선물이 될 수 있다.

⑤ 귀중한 물건

⑥ 긍정적인 특성

⑦ 이따금 반복할 수 있다. 선물들의 가치가 더 높아지는지를 살펴본다.

⑧ 어떤 물건을 만들거나 그린 다음, 집단에 있는 누군가에게 준다.

⑨ 모두 큰 종이에 자신의 선물을 넣기 위한 상자, 바구니, 가방을 그린다. 그런 다음, 다른 사람들을 위한 선물을 그리면서 돌아다닌다. 자신을 위한 선물도 포함한다. 선물을 교환하고 토론한 후에(사람들은 누가 그런 선물을 왜 주었는지를 물어보고 싶을 수도 있다), 만약 이 활동이 집단의 마지막 시간이라면, 구성원들은 자신의 바구니를 오려서 가지고 간다.

⑩ 모두가 힘을 합쳐서 집단을 떠날/떠난 사람을 위해 뭔가를 만든다. 이것은 그들(떠날/떠난 사람)이 어떤 의미를 가지고 있었는지를 상징하는 것

또는 그들을 생각나게 하는 것 또는 그들에게 주고 싶은 것이 될 수 있다. 사람들은 함께 작업할 수도 있고 각자 작품/그림을 만들어서 마지막에 하나로 합칠 수도 있다. 그러는 사이에 떠날 사람은 집단을 떠나는 것에 대한 그림을 그릴 수 있다.

⑪ 소망과 영감을 주는 경구를 이러한 작업들 중 어느 것에라도 추가할 수 있다.

283. 긍정 포스터

방에 있는 의자나 탁자 위에 윗부분에 집단구성원 각자의 이름이 적힌 A4 용지나 카드를 올려놓는다. 모두가 돌아다니면서 그 사람의 좋은 점(또는 그들이 이 집단에서 그 사람에 대하여 소중하게 여겼던 점)을 적거나 그린다. 주말 워크숍이나 일련의 연속된 회기를 끝낼 때 좋은 방법이다.

[변형]

① 사람들의 등에 테이프로 포스터를 붙인다(접촉에 민감한 집단에게는 좋지 않다).

② 어린아이들에게는 좀 더 큰 종이와 손도장을 사용하여 찍게 한다.

284. 풍선 날려 보내기

헬륨 풍선을 준비한다. 집단구성원들은 작은 종이에 고인(故人)에게 줄 이미지나 메시지, 즉 그들이 살아 있었을 때 말하고 싶었던 것을 그린다. 이미지에 대해서 집단 토론을 한 후 그것을 풍선 줄에 묶는다. 밖으로 나가서 집단이 지켜보는 가운데 풍선을 하늘로 날려 보낸다. 방으로 돌아와서 전체 의식(ceremony)에 대해서 토론한다.

285. 공유하고 있는 느낌

공유하고 있는 문제나 상황 등과 같이, 집단구성원들의 관심사를 주제로 택한다. 각자 그 특정한 상황의 좋은 면과 나쁜 면을 작은 종이 하나에 하나씩 그린다. 이미지를 공유하고 토론한다.

286. 은유적 초상화: 개별 작업

집단구성원들(자신도 포함)의 은유적인 초상화를 그린다(138번 참고). 몇 장 밖에 그릴 시간이 없을 때도 있고 모두의 초상화를 그릴 수 있을 때도 있다. 초상화는 추상적인 것 또는 꽃, 동물, 건물, 나무, 집, 섬, 상징 등이 될 수 있다. 결과물을 나누는 방법에는 여러 가지가 있다.

① 모두 돌아가면서 자신이 그린 초상화를 설명한다.
② 한 사람이 초상화를 들고 있으면 다른 사람들이 그것이 누구인지 알아맞힌다. 바로 맞힌 사람이 초상화를 드는 식으로 계속한다.
③ 각각의 초상화에 대해서 토론하거나 '알아맞힌' 후에 그것을 그 주인공에게 선물로 준다. 마지막에는 모두가 자신의 은유적 초상화 컬렉션을 가지게 된다.

이 아이디어를 더 변형시키면 다음과 같다.

④ 자신과 다른 사람 한 명을 추상적으로 그린다. 이 사람은 집단의 구성원이나 집단 밖의 누군가가 될 수 있다. 그 사람이 누구인지 알아맞히기 게임을 할 수 있다.
⑤ 상상의 동물 한 마리를 그린다. 두 마리의 동물이 만나면 무슨 일이 벌어지는지 살펴본다.

287. 은유적 초상화: 집단 작업

집단 전체를 은유하는 것을 찾아서 그린다. 이것은 개별로 또는 집단으로 작업할 수 있다.

[변형]

① 집단을 어떤 배경 속에 있는 동물로 그린다.

② 색깔, 위치, 모양 등을 사용하여 자신을 집단의 일부로 그린다. 이것은 일정 기간이 지난 후에 추가되거나 변화될 수 있다.

③ 286번과 합친다. 집단구성원 개개인과 집단 전체의 초상화를 그린다.

288. 해석

이 작업의 기본적인 아이디어는 의도했던 것과 집단의 해석을 비교하는 것이다. 이것을 하는 방법에는 여러 가지가 있다. 예를 들면, 다음과 같다.

① 286번과 287번의 ③을 참고한다(은유적 초상화의 개별과 집단 작업). 토론할 때 (그림을 그린 사람을 제외한) 모두가 의견을 말하고 연상하고 해석한다. 그림을 그린 사람은 침묵을 지킨다.

② 모두가 하나의 특정한 주제(예, 얼굴 하나, 나무 한 그루, 동물 한 마리, 집 한 채, 섬 하나, 가면 한 개 등)에 따라 그림을 그린다. 그림들을 모아서 섞은 다음 한 사람이 하나씩 든다. 집단은 한 사람을 묘사하듯이 하나의 그림을 묘사한다.

③ 모두가 분노, 불안 등의 여러 가지 감정에 대한 자기의 생각을 그린 다음 뒷면에 작은 그림으로 이름표를 붙인다. 그림들을 섞은 다음 집단이 하나씩 골라서 어떤 감정인지를 해석한다. 그 후에 이것을 원래 의도했던 것과 비교한다.

④ 한 사람이 그림 한 장을 설명하면 나머지 사람들이 그 지시에 따라 그림을 그린다. 완성된 그림들을 원래의 그림과 비교하고, 사람들이 주어진 정보에 대해서 여러 가지 해석을 한다는 것에 초점을 맞추어 토론한다.

⑤ 아동의 경우: 한 아이가 다른 아이에게 '단어' 하나를 말하면 그 아이가 그것을 그린다. 아이들이 한 단어를 어떻게 해석했는지에 초점을 맞추어 토론한다.

289. 움직이는 해석

세 명으로 소집단을 만든다. 각자 현재를 나타내는 하나의 상징이나 상황을 그린다. 말하지 않고 그림을 교환하여 그것에 대한 해석을 그리되, 아무것도 지워서는 안 된다. 세 번째 사람까지 반복하면 원래 그린 사람에게로 돌아온다. 해석에 대해 토론한다.

290. 다양성의 지도

서로 다른 관심사를 나타내는 소집단으로 나눈다. 예컨대, 마을의 다른 지역, 다른 소수민족 집단, 다른 연령대의 집단, 다른 가족구성원(예, 부모, 10대, 어린 아동) 등이다. 각각의 소집단에게 전체 집단의 모든 사람에게 공통되는 어떤 것이나 어떤 장소에 대해서 그들이 가지고 있는 인식도를 협력하여 그리게 한다(예, 우리 마을, 우리 이웃에게 중요한 일, 미래의 자원 준비). 그림이 완성되면, 무엇을 포함시키고 배제했는지, 여러 가지 요소의 크기와 배치는 어떠한지에 주의를 기울여서 서로 비교한다. 이 작업은 여러 소집단이 무엇을 더 중요하게 여기는지에 대한 토론을 이끌어 낸다.

[변형]

임박한 변화가 있다면(예, 새로운 지역사회 센터), 전체 집단이 모두에게 가장 적합한 변화를 나타내는 일치된 지도를 만들 수 있다.

291. 갈등의 만화

집단을 2~5명으로 구성한 뒤, 그들이 중요하다고 여기는 갈등이나 주제를 나타내는 만화를 협동하여 그린다. 각 소집단은 그들의 만화를 다른 소집단에게 넘겨서 편견, 틀에 박힌 형식, 제시된 관점 등에 대한 해석과 검토를 하게 한다(이것은 만화가 메시지를 전할 때 틀에 박힌 형식을 사용할 때가 많다는 사실에 바탕을 두고 있다).

292. 집단 문제 해결

이것은 228번의 ③과 비슷하다. 한 사람이 힘든 상황에 대한 그림을 그리고 설명한다. 그러면 집단의 나머지 사람들이 그 그림을 더 나아진 상황으로 만들고 이것에 대해 토론한다. 최선의 해결책에 도달할 때까지 계속한다.

293. 스트레스 기부하기

집단구성원들은 현재 스트레스를 받고 있는 상황에 대한 그림을 개별적으로 그린다. 그다음, 자기 그림의 어떤 부분을 집단 그림이나 벽화를 만드는 데 기부한다. 그러면 집단은 벽화 작업을 하여 그것을 하나의 응집된 전체 속에 아우른다.

294. 나비

각자 종이 한쪽에 물감을 칠하고 반으로 접어서 두 마리의 나비를 만든다. 하나는 그대로 두고 다른 하나에 다른 사람의 나비를 찍는다. 같은 작업을 원하는 만큼 많이 반복한다. 집단 안에서 정체성을 상실하는 두려움에 대해서 토론한다. 다른 것이 섞이지 않은 나비는 보존된 정체성을 상징한다.

295. 실물 크기의 개인과 집단

각자의 신체 윤곽선을 그리고(129번 참고), 자신의 것이 아닌 다른 사람의 윤곽선 안에 색칠을 한다.

[변형]

① 그 사람의 특징을 집어넣는다.

② 다른 집단구성원들이 모자, 옷, 신발 등을 입힌다.

296. 돌려 그리기

참가자 수만큼의 종이에 번호를 매겨서 집단에게 돌린다. 모두 2분 동안 그림을 그린 다음(가급적이면 그림에 참여하지 않는 사람이 시간을 재어 알려 준다),

옆으로 넘겨서 1분 동안 그림을 그리는 식으로 계속한다. 모두 자신이 처음 그린 종이를 받으면 2분 동안 마무리를 한다. 말은 하지 않는다. 자신의 그림이 변한 것에 대한 느낌에 초점을 맞추어 토론한다. 아무도 그림 전체에 대해서 책임을 지지 않아도 되기 때문에 새로운 집단에게 좋다.

[변형]

① 더 긴 시간(예, 5분)으로 작업을 시작한다.

② 더 긴 시간(예, 5분)으로 작업을 마무리한다.

③ 전체 활동을 매우 빠르게 진행한다.

④ 출발점을 자신의 상황에서 나온 어떤 것으로 하라는 조건을 붙인다.

⑤ 지우면 안 된다는 조건을 붙인다.

⑥ 결과물에 대해서 깊이 생각해 보고 개인적인 그림을 그려서 느낌을 표현한다.

⑦ 그림을 그릴 때마다 단어 하나를 추가한다.

⑧ 눈을 감고 편안하게 선을 긋는다. 눈을 뜨고 좀 더 그려서 다른 사람에게 넘긴다.

⑨ '재미있게 놀기!' 등의 주제를 명시한다.

⑩ 추상적인 상징으로 그림을 시작한다.

⑪ 아동: 아이들이 하나의 그림을 그린 후 옆에 있는 아이에게 넘기면서 자신의 지시에 따라 뭔가를 덧붙이게 한다. 예컨대, '나는 차를 그렸어. 나는 네가 거기에 바퀴를 그렸으면 좋겠어.' 등이다.

⑫ 번갈아 가면서 하나의 식물을 그린다. 첫 번째 사람이 씨앗을 그리면, 다음 사람이 흙을, 그다음은 뿌리, 새싹, 줄기, 잎, 꽃봉오리, 꽃, 열매를 그리는 식이다.

297. 난화, 찢기, 재구성하기

집단구성원들이 큰 종이 한 장에 난화(scribbles)를 그려서 찢는다. 각자 찢어진 조각 몇 개를 가지고 와서 개별 작업으로 뭔가를 만든다.

298. 빠진 것 채우기

뭔가가 빠진 그림을 그린다. 다른 사람은 그것이 무엇인지를 맞히거나 빠진 것을 채워 넣는다.

[변형]

지난 회기를 떠올리게 할 때 이 활동을 이용한다. 이를 통해서 집단과 촉진자는 서로 간의 간격을 메우거나 그들이 잊고 있는 것을 서로 찾아낸다.

299. 촉진자가 그리기

집단구성원들이 촉진자에게 무엇을 그리라고 말한다. 이 작업은 집단구성원들이 권위자(촉진자, 교사, 부모 등)에 대한 감정을 드러낼 수 있도록 하거나 평소 수동적인 구성원들이 보다 적극적이 되도록 해 준다.

[아동을 위한 변형]

한 아이가 선과 선을 이어 그림을 그리고, 잠시 멈추어 다른 아이들이 따라 그리게 한다. 앞장선 아이만이 그 그림이 무엇이 될지를 알고 있다. 완성된 그림들을 비교한다.

300. 아름다움과 추함

첫 번째 사람이 아름다운 어떤 것을 만든다. 이것을 몇 사람에게 넘기면서 작업을 계속한다. 그런 뒤, 그것을 추한 어떤 것으로 바꾼다. 나중에 다시 좋게 만든다. 각 과정과 관련된 느낌들을 탐색한다. 자존감이 매우 낮은 사람들은 자신의 모든 그림이 어쨌든 추하다고 여기기 때문에 이 활동을 하는 데 어려움이 있다. 또 어떤 사람들은 뭔가를 일부러 망친다는 생각을 도저히 견뎌내지 못한다.

[변형]

① 4~6명으로 구성된 집단에서, 구성원들은 아름다운 것 만들기, 망치기, 다시 아름답게 만들기 등의 활동을 번갈아 가면서 한다. 마지막으로, 원래 그림을 그렸던 사람이 그것을 아름답게 마무리한다. 각각의 활동을

하는 데 5분을 준다. 집단구성원들이 처음과 반대의 역할을 하면서 작업을 반복하는 것도 좋다.

② 두 개의 소집단으로 나눈다. 각 집단이 한 장의 그림을 그리고, 서로 바꾸어서 망치고, 다시 좋게 만든다.

③ 각자 좋은 요소들과 나쁜 요소들이 다 포함된 두 번째 그림을 그린다. 그것들을 하나의 '전체적인' 그림으로 만든다.

④ 아동을 위한 변형: 첫 번째 아이가 모양 하나를 그리면, 두 번째 아이가 거기에 몇 개의 선을 그려 넣어 그림을 망치고, 세 번째 아이가 그 선들을 새로운 디자인으로 꾸며서 그림을 바로잡는다. 또는 짝을 지어서, '추한' 어떤 것을 '아름다운' 어떤 것으로 변화시킨다.

301. 비밀

모두가 그것이 무엇인지를 말하지 않고 비밀 하나를 그린다. 그 비밀이 어떤 의미를 가지고 있는지에 대해서 토론한다. 다른 사람과 그림을 서로 바꾸어서 그 비밀의 패러디[16]를 스케치하고 토론한다.

302. 큰 걱정 주머니

큰 상자나 주머니(큰 쓰레기 봉지나 짙고 불투명한 색깔의 쓰레기 봉지)를 주거나 만들어서 방 안의 적당한 곳에 둔다. 집단구성원들은 자신의 걱정거리를 적거나 그리거나 조각하여 그것들을 주머니에 넣는다. 그 후에 집단은 그것을 가지고 무엇을 할지—그것을 없애 버릴지, 처리할지, 그림으로 그릴지—에 대해서 토론한다.

303. 그림 연못

모두 자신이 좋아하는 것을 그리기 시작한다. 그러고 싶을 때 (사전에 연못

16) 다른 것을 풍자적으로 모방한 것. 우스꽝스러운 흉내나 서투른 모방(역자 주)

으로 마련된) 원의 중앙에 그것을 놓고 (거기에 있는) 다른 사람의 그림을 가지고 와서 거기에 좋아하는 것을 그린다. 자연스럽게 종결될 때까지 이러한 활동을 계속한다.

304. 색깔 연못

마분지 몇 장을 나눠 주고 여러 가지 색깔로 그림을 그리게 한다. 그림을 조각조각 잘라서 그것들을 가운데에 있는 연못에 둔다. 모두가 몇 조각을 택하여 그것들을 가지고 하나의 그림을 만들어 낸다.

305. 집단이 더해 준 것

각자 어떤 물건, 사건 또는 느낌에 이름을 짓고 그것을 그린다. 그 후 다른 구성원들이 더 나아지도록 추가하여 그려 준다. 변화된 것에 대한 느낌을 토론한다.

306. 집단으로 이어 그리기

집단구성원들의 수보다 하나 더 많게 칸을 나눈 종이를 나누어 준다. 첫째 칸에 (3분 동안) 이야기의 시작 부분을 그린다. 그것을 옆으로 넘기고 다음 종이의 둘째 칸에 그림을 그린다. 자신의 종이가 모두에게 되돌아오면 이야기의 마지막을 그려 넣고 토론한다.

[변형]

① 이야기의 줄거리를 매우 빠르게 적는다.

② 칸들을 오려서 재구성한다. 그것들이 어떤 특정한 주제를 가지고 있는지 살펴본다.

③ 출발점의 조건을 명시한다. 예컨대, 중요한 사건, 어린 시절의 기억 등이다.

④ 간단한 설명: 종이를 건넬 때 각자 이전 그림에 간단한 설명을 적고 나서 다음 그림을 그린다. 마지막 칸에는 자신의 그림을 그리고 간단한 설명

을 더한다.

⑤ 종이를 한 장만 돌린다.

⑥ 이야기식의 주제를 제시한다. 예컨대, '교도소에서' '바다에서 표류하기' '복권 당첨' 등이다.

307. 동물 이어 그리기

각자 동물의 머리를 그리고 종이를 접어서 건넨다. 다음 사람은 몸통, 다음 사람은 다리를 그린다. 그러고 나서 각자 자신이 그리지 않았던 부분을 가지고 그것에 대해 1인칭으로 이야기한다.

[변형]

좀 더 평범하게 작업하려면 사람을 이용한다. 각자 모자를 그리고 종이를 접어서 건넨다. 다음 사람들이 얼굴, 몸통, 다리, 발 등을 그려 넣는 식이다.

308. 그림으로 대화하기(221번의 ⑨를 바탕으로)

긴 종이를 사이에 놓고 짝을 지어서 서로 맞은편에 자리를 잡는다. 각자 한 가지 색깔을 골라서 (다른 색깔을 가진) 맞은편의 짝과 대화를 시작한다. 그러고 나서 양쪽에 있는 옆 사람들과의 대화로 전개해 나간다.

309. 상황 도표

모든 사람은 집단이 관련된 어떤 특정한 상황에서 무슨 일이 일어나고 있다고(또는 일어났었다고) 생각하는지를 나타내는 스케치나 도표를 그린다. 집단구성원들이 그린 모든 도표에 대해서 토론하고 그것들을 분류한다. 자세한 사항은 코타치와 루트(Cortazzi & Roote, 1975)를 참고한다.

[변형]

대처 방안을 계획하기 위해, 상황 도표를 그리고 침묵 상태에서 가능한 방안을 (2분 동안) 생각해 보고 나서 토론한다.

310. 소시오그램

집단은 지역사회 관계나 개인 간의 관계를 그림으로 나타내는 도표를 그린다.

[변형]

① 폴리스티렌 공, 철사, 끈, 물감 같은 입체 재료를 사용한다.

② 집단에 관한 매우 자세한 정보를 제시하는 데 사용한다. 예컨대, '당신은 집단에 있는 누구를 가장 잘 아는가?' 와 같은 질문에 대한 대답이다.

③ '상호작용 그림' 을 통해 서로 간에 언어적 의사소통을 많이 하도록 하는 데 사용할 수 있다.

311. 창조적인 생각의 흐름

집단은 종이 중앙에 쓰인 핵심 단어(예, 직업 또는 분노 등)를 보면서 시작한다. 모든 사람이 '생각의 흐름' 에 따라 그것을 보고 떠오르는 다른 단어들을 추가한다. 그러고 나서 아무 단어나 택하여 개인적인 그림을 그릴 기초로 삼는다.

312. 시각적인 속삭임

첫 번째 사람이 두 번째 사람에게 그림을 잠깐 보여 주고 나서 두 번째 사람에게 그 그림을 기억해서 스케치하라고 한다. 두 번째 사람이 스케치한 그림을 세 번째 사람에게 보여 주면 이번에는 세 번째 사람이 그것을 기억하여 스케치한다. 마지막 그림을 첫 번째 그림과 비교한다. 어떤 종류의 왜곡이 일어났는지에 대해서 토론한다.

313. 신문지 게임

이 작업은 소집단(4~7명)을 위한 협동 게임이며, 결과물을 다른 소집단들과 비교할 수 있다.

① 동물 모양: 각 소집단은 말을 하지 않고 한 명씩 차례로 돌아가면서 신문

지를 동물 모양으로 찢는다.

② 패션 모델: 각 소집단은 신문으로 모델이 입을 옷을 만든다.

③ 탑 세우기: 각 소집단은 홀로 서는 탑을 세운다. 탑은 높이, 안정성, 독창성으로 평가받는다(심사위원단은 각 소집단의 구성원들로 결성한다). 1시간을 준다.

④ ③과 같으나 30분의 시간제한이 있다. 30분을 다음과 같이 하여 세 차례 반복한다.

- 언어적 의사소통이 허용된다.
- 언어적 의사소통이 허용되지 않는다.
- 한 단어만 사용한다.

314. 잡지 그림 사용하기

모든 사람이 각자 마음에 드는 잡지 그림을 선택하여 벽에 핀으로 고정시킨다. 집단은 선택한 그림의 특징을 적고 난 뒤에 각각의 그림과 연관된 것들에 대하여 집단에서 이야기를 나눈다.

[변형]

① 싫어하는 그림을 선택한다.

② 잡지에서 오린 사진 몇 장을 준다. 소집단은 그 사진들에 어울리는 기사를 생각해 낸다. '리포터'가 그 이야기를 집단에게 들려준다.

③ 짝을 지어서, 두 사람이 이야기하고 있는 잡지 사진을 선택하여 그들이 하고 있을 대화를 연기한다. 집단은 그것이 어느 사진인지를 알아맞힌다.

315. 무역의 기술

집단을 반으로 나누고 두 집단에게 여러 장의 종이를 나누어 준다. 한 집단에게는 재료(예, 콜라주 재료, 물감 등)를 주고 다른 집단에게는 도구(예, 가위, 풀, 붓 등)를 준다. 두 집단은 콜라주/그림 등을 하기 위해 서로 무역을 해야 한다. 사람들은 소집단에서 개별적으로 작업할 수도 있고 하나의 전체 집단으로 작업할 수도 있다. 주제는 어떤 수준의 (대인관계적, 지역사회적, 국가적, 국제적) 갈등을 반영하여 선택할 수도 있고 집단이 자유롭게 선택하도록 할 수도 있다. 무역에서 일어날 수 있는 일들은 많다. 예컨대, 공정한 무역, 어려운 거래로 몰고 가기 등이다. 토론에는 무슨 일이 일어났는지, 갈등을 일으킨 원인이 무엇인지, 해결책을 발견했는지 등이 포함될 것이다.

316. 미술 경기장 게임

이 작업은 돈 파베이(Don Pavey, 1979)가 개발한 팀 협동 게임이며 그의 책에 전문이 나와 있다. 목적은 두 집단(각 집단은 2~4명 정도)이 협력하여 하나의 벽화를 만들어 내는 것이다. 수잔 찰턴(Suzanne Charlton, 1984)의 번안판에 나와 있는 단계들을 요약하면 다음과 같다.

① 벽화를 만드는 데 쓸 큰 종이를 벽에 고정시킨다.
② 구성원들의 수가 같아지도록 하여 두 개의 집단으로 나눈다.
③ 두 개의 대조적인 아이디어가 합쳐져야 하는 주제(예, 무늬, 태양과 폭풍, 새, 우주 탐험, 카니발)를 선택한다.
④ 각 집단은 자신들의 집단을 상징하는 색깔과 모양을 선택한다.
⑤ 각 집단의 구성원들은 각각의 종이에 자신들의 이미지를 그리고 오려 낸다.
⑥ 서로 다른 탁자에서 작업하고 있는 두 집단은 그들이 디자인한 것들을 어떻게 배치할지를 정한다.
⑦ 벽화: 두 사람(각 집단에서 한 사람씩)이 번갈아 가면서 오려 낸 모양을 하나씩 벽화로 옮긴다. 오려 낸 것들을 다 사용할 때까지 계속한다.
⑧ 모두가 최종 작품이 더 좋아지도록 모양들을 움직이라고 제안한다.
⑨ 결과와 과정에 대해 토론한다. 관련 있는 질문 몇 가지는 다음과 같다.
  - 결과물이 통합된 그림인가? 혹은 아닌가?
  - 게임이 즐거웠는가? 혹은 아니었는가?

- 사람들이 협동하였는가? 혹은 그렇게 하는 데 문제가 있었는가?

참고문헌

Charlton, S. (1984). 'Art therapy with long-stay residents of psychiatric hospital', in T. Dalley (Ed.). *Art as Therapy*. London: Tavistock.

Cortazzi, D., & Roote, S. (1975). *Illuminative Incident Analysis*. New York: McGraw-Hill.

Pavey, D. (1979). *Art-Based Games*. London: Methuen.

J. 유도된 이미지, 시각화, 꿈, 명상

이 장에 포함된 기법들은 우리가 평소 인식하지 못하는 의식의 부분에 접촉하는 것을 목적으로 한다. 이러한 기법으로 생겨난 이미지들 중 어떤 것들은 매우 강력할 수 있으므로 사람들이 그 경험이 끝날 때쯤에 '정상적인 삶'으로 확실히 돌아갈 수 있도록 해 주는 것이 중요하다. 이 장은 세 부분으로 나뉜다.

- 유도된 이미지와 시각화
  - 시각화를 위한 준비
  - 상상 여행
  - 동일시
  - 상상을 자극하는 다른 방법들
  - 변화를 상상하기
  - 추가 참고 도서 목록

- 꿈, 신화와 동화
- 명상으로서의 그림 그리기

유도된 이미지와 시각화

시각화를 위한 준비

주제를 열거하기 전에, 시각화의 방법 그 자체와 그것에 접근하는 데 필요한 준비를 살펴보자. 이러한 주제들을 유도된 환상이라고 부를 때도 있지만 환상과 현실의 혼합일 때가 많으므로 상상 여행과 시각화라는 개념이 더 정확한 것 같다.

기본적인 방법은 대략 다음과 같다. 약간의 이완 운동으로 시작한 후 촉진자는 기억을 떠올리거나 감정을 불러일으킬 수 있도록 세부적인 면에 집중하면서, 어떤 이야기를 들려주거나 어떤 장면을 묘사한다. '여행'에서 돌아오면 모든 사람들이 그것으로부터 생겨난 어떤 이미지를 그린다(또는 모든 사람들이 그 경험을 이야기로 나눌 수도 있다). 집단에게 상상 여행이나 시각화를 사용할 때 명심해야 할 중요한 점이 몇 가지 있다. 이러한 점들을, 잘못될 수 있는 예시와 함께 열거하겠다.

적합성 불안이 심한 사람들에게는 적합하지 않으며 잘 듣고 집중할 수 있는 집단과 작업하는 것이 가장 좋다. 불안이 심한 사람이나 집중할 수 없는 사람이 한 명만 있어도 다른 사람들의 경험을 망쳐 놓기에 충분하다. 또한 상상 여행에 '들어가기' 위해서는 긴장을 풀 수 있어야 하며, 그렇게 할 수 없다면 이 방법은 적합하지 않다. 그렇게 되지 않으려면 우선 이완 기법들부터 훈련해야 한다.

이러한 여행과 시각화의 요점은 그 사람이 의식하지 못하는 부분을 두드려서 숨어 있는 욕구나 강점 같은 것들을 알아차리게 하는 것이다. 이것이 얼마

만큼 가능한가는 관련된 사람들의 통찰력에 달려 있다. 통찰력이 부족한 사람에게는 그 여행이 문자 그대로 여행에 불과할 테지만 그럼에도 불구하고 그럴 만한 가치가 있다.

여러 가지 수준의 경험 유도된 이미지와 시각화는 여러 가지 수준으로 사용될 수 있다. 예를 들면, 아동이나 학습장애를 가진 사람들에게는 이야기를 들려주어서 그들의 상상력을 자극하고, 어른들에게는 어떤 주제로 접근하여 그 속으로 들어가는 방법을 찾도록 도와준다. 좀 더 깊은 수준으로 들어가면 매우 강력한 이미지를 불러일으킬 수 있으며 그 이미지는 사람들과 함께 머무르거나 때로는 매우 혼란스럽게 만들기도 한다. 그러므로 사람들이 다룰 수 있을 정도의 가벼운 수준을 유지하도록 주의를 기울여야 한다. 그렇게만 된다면 즐겁고 가치 있는 경험들을 이끌어 낼 수 있다.

〈사례 1〉

한 집단의 아이들에게, 푸른 들판으로 가는 길을 따라 햇빛을 받으면서 걷는 자신의 모습을 상상하게 하였다. 들판에는 무엇이 있을까? 이것은 아이들이 즐거운 분위기 속에서 상상화를 그리는 회기를 만들어 주었다.

〈사례 2〉

전문직 종사자로 이루어진 한 집단에게, 그들이 알고 있고 특별한 기억이 있는 장소로 가는 상상 여행을 한 후에 그림을 그리게 하였다. 그것은 긍정적인 경험이 되게 할 목적으로 실시한 것이었으나, 한 사람의 '특별한 기억'은 극심한 고통을 주었고 결과적으로 그림에도 나타나게 되었다. 이것이 그 사람에게는 카타르시스가 되었지만 그 경우에는 부적절했고 치료사로서는 예상치 않은 것이었으며 해결되지 않았기 때문에 파괴적이었다.

이완의 단계 이완의 중요성은 시작할 때 설명해 주어야 하고, 단계의 선택은 이어지는 경험의 깊이에 영향을 미칠 수 있다. 가장 가벼운 단계에서, 집단구성원들은 촉진자가 말하는 이야기 속의 이미지를 '볼' 수 있도록 눈을 감는다. 유용하게 쓰이는 중간 단계의 이완은 사람들을 안락의자에 앉히거나 바닥에 등을 대고 눕게 하고 몇 가지의 간단한 이완 운동을 시키면 된다(눈을 감고, 가방을 내려놓고, 손바닥을 펴고, 의자/바닥을 느끼고, 바닥에 발을 대고, 편안하게). 좀 더 깊은 단계는 집단을 바닥에 눕힌 상태에서 이루어진다. 사람들은 이러한 상태에서 피암시성이 높아지는 상태가 된다. 이것은 어떤 집단에게는 너무 과할 수 있고 어떤 경우에는 부적절할 수 있다(예, 참가자들에 대해서 잘 모르는 단기집단).

여행 또는 시각화 사람들이 이완되면 촉진자는 대부분이 이미지로 구성된 이야기를 들려준다. 이때 사람들이 기억을 떠올릴 수 있도록 또는 들은 것을 자신의 버전으로 시각화할 수 있도록 세부적인 사항에 집중한다. 사람들이 적절한 기억을 선택하거나 자기 마음속에 있는 것(예, 어떤 나무에 대한)을 자세히 볼 수 있도록 천천히 이야기를 들려주거나 여행을 묘사한다. 이 과정은 중요하며 서두르면 안 된다. 적절한 속도를 발견하기 위해서는 연습이 필요하다.

〈사례 3〉

한 집단에서, 지도자가 서두른 나머지 지시를 너무 빨리 주었고 집단은 평소와 같은 열의도 가지지 못한 채 그림을 그리게 되었다. 그들 모두가 휘휙 지나가듯이 여행을 너무 빨리 했기 때문에, 어떤 이미지도 그림으로 그려 낼 수 있을 만큼 충분한 시간 동안 머무르지 못했다는 것이 밝혀졌다. 그래서 지도자는 다시 시작하여 그 과정을 좀 더 천천히 진행해야만 했다. 이번에는 모든 사람이 개인적인 이미지를 그림으로 그려 내었고 그 회기가 흥미롭고 유익하다고 생각했다.

돌아오기 상상 여행에는 '또 다른 세계'로 이동시켜 주는 지점, 예컨대 정원 담벼락의 문과 같은 것이 있을 때가 많다. 사람들을 그 문으로 데리고 와서 그것을 통해 현재로 돌아오게 하는 것이 매우 중요하다.

〈사례 4〉

한 정신병 환자 집단을 우주 공간의 상상 여행으로 데리고 갔는데 거기서 그들은 한 행성에 착륙하였다. 그들은 그림을 그리고 춤을 추고 거기에 있는 것처럼 연기하였다. 하지만 그들은 결코 되돌아올 수 없었고 집단은 불안한 채로 남겨졌다. 그날뿐만 아니라 그 회기가 있고 나서 몇 주 동안 그랬다.

그림 여행이 끝날 때쯤 모든 사람에게 여행에 대한 이미지를 그려 보게 한다. 이때는 보통 고요한 집중의 시간으로서 사람들이 자신의 경험을 아직 '소화'하고 있는 중이다. 그림을 그린 후에는 그럴 필요가 없어질 때까지 그림에 대한 이야기를 나누는 것이 아마 가장 유익할 것이다.

지지 마지막에 이야기할 시간을 주는 것과 필요한 경우 적절한 지지를 해 주는 것이 중요하다. 잘 계획된 회기에서도 예측하지 못한 일이 일어날 수 있다.

1인칭 이야기 마지막으로, 긍정적인 경험으로 끝난 시각화에 대한 1인칭 이야기를 여기에 제시한다.

동작 연습과 짧은 명상의 회기를 가진 후에 우리 모두는 바닥에 드러누워 긴장을 풀고 이완하였다. 사라는 책에서 '현자'가 인도하는 상상에 대한 이야기를 매우 천천히, 의도적으로 길게 멈춰 가면서 읽어 주었다(318번 참고). 나는 봄날 숲 속에 있었고 주위에는 새 옷을 차려입은 너도밤나무들이 가득했다. 내가 모닥불에 가까이 다가갔을 때 만난 사람은 수년 전에 돌아가신, 내가 가장 좋아하는 수양이모였다. 나는 그녀에게 내가 올바른 결정을 하고 있는지를 물었다(나는 대학을 계속 다니기 위해 일을 그만둘지 말지를 따져 보고 있었다). 그녀는 내게 환한 미소를 지어 주면서 말했다. '너는 항상 훌륭한 결정을 하지!' 그녀는 땅에 있는 잔가지에서 새 잎을 하나 따서 내게 주었다. 처음에 나는 그 선물에 실망하고 '저게 다야?' 하고 생각했다. 하지만 나중에서야 나는 그 잎의 새로움이 현재의 즐거움을 상징한다는 것을 깨달았다. 그것은 내가 언제라도 가질 수 있는 것이었고 오래 가는 그 어떤 것보다도 더 많은 가치를 지니고 있었다. 그러고 나서 나는 나 자신, 나의 수양이모, 모닥불, 나뭇잎, 그것들을 둘러싸고 있는 거대한 너도밤나무를 그렸다. 이 그림을 그리면서 나는 그 경험을 흡수할 수 있었고 많은 용기가 생겼다.

상상 여행

상상 여행에 대한 몇 가지 예시들이 다음에 있다. 각각의 경우 당신은 그 여행에서 자신의 정체성을 계속 유지한다. '기본 뼈대'만 주어지고, 세부적인 것들은 각자가 더 '사실적'이라고 여기는 것들로 채워 넣어야 한다. 사전에 그 여행에 대해서 충분히 생각하면 그렇게 될 수 있다.

317. 마법의 융단 타기

아름다운 봄날의 야외……햇살이 비추고……마법의 융단 위에 있다고 상상해 보세요. 힘들이지 않고 어디든 자유롭게 여행할 수 있지요……땅 위에 떠 있다고 느껴 보세요……원하는 만큼 높이 올라갑니다……아래를 내려다보세요……고요하고 편안한 채로 있으세요……원하는 곳 어디라도 갑니다……몇 분 동안 여행합니다……돌아오세요……특별한 순간들을 음미하세요.

318. 현자의 인도

조용하고 맑은 날 야외……숲 속의 개간지에 있는 자신을 발견합니다……냄새를 맡고 소리에 귀를 기울입니다……아주 안전한 느낌이 드는군요……숲 사이로 길이 나 있네요……개간지가 한곳 더 있어요. 그리로 다가갑니다……가운데에 모닥불이 있고……모닥불 맞은편에는 당신을 인도하는 현자가 조용히 기다리고 있군요……모닥불에 장작을 넣고 있네요……가서 현자와 함께 앉습니다……그녀/그는 어떻게 생겼나요? ……준비가 되면 질문을 해 보세요……그 대답에 귀를 기울이세요……잠시 쉬다가 당신의 인도자에게 감사를 전합니다……당신이 떠날 때 그녀/그는 당신을 안아 주고 이 만남을 기억할 선물을 줍니다……길을 따라서 조용히 되돌아옵니다……처음에 있었던 개간지로.

319. 선물

당신은 따뜻한 갯벌 옆에 있는 아름다운 곳에 있습니다……물속으로 뛰어들어서 물 밑에 있는 바위를 발견합니다……거기에 동굴이 있군요……헤엄쳐서 동굴을 지나갑니다……빈터를 발견합니다……당신에게 선물을 주는 누군가를 만납니다……이것을 받고 동굴을 되돌아서 돌아옵니다……그 후에 당신이 만났던 사람과 받은 선물을 그립니다.

320. 비밀의 정원과 집

당신은 몇 그루의 나무 사이를 걷고 있습니다……길을 발견하고……따라갑니다……벽에 나 있는 문으로 다가갑니다……문을 통과합니다……개인의/비밀의 정원……그곳을 탐험합니다……집이 보입니다……안으로 들어갈지 말지를 정합니다……그 집은 어떻게 생겼나요?……아마도 누군가를 만나고……무슨 일이 일어나나요?……문을 나와서 길로 되돌아옵니다.

321. 비밀의 동굴

산책을 합니다……초원으로 갑니다……햇살이 비치고……나무……꽃들……그것들을 바라보고, 느끼고, 향기를 맡으세요……시냇물……작은 배를 타고……터널 안으로 들어가면 비밀의 동굴……무엇을 찾았나요?……동굴을 나와서……그렇게 집으로 돌아옵니다.

322. 출입구

산책을 합니다……출입구를 발견합니다……어떻게 생겼나요? 낯익은가요 아니면 낯선가요?……문을 열기로 합니다……그것이 어려운가요 아니면 쉬운가요?……문을 열고 통과합니다……무엇을 찾았나요?

323. 산의 경치

목가적인 풍경……산들……올라갑니다……그 여행을 마음속에 그려 보세요……꼭대기에 이릅니다……경치를 바라봅니다……특별한 사람을 만납니다……어떤 대화를 나눕니까?……그 사람에게 질문을 하나 합니다……당신은 무엇을 묻습니까?……대답은 무언가요?……산에서 내려옵니다.

324. 농장

농장 주위를 걷고 있습니다……들판을 지나서……들판을 마음속에 그려 보세요……농장 안뜰로 들어갑니다……마당과 집을 마음속에 그려 봅니다……여러 동물들의 이름을 불러 봅니다……그리고 농부……방으로 되돌아가는군요……농장에서 본 동물이나 사람 그리고 그 주변 환경을 그려 보세요.

325. 마법의 가게

여행을 떠납니다……조용하고 오래된 마을을 방문합니다……가게를 발견합니다……마법의 가게……당신은 그 안에서 무엇을 발견합니까?……당신을 무엇을 가지고 나옵니까?(또는 뒷골목이나 번화한 마을에 있는 마법의 고물상……)

326. 배를 타고 가는 여행

배를 타고 여행을 떠납니다……어디서 출발하나요?……어디로 갑니까?……여행은 어떤가요?……어떻게 끝납니까? 당신의 이야기를 만드세요. 그런 다음에 그것을 그리세요.

327. 섬에 난파되어

당신은 섬에 난파되었습니다……뭍으로 올라갑니다……그곳은 어떤가요?……처음에 당신은 무엇을 합니까?……당신이 집단의 일원이라면 다함께 무엇을 하려고 결정할까요?……어떻게 구조됩니까?……돌아오면 어떤 기분이 들겠습니까?

328. 숨은 씨앗

생명이 없는 풍경을 마음속에 떠올립니다……오랫동안 숨어 있던 작은 씨앗을 상상합니다……그것은 어디에 있습니까?……그것에 물을 주고 보살펴 준다면 어떻게 될까요?……씨앗이 자랍니까?……그것에 어떤 일이 생기나요?

329. 오감

많은 사람이 몇 가지 감각에 있어서는 다른 사람들보다 훨씬 더 민감하기 때문에 다섯 가지 감각 모두에 호소하는 상상을 한다. 예컨대, 배를 타고 항해하는 상상을 하면서, 잔물결을 바라보고, 소금의 짠 내를 맡고 맛보고, 바람을 느끼고, 뱃전을 치는 파도 소리를 듣는다. 그러고 나서 섬에 상륙하고 어떤 섬인지 살펴본다.

동일시

이것은 당신이 어떤 것이나 다른 사람이 '되어서' 그것(그 사람)이 가지고 있다고 상상하는 감정을 동일하게 느껴보는 시각화 작업이다.

330. 식물

당신이 식물/나무/장미 덤불이라고 상상합니다……당신은 어디서 자라고 있습니까?……얼마나 큽니까?……어떤 종류의 꽃과 열매를 맺고 있습니까?……당신의 뿌리를 느껴 보세요……그리고 가지도……당신의 삶은 어떤가요?……계절과 함께 어떻게 변합니까?……그것에 대한 당신의 느낌은 어떤가요?……주변은 어떻습니까?……당신은 혼자 있나요?……무엇을 볼 수 있습니까?

그 후에, 마음속에서 보았던 대로, 당신의 식물과 주변 환경을 그리고, 그것에 대해 1인칭으로 이야기한다.

331. 자연물

자신을 나무, 꽃, 집 등과 같은 것으로 상상한다. 꽃은 시작하기에 좋은 자연물인데 대부분의 사람에게 있어서 이것은 부정적인 의미가 없는 이미지이기 때문이다.

332. 대화(dialogue)

예컨대, 자신이 나무그루터기라고 상상하고, 그다음엔 오두막집, 그다음엔 시냇물이라고 상상하고 나서 이들 간의 대화를 이어 간다.

333. 움직이는 물건

자신을 동물이나 오토바이처럼 움직이는 물건이라고 상상한다.

334. 강

강의 이미지—수원지인 시냇물이 되었다고 상상합니다(근원)……출렁이며 아래로 내려가고(어린 시절)……도도하게 흐르는 힘센 강으로 흘러 들어가서(청년)……더 큰 강이 되어 오염도 되고 선적한 화물도 운반합니다(책임감)……그런 뒤 하구에 다다라서……마침내 바다가 됩니다(자아 상실).

335. 신화적 인물

신화적 인물을 상상합니다……여행을 시작합니다……어디로 갑니까?……모험을 합니다……무슨 종류의 모험입니까?……마침내 집으로 다시 돌아옵니다.

여행이 끝난 후에 그 여행에 대해서 또는 여행의 한 측면에 대해서 그림을 그린다.

상상을 자극하는 다른 방법들

336. 집단 환상

원으로 모여서 한 사람이 상상 속에서 본 것을 이야기하며 시작한다. 그다음에 다른 사람이 그것을 넘겨받으면서 집단 환상을 만들어 간다.

337. 이완, 명상, 그림

이것은 도로시 캐머런(Dorothy Cameron, 1996)이 노숙자들에게 사용했던 방법이다. 사람들은 집단에 와서, 그들이 어떤 기분인지를 나타내는 첫 번째 그림을 바로 그리며 기분을 푼다. 그런 다음에 이완과 명상의 시간이 이어지는데 때로는 음악과 함께, 때로는 유도된 이미지와 함께한다. 그 후에 집단구성원들은 좀 더 차분해진 마음 상태에서 두 번째의 보다 사색적인 그림을 그린다. 두 그림에 대해 토론한다.

〈추가 참고 도서 목록〉

Cameron, D. (1996). 'Conflict resolution through art with homeless people', in M. Liebmann (Ed.), *Arts Approaches to Conflict*, London: Jessica Kingsley Publishers.

338. 음악 듣기

음악을 사용하여 분위기를 만든다. 예를 들면, 다음과 같다.

- 라벨(Ravel)[17]: 다프니스와 클로에(Daphnis and Chole)
- 브람스(Brahms)[18]: 교향곡 제1번 C장조(3악장)[Symphony No. 1 in C(3rd Movement)]
- 레스피기(Respighi)[19]: 로마의 소나무(The Pines of Rome)
- 드비시(Debussy)[20]: 아마빛 머리의 소녀(Girl with the Flaxen Hair)

또는 즐거운 감정을 일으키는 다른 음악도 가능하다.

339. 빛 속에서 숨쉬기

회기를 끝낼 때 좋은 방법이 될 수 있다.

숨을 깊게 쉽니다……집단을 원으로 생각합니다……사람들마다 은은한 빛으로 둘러싸여 있다고 상상해 보세요……빛이 차츰 완전한 원으로 모이는 것을 지켜보세요……빛이 얼마나 멀리 퍼져 나가는지 잘 보세요……그것을 편안하게 따라갑니다……이 빛 속에서 숨을 쉰다고 상상합니다……가슴 안으로 내려와서……몸 안으로 퍼져 나가고……몸의 모든 부분을 불러 봅니다……그리고 손가락과 발가락을 통해 빠져나갑니다……그 빛과 온기를 느끼세요……낯익은 자신으로 돌아와서 눈을 뜹니다.

---

17) 라벨(1875~1937): 프랑스의 작곡가(역자 주)

18) 요하네스 브람스(1833~1897): 독일의 작곡가(역자 주)

19) 오토리노 레스피기(1879~1936): 이탈리아의 작곡가(역자 주)

20) 클로드 드비시(1862~1918): 프랑스의 작곡가(역자 주)

변화를 상상하기

340. 개인의 성장

늘 하고 싶었던 것을 하고 있는 자신을 상상한다. 그 후에 당신이 보았던 어떤 측면을 나타내는 그림을 그린다.

[변형]

문제를 극복하거나 그것을 새로운 방법으로 다루고 있는 자신을 상상한다.

341. 작별 인사

정원으로 들어갑니다……바닥에 혹은 벤치에 앉아 있는 것은 당신이 잃었던 누군가입니다……서로 인사하고 잠시 이야기를 나눕니다……그 사람을 잃기 전에 그/그녀에게 말하고 싶었던 것이 있습니까?……지금이 그것을 말할 기회입니다……곧 당신들의 대화가 끝나고 그 후에……당신은 작별 인사를 합니다……당신들은 정원을 떠나지만 반대 방향으로 갑니다……상상에서 빠져나오면 특별한 의미가 있던 것을 그리세요.

[변형]

당신이 떠나온 것을 기념하는 물건을 그리거나 만든다.

추가 참고 도서 목록

다음은 유도된 이미지와 시각화에 대해 쓴 책들의 목록이다.

〈유도된 이미지와 시각화〉

Achterberg, J., Dossey, B., & Kolkmeier, L. (1994). *Rituals of Healing: Using Imagery for Health and Wellness*. New York: Bantam Books.

Gawain, S. (2002). *Creative Visualization*. Novato, CA: New World Library.

Gawler, I. (1998). *The Creative Power of Imagery: A Practical Guide to the Workings of Your Mind*. London: Deep Books.

Leuner, H. (1984). *Guided Affective Imagery: Mental Imagery in Short-Term*

Psychotherapy, the Basic Course. New York: Thieme Medical Publications.

Levine, S. (2000). *Guided Meditations, Explorations and Healings*. Basingstock: Gill and Macmillan.

Mason, L. J. (2001). *Guide to Stress Reduction*. Berkeley, CA: Celestial Arts.

Samuels, M. (1998). *Seeing with the Mind's Eye: The History, Techniques and Uses of Visualization*. New York: Random House.

Stevens, J. O. (1989). *Awareness: Exploring, Experimenting, Experiencing*. London: Eden Grove.

〈유도된 이미지와 음악〉

Bonny, H. L., & Summer, L. (2002). *Music and Consciousness: The Evolution of Guided Imagery and Music*. Gilsum, NH: Barceoina Publishers.

Bruscia, K., & Grocke, D. (2002). *Guided Imagery and Music: The Bonny Method and Beyond*. Gilsum, NH: Barcelona Publishers.

꿈, 신화와 동화

342. 꿈 작업

중요하거나 반복되거나 가장 최근의 것으로, 당신이 꾸었던 꿈이나 악몽을 그린다.

[변형]

① 꿈이 기억나지 않는다면, 백일몽이나 환상을 그린다.

② 꿈 그림에 나온 이미지를 가지고 게슈탈트 기법(89-90쪽 참고)을 사용하여 그것을 현재시제로 탐색한다.

③ 불행한 꿈을 더 만족스러운 결말로 만든다(시각적으로 또는 언어적으로).

④ 꿈과 그것이 불러일으킨 생각을 글이나 그림으로 나타낸 꿈 일지를 적는다.

⑤ 꿈이나 꿈 그림에 대한 시를 적는다(무운시[21])의 축약된 형태가 꿈 이미지를

21) 영시에서 압운이 없는, 즉 리듬의 제약을 받지 않는 시(역자 주)

표현하는 데 적합하다).

⑥ 꿈의 특정한 순간을 핵심적인 '스냅사진'으로 삼아서 시작한다. 그전의 장면에 대한 이미지와 그 후의 장면에 대한 이미지를 그린다.

343. 백일몽과 환상

작은 그림 6개로 환상 이야기를 만든다. 혹은 이야기의 종류(모험, 이야기로 만들고 싶은 날 등)를 명시한다.

[변형]

① 눈을 감고 안을 들여다본다—당신이 보는 것을 그린다.

② 당신이 가진 환상이나 백일몽을 그린다.

③ 환상 그림 시리즈에서 당신이 아는 사람들을 주제로 다룬다.

④ 새해의 다짐을 그린다.

⑤ 여러 가지 풍경 사진을 선택하여 당신이 지낼 환상적인 장소를 만든다.

344. 점토 괴물

환상이나 꿈에서 본 입체 괴물을 만든다.

345. 이야기와 만화

종이에 칸을 그어서 어떤 종류의 이야기를 구성한다(자신이 없을 때 시작하기 좋은 방법이다).

[변형]

① 그림에 손을 세 번 대어서 다른 것으로 바꾼다.

② 만화

346. 신화

당신의 삶의 이야기를 신화처럼 적거나 그린다.

[변형]

① 평행세계로 걸어 들어가는 것을 상상한다. 그 세계는 당신 자신의 본질적인 신화이며 일상적인 자신은 그것의 작은 부분일 뿐이다. 당신의 신화를 그린다.

② 자신이 영웅이 되고 악당이 된 것처럼 그들과 동일시하여 그림을 그리고 역할극을 한다.

347. 동화

전래동화를 출발점으로 삼아서 큰 소리로 읽는다. 그런 다음, 모든 사람이 자유롭게 또는 구체적인 부분에 대한 그림을 그리고 함께 토론한다.

[변형]

① 사람들에게 그 결말을 바꾸게 한다. 또는 결말에 다다르기 전에 멈추어서 사람들이 직접 결말을 짓게 하거나 다음 장면을 상상하게 한다.

② 온갖 종류의 이야기를 같은 방법으로 사용한다.

명상으로서의 그림 그리기

348. 명상적인 그림

눈을 감고, 긴장을 풀고, 신체 감각에 집중한다. 선명한 이미지가 떠오를 때까지 신체를 느끼며 머무른다. 그런 다음 그 경험을 전하는 그림을 추상적으로 그린다.

[변형]

① 소리, 단어, 음절에 집중한다.

② 사과, 돌 등과 같은 특정한 물체에 관해 온전히 명상하거나 집중한다. 붓질로 느낌을 표현한다.

③ (선 기법) 선택한 물체의 본질이 되어 간다고 상상한다. 상상하는 중에 혹은 그 후에 그림을 그린다.

④ 집중하기 위한 활동으로, 몇 분 동안 점토를 쥐고 있다가 반죽한다.

⑤ 강렬한 경험을 한 후에 사색을 위한 매체로 점토를 사용한다.

⑥ 점토로 허리가 잘록한 항아리를 만들고 항아리가 균형을 유지하도록 중심을 잘 잡는다.

더 많은 방법이 다음의 워크북에 나와 있다.

Cook, C., & Heales, B. C. (2001). *Seeding the Spirit: The Appleseed Workbook*. Birmingham: Woodbrooke Quaker Study Centre, 1046 Bristol Road, Birmingham BS29 6LJ. Tel: 0121 472 5171. email: enquiries@woodbrooke.org.uk. Website: www.woodbrooke.org.uk.

349. 만다라

만다라는 균형과 중심이 있는 디자인으로서 대립되는 부분들이 만나서 완전하게 된다. 만다라는 동양신화의 도해에서 발견되었고 융이 그것에 지대한 관심을 기울였다. 회기를 시작할 때 만다라를 이완이나 명상의 방법으로 사용하면 좋다. 만다라로 집중할 수 있으며 대립되는 부분들에 대한 작업을 할 수 있기 때문이다. 만다라로 할 수 있는 것들은 다음과 같다.

① 당신의 낮과 밤, 그리고 한 부분에서 다른 부분으로 옮겨 가기
② 금년 또는 당신의 수명
③ 당신의 몸, 위와 아래, 오른쪽과 왼쪽, 앞과 뒤
④ 내적 경험과 외적 경험, 생각과 감정, 남성다움과 여성다움
⑤ 당신 인생의 여러 측면을 나타내는 만다라의 여러 부분
⑥ 차이점과 관계를 탐색하면서 다른 사람과 함께 만다라를 만든다.
⑦ 균형 잡힌 색깔의 만다라
⑧ 정원 이야기를 이용한 만다라 작업(예, 에덴동산, 부처 이야기 등)

〈추가 참고 도서 목록〉

Dahlke, R. (1992). *Mandalas of the World: A Meditating and Painting Guide*. New York: Sterling.

Fincher, S. (1991). *Creating Mandalas: for Insight, Healing and Self—Expression*. Boston: Shambhala.

Jung, C. (1983). *Man and His Symbols*. London: Picador.

350. 자율 훈련법

이것은 전통적인 언어적 방법뿐만 아니라 미술치료 방법을 사용해서도 할 수 있는 혁신적인 이완 기법이다. 그것은 신체적 · 정신적으로 만성적인 문제를 다룰 때 유용하다.

① 이완 운동: 몸을 이완시킨 뒤에 수채화 붓으로 느긋하게 그림을 그린다. 다양한 색조로 녹색, 파란색, 보라색의 넓은 수평 띠를 그리고 물감이 종이를 가로질러서 펼쳐지는 것을 인식한다. 이완 상태가 될 때까지 계속한다.

② 시각화: 눈을 감고 즐거운 경험을 상상하여 이야기한다. 그런 다음 상상한 것을 그린다.

③ 여행하면서 어떤 기분이었는지를 또 다른 그림으로 그리거나 점토로 표현한다.

④ 당신의 문제를 그리거나 조각하고, 이완하기 전에 이 주제로 작업한 것과 비교한다.

〈추가 참고 도서 목록〉

Landgarten, H. (1999). *Clinical art Therapy*. New York: Brunner/ Mazel.

Mason, L. J. (2001). *Guide to Stress Reduction*. Berkeley, CA: Celestial Arts.

351. 색깔 명상

이 작업은 젖은 종이, 수채화 물감, 부드러운 붓을 사용한다. 완전히 젖은 종이(도화지나 수채화 종이)를 평평한 판지(합판이 좋다) 위의 매끄러운 표면에 놓고 스펀지로 눌러서 중심에 있는 공기방울을 뺀다. 그런 다음 한 가지 색깔을 칠하고 어떻게 되는지 지켜본다. 색깔이 퍼져 나가는 과정을 보면서 이완이나 명상을 할 수 있다. 다른 색깔을 합치면 다른 느낌이 일어나고 그림으로부터 '자라난' 분명한 형태를 생겨나게 한다.

[변형]

① 눈을 감고 그린다.

② 한 손에 한 개씩 두 개의 붓을 쥐고 서로 다른 색깔로 그린다.

젖은 종이 기법은 인지학 운동의 구성원들이 루돌프 슈타이너(Rudolf Steiner)의 작업에 바탕을 두고 개발하였다. 자세한 것은 다음에서 찾아보면 된다.

Rudolf Steiner Bookshop(tel: 020 7724 7699) or the library(tel: 020 7224 8398) at Rudolf Steiner House, 35 Park Road, London NW1 6XT. Wellspring Bookshop (Rudolf Steiner Book Trust), 5 New Oxford Street, London WC1A 1BA(tel: 202 7405 6101)

〈추가 참고 도서 목록〉

Collot d'Herbois, L. (2000). *Light, Darkness and Colour in Painting Therapy*. Edinburgh: Floris Books.

Hauschka, M. (1985). *Fundamentals of Artistic Therapy*. London: Rudolf Steiner Press.

Mayer, G. (1983). *The Mystery Wisdom of Colour*. London: Mercury Arts.

Mees-Christeller, E. (1985). *The Practice of Artistic Therapy*. Spring Valley, NY: Mercury Press.

K. 다른 예술과의 연계

시각예술은 흔히 동작, 드라마, 시, 음악과 결합하곤 한다. 이 장에 소개되는 아이디어들은 시각예술을 다른 표현 방법과 구체적으로 결합시킨 것들이다. 다른 예술과 결합하는 방법은 무수히 많으며, 다음에 제시된 것들은 그저 일부에 불과하다. 이러한 영역을 개발시키고 싶은 사람은 이 분야에서 점점 늘어나고 있는 문헌들을 참고하면 된다. 또한 이 책 말미의 참고 자료에 미술치료 단체들의 목록이 있다. 이 장에서는 시각예술과 다음에 있는 다른 예술들과의 결합을 살펴본다.

- 동작
- 드라마
- 이야기와 시
- 소리와 음악
- 멀티미디어

▌동 작

352. 믿으며 걷기

짝을 지어서, 번갈아 가며 눈을 가리고 걷는다. 눈을 가리지 않은 사람은 파트너가 되도록 여러 가지 감촉을 경험하도록 이끈다. 돌아와서 그 경험을 그림으로 나타낸다.

[변형]

① 안내자가 되었던 경험 또는 안내를 받았던 경험을 그린다.

② 큰 종이에 집단으로 그림을 그린다.

③ 숨쉬기 운동을 한 다음, 어떤 느낌이 드는지를 그린다.

④ 상대방의 손과 얼굴을 (눈을 감은 채로) 만져 본다. 당신 마음속에 어떤 이미지들이 지나가는지를 기억한다. 그러고 나서 이 이미지들을 적거나 그린다.

353. 정서

동작을 사용하여 정서를 탐색하고 표현한 다음 그 경험을 그린다. 예를 들면, 다음과 같다.

① 친구로서의 만남과 적으로서의 만남

② 바다: 집단이 하나의 원을 만들어서, 바다의 파도, 잔잔함, 폭풍우 등과 같은 기분을 표현한다.

③ 음악에 맞춰 움직인다.

354. 몸짓 그리기

내적 감정을 전달하는 몸짓을 종이에 나타낸다. 이것들은 좀 더 큰 그림으로 발전할 수도 있다.

[변형]

① 각각의 종이에 몸짓들을 나타내어서 다른 사람들과 뭐가 뭔지 알아맞히는 게임을 한다.

② 한 쌍의 대립되는 것들(예, 분노와 고요, 기쁨과 절망 등)을 선택한다.

③ 양손으로 나타낸다.

④ 손을 급강하하는 새, 기어가는 개미, 불도저 등으로 상상하여 그리고 매번 색깔을 바꾼다. 종이가 가득 차면 새 종이로 옮긴다. 당신이 가장 좋아하는 방법과 가장 싫어하는 방법을 선택하고 그 차이점을 살펴본다.

⑤ 270번의 ②의 여러 가지 특징을 가진 동작을 참고한다.

⑥ 하나의 대상이 지니는 자세와 리듬을 묘사하기 위해 활기찬 동작을 만든다. 당신이 그 대상을 '느낄' 수 있을 때까지 그 동작을 반복한다. 그런 다음 이러한 느낌들을 큰 종이에 나타낸다.

⑦ 눈을 감은 채로, 손으로 허공에 패턴을 그리고 리듬으로 발전시킨다. 그런 다음 그것을 종이에 옮기고 제목을 붙인다.

⑧ ⑦처럼 하되, 시작할 때 좋은 느낌을 상상한다.

355. 감각을 행동으로 나타내기

땅콩버터나 시럽 등을 헤치며 움직인다고 상상한다. 그것을 행위로 나타낸 다음 그 감각을 그림으로 그린다.

356. 춤

집단으로 춤을 춘 다음, 그 느낌을 큰 종이에 그린다.

드라마

357. 상황을 조각하기

각자 집단에 대해서 어떻게 느끼는지를 도표로 그리되, 되도록 추상적으로 그린다. 그런 다음 각자의 도표를 집단의 인간 조각을 만드는 데 사용한다. 인간 조각이 제대로 되지 않았다면 그 그림을 그렸던 사람이 그 조각을 바꾼다.

[변형]

① 조각들이 '살아 있게' 되면 어떤 일이 일어나는지 지켜본다.

② 찰흙이나 플라스티신으로 모형들을 만들고 그 모형들을 사용하여 상황극을 한다. 이것은 다양한 수준에서 이루어질 수 있다.

③ 190번과 213번의 가족 조각을 참고한다.

④ 268번 집단에서의 역할과 269번 역할극을 참고한다.

358. 대화(dialogue)

그림이나 모형에서 나타난 대비나 갈등을 대화로 발전시킨다(예, 자신의 딱딱한 측면과 부드러운 측면 간의 대화). 각 부분에 맞는 소리를 만든다. 대화를 한 후에 두 가지 특징을 합치는 '중간 방식'이 있는지를 찾아본다.

359. 행위와 갈등의 주제

어떤 적당한 주제를 다룬 그림과 드라마를 결합시킨다. 예를 들면, 다음과 같다.

① 123번 '갈등을 활동으로 바꾸는 주제'

② 309번 '상황 도표'

③ 315번 '무역의 기술'

④ 다른 장의 주제들

360. 요소와 갈등

집단구성원들을 비슷한 인원 수를 가진 4대 요소로 나눈다(혹은 그들이 스스로 선택하게 한다). 각 집단은 다른 집단에게 보여 줄 한 편의 드라마/동작을 만든다. 그 후에 합쳐서 즉흥적인 드라마/동작으로 발전시킬 수 있다. 그런 다음 각 집단의 서로 다른 방식으로 하나의 집단 그림을 그리게 한다. 토론을 통해 이러한 방식들의 갈등과 보완적인 면을 가려낼 수 있다.

[변형]

각 집단에게 그들이 속한 요소의 긍정적인 특징과 부정적인 특징 그리고 다른 요소들과 소통하는 법을 살펴보게 한다. 집단 그림을 통해 각 집단들이 어떻게 하면 평화롭게 공존할 수 있는지를 살펴볼 수 있다.

361. 사고

조각품, 깁스 등에 쓰이는 석고 붕대를 사용하여 사고와 부상에 대한 드라마를 연기한다. 아동에게 좋은 활동이다.

[변형]

① 플라스티신 모형을 사용하여 절박하고 힘든 상황, 수술, 입원 등을 시연한다.

② 최근에 힘들었던 상황을 재연해 본다.

③ 아이들이 통제하도록 역할 바꾸기를 한다. 예컨대, 주사 놓기 등이다.

362. 살아 움직이는 그림들

모든 사람이 자신의 현재 상황과 관련된 주제로 그림을 그린다. 그런 다음 자신의 그림을 살아나게 하여 그 상황을 연기한다.

[변형]

① 드라마를 발전시켜서 사람들이 그들 자신이나 상황에서 바꾸고 싶은 것들을 바꾸게 한다.

② 미래의 그림을 그려서 그것을 연기한다.

③ 그림에 바탕을 둔 드라마 타블로(tableaux)[22]를 한다.

④ 꿈을 현실로 가져와서 결말을 다르게 연기한다.

22) 역사적인 장면 등을 여러 명의 배우가 정지된 행동으로 재현해 보여 주는 것(역자 주)

363. 가면

① 가면을 만들어서 즉흥극과 연극에 사용한다. 134, 232, 281번을 참고한다.

② 괴물 가면: '무시무시한 괴물' 가면을 만들어서 연극이나 상황을 연기할 때 사용한다(이것은 특히 젊은이 집단에서 화가 난 상황에 접근할 때 유용한 방법이 될 수 있다). 이것에 상응하는 것으로 '행복한 괴물' 가면을 만드는 것이 유용할 때도 있다.

③ 가면을 만들어서 색다른 환상의 '문화'를 전개해 본다. 관습과 눈길을 끄는 행동을 곁들여서 그 문화를 연출한다. 두 개의 문화를 함께 가져와서 그것들이 어떻게 상호작용하는지를 살펴본다.

364. 모자

각자 서로 다른 모자를 만들어서 쓴다. 그런 다음, 집단은 서로 다른 개성을 나타내는 사람들이 포함된 드라마를 만들어 낸다.

365. 드라마 게임

거의 모든 드라마 게임이나 '웜업' 뒤에는 그림이 이어질 수 있다. 비록 하나의 방식에서 다른 방식으로 바로 '옮겨 가기'가 항상 가능하지는 않지만, 이것은 하나의 경험에 대해서 숙고할 기회를 준다. 협동 게임에 대해서는 책 말미의 참고 자료를 참고하면 된다. 드라마 게임에 대해서는 참고 자료 부분에 있는 주소로 영국 드라마치료사협회와 연락을 취하면 된다.

366. 인형 극장

인형들을 만들어서 즉흥극과 연극에 사용한다. 다양한 종류의 인형이 있는데, 예컨대 장갑과 손가락 인형, 줄 인형, 그림자 인형, 실물 크기의 인형 등이다. 다양한 재료가 사용되는데, 예컨대 천, 종이죽(74번 참고), 폐품, 종이 가방 등이다. 덧붙이면, 그림은 이야기, 주인공 또는 인형과 관련된 무대로 만들어질 수 있다.

367. 연극 의상

연극 의상(일상적인 의상이나 환상적인 의상)을 걸친 자신을 그린다. 그 역할을 발전시켜서 집단 즉흥극에서 그 역할을 사용한다.

368. 이야기와 연극

그 밖의 다양한 활동이 이야기와 연극을 만들어 내는 자극제로 사용될 수 있다.

① 모래놀이(71번 참고)
② 종이 인형(60번의 ⑤ , 198번의 ② 참고)
③ 상상 속의 교통체계(89번 참고)
④ 이미지들을 덧붙여 하나의 집단 그림을 만들고 그것의 진행에 맞추어 이야기를 전개한다(250번 참고)
⑤ 요소와 갈등(360번 참고)
⑥ 다양성 축하하기(133, 259번 참고)
⑦ 가면(134, 232, 281, 363번 참고)
⑧ 인형(366번 참고)
⑨ 대화와 연극을 하기에 적합한, 앞 장의 주제들
- C: 83번
- D: 113, 119, 121, 122, 123번
- E: 127, 135, 140, 148, 155, 157, 165, 167, 171번
- F: 189, 190, 195, 196, 210, 213번
- G: 227, 238, 239번
- H: 249, 252, 258, 260, 262, 269번
- I: 276, 278, 314, 315번
- J: 342, 346번

369. 녹음기

나중에 그림으로 그리기 위해서 또는 특정한 이미지들과의 관련성을 알아내기 위해서 녹음기를 사용한다(녹음기를 켜 놓으면 어떤 사람들은 방해를 받아 말을 잘하지 못하고 다른 사람들은 전혀 구애받지 않는다).

[변형]

짝을 지어서, 만들어진 미술작품에 대해 서로 인터뷰한다.

이야기와 시

370. 단어를 이미지로

집단구성원들에게 단어를 부르게 하여 종이나 카드에 그것들을 받아 적거나 종이를 돌려 가면서 단어를 적게 한다. 이 단어들을 짜 맞추어서 그림을 그리는 출발점으로 사용할 수 있다.

[변형]

잡지에서 서로 상관없는 단어들을 잘라 낸다. 이미지들을 덧붙여서 그것들을 적절하게 합쳐 본다.

371. 이야기의 결말 탐색하기

모든 사람이 하나의 문장을 써서 옆 사람에게 건네면, 옆 사람이 문장 하나를 추가하고 이전의 문장이 보이지 않도록 접어서 그 옆 사람에게 건네는 식으로 '결말' 돌리기를 한다. 종이가 건네질 때는 가장 나중에 쓴 문장만 나와 있다. 결국에는 집단구성원들이 웃음소리에 둘러싸인 채 이야기를 읽는 것이 보통이다. 제기된 이슈들은 대개 그림이나 다른 예술 행위를 통해 탐색될 수 있다.

372. 시를 자극제로

시를 큰 소리로 읽어서 그림을 그릴 자극제로 사용한다. 감정이나 기억을 불러일으키는 시가 수많은 해석이 열려 있기 때문에 가장 좋다. 예컨대, 키이츠(Keats)의 '가을을 위한 송시(ode)'[23], 칼릴 지브란(Khalil Gibran)의 '예언자', 넌센스 시로는 루이스 캐롤(Lewis Carroll)의 '전혀 알아들을 수 없는 말' 등이 있다.

[변형]

① 시 읽기 자체를 하나의 의미 있는 활동으로 삼기

② 시에 더 많은 시로 응답하기

③ 영감을 주는 구절을 수집하는 활동으로 확장하기

④ 일본의 하이쿠(haiku, 삼행으로 이루어진 짧은 무운시)를 이용하거나 만들어서 그림을 그릴 출발점으로 삼는다. 다음의 책에 몇 가지 사례가 나와 있다.

Connell, C. (1998). *Something Understood: Art Therapy in Cancer Care*. London: Wrexham Publications.

373. 시로 반응하기

그림의 변형으로서, 개인은 집단 경험에 대하여 시나 단어로 반응할 수 있다. 이것은 집단이 하나의 집단 이야기를 보여 주는 그림을 그렸을 때 특히 유용하다(249번 참고).

374. 실체가 있는 시

이것은 단어에 시각적인 형태를 주어 단어를 이미지와 결합하는 것이다(예, 물고기 형태 안에 쓴 물고기에 대한 시). 단어는 그 의미를 표현하기 위해 그런 식으로 놓여진다.

23) 특정 인물이나 사물을 읊는 형식의 고상한 서정시(역자 주)

375. 일지

많은 사람이 일기를 쓰고 있으므로, 자신의 발전과 집단에 대한 느낌을 일기나 일지로 쓰도록 장려할 수 있다. 이 일지에는 산문뿐만 아니라 드로잉, 콜라주, 시가 포함될 수 있다.

소리와 음악

376. 소리를 그림으로

둥글게 앉아서 모두 함께 똑같은 소리를 30초간 낸다. 그런 다음, 활발하게 걸어다니면서 온갖 종류의 이상한 소리를 낸다. 다음에는, 중앙에서 서로 등을 맞대고 서서 우스꽝스러운 소리를 낸다. 마지막으로, 방의 가장자리에 있는 당신의 자리로 돌아가서 손으로 귀를 감싸고 당신 자신의 내적 소리에 귀를 기울인다. 그것을 만들기 시작하여, 당신이 귀에서 손을 떼고 다른 사람들을 의식할 때까지 계속한다. 이것을 하는 데 걸리는 시간은 다 합쳐서 2분 정도다. 그러고 나서 떠오르는 그 어떤 것이라도 그림으로 그린다.

[변형]

① 눈을 감은 채로 소리를 내면서 10분 동안 그림을 그린 다음, 눈을 뜨고 디자인을 다듬어 마무리한다.

② 여러 가지 악기의 소리를 연주한 다음, 각각의 소리에 반응하여 그림을 그린다.

③ 위와 같이 하되, 점토를 사용한다.

377. 이름 소리

자신의 이름을 연극조로 발음하고 그에 맞추어 몸을 움직인다. 다른 구성원들의 소리와 몸짓을 확인한다. 이러한 것들을 그림으로 그린다.

378. 소리 빚기

되도록 눈을 감은 상태에서, 특정한 소리에 맞추어 점토를 적당한 모양으로 빚는다.

379. 음악에 맞춰 그림 그리기

음악이 당신을 움직이는 대로 음악에 맞춰 그림을 그린다. 이것은 개인이나 집단으로 실시할 수 있다. 감정의 폭을 지니고 있고 너무 유명하지 않은 음악이 가장 적당하다. 몇 가지를 제안하면 다음과 같다.

① 클래식: 바흐, 베토벤 교향곡, 베를리오즈(〈환상 교향곡〉), 드보르작(〈피아노 협주곡〉), 말러 교향곡, 비발디(〈두 대의 기타를 위한 협주곡〉).
② 현대음악: 크로노스 사중주단, 스티브 라이히[24]
③ 재즈: 키스 자렛[25](피아노 연주곡), 마일즈 데이비스[26](〈Kind of Blue〉), 얀 가바렉[27](색소폰).
④ 월드 뮤직[28]: 나스렛 파테 알리 칸[29], 라비 샹카[30], 티베트의 종소리(Tibetan bells), 안데스의 백파이프 연주자들(Andean pipers), 아프리카 음악, 그 외의 전통음악

[변형]
① 먼저 음악을 듣는다. 그런 다음, 다시 돌려 들으며 음악에 맞춰 그린다.
② 음악을 여러 번 들은 다음, 떠오르는 이미지를 그린다.

---

24) 스티브 라이히(Steve Reich): 미국 출신 작곡가(역자 주)
25) 키스 자렛(Keith Jarrett): 미국 출신 피아노 연주가(역자 주)
26) 마일즈 데이비스(Miles Davis): 미국 출신 음악인(역자 주)
27) 얀 가바렉(Jan Garbarek): 노르웨이 출신 색소폰 연주자(역자 주)
28) 월드 뮤직: 세계 각 지역, 특히 제3세계의 민족 음악을 배합한 대중음악(역자 주)
29) 나스렛 파테 알리 칸(Nasrat Fateh Ali Khan): 파키스탄 출신 가수(역자 주)
30) 라비 샹카(Ravi Shankar): 인도 출신 가수(역자 주)

③ 음악에 맞춰 빠르게 그린다. 여러 장의 종이에 연속적으로 그린다.
④ 음악에 대한 반응, 선호하는 것, 떠오르는 느낌, 이미지 등을 비교한다.
⑤ 아동에게 좋은 음악: '피터와 늑대' '백조의 호수' 등
⑥ 270번을 참고한다.
⑦ 세 개의 짧은 음악작품(중간에는 가장 강렬한 것, 처음과 끝에는 좀 더 조용한 것)을 선택하여 집단구성원들에게 각각 들려준 후 이미지로 반응하게 한다.
⑧ 음악에 맞춰 그린 집단 그림
⑨ 여러 가지 계절을 연상시키는 음악을 사용한다.
⑩ 집단구성원 각자가 음악에 맞춰 그림을 그린 뒤, 각각의 그림들을 하나로 합친다. 242, 264번을 참고한다.

유도된 이미지와 음악 관련 서적, 음악과 심상협회의 주소는 참고 자료에 있다.

380. 음악에 맞춘 생활도표

생활선이나 생활도표(140번 참고)를 그린 후, 그 앞에 앉아서 당신의 이야기를 보완하는 일련의 소리들을 작곡한다.

멀티미디어

381. 글자

춤, 음악, 그림을 이용하여 알파벳 글자를 만든다. 아이들에게 좋다.

382. 감정이나 기억을 불러일으키는 형용사

감정이나 기억을 불러일으키는 형용사를 선택하여 여러 가지 방법(예, 타악기, 단어, 동작, 그림)으로 그것을 표현한다.

383. 향기

그림을 그리기 위한 자극제로 여러 가지 향기를 사용한다.

384. 그림을 위한 자극제

모든 매체—음악, 시, 짧은 이야기, 동작, 춤 등—를 사용하여 그림으로 나타낼 수 있는 느낌들을 자극한다.

385. 그림에 대한 반응

시, 노래, 동작 등으로 그림에 대해 반응한다.

386. 감각 인식

이 활동의 목적은 주변 환경에 대한 인식을 향상시키고 감각 경험에 주의를 기울이도록 하기 위한 것이다. 이것은 '데너(Denner)의 기법'이라는 것으로, 정서적 긴장이 인식을 방해한다는 이론에 바탕을 두고 있다(Denner, 1967). 바라보고, 냄새 맡고, 듣고, 만지기 위한 물건들이 주어진다. 그런 다음, 리듬, 곡선, 그 밖의 다른 흔적들이 벽이나 바닥에 있는 커다란 종이로 옮겨지고 자유롭게 흐르는 듯한 드로잉으로 계속 이어진다.

[변형]

① 누워서 눈을 감고, 냄새, 촉감, 청력을 이용하여 주변 세계를 탐색한다. 그런 다음, 돌아다니면서 물건들, 사람들과 접촉한다. 눈을 뜨고, 경험한 세계를 그림으로 그린다.

② 오감을 모두 사용하여 물건, 색깔, 모양, 소리를 조사하고, 어떤 감정이 불러일으켜지는지를 살펴본다. 이러한 것들을 표현하는 데 적절한 방법을 찾는다.

387. 음악과 동작

음악이 연상시키는 대로 또는 특정한 주제에 따라서 음악에 맞춰 움직인다. 그런 다음 그 경험을 그린다. 적당한 음악에 대해서는 다음 사항과 379번의 제안을 참고한다.

① 압축과 표현: 에릭 사티[31)]의 피아노 음악
② 보호: 드뷔시의 〈몽상〉
③ 진지함: 차이코프스키의 〈사탕요정의 춤〉
④ 가능성 탐색: 아프리카의 드럼 연주
⑤ 무용수: 보로딘[32)]의 〈중앙아시아의 초원에서〉
⑥ 성장: 에릭 사티나 쇼팽의 피아노 음악
⑦ 진화: 가보르 자보[33)]의 피아노 음악
⑧ 분리와 연결: 아론 코플랜드[34)]의 〈클라리넷 협주곡〉

388. 시리즈로 꾸미는 회기

여러 가지 예술 매체를 적절하게 사용하는 회기를 시리즈로 계획하거나 전개한다. 예컨대, 음악에 맞추어 움직이기, 벽화, 드라마, 춤, 시, 이완법 등이다. 이것은 하나의 공통 주제에 맞게 구조화되거나 매주 발전되기도 한다(Jennings & Minde, 1994 참고).

389. 멀티미디어 이벤트

그림, 음악, 시, 드라마 등을 사용하여 어떤 주제(예, 258번 '연대의식')에 대한 이벤트와 회기를 계획한다.

---

31) 에릭 사티(Erik Satie): 프랑스 출신의 피아노 연주가(역자 주)
32) 보로딘(Borodin): 러시아 출신의 작곡가(역자 주)
33) 가보르 자보(Gabor Szabo): 헝가리 출신의 기타 연주가(역자 주)
34) 아론 코플랜드(Aaron Copland): 미국 출신의 작곡가(역자 주)

참고문헌

Denner, A. (1967). *L'Expression plastique, pathologie, et réeducation des schizophrè nes*. Paris: Editions Sociales Françaises.

Jennings, S., & Minde, A. (1994). *Art Therapy and Dramatherapy: Masks of the Soul*. London: Jessica Kingsley Publishers.

L. 매체 상호 참고

이 장에서는 특정한 매체를 언급한 주제와 활동의 번호를 알기 쉽게 나타내었다. 물론 그 밖의 많은 주제와 활동 역시 원하는 매체를 사용하도록 조정될 수 있다.

- 연필
- 크레용
- 물감

} 이 책에 있는 거의 모든 아이디어

- 콜라주
  - B. 매체 탐색: 42, 43, 60, 61, 62, 66, 69번
  - C. 집중, 민첩성, 기억: 79, 80, 82, 90, 91, 92, 93, 95, 98, 99, 101, 102번
  - D. 일반적인 주제들: 109, 116, 118, 119번
  - E. 자기인식: 125, 127, 128, 129, 132, 133, 134, 135, 140, 142, 143, 144, 145, 148, 159, 162, 172, 175, 176번
  - F. 가족관계: 188, 197, 211번

- G. 짝지어 작업하기: 224, 230, 232, 236번
- H. 집단 그림: 259, 260, 261, 262, 264, 267번
- I. 집단 상호작용 활동: 277, 293, 297, 304, 314, 316번
- J. 유도된 이미지, 시각화, 꿈, 명상: 343, 370번

• 점토
- B. 매체 탐색: 70, 72, 75, 76번
- D. 일반적인 주제들: 116, 121번
- E. 자기인식: 126, 127, 131, 132, 137, 154, 156, 157, 162, 172번
- F. 가족관계: 188, 190, 194, 198, 213번
- G. 짝지어 작업하기: 225, 234, 236번
- H. 집단 그림: 251, 254, 260, 266, 268번
- I. 집단 상호작용 활동: 272번
- J. 유도된 이미지 시각화, 꿈, 명상: 344, 348, 350번
- K. 다른 예술과의 연계: 357, 361, 376, 378번

• 그 밖의 입체 재료와 폐품
- B. 매체 탐색: 43, 55, 60, 61, 65, 66, 67, 68, 69, 71, 72, 73, 74, 77, 78번
- C. 집중, 민첩성, 기억: 83, 89, 103, 106번
- D. 일반적인 주제들: 107, 113, 114, 116, 119번
- E. 자기인식: 125, 126, 127, 128, 131, 137, 141, 143, 147, 148, 151, 152, 153, 154, 155, 166, 167번
- F. 가족관계: 190, 194, 198, 213, 214, 215번
- G. 짝지어 작업하기: 236번
- H. 집단 그림: 251, 254, 260, 263, 264, 266, 268번
- I. 집단 상호작용 활동: 275, 276, 281, 282, 284, 302, 310, 313, 315번
- K. 다른 예술과의 연계: 357, 359, 361, 364, 366, 368번

• 가면

- B. 매체 탐색: 74번
- E. 자기인식: 127, 134, 152, 153, 154, 162, 184, 185번
- G. 짝지어 작업하기: 232, 233번
- I. 집단 상호작용 활동: 281, 288번
- K. 다른 예술과의 연계: 363, 368번

M. 매체 설명

이 장에서는 여러 가지 매체와 그것의 독특한 이점에 대해서 간단하게 설명하였다. 여기에는 가장 쉽게 이용할 수 있는 매체들만 포함되어 있다. 미술 재료 카탈로그들의 목록은 책 말미의 참고 자료에 있다.

- 건식 매체
- 물감
- 붓과 그 밖의 그림 도구
- 종이
- 입체 재료
- 콜라주 재료
- 접착제
- 폴더

건식 매체

연필, 크레용, 펠트펜 등이다. 이것들은 습식이나 유동성 매체보다 통제하기가 쉽다. 이 점은 유동성 매체를 사용하기가 힘든 장애를 지닌 사람들에게 중요하다. 또한 물감을 사용하는 것을 두려워하는 사람들이나 매체를 통제하면서 안전감을 느낄 필요가 있는 사람들이 작업을 시작할 때 사용하면 좋다. 현실적으로는 건식 매체만을 써야 할 상황이 많다. 예컨대, 재료를 준비해서 가는 가정방문, 깨끗하게 유지해야 하거나 물을 쓸 수 없는 공간, 회기가 너무 짧아서 재료를 펼쳐 놓거나 정리를 할 수 없는 경우 등이다.

연필

통제하기는 가장 쉽지만, 강한 효과나 다양한 색깔을 얻기가 어렵다. 품질이 좋은 것들은 비쌀 수도 있다. 흔히 쓰는 연필로는 부드러운 연필(2B, 3B, 4B)이 딱딱한 것보다 사용하기 편하다. 지우개와 연필 깎기도 필요하다. 다양한 크기의 연필 깎기가 필요할 수도 있다.

수채화 연필

보통 연필처럼 사용할 수도 있고, 수채화 물감처럼 사용하려면 물에 살짝 담갔다가 사용하면 된다.

펠트펜과 마카

사용하기가 쉽고 색깔이 깨끗해서 좋다. 강한 효과가 가능하지만 색깔을 넓게 펼치기는 어렵다. 품질이 좋은 것들은 비쌀 수도 있다. 굵은 마카는 빠르고 강한 효과를 내는 데 좋다.

왁스 크레용

통제하기가 적당히 쉽고, 빨리 닳지 않고, 값싸며, 크기가 큰 것도 있다. 때로는 만족할 만한 색깔의 깊이를 얻기가 어렵다. 아이들에게 좋다. 아주 세게 누르는 것이 필요한 사람들에게도 도움이 된다. 일부 성인들은 그것이 아동기를 연상시키기 때문에 힘들어한다. 현재 왁스 크레용은 기존의 색깔들뿐만 아니라 아이와 어른에게 인기가 있는 금속 색깔(청동색, 은색, 금색)도 나와 있다.

오일 파스텔

통제하기가 적당히 쉽고, 색깔이 강하며, 질감이 다양하고, 다양한 색깔을 쓸 수 있다. 가격이 적당하다.

초크와 파스텔

사용하기가 적당히 쉽지만, 지저분해지기 쉽고 정착제가 필요하다. 초크는 싸지만 여러 가지 색깔을 얻기가 어렵다. 화가용 파스텔에는 독성 안료가 들어 있다. 몇몇 내담자는 이것들의 독특한 질감을 아주 좋아한다. 다양한 범위의 색깔을 쓸 수 있다.

목 탄

사용하기가 매우 어렵고 쉽게 지저분해지지만, 강한 효과를 낼 때와 큰 그림을 그릴 때 아주 좋다.

흑연 막대

목탄과 같은 목적으로 쓰이지만, 지저분해지거나 부러지는 정도가 덜하다.

피부색

왁스 크레용 같은 몇몇 건식 매체는 여러 가지 명암과 색깔을 가진 피부색을 나타내는 데 쓸 수 있다. 이것은 우리가 처한 다문화 사회에서 중요하다.

물 감

물감은 훨씬 더 유동적이므로 건식 매체보다 통제가 어렵다. 하지만 훨씬 더 많은 효과를 얻을 수 있으며, 많은 사람이 즐겁게 사용할 수 있다. 다수의 전문가용 물감에는 독성이 있으므로 교육용 물감을 사용하는 것이 더 좋다. 다음에 제시된 물감들은 모두 물과 함께 사용한다.

수채화 물감

가장 유동적이고 통제하기가 어려우며 실수를 수정할 수 없다. 이것 때문에 어려움을 겪을 수도 있지만, 사람들이 자신의 실수를 받아들이고 그것과 함께 살도록 도울 수도 있다. 튜브에 든 것과 작은 덩어리로 되어 있는 것이 있는데, 튜브에 든 것이 사용하기가 쉽다. 제법 비싸다.

분말 물감

싸지만 원하는 농도를 얻기가 어렵고 미리 섞어 놓지 않으면 사용할 때 엉망이 되기 십상이다. 진하게 바르거나 실수를 수정하는 것이 아주 쉽지는 않다.

미리 혼합된 물감

분말 물감과 같지만 바로 사용할 수 있도록 섞은 것들이다. 진하게 바를 수 있고 사용하기 편하며 가격이 적당하다. 강한 효과를 낼 수 있다. 큰 플라스틱 병에 들어 있다. 마르면 약간 어두워지면서 색조가 변한다. 주둥이 부분이 자주 막히므로 가까이에 큰 종이 클립을 두고 뚫어서 사용하면 편리하다. 현재 기존의 색깔들뿐만 아니라 (아이와 어른에게 인기 있는) 형광 색깔과 (모든 사람에게 인기 있는) 청동색, 금색, 은색의 금속 색깔도 나와 있다. 이것들은 보통 쓰는 색깔보다는 비싸다.

아크릴과 폴리머[35] 물감

사용하기 쉽고 다양한 질감을 낼 수 있다. 물감이 빨리 마르고 실수를 수정하기가 쉽다. 강한 효과를 낼 수 있다. 비싸다. 마르면 물에 녹지 않으므로 붓을 세심하게 관리해야 한다.

핑거페인트

진하고 촉감이 좋다. 뒤범벅을 만들고 퇴행적인 작업을 할 때 그리고 아이들에게 적합하다. 비싸다.

팔레트

물감을 짜 놓거나 섞는 데 필요하다. 오목한 부분이 6~9개 있는 견고한 플라스틱 제품이 가장 좋지만, 오래된 접시나 못 쓰게 된 작은 플라스틱 쟁반을 써도 된다.

물 통

입구가 넓은 유리병, 플라스틱 병 등을 쓸 수 있다. 아랫부분이 안정감이 있어야 한다. 어린아이들에게는 꼭 맞는 뚜껑이 있고 물이 쏟아지지 않게 되어 있는 플라스틱 병이 좋다.

붓과 그 밖의 그림 도구

다양한 크기로, 특히 큰 것을 갖추어 놓아야 한다.

- 돼지털, 강모, 나일론: 일반적으로 사용하는 것으로 12호까지, 둥근 것과 납작한 것을 준비한다.

---

35) 폴리머 미디엄(polymer medium)과 섞은 물감. 폴리머를 물감과 섞으면 물감의 양을 늘리고 광택을 내 준다. (역자 주)

- 담비털, 황소털 혹은 다람쥐털: 세심한 작업에 사용하는 가는 붓 몇 개
- 주택 도색용 붓: 대규모의 작업에 사용
- 스펀지가 부착된 막대: 붓 대신 재미있게 쓸 수 있다.
- 스펀지: 물감을 펼칠 때와 인쇄 작업을 할 때 사용
- 롤러: 큰 그림을 그릴 때 쓰기 위해 여러 가지 폭과 재질(스펀지, 고무)을 가진 것들로 준비한다.
- 그림을 그릴 때 사용할 폐품: 여러 가지 효과를 내기 위해 다양하게 준비한다.
- 개조(필요하다면): 여분의 손잡이를 만들 때는 홀더, 붕대, 플라스틱 공을 사용한다.

종 이

이것은 값비싼 품목이 될 수 있지만, 큰 것을 비롯해서 다양한 크기의 종이를 쓸 수 있음을 확인시켜 준다면 그럴 만한 가치가 있다. (검은색을 포함하여) 색깔이 다양하면 그 역시 좋다. 하지만 비용이 한정되어 있다면, 흰색, 회색 또는 담황색이 대부분의 용도에 맞을 것이다. 종이는 기분 좋게 사용할 수 있을 정도로 두꺼워야 한다.

공작용 판지

상당히 싸고 대부분의 물감, 목탄, 파스텔에 적합하다.

도화지

수채화와 드로잉에 적합하다. 매우 비싸다. 다양한 두께로 나와 있다.

신문 인쇄용지

얇고 싸다. 간혹 신문사, 문구 회사 혹은 폐품 가게에서 쓰고 남은 두루마리

끝 부분을 얻을 수 있다. 큰 종이로 제공한다.

초배지

싸다. 장식업자로부터 두루마리로 들여오기 때문에 크기에 맞게 자를 필요가 있다. 폭이 다소 좁고 쉽게 찢어진다.

카드지

물감을 두껍게 바를 때 그리고 폐품이나 자연물을 사용한 콜라주에 좋다. 비쌀 수도 있지만, 폐품 가게와 공급처에서 종종 자투리를 얻을 수 있다.

입체 재료

두들겨 펼 수 있는 입체 재료들은 특히 분노와 같은 강렬한 감정과 관련된 주제에 유용하다. 왜냐하면 사람들은 이 매체로 작업하면서 그러한 감정과 연결된 에너지를 어느 정도 쓸 수 있기 때문이다.

플라스티신과 크레욜라

사용하기 쉽고, 지저분해지지 않으며, 휴대가 간편하고, 상당히 싸다. 아이들에게 좋다. 어떤 어른들은 그것이 아동기를 연상시키기 때문에 힘들어한다. 대규모의 작품이나 매우 섬세한 작품에는 사용하기가 쉽지 않다.

플레이도우

아이들에게 좋다. 싸고, 만들기도 사용하기도 쉽다(만드는 방법은 75번 참고).

편 스터프(fun stuff)

플라스티신보다 만들기가 쉽고 건조되지 않는다. 형광 색깔을 쓸 수 있다.

피모(Fimo)

섬세한 작품을 만들기에 좋고 흔히 쓰는 오븐에 구워서 단단하게 만들 수 있다. 형광 색깔과 금속 색깔을 비롯하여 다양한 색깔이 있다. 비싸다.

점 토

지저분하고, 휴대하기가 쉽지 않으며, 작품을 보존하려면 가마에 구워야 한다. 이러한 어려움들에도 불구하고, 점토를 가지고 작업하는 것은 플라스티신보다 더 많은 가능성을 지니고 있으며 느낌과 질감에서 완전히 다른 경험이다. 울분을 발산시키는 데 그리고 대규모의 프로젝트를 하는 데도 좋다. 상당히 싸다.

나일론—강화 점토

불에 구울 필요가 없고, 건조되었을 때 색깔이나 광택제를 칠할 수 있다. 그러나 질감은 점토만큼 좋지 못하다. 좀 더 비싸다. 가마를 쓸 수 없는 곳에서 유용하다.

폐 품

질감이 다양하고 여러 가지 방법으로 고정시킬 수 있다. 대규모의 프로젝트가 가능하다. 톱, 망치, 못 같은 도구를 사용하면 에너지를 소모하는 데 좋다.

가면 재료

석고 붕대(약국에서 구할 수 있다), 종이 가방, 미리 만들어진 백지 가면(대부분의 미술재료 카탈로그에서 대량으로 싸게 살 수 있다—참고 자료 참고)이 있다. 가면은 빳빳한 종이, 카드지, 종이접시, 점토 위에 혹은 바람을 불어넣은 풍선(나중에 터뜨린다) 위에 바른 종이죽으로 만들 수 있다.

기타 재료

- 가루 형태의 석고. 카탈로그에서 보통 큰 튜브에 든 것을 구할 수 있다. 상당히 싸다. 사용할 때 지저분해지기 쉽고 굳기 전에 빨리 작업해야 한다. 큰 프로젝트에 유용하다.
- 폴리필라(polyfilla): 빨리 마르지 않기 때문에 천천히 작업하는 데는 좋지만 더 비싸다.
- 담배파이프 청소도구(pipecleaners): 작은 입체작품에 좋다. 상당히 싸다.
- 빨대: 물감을 부는 데 좋다.

'B. 매체 탐색' 을 참고한다.

콜라주 재료

잡 지

이미지를 선택해서 배열하는 것은 실제로 이미지를 만드는 것보다는 첫 단계에서 덜 위협적일 수 있다. 왜냐하면 그것은 '예술적인 성과'에 대한 불안을 감소시키기 때문이다. 또한 선택한 이미지를 그것을 선택한 사람과 관련지을 필요가 없다는 점에서 '거리 두기' 효과도 가지고 있다. 예컨대, 잡지에서 '분노한 사진'을 고르는 것이 자신의 분노를 나타내는 그림을 그리는 것보다 더 쉽다. 때때로 힘든 주제는 이와 같이 간접적으로 접근한다. 다양한 잡지가 필요하다.

여행안내서

이미지들이 나와 있는 여행안내서는 무거운 잡지를 들고 다니지 않으려고 할 때 도움이 된다. 컬렉션에는 폭넓은 상황과 모든 피부색, 문화, 유형의 사람들이 포함되어 있어야 한다. 사람, 풍경, 행위 등으로 분화된 컬렉션을 만들 수도 있다.

기타 콜라주 재료

천, 박엽지, 자연물, 폐품, 끈 등과 같은 기타 콜라주 재료들은 다른 매체들과 함께 사용되거나 여러 가지 재료들의 질감과 효과를 탐색하는 데 사용될 수 있다. 폐품 가게는 대부분의 소도시나 대도시에서 이용할 수 있다.

가 위

질 좋고 날카로운 가위가 필요하지만 끝은 둥글어야 한다.

접착제

딱 풀

사용하기 쉽고, 지저분해지지 않고, 다양한 크기로 쉽게 구할 수 있다. 종이와 가벼운 재료를 붙이는 데 가장 좋다. 아주 빨리 닳는다.

카피덱스(Copydex)[36)]

고무 유제로서, 천에 적합하다.

카우검(Cow gum)[37)]

고무액으로서, 종이에 적합하다. 떼어 내기 쉬워서 위치를 바꿀 때 아주 좋다.

PVA

수분 성분의 유제(emulsion)로서, 마르면 물에 녹지 않는다. 종이, 천, 나무에 좋다. 콜라주나 일반적인 목적으로 쓸 때 유용하다. 분말 물감이나 미리 혼합된 물감과 섞어서 플라스틱 물감을 만들 수 있다.

---

36) 영국에서 흔히 쓰이는 라텍스 성분의 고무접착제. 비린내가 나는 것이 특징이다. (역자 주)

37) 천연고무액 성분의 무색 접착제(역자 주)

반짝이풀

PVA 종류의 풀과 반짝이를 섞은 것으로 아이들에게 인기가 있다.

폴리셀(polycell)

종이, 종이죽 등에 적합하다. 곰팡이 방지제를 함유한 내구성이 강한 종류는 사용하지 않는다.

감압 접착제[38)]

나무와 다른 재료들을 빨리 부착시킬 때 좋다. 그러나 가연성이 있거나 강한 냄새가 나는 재료들을 붙일 때는 조심해야 한다.

강력 접착제

나무와 다른 재료들을 부착시키는 접착제로서 감압 접착제보다 더디게 붙으며 우후(Uhu)[39)], 목공풀 등이 있다. 가연성이 있거나 강한 냄새가 나는 것들은 피한다.

접착테이프

투명하거나 색깔이 있는 셀로테이프(단면 혹은 양면), 갈색 소포용 테이프, 마스킹 테이프, 뗐다 붙였다 하는 꼬리표 등이 포함된다. 소포용 테이프는 강력하지만 사용하기가 까다롭다. 마스킹 테이프는 싸고, 사용하기 쉽고, 뗐다가 다시 붙일 수 있고, 그 위에 색깔을 칠할 수도 있다(집단 그림에 쓸 종이를 이어 붙일 때 좋다).

---

38) 압력 민감 접착제라고도 한다. 극히 근소한 압력으로 순간적으로 접착한다. 각종 고무에 각종 수지를 배합하여 만들어진다. (역자 주)

39) 우후: 독일의 접착제 제조회사(역자 주)

블루탁(Blu-Tak)[40]

물건을 임시로 붙여 놓거나 종이를 벽에 고정시킬 때 좋다. 제거할 때는 벽의 페인트가 벗겨질 수 있으므로 벽이 조심스러우면 문에 붙인다. 재사용할 수 있다.

폴 더

대부분의 집단은 구성원들의 그림과 다른 미술작품을 보관할 방법이 필요하다. 여기에는 여러 가지 방법이 있다.

- 참여자가 크고 두꺼운 종이로 직접 만들고 장식한 폴더
- 카탈로그를 보고 주문한, 판지로 된 폴더나 투명한 서류가방
- 판지를 덧대어 보강하고 플라스틱 손잡이가 달린 크고 투명한 서류가방
- 골이 진 플라스틱으로 만들고 적당한 손잡이가 달린 큰 서류가방

이와 같은 것들은 품질에 따라 가격대가 올라간다.

40) 재사용할 수 있는 감압 접착제. 흔히 가벼운 물건(포스터나 종이 같은)을 붙일 때 쓴다. (역자 주)

참고 자료

주제를 수집 할 때 참고한 자료는 별표(*)로 표시하였다.

1. 집단 작업

Benson, J. F. (2001). *Working More Creatively with Groups,* 2nd edn, London: Routledge.

Brown, A. (1992). *Groupwork,* 3rd edn, Aldershot: Ashgate.

Douglas, T. (1991). *A Handbook of Common Groupwork Problems,* London: Tavistock/Routledge.

Dwivedi, K. N. (Ed.) (1993). *Group Work with Children and Adolescents: A Handbook,* London: Jessica Kingsley Publishers.

Phillips, J. (2001). *Groupwork in Social Care: Planning and Setting Up Groups,* London: Jessica Kingsley Publishers.

Sharry, J. (2001). *Solution-Focused Groupwork,* London: Sage.

Whitaker, D. S. (2001). *Using Groups to Help People,* 2nd edn, Hove: Brunner-Routledge.

Yalom, I. D. (1995). *The Theory and Practice of Group Psychotherapy,* 4th edn, New York: Basic Books.

2. 협력 게임 및 집단활동

Bond, T. (1986). *Games for Social and Life Skills,* London: Hutchinson.

Luvmour, S., & Luvmour, J. (2002). *Win-Win Games for All Ages: Cooperative Activities for Building Social Skills,* Gabriola Island, BC: New Society Publishers. (Distributed in UK by Jon Carpenter Publishing, Charlbury, Oxon.)

Masheder, M. (1991). *Let's Play Together: Cooperative Games for All Ages,* London: Green Print.

Orlick, T. (1982). *The Second Cooperative Sports and Games Book,* New York: Random House. (Published in UK by Writers' and Readers' Cooperative 1983.)

Woodcraft Folk (1996). *Games, Games, Games II,* 2nd edn, London: Woodcraft Folk. (Available from Woodcraft Folk, 13 Ritherdon Road, London SW17 8QE.)

3. 집단미술치료

(1) 집단미술치료에 초점을 둔 도서

Riley, S. (2001). *Group Process Made Visible: Group Art Therapy,* Hove: Brunner-Routledge.*

Skaife, S., & Huet, V. (Eds) (1998). *Art Psychotherapy Groups: Between Pictures and Words,* London: Routledge.

Waller, D. (1993). *Group Interactive Art Therapy: Its Use in Training and Treatment,* London: Routledge.*

(2) 미술치료 집단에서 사용하는 주제에 초점을 둔 도서

Barber, V. (2002). *Explore Yourself Through Art: Creative Projects to Promote Personal Insight, Growth and Problem-solving,* London: Carroll & Brown.*

Campbell, J. (1993). *Creative Art in Groupwork,* Bicester: Speechmark (formerly published by Winslow Press).*

Jennings, S., & Minde, A. (1994). *Art Therapy and Dramatherapy: Masks of the Soul,* London: Jessica Kingsley Publishers.

Liebmann, M. F. (1996). *Arts Approaches to Conflict,* London: Jessica Kingsley Publishers.*

Liebmann, M. F. (2003). *Art Therapy for Groups,* 2nd edn, Hove: Brunner-Routledge.

Luzzatto, P. (2000). 'The creative journey: a model for short-term group art therapy with posttreatment cancer patients', *Art Therapy: Journal of the American Art Therapy Association, 17,* 4: 265-9.*

Makin, S. R. (1999). *Therapeutic Art Directives: Activities and Initiatives for Individuals and Groups,* London: Jessica Kingsley Publishers.*

Robbins, A. (1994). *A Multi-Modal Approach to Creative Art Therapy,* London: Jessica Kingsley Publishers.*

Ross, C. (1997). *Something to Draw On: Activities and Interventions using an Art Therapy Approach,* London: Jessica Kingsley Publishers.*

Safran, D. S. (2002). *Art Therapy and AD/HD: Diagnostic and Therapeutic Approaches,* London: Jessica Kingsley Publishers.*

Silverstone, L. (1997). *Art Therapy: The Person-Centred Way,* 2nd edn, *London: Jessica Kingsley Publishers.*

(3) 집단에 관한 내용을 다루고 있는 미술치료 도서

Adamson, E. (1984). *Art as Healing,* Londond: Coventure.

Betensky, M. G. (1995). *What Do You See? Phenomenology of Therapeutic Art Expression,* London: Jessica Kingsley Publishers.

Campbell, J., Liebmann, M., Brooks, F., Jones, J., & Ward, C. (Eds) (1999). *Art Therapy, Race and Culture,* London: Jessica Kingsley Publishers.

Case, C., & Dalley, T. (1990). *Working with Children in Art Therapy,* London: Tavistock/Routledge.

Case, C., & Dalley, T. (1992). *The Handbook of Art Therapy,* London: Tavistock/Routledge.

Connell, C. (1998). *Something Understood: Art Therapy in Cancer Care,* London: Wrexham Publications.*

Dalley, T. (Ed.) (1984). *Art as Therapy: An Introduction to the Use of Art as a Therapeutic Technique,* London: Tavistock.

Dalley, T., Case, C., Schaverien, J., Weir, F., Halliday, D., Nowell Hall, P., & Waller, D. (1987). *Images of Art Therapy: New Developments in Theory and Practice,* London: Tavistock.

Dokter, D. (Ed.) (1994). *Arts Therapies and Clients with Eating Disorders: Fragile Board,* London: Jessica Kingsley Publishers.

Dokter, D. (Ed.) (1998). *Arts Therapists, Refugees and Migrants: Reaching Across Borders,* London: Jessica Kingsley Publishers.

Gilroy, A., & Dalley, T. (Eds) (1989). *Pictures at an Exhibition,* London: Tavistock/

Routledge.

Gilroy, A., & McNeilly, G. (Eds) (2000). *The Changing Shape of Art Therapy,* London: Jessica Kingsley Publishers.

Hagood, M. (2000). *The Use of Art in Counselling Child and Adult Survivors of Sexual Abuse,* London: Jessica Kingsley Publishers.*

Hiscox, A. R., & Calisch, A. C. (Eds) (1998). *Tapestry of Cultural Issues in Art Therapy,* London: Jessica Kingsley Publishers.

Hogan, S. (Ed.) (1997). *Feminist Approaches to Art Therapy,* London: Routledge.

Hogan, S. (Ed.) (2003). *Gender Issues in Art Therapy,* London: Jessica Kingsley Publishers.

Kalmanowitz, D., & Lloyd, B. (1997). *The Portable Studio: Art Therapy and Political Conflict: Initiatives in Former Yugoslavia and South Africa,* London: Health Education Authority.

Kalmanowitz, D., & Lloyd, B. (Eds) (in press) *Art Therapy and Political Violence,* Hove: Brunner-Routledge.

Killick, K., & Schaverien, J. (Eds) (1997). *Art, Psychotherapy and Psychosis,* London: Routledge.

Liebmann, M. (Ed.) (1990). *Art Therapy in Practice,* London: Jessica Kingsley Publishers.*

Liebmann, M. (Ed.) (1994). *Art Therapy with Offenders,* London: Jessica Kingsley Publishers.

Malchiodi, C. A. (Ed.) (2002). *Handbook of Art Therapy,* New York: Guilford Press.

Moon, C. H. (2001). *Studio Art Therapy: Cultivating the Artist Identity in the Art Therapist,* London: Jessica Kingsley Publishers.

Murphy, J. (Ed.) (2000). *Art Therapy with Young Survivors of Sexual Abuse: Lost for Words,* Hove: Brunner-Routledge.

Rees, M. (Ed.) (1998). *Drawing on Difference: Art Therapy with People who have Learning Difficulties,* London: Routledge.

Riley, S. (1999). *Contemporary Art Therapy with Adolescents,* London: Jessica Kingsley Publishers.*

Sandle, D. (Ed.) (1998). *Development and Diversity: New Applications in Art The,* New York: Free Association Books.

Waller, D., & Gilroy, A. (Eds) (1992). *Art Therapy: A Handbook,* Buckingham: Open

University Press.

(4) 가족 미술치료

Arrington, D. B. (2001). *Home Is Where the Art Is: An Art Therapy Approach to Family Therapy,* Springfield, IL: C. C. Thomas.

Kwiatkowska, H. (1978). *Family Therapy and Evaluation Through Art,* Springfield, IL: C. C. Thomas.

Landgarten, H. (1987). *Family Art Psychotherapy: A Clinical Guide and Casebook,* New York: Brunner/Mazel.

Linesch, D. (1997). *Art Therapy with Families in Crisis: Overcoming Resistance Through Nonverbal Expression,* New York: Brunner/Mazel.

Linesch, D. (2000). *Celebrating Family Milestones : By Making Art Together,* Toronto: Firefly Books.

Proulx, L. (2003). *Strengthening Emotional Ties through Parent-Child-Dyad Art Therapy,* London: Jessica Kingsley Publishers.

Wadeson, H. (1980). *Art Psychotherapy,* Chichester: John Wiley.

(5) 이 책의 초판에 있는 주제를 수집할 때 사용한 도서

Cortazzi, D., & Roote, S. (1975). *Illuminative Incident Analysis,* New York: McGraw-Hill.*

Denner, A. (1967). *L'Expression plastique, pathologie, et réeducation des schizophrènes,* Paris; Editions Sociales Françaises.*

Donnelly, M. (1983). 'The origins of pictorial narrative and its potential in adult psychiatry' , unpublished research diploma thesis, Department of Art Therapy, Gloucester Rouse, Southmead Hospital, Bristol.*

Harris, J., & Joseph, C. (1973). *Murals of the Mind,* New York: International Universities Press.*

Keyes, M. F. (1974). *The Inward Journey,* Millbrae, CA: Celestial Arts.*

Kwiatkowska, H. (1978). *Family Art Therapy,* Springfield, IL: C. C. Thomas.*

Landgarten, H. B. (1981). *Clinical Art Therapy,* New York: Brunner/Mazel.*

Liebmann, M. F. (1979). 'A study of structured art therapy groups', unpublished MA thesis, Birmingham Polytechnic.*

Luthe, W. (1976). *Creativity Mobilisation Technique,* New York: Grune and Stratton.*

Oaklander, V. (1978). *Windows to Our Children,* Moab, UT: Real People Press.*

Pavey, D. (1979). *Art-Based Games,* London: Methuen.*

Rhyne, J. (1996). *The Gestalt Art Experience: Patterns that Connect,* Chicago: Magnolia Street Publishers.*

Robbins, A., & Sibley, L. B. (1976). *Creative Art Therapy,* New York: Brunner/Mazel.*

Rubin, J. A. (1978). *Child Art Therapy,* New York: Van Nostrand Reinhold.*

Ulman, E., & Dachinger, P. (Eds) (1976). *Art Therapy in Theory and Practice,* New York: Schocken.*

Ulman, E., & Levy, C. A. (Eds) (1980). *Art Therapy Viewpoints,* New York: Schocken.*

Wadeson, H. (1980). *Art Psychotherapy,* Chichester: John Wiley.*

4. 유도된 이미지와 시각화

Achterberg, J., Dossey, B., & Kolkmeier, L. (1994). *Rituals of Healing: Using Imagery for Health and Wellness,* New York: Bantam Books.

Cook, C., & Heales, B. C. (2001). *Seeding the Spirit: The Appleseed Workbook,* Birmingham: Woodbrooke Quaker Study Centre.

Gawain, S. (2002). *Creative Visualization,* Novato, CA: New World Library.

Gawler, I. (1998). *The Creative Power of Imagery: A Practical Guide to the Workings of Your Mind,* London: Deep Books.

Leuner, H. (1984). *Guided Affective Imagery: Mental Imagery in Short-Term Psychotherapy, The Basic Course,* New York: Thieme Medical Publications.

Levine, S. (2000). *Guided Meditations, Explorations and Healings,* Basingstoke: Gill and Macmillan.

Mason, L. J. (2001). *Guide to Stress Reduction,* Berkeley, CA: Celestial Arts.

Samuels, M. (1988). *Seeing with the Mind's Eye: The History, Techniques and Uses of Visualization,* New York: Random House.

Stevens, J. O. (1989). *Awareness: Exploring, Experimenting, Experiencing,* London: Eden Grove.*

5. 유도된 이미지와 음악

Bonny, H. L., & Summer, L. (2002). *Music and Consciousness: The Evolution of Guided Imagery and Music,* Gilsum, NH: Barcelona Publishers.

Bruscia, K., & Grocke, D. (2002). *Guided Imagery and Music: The Bonny Method and Beyond,* Gilsum, NH: Barcelona Publishers.

6. 만다라

Dahlke, R. (1992). *Mandalas of the World: A Meditation and Painting Guide,* New York: Sterling Publishing.

Fincher, S. (1991). *Creating Mandalas: For Insight, Healing and Self-Expression,* Boston: Shambhala.

Jung, C. (1983). *Man and His Symbols,* London: Picador.

7. 인지학적 접근(Rudolf Steiner)

Collot d' Herbois, L. (2000). *Light, Darkness and Colour in Painting Therapy,* Edinburgh: Floris Books.

Hauschka, M. (1985). *Fundamentals of Artistic Therapy,* London: Rudolf Steiner Press.

Mayer, G. (1983). *The Mystery Wisdom of Colour,* London: Mercury Arts.

Mees-Christeller, E. (1985). *The Practice of Artistic Therapy,* Spring Valley, NY: Mercury Press.

자세한 것은 다음에서 찾아보면 된다.

Rudolf Steiner Bookshop (tel: 020 7724 7699) or the library (tel: 020 7224 8398) at Rudolph Steiner House, 35 Park Road, London NW1 6XT. Information also from Wellspring Bookshop (Rudolf Steiner Book Trust), 5 New Oxford Street, London WC1A 1BA (tel: 020 7405 6101).

8. 기록

Case, C., & Dalley, T. (1992). *The Handbook of Art Therapy,* London: Tavistock/ Routledge.

Whitaker, D. S. (2001). *Using Groups to Help People,* 2nd edn, Hove: Brunner-Routledge.

집단작업에 관한 책들로서, 기록과 평가의 다양한 방법을 찾아볼 때 도움이 된다.

9. 평가와 연구

American Art Therapy Association (1992). *A Guide to Conducting Art Therapy Research,* Mundelein, IL: American Art Therapy Association. Website: 〈www.artherapy.org〉

CORE & OQ details. See list of organisations in section 10(e), p. 336.

Department of Health (2001). *Treatment Choice in Psychological Therapies and Counselling: Evidence Based Clinical Practice Guidelines,* London: NHS Executive. Website: 〈www.doh.gov.uk/mentalhealth/treatmentguideline/indew.htm〉

Duncan, B., & Miller, S. (2000). *The Heroic Client: Doing Client-Directed, Outcome-Informed Therapy,* San Francisco: Jossey-Bass.

Gantt, L., & Tabone, C. (1998). *Formal Elements Art Therapy Scale Manual,* West Virginia; Gargoyle Press.

Gilroy, A. (2003). *Art Therapy, Research and Evidence Based Practice,* London: Sage.

Gilroy, A., & Lee, C. (Eds) (1995). *Art and Music: Therapy and Research,* London: Routledge.

Kalmanowitz, D., & Lloyd, B. (1997). *The Portable Studio: Art Therapy and Political Conflict: Initiatives in former Yugoslavia and South Africa,* London: Health Education Authority.

McDowell, I., & Newell, C. (1996). *Measuring Health: Guide to Rating Scales and Questionnaires,* 2nd edn, Oxford: Oxford University Press.

McNiff, S. (1998). *Art-Based Research,* London: Jessica Kingsley Publishers.

National Health Service (1999). *National Service Framework for Mental Health,* London: Department of Health. Website: 〈www.doh.gov.uk/nsf/mentalhealth.htm〉

National Health Service (1999). *Clinical Governance: Quality in the New NHS,* London: NHS Executive. Website: 〈www.doh.gov.uk/clinicalgovernance〉

National Health Service (2001). *Information for Research Governance,* London: Department of Health. Website: 〈www.researchinformation.nhs.uk/main/governance.htm〉

Ogles, B. M., Lambert, M. J., & Field, S. A. (2002). *Essentials of Outcome Measurement,* New York: Wiley.

Parry, G., & Watts, F. N. (Eds) (1996). *Behavioural and Mental Health Research: A Handbook of Skills and Methods*, Hove: Psychology Press.

Payne, H. (Ed.) (1993). *Handbook of Inquiry in the Arts Therapies: One River, Many Currents*, London: Jessica Kingsley Publishers.

Roth, A., & Fonagy, P. (1996). *What Works for Whom? A Critical Review of Psychotherapy Research*, New York: Guilford Press.

Rowland, N., & Goss, S. (Eds) (2000). *Evidence-Based Counselling and Psychological Therapies: Research and Applications*, Hove: Routledge.

Sharry, J. (2001). *Solution-Focused Groupwork*, London: Sage.

10. 관련 조직 및 기관

(1) 미술치료 조직 및 기관

오스트레일리아

오스트레일리아 미술치료협회(Australian National Art Therapy Association: ANATA)
PO Box 303 Glebe
NSW 2037
Australia
E-mail: annette. coulter@bigpond.com (sec)
Australia-wide tel: 1300 557 002

캐나다

캐나다의 미술치료협회는 대부분 지역적으로 구성되었다.

브리티시콜롬비아 미술치료협회(Britishi Columbia Art Therapy Association)
Website: www.arttherapy.bc.ca

캐나다 미술치료협회(Canadian Art Therapy Association: CATA)
26 Earl Grey Road
Toronto ON
M4J 3L2
Canada
Tel: (416) 461 9420

Website: www.catainfo.ca

온타리오 미술치료협회(Ontario Art Therapy Association)
Website: www.oata.ca

퀘벡 미술치료협회(Quebec Art Therapy Association)
Website: www.iquebec.ifrance.com/aatq/english7.html

영국

영국 미술치료사협회(British Association of Art Therapists)
The Chancery Room
16-19 Southampton Place
London WC1A 2AJ
Tel: 020 7745 7262
Fax: 020 7745 7101
E-mail: baat@gateway.net
Website: www.baat.org

스튜디오 업스테얼즈(Studio Upstairs)
Diorama Arts Centre
34 Osnaburgh Street
London NW1 3ND
Tel: 020 7916 5431
Fax: 020 7916 5477
E-mail: mail@studioup.u-net.com
Website: www.diorama-arts.org.uk

미국

미국 미술치료협회(American Art Therapy Association)
1202 Allanson Road
Mundelein
Illinois 60060-3808
USA

Tel: +1 847 949 6064

Fax: +1 847 566 4580

E-mail: info@arttherapy.org

Website: www.arttherapy.org

국제 단체

미술치료사 국제네트워크단체(International Networking Group of Art Therapists: ING/AT)

Contact: Gaelynn P. Wolf Bordonaro, Membership Coordinator & Newsletter Editor

PO Box 4125

Louisville KY 40204-4125

E-mail: gaelynn@hotmail.com

Nacny Slater, Key Networker: slaterna@esumail.emporia.edu

Hannah Sherebrin, Book Review Editor: sherebri@actcom.co.il

(2) 미술재료

폐품 가게와 자원 센터

다음의 웹사이트는 영국에 있는 폐품 가게와 자원 센터(산업 폐기물을 학교 등으로 보내어 재활용시키는)다.

Website: www.geocities.com/rainforest/wetlands/4936/index.htm

E-mail: www.scrapstores@btinternet.com

미술과 공예 카달로그(재료) [*Art and craft catalogues* (*for materials*)]

Consortium - Tel: 0845 330 7770. Website: www.theconsortium.co.uk

Galt - Tel: 0870 242 4477. Website: www.galt-educational.co.uk

Great Art - Tel: 0845 601 5772. Website: www.greatart.co.uk

Hope Education - Tel: 0161 366 2900. Website: www.hope-education.co.uk

NES Arnold - Tel: 0845 120 4525. Website: www.nesarnold.co.uk

Nottingham Rehab - Tel: 0845 120 4522. Website: www.nrs-uk.co.uk

Specialist Crafts Art Design - Tel: 0116 269 7711. Website: www.speccrafts.co.uk

Step by Step - Tel: 0845 125 2550. Website: www.sbs.educational.co.uk

(3) 그외 예술치료 조직 및 기관

춤동작치료협회[Association for Dance Movement Therapy (UK)]
c/o Quaker Meeting House
Wedmore Vale
Bristol BS3 5HX
E-mail: query@admt.org.uk
Website: www.admt.org.uk

영국 드라마치료사협회(British Association for Dramatherapists)
41 Broomhouse Lane
Hurlingham
London SW6 3DP
Tel/fax: 020 7731 0160
E-mail: gillian@badth.demon.co.uk
Website: www.badth.co.uk

전문음악치료사협회(Association of Professional Music Therapists)
61 Churchill Road
East Barnet
Herts EN4 8SY
Tel/fax: 020 8440 4153
E-mail: apmtoffice@aol.com
Website: www.apmt.org.uk

영국 음악치료협회(British Society for Music Therapy)
61 Churchill Road
East Barnet
Herts EN4 8SY
Tel: 020 8441 6226
Fax: 020 8441 4118
E-mail: info@bsmt.org
Website: www.bsmt.org

유럽 예술치료교육협회(European Consortium for Arts Therapies Education: ECArTE)

c/o Christine Lapoujade, Chair

Universite René Descartes Paris

Centre de Formation Continue

45 rue des Saints

Peres

75006 Paris IV

France

Tel: 0033 142 862 291

Fax: 0033 142 862 159

E-mail: sylviane. frederic@cfc.univ -paris5.fr

Website: www.uni-muenster.de/Ecarte/index.html

국제표현예술치료협회(International Expressive Arts Therapies Association)

PO Box 320399

San Francisco

CA 94132-0399

USA

Tel: (415) 522-8959

E-mail: webmaster@ieata.org

Website: www.ieata.org

남아프리카공화국 예술치료기관네트워크(South African Network for the Arts Therapies Organisations: SANATO)

Western Cape

Angela Rackstraw

22 Alpina Rd

Claremont 7708

Western Cape

South Africa

Tel/fax: +27+21 683 9654

E-mail: angrack@mweb.co.za

Gauteng

Mercedes Pavlicevic

c/o Music Therapy Programme

Dept of Music

University of Pretoria

Pretoria 0002

South Africa

Tel: +27+12 420 5372

Fax: +27+12 420 4517

E-mail: mercedes@postino.up.ac.za

실제예술치료네트워크(Virtual Arts Therapies Network)

University of Derby

School of Education, Health and Science

Mickleover Campus

Derby DE3 5GX

Tel: 01332 592149

Fax: 01332 514323

E-mail: s. hogan@derby.ac.uk

Website: www.derby.ac.uk/v-art/

(4) 미술과 예술 관련 조직 및 기관

음악과 심상협회(Association for Music and Imagery)

PO Box 4286

Blaine WA 98231-4286

USA

Tel: (360) 756-8096

Fax: (360) 756-8097

E-mail: ami@nas.com

Website: www.bonnymethod.com/ami

영국에서 연락을 취할 수 있는 곳은

음악공간 트러스트(The MusicSpace Trust)
St Matthias Campus (UWE)
Oldbury Court Road
Fishponds
Bristol BS16 2JP
Tel: 0117 344 4541
Fax: 0117 344 4542
E-mail: musicspace@uwe.ac.uk

극복 미술센터(Conquest Art Centre)
(신체장애가 있는 사람들을 위한 미술)
Cox Lane DAy Centre
Cox Lane
West Ewell
Surrey KT19 9PL
Tel/fax: 020 8397 6157
Website: www.conquestart.org

창조적인 교환(Creative Exchange)
(지속적인 발달을 위한 창조적인 활동)
Business Office 1
East London Centre
Boardman House
64 Broadway
Stratford
London E15 1NT
Tel: 020 8432 0550/1
Fax: 020 8432 0559
E-mail: info@creativexchange.org
Website: www.creativexchange.org

캐스틀러 어워드 트러스트(Koestler Award Trust)
(교도소에서 만든 미술작품을 매년 전시)
9 Birchmead Avenue
Pinner
Middlesex HA5 2BG
Tel: 020 8868 4044
Fax: 020 7261 1263
E-mail: dsalmon@koestler.freeserve.co.uk
Website: www.hmprisonservice.gov.uk/life/

건강예술의 전국네트워크(National Network for the Arts in Health)
123 Westminster Bridge Road
London SE1 7HR
Tel: 020 7261 1317
Fax: 020 7261 1263
E-mail: info@nnah.org.uk
Website: www.nnah.org.uk

예술과 범죄자 유니트(Unit for the Arts and Offenders)
Neville House
90-91 Northgate
Canterbury
Kent CT1 1BA
Tel: 01227 470629
Fax: 01227 379704
E-mail: info@a4offenders.org.uk
Website: www.a4offenders.org.uk

(5) 평가와 연구

미술치료 실무 연구 네트워크(Art Therapy Practice Research Network: ATPRN)
Contact: Val Huet and Neil Springham
23 St James
London SE14 6NW

Tel: 020 7919 7171 ext 4046

E-mail: ATPRN@gold.ac.uk

CORE IMS

Contact: John Mellor-Clark

47 Windsor Street

Rugby CV21 3NZ

Tel: 01788 546019

Fax: 01788 331407

E-mail: admin@coreims.co.uk

Website: www.coreims.co.uk

OQ-45(성과 질문지)

Website: www.oqfamily.com

See also Ogles, B. M., Lambert, M. J., & Field, S. A. (2002). *Essentials of Outcome Measurement,* New York: Wiley.

네필드 건강연구소의 건강연구성과에 관한 UK정보센터

71-75 Clarendon Road

Leeds LS2 9PL

Tel: 0113 233 3940

Fax: 0113 246 0899

E-mail: hsschho@leeds.ac.uk

Website: www.leeds.ac.uk/nuffied/infoservices/UKCH/home.html

(6) 영국에 있는 그 외의 기관 및 조직

인종평등 위원회

St Dunstan' s House

201-211 Borough High Street

London SE1 1GZ

Tel: 020 7939 0000

Fax: 020 7939 0001

E-mail: info@cre.gov.uk

Website: www.cre.gov.uk

장애 관련 정보를 얻을 수 있는 전화번호
St Catherines
Tickhill Road
Doncaster DN4 8QM
Tel: 01302 310123
Fax: 01302 310404
E-mail: dialuk@aol.com
Website: www.dialuk.org.uk

장애인권리위원회(Disability Rights Commission)
DRC Helpline
FREEPOST
MID 02164
Stratford upon Avon
CV37 9BR
Tel: 08457 622 633
Textphone: 08457 622 644
Fax: 08457 778 878
E-mail: enquiry@drc-gb.org
Website: www.drc-gb.org

건강전문직협회(Health Professions Council)
Park House
184 Kennington Park Road
London SE11 4BU
Tel: 020 7582 0866
Fax: 020 7820 9684
E-mail: info@hpc-uk.org
Website: www.hpc-uk.org

11. 저널과 잡지

(1) 미술치료와 예술치료 관련

Arts in Psychotherapy. Published by Elsevier Science in New York and Amsterdam. (USA) email: usinfo-f@elsevier.com. (Europe, Middle East and Africa) email: nlinfo@elsevier.com. Websites: www.elsevier.com/homepage and www.elsevier.nl/locate/artspsycho

Art Therapy: Journal of the American Art Therapy Association and AATA Newsletter. Both from American Art Therapy Association, details above.

AT Newsbriefing (newsletter of British Association of Art Therapists), c/o BAAT (address above).

Inscape (journal of British Association of Art Therapists), c/o BAAT (address above).

International Arts Therapies Journal (online), see Virtual Arts Therapies Network for contact details. Website: www.derby.ac.uk/v-art/journal/

International Networking Group of Art Therapists' Newsletter. Editor: Gaelynn P. Wolf Bordonaro. E-mail: gaelynn@hotmail.com. Book Review Editor: Hannah Sherebrin. E-mail: sherebri@actcom.co.il

Theoretical Advances of Art Therapy. Bi-annual British conference, with information and abstracts on website: www.taoat.org.

(2) 미술활동과 예술활동 관련

The Bulletin. Published by the Unit for the Arts and Offenders (address above).

Conquest Art Magazine. Published by Conquest Art Centre (address above).

Creative Exchange Bulletin. Published by Creative Exchange (address above).

Mailout (national magazine for developing participation in the arts) 87 New Square, Chesterfield, Derbyshire S40 1AH, E-mail: info@e-mailout.org, Website: www.e-mailout.org

찾아보기

〈인명〉

〈내용〉

저자 소개

마리안 리브만(Marian Liebmann)은 교사, 지역사회사업가, 보호관찰관, 미술치료사로 일해 왔다. 그녀는 범죄자, 여성 집단, 지역사회 집단에 미술치료를 실시했으며, 현재는 영국 브리스톨에 있는 정신건강 서비스기관에서 미술치료를 하고 있다. 그녀는 영국과 아일랜드에 있는 여러 대학에서 미술치료에 대한 교육과 강의를 하고 있다. 또한 중재와 갈등 해결에 관한 일을 하고 있으며 많은 나라에서 미술과 갈등 워크숍을 진행했다. 그녀는 미술치료와 중재에 관한 7권의 책 그리고 그 외의 책들의 여러 부분을 쓰고 편집했다.

역자 소개

최외선

영남대학교 명예교수

한국미술치료연구소장

한국미술치료학회 고문/ 수련감독미술치료 전문가

한국교류분석학회 고문

주요 저서: 마음을 나누는 미술치료(공저, 학지사, 2006) 외 다수

김갑숙

영남대학교 환경보건대학원 미술치료학과 교수

한국미술치료학회 부회장/ 수련감독미술치료 전문가

한국교류분석학회 자격관리위원장

주요 저서: 미술치료기법(공저, 학지사, 2006), 집단미술치료(공저, 학지사, 2007) 외 다수

전종국

대구사이버대학교 상담심리학과 교수

카운피아 상담연구소 소장

한국집단상담학회 수련감독 전문가

한국미술치료학회 감사

주요 저서: 집단미술치료(공저, 학지사, 2007), 기업상담(공저, 학지사, 2010), 집단상담: 과정과 실제(센게이지러닝, 2012) 외 다수

최윤숙

영남대학교 환경보건대학원 미술치료학과 강사

영남대학교 대학원 미술치료학 박사

한국미술치료학회 미술치료 전문가

한국교류분석학회 1급 교류분석상담사

주요 저서: 미술치료학 개론(공저, 학지사, 2011), 연민 어린 치료(공역, 학지사, 2011)

주요 논문: 해결중심 집단미술치료의 운영 형태가 여고생의 몰입, 자기효능감, 문제해결력에 미치는 효과(공동, 2011) 외 다수

집단미술치료

-주제와 활동에 대한 안내서-

2013년 3월 20일 1판 1쇄 발행
2023년 10월 10일 1판 6쇄 발행

지은이 • Marian Liebmann
옮긴이 • 최외선 · 김갑숙 · 전종국 · 최윤숙
펴낸이 • 김 진 환
펴낸곳 • (주) 학지사
04031 서울특별시 마포구 양화로 15길 20 마인드월드빌딩 5층
대표전화 • 02) 330-5114　　팩스 • 02) 324-2345
등록번호 • 제313-2006-000265호

홈페이지 • http://www.hakjisa.co.kr
인스타그램 • https://www.instagram.com/hakjisabook

ISBN 978-89-997-0077-4 93180

정가 19,000원